UITSPRAAKGIDS

T&P fonetisch alfabet	Portugees voorbeeld	Nederlands voorbeeld

Klinkers

[a]	**baixo** ['baɪʃu]	acht
[ɐ]	**junta** ['ʒũtɐ]	hart
[e]	**erro** ['eʀu]	delen, spreken
[ɛ]	**leve** ['lɛvə]	elf, zwembad
[ə]	**cliente** [kli'ẽtə]	formule, wachten
[i]	**lancil** [lã'sil]	bidden, tint
[ɪ]	**baixo** ['baɪʃu]	iemand, die
[o], [ɔ]	**boca, orar** ['bokɐ], [ɔ'rar]	overeenkomst, bot
[u]	**urgente** [ur'ʒẽtə]	hoed, doe
[ã]	**toranja** [tu'rãʒɐ]	nasale [a]
[ẽ]	**gente** ['ʒẽtə]	zwemmen, existeren
[ĩ]	**seringa** [sə'rĩgɐ]	nasale [i]
[õ]	**ponto** ['põtu]	nasale [o]
[ũ]	**umbigo** [ũ'bigu]	nasale [u]

Medeklinkers

[b]	**banco** ['bãku]	hebben
[d]	**duche** ['duʃə]	Dank u, honderd
[f]	**facto** ['faktu]	feestdag, informeren
[g]	**gorila** [gu'rilɐ]	goal, tango
[ʲ]	**margem** ['marʒẽʲ]	New York, januari
[j]	**feira** ['fɐjrɐ]	New York, januari
[k]	**claro** ['klaru]	kennen, kleur
[l]	**Londres** ['lõdrəʃ]	delen, luchter
[ʎ]	**molho** ['moʎu]	biljet, morille
[m]	**montanha** [mõ'tɐɲɐ]	morgen, etmaal
[n]	**novela** [nu'vɛlɐ]	nemen, zonder
[ɲ]	**senhora** [sə'ɲorɐ]	cognac, nieuw
[ŋ]	**marketing** ['markətiŋ]	optelling
[p]	**prata** ['pratɐ]	parallel, koper
[ʀ]	**regador** [ʀəgɐ'dor]	gutturale R
[ɾ]	**aberto** [ɐ'bɛɾtu]	korte aangetipte tongpunt- r
[s]	**safira** [sɐ'firɐ]	spreken, kosten
[ʃ]	**texto** ['tɛʃtu]	shampoo, machine
[t]	**teto** ['tɛtu]	tomaat, taart

T&P fonetisch alfabet	Portugees voorbeeld	Nederlands voorbeeld
[ʧ]	**cappuccino** [kapu'ʧinu]	Tsjechië, cello
[v]	**alvo** ['alvu]	beloven, schrijven
[z]	**vizinha** [vi'ziɲɐ]	zeven, zesde
[ʒ]	**juntos** ['ʒũtuʃ]	journalist, rouge
[w]	**sequoia** [sə'kwɔjɐ]	twee, willen

AFKORTINGEN gebruikt in de woordenschat

Nederlandse afkortingen

abn	-	als bijvoeglijk naamwoord
bijv.	-	bijvoorbeeld
bn	-	bijvoeglijk naamwoord
bw	-	bijwoord
enk.	-	enkelvoud
enz.	-	enzovoort
form.	-	formele taal
inform.	-	informele taal
mann.	-	mannelijk
mil.	-	militair
mv.	-	meervoud
on.ww.	-	onovergankelijk werkwoord
ontelb.	-	ontelbaar
ov.	-	over
ov.ww.	-	overgankelijk werkwoord
telb.	-	telbaar
vn	-	voornaamwoord
vrouw.	-	vrouwelijk
vw	-	voegwoord
vz	-	voorzetsel
wisk.	-	wiskunde
ww	-	werkwoord

Nederlandse artikelen

de	-	gemeenschappelijk geslacht
de/het	-	gemeenschappelijk geslacht, onzijdig
het	-	onzijdig

Portugese afkortingen

f	-	vrouwelijk zelfstandig naamwoord
f pl	-	vrouwelijk meervoud
m	-	mannelijk zelfstandig naamwoord
m pl	-	mannelijk meervoud
m, f	-	mannelijk, vrouwelijk

pl	-	meervoud
v aux	-	hulp werkwoord
vi	-	onovergankelijk werkwoord
vi, vt	-	onovergankelijk, overgankelijk werkwoord
vr	-	reflexief werkwoord
vt	-	overgankelijk werkwoord

BASISBEGRIPPEN

Basisbegrippen Deel 1

1. Voornaamwoorden

ik	**eu**	['eu]
jij, je	**tu**	[tu]
hij	**ele**	['ɛlə]
zij, ze	**ela**	['ɛlɐ]
wij, we	**nós**	[nɔʃ]
jullie	**vocês**	[vɔ'seʃ]
zij, ze (mann.)	**eles**	['ɛləʃ]
zij, ze (vrouw.)	**elas**	['ɛlɐʃ]

2. Begroetingen. Begroetingen. Afscheid

Hallo! Dag!	**Olá!**	[ɔ'la]
Hallo!	**Bom dia!**	[bõ 'diɐ]
Goedemorgen!	**Bom dia!**	[bõ 'diɐ]
Goedemiddag!	**Boa tarde!**	['boɐ 'tardə]
Goedenavond!	**Boa noite!**	['boɐ 'nojtə]
gedag zeggen (groeten)	**cumprimentar** (vt)	[kũprimẽ'tar]
Hoi!	**Olá!**	[ɔ'la]
groeten (het)	**saudação** (f)	[sɐudɐ'sãu]
verwelkomen (ww)	**saudar** (vt)	[sɐu'dar]
Hoe gaat het met u?	**Como vai?**	['komu 'vaj]
Hoe is het?	**Como vais?**	['komu 'vaɪʃ]
Is er nog nieuws?	**O que há de novo?**	[ukə a də 'novu]
Dag! Tot ziens!	**Até à vista!**	[ɐ'tɛ a 'viʃtɐ]
Tot snel! Tot ziens!	**Até breve!**	[ɐ'tɛ 'brɛvə]
Vaarwel!	**Adeus!**	[ɐ'deuʃ]
afscheid nemen (ww)	**despedir-se** (vr)	[dəʃpə'dirsə]
Tot kijk!	**Até logo!**	[ɐ'tɛ 'lɔgu]
Dank u!	**Obrigado! -a!**	[ɔbri'gadu, -ɐ]
Dank u wel!	**Muito obrigado! -a!**	['mujtu ɔbri'gadu, -ɐ]
Graag gedaan	**De nada**	[də 'nadɐ]
Geen dank!	**Não tem de quê**	['nãu tẽʲ də 'ke]
Geen moeite.	**De nada**	[də 'nadɐ]
Excuseer me, ... (inform.)	**Desculpa!**	[də'ʃkulpɐ]
Excuseer me, ... (form.)	**Desculpe!**	[də'ʃkulpə]

excuseren (verontschuldigen)	**desculpar** (vt)	[dəʃkul'par]
zich verontschuldigen	**desculpar-se** (vr)	[dəʃkul'parsə]
Mijn excuses.	**As minhas desculpas**	[ɐʃ 'miɲɐʃ də'ʃkulpɐʃ]
Het spijt me!	**Desculpe!**	[də'ʃkulpə]
vergeven (ww)	**perdoar** (vt)	[pərdu'ar]
Maakt niet uit!	**Não faz mal**	['nãu faʃ 'mal]
alsjeblieft	**por favor**	[pur fɐ'vor]
Vergeet het niet!	**Não se esqueça!**	['nãu sə ə'ʃkesɐ]
Natuurlijk!	**Certamente!**	[sɛrtɐ'mẽtə]
Natuurlijk niet!	**Claro que não!**	['klaru kə 'nãu]
Akkoord!	**Está bem! De acordo!**	[ə'ʃta bẽʲ], [də ɐ'kordu]
Zo is het genoeg!	**Basta!**	['baʃtɐ]

3. Hoe aan te spreken

Excuseer me, ...	**Desculpe ...**	[də'ʃkulpə]
meneer	**senhor**	[sə'ɲor]
mevrouw	**senhora**	[sə'ɲorɐ]
juffrouw	**rapariga**	[ʀɐpɐ'rigɐ]
jongeman	**rapaz**	[ʀɐ'paʒ]
jongen	**menino**	[mə'ninu]
meisje	**menina**	[mə'ninɐ]

4. Kardinale getallen. Deel 1

nul	**zero**	['zɛru]
een	**um**	[ũ]
twee	**dois**	['doɪʃ]
drie	**três**	[treʃ]
vier	**quatro**	[ku'atru]
vijf	**cinco**	['sĩku]
zes	**seis**	['sɐɪʃ]
zeven	**sete**	['sɛtə]
acht	**oito**	['ojtu]
negen	**nove**	['nɔvə]
tien	**dez**	[dɛʒ]
elf	**onze**	['õzə]
twaalf	**doze**	['dozə]
dertien	**treze**	['trezə]
veertien	**catorze**	[kɐ'torzə]
vijftien	**quinze**	['kĩzə]
zestien	**dezasseis**	[dəzɐ'sɐɪʃ]
zeventien	**dezassete**	[dəzɐ'sɛtə]
achttien	**dezoito**	[də'zɔjtu]
negentien	**dezanove**	[dəzɐ'nɔvə]
twintig	**vinte**	['vĩtə]
eenentwintig	**vinte e um**	['vĩtə i 'ũ]

tweeëntwintig	**vinte e dois**	['vĩtə i 'doɪʃ]
drieëntwintig	**vinte e três**	['vĩtə i 'treʃ]
dertig	**trinta**	['trĩtɐ]
eenendertig	**trinta e um**	['trĩtɐ i 'ũ]
tweeëndertig	**trinta e dois**	['trĩtɐ i 'doɪʃ]
drieëndertig	**trinta e três**	['trĩtɐ i 'treʃ]
veertig	**quarenta**	[kuɐ'rẽtɐ]
eenenveertig	**quarenta e um**	[kuɐ'rẽtɐ i 'ũ]
tweeënveertig	**quarenta e dois**	[kuɐ'rẽtɐ i 'doɪʃ]
drieënveertig	**quarenta e três**	[kuɐ'rẽtɐ i 'treʃ]
vijftig	**cinquenta**	[sĩku'ẽtɐ]
eenenvijftig	**cinquenta e um**	[sĩku'ẽtɐ i 'ũ]
tweeënvijftig	**cinquenta e dois**	[sĩku'ẽtɐ i 'doɪʃ]
drieënvijftig	**cinquenta e três**	[sĩku'ẽtɐ i 'treʃ]
zestig	**sessenta**	[sə'sẽtɐ]
eenenzestig	**sessenta e um**	[sə'sẽtɐ i 'ũ]
tweeënzestig	**sessenta e dois**	[sə'sẽtɐ i 'doɪʃ]
drieënzestig	**sessenta e três**	[sə'sẽtɐ i 'treʃ]
zeventig	**setenta**	[sə'tẽtɐ]
eenenzeventig	**setenta e um**	[sə'tẽtɐ i 'ũ]
tweeënzeventig	**setenta e dois**	[sə'tẽtɐ i 'doɪʃ]
drieënzeventig	**setenta e três**	[sə'tẽtɐ i 'treʃ]
tachtig	**oitenta**	[oj'tẽtɐ]
eenentachtig	**oitenta e um**	[oj'tẽtɐ i 'ũ]
tweeëntachtig	**oitenta e dois**	[oj'tẽtɐ i 'doɪʃ]
drieëntachtig	**oitenta e três**	[oj'tẽtɐ i 'treʃ]
negentig	**noventa**	[nu'vẽtɐ]
eenennegentig	**noventa e um**	[nu'vẽtɐ i 'ũ]
tweeënnegentig	**noventa e dois**	[nu'vẽtɐ i 'doɪʃ]
drieënnegentig	**noventa e três**	[nu'vẽtɐ i 'treʃ]

5. Kardinale getallen. Deel 2

honderd	**cem**	[sẽʲ]
tweehonderd	**duzentos**	[du'zẽtuʃ]
driehonderd	**trezentos**	[trə'zẽtuʃ]
vierhonderd	**quatrocentos**	[kuatru'sẽtuʃ]
vijfhonderd	**quinhentos**	[ki'ɲẽtuʃ]
zeshonderd	**seiscentos**	[sɐɪ'ʃsẽtuʃ]
zevenhonderd	**setecentos**	[sɛtə'sẽtuʃ]
achthonderd	**oitocentos**	[ojtu'sẽtuʃ]
negenhonderd	**novecentos**	[nɔvə'sẽtuʃ]
duizend	**mil**	[mil]
tweeduizend	**dois mil**	['doɪʃ mil]
drieduizend	**três mil**	['treʃ mil]

tienduizend	**dez mil**	['dɛʒ mil]
honderdduizend	**cem mil**	[sẽʲ mil]
miljoen (het)	**um milhão**	[ũ mi'ʎãu]
miljard (het)	**mil milhões**	[mil mi'ʎoɪʃ]

6. Ordinale getallen

eerste (bn)	**primeiro**	[pri'mɐjru]
tweede (bn)	**segundo**	[sə'gũdu]
derde (bn)	**terceiro**	[tər'sɐjru]
vierde (bn)	**quarto**	[ku'artu]
vijfde (bn)	**quinto**	['kĩtu]
zesde (bn)	**sexto**	['sɐʃtu]
zevende (bn)	**sétimo**	['sɛtimu]
achtste (bn)	**oitavo**	[oj'tavu]
negende (bn)	**nono**	['nonu]
tiende (bn)	**décimo**	['dɛsimu]

7. Getallen. Breuken

breukgetal (het)	**fração** (f)	[fra'sãu]
half	**um meio**	[ũ 'mɐju]
een derde	**um terço**	[ũ 'tersu]
kwart	**um quarto**	[ũ ku'artu]
een achtste	**um oitavo**	[ũ oj'tavu]
een tiende	**um décimo**	[ũ 'dɛsimu]
twee derde	**dois terços**	['doɪʃ 'tersuʃ]
driekwart	**três quartos**	[treʃ ku'artuʃ]

8. Getallen. Eenvoudige berekeningen

aftrekking (de)	**subtração** (f)	[subtra'sãu]
aftrekken (ww)	**subtrair** (vi, vt)	[subtrɐ'ir]
deling (de)	**divisão** (f)	[divi'zãu]
delen (ww)	**dividir** (vt)	[divi'dir]
optelling (de)	**adição** (f)	[ɐdi'sãu]
erbij optellen (bij elkaar voegen)	**somar** (vt)	[su'mar]
optellen (ww)	**adicionar** (vt)	[ɐdisju'nar]
vermenigvuldiging (de)	**multiplicação** (f)	[multiplikɐ'sãu]
vermenigvuldigen (ww)	**multiplicar** (vt)	[multipli'kar]

9. Getallen. Diversen

cijfer (het)	**algarismo, dígito** (m)	[algɐ'riʒmu], ['diʒitu]
nummer (het)	**número** (m)	['numəru]

telwoord (het)	**numeral** (m)	[numə'ral]
minteken (het)	**menos** (m)	['menuʃ]
plusteken (het)	**mais** (m)	['maɪʃ]
formule (de)	**fórmula** (f)	['fɔrmulɐ]
berekening (de)	**cálculo** (m)	['kalkulu]
tellen (ww)	**contar** (vt)	[kõ'taɾ]
bijrekenen (ww)	**calcular** (vt)	[kalku'laɾ]
vergelijken (ww)	**comparar** (vt)	[kõpɐ'raɾ]
Hoeveel? (ontelb.)	**Quanto?**	[ku'ãtu]
Hoeveel? (telb.)	**Quantos? -as?**	[ku'ãtuʃ, -ɐʃ]
som (de), totaal (het)	**soma** (f)	['somɐ]
uitkomst (de)	**resultado** (m)	[ʀəzul'tadu]
rest (de)	**resto** (m)	['ʀɛʃtu]
enkele (bijv. ~ minuten)	**alguns, algumas ...**	[al'gũʃ], [al'gumɐʃ]
weinig (telb.)	**poucos, poucas**	['pokuʃ], ['pokɐʃ]
een beetje (ontelb.)	**um pouco ...**	[ũ 'poku]
restant (het)	**resto** (m)	['ʀɛʃtu]
anderhalf	**um e meio**	[ũ i 'mɐju]
dozijn (het)	**dúzia** (f)	['duziɐ]
middendoor (bw)	**ao meio**	[au 'mɐju]
even (bw)	**em partes iguais**	[ẽ 'partəʃ igu'aɪʃ]
helft (de)	**metade** (f)	[mə'tadə]
keer (de)	**vez** (f)	[veʒ]

10. De belangrijkste werkwoorden. Deel 1

aanbevelen (ww)	**recomendar** (vt)	[ʀəkumẽ'daɾ]
aandringen (ww)	**insistir** (vi)	[ĩsi'ʃtiɾ]
aankomen (per auto, enz.)	**chegar** (vi)	[ʃə'gaɾ]
aanraken (ww)	**tocar** (vt)	[tu'kaɾ]
adviseren (ww)	**aconselhar** (vt)	[ɐkõsə'ʎaɾ]
afdalen (on.ww.)	**descer** (vi)	[də'ʃseɾ]
afslaan (naar rechts ~)	**virar** (vi)	[vi'raɾ]
antwoorden (ww)	**responder** (vt)	[ʀəʃpõ'deɾ]
bang zijn (ww)	**ter medo**	[teɾ 'medu]
bedreigen (bijv. met een pistool)	**ameaçar** (vt)	[ɐmiɐ'saɾ]
bedriegen (ww)	**enganar** (vt)	[ẽgɐ'naɾ]
beëindigen (ww)	**acabar, terminar** (vt)	[ɐkɐ'baɾ], [tərmi'naɾ]
beginnen (ww)	**começar** (vt)	[kumə'saɾ]
begrijpen (ww)	**compreender** (vt)	[kõpriẽ'deɾ]
beheren (managen)	**dirigir** (vt)	[diɾi'ʒiɾ]
beledigen (met scheldwoorden)	**insultar** (vt)	[ĩsul'taɾ]
beloven (ww)	**prometer** (vt)	[prumə'teɾ]
bereiden (koken)	**preparar** (vt)	[prəpɐ'raɾ]

bespreken (spreken over)	**discutir** (vt)	[diʃku'tiɾ]
bestellen (eten ~)	**pedir** (vt)	[pə'diɾ]
bestraffen (een stout kind ~)	**punir** (vt)	[pu'niɾ]
betalen (ww)	**pagar** (vt)	[pɐ'gaɾ]
betekenen (beduiden)	**significar** (vt)	[signifi'kaɾ]
betreuren (ww)	**arrepender-se** (vr)	[ɐʁipẽ'deɾsə]
bevallen (prettig vinden)	**gostar** (vt)	[gu'ʃtaɾ]
bevelen (mil.)	**ordenar** (vt)	[ɔrdə'naɾ]
bevrijden (stad, enz.)	**libertar** (vt)	[libər'taɾ]
bewaren (ww)	**guardar** (vt)	[guɐɾ'daɾ]
bezitten (ww)	**possuir** (vt)	[pusu'iɾ]
bidden (praten met God)	**rezar, orar** (vi)	[ʀə'zaɾ], [ɔ'raɾ]
binnengaan (een kamer ~)	**entrar** (vi)	[ẽ'traɾ]
breken (ww)	**quebrar** (vt)	[kə'braɾ]
controleren (ww)	**controlar** (vt)	[kõtru'laɾ]
creëren (ww)	**criar** (vt)	[kri'aɾ]
deelnemen (ww)	**participar** (vi)	[pɐrtisi'paɾ]
denken (ww)	**pensar** (vt)	[pẽ'saɾ]
doden (ww)	**matar** (vt)	[mɐ'taɾ]
doen (ww)	**fazer** (vt)	[fɐ'zeɾ]
dorst hebben (ww)	**ter sede**	[teɾ 'sedə]

11. De belangrijkste werkwoorden. Deel 2

een hint geven	**dar uma dica**	[daɾ 'umɐ 'dikɐ]
eisen (met klem vragen)	**exigir** (vt)	[ezi'ʒiɾ]
excuseren (vergeven)	**desculpar** (vt)	[dəʃkul'paɾ]
existeren (bestaan)	**existir** (vi)	[ezi'ʃtiɾ]
gaan (te voet)	**ir** (vi)	[iɾ]
gaan zitten (ww)	**sentar-se** (vr)	[sẽ'tarsə]
gaan zwemmen	**ir nadar**	[iɾ nɐ'daɾ]
geven (ww)	**dar** (vt)	[daɾ]
glimlachen (ww)	**sorrir** (vi)	[su'ʀiɾ]
goed raden (ww)	**adivinhar** (vt)	[ɐdivi'ɲaɾ]
grappen maken (ww)	**brincar** (vi)	[brĩ'kaɾ]
graven (ww)	**cavar** (vt)	[kɐ'vaɾ]
hebben (ww)	**ter** (vt)	[teɾ]
helpen (ww)	**ajudar** (vt)	[ɐʒu'daɾ]
herhalen (opnieuw zeggen)	**repetir** (vt)	[ʀəpə'tiɾ]
honger hebben (ww)	**ter fome**	[teɾ 'fɔmə]
hopen (ww)	**esperar** (vt)	[əʃpə'raɾ]
horen (waarnemen met het oor)	**ouvir** (vt)	[o'viɾ]
huilen (wenen)	**chorar** (vi)	[ʃu'raɾ]
huren (huis, kamer)	**alugar** (vt)	[ɐlu'gaɾ]
informeren (informatie geven)	**informar** (vt)	[ĩfur'maɾ]
instemmen (akkoord gaan)	**concordar** (vi)	[kõkur'daɾ]

jagen (ww)	**caçar** (vi)	[kɐ'saɾ]
kennen (kennis hebben van iemand)	**conhecer** (vt)	[kuɲə'seɾ]
kiezen (ww)	**escolher** (vt)	[əʃku'ʎeɾ]
klagen (ww)	**queixar-se** (vr)	[kɐɪ'ʃarsə]
kosten (ww)	**custar** (vt)	[ku'ʃtaɾ]
kunnen (ww)	**poder** (vi)	[pu'deɾ]
lachen (ww)	**rir** (vi)	[ʀiɾ]
laten vallen (ww)	**deixar cair** (vt)	[dɐɪ'ʃar kɐ'iɾ]
lezen (ww)	**ler** (vt)	[leɾ]
liefhebben (ww)	**amar** (vt)	[ɐ'maɾ]
lunchen (ww)	**almoçar** (vi)	[almu'saɾ]
nemen (ww)	**pegar** (vt)	[pə'gaɾ]
nodig zijn (ww)	**ser necessário**	[ser nəsə'saɾiu]

12. De belangrijkste werkwoorden. Deel 3

onderschatten (ww)	**subestimar** (vt)	[subəʃti'maɾ]
ondertekenen (ww)	**assinar** (vt)	[ɐsi'naɾ]
ontbijten (ww)	**tomar o pequeno-almoço**	[tu'mar u pə'kenu al'mosu]
openen (ww)	**abrir** (vt)	[ɐ'briɾ]
ophouden (ww)	**cessar** (vt)	[sə'saɾ]
opmerken (zien)	**perceber** (vt)	[pərsə'beɾ]
opscheppen (ww)	**jactar-se, gabar-se** (vr)	[ʒɐ'ktarsə], [gɐ'barsə]
opschrijven (ww)	**anotar** (vt)	[ɐnu'taɾ]
plannen (ww)	**planear** (vt)	[plɐ'njaɾ]
prefereren (verkiezen)	**preferir** (vt)	[prəfə'riɾ]
proberen (trachten)	**tentar** (vt)	[tẽ'taɾ]
redden (ww)	**salvar** (vt)	[sa'lvaɾ]
rekenen op ...	**contar com ...**	[kõ'tar kõ]
rennen (ww)	**correr** (vi)	[ku'ʀeɾ]
reserveren (een hotelkamer ~)	**reservar** (vt)	[ʀəzəɾ'vaɾ]
roepen (om hulp)	**chamar** (vt)	[ʃɐ'maɾ]
schieten (ww)	**disparar, atirar** (vi)	[diʃpɐ'raɾ], [ɐti'raɾ]
schreeuwen (ww)	**gritar** (vi)	[gri'taɾ]
schrijven (ww)	**escrever** (vt)	[əʃkrə'veɾ]
souperen (ww)	**jantar** (vi)	[ʒã'taɾ]
spelen (kinderen)	**brincar, jogar** (vi, vt)	[brĩ'kaɾ], [ʒu'gaɾ]
spreken (ww)	**falar** (vi)	[fɐ'laɾ]
stelen (ww)	**roubar** (vt)	[ʀo'baɾ]
stoppen (pauzeren)	**parar** (vi)	[pɐ'raɾ]
studeren (Nederlands ~)	**estudar** (vt)	[əʃtu'daɾ]
sturen (zenden)	**enviar** (vt)	[ẽ'vjaɾ]
tellen (optellen)	**contar** (vt)	[kõ'taɾ]
toebehoren aan ...	**pertencer a ...**	[pərtẽ'ser ɐ]
toestaan (ww)	**permitir** (vt)	[pərmi'tiɾ]
tonen (ww)	**mostrar** (vt)	[mu'ʃtraɾ]

twijfelen (onzeker zijn)	**duvidar** (vt)	[duvi'daɾ]
uitgaan (ww)	**sair** (vi)	[sɐ'iɾ]
uitnodigen (ww)	**convidar** (vt)	[kõvi'daɾ]
uitspreken (ww)	**pronunciar** (vt)	[prunũ'sjaɾ]
uitvaren tegen (ww)	**repreender** (vt)	[ʀəpriẽ'deɾ]

13. De belangrijkste werkwoorden. Deel 4

vallen (ww)	**cair** (vi)	[kɐ'iɾ]
vangen (ww)	**apanhar** (vt)	[ɐpɐ'ɲaɾ]
veranderen (anders maken)	**mudar** (vt)	[mu'daɾ]
verbaasd zijn (ww)	**surpreender-se** (vr)	[surpriẽ'dersə]
verbergen (ww)	**esconder** (vt)	[əʃkõ'deɾ]
verdedigen (je land ~)	**defender** (vt)	[dəfẽ'deɾ]
verenigen (ww)	**unir** (vt)	[u'niɾ]
vergelijken (ww)	**comparar** (vt)	[kõpɐ'raɾ]
vergeten (ww)	**esquecer** (vt)	[əʃkɛ'seɾ]
vergeven (ww)	**perdoar** (vt)	[pərdu'aɾ]
verklaren (uitleggen)	**explicar** (vt)	[əʃpli'kaɾ]
verkopen (per stuk ~)	**vender** (vt)	[vẽ'deɾ]
vermelden (praten over)	**mencionar** (vt)	[mẽsiu'naɾ]
versieren (decoreren)	**decorar** (vt)	[dəku'raɾ]
vertalen (ww)	**traduzir** (vt)	[trɐdu'ziɾ]
vertrouwen (ww)	**confiar** (vt)	[kõ'fjaɾ]
vervolgen (ww)	**continuar** (vt)	[kõtinu'aɾ]
verwarren (met elkaar ~)	**confundir** (vt)	[kõfũ'diɾ]
verzoeken (ww)	**pedir** (vt)	[pə'diɾ]
verzuimen (school, enz.)	**faltar a ...**	[fal'tar ɐ]
vinden (ww)	**encontrar** (vt)	[ẽkõ'traɾ]
vliegen (ww)	**voar** (vi)	[vu'aɾ]
volgen (ww)	**seguir ...**	[sə'giɾ]
voorstellen (ww)	**propor** (vt)	[pru'poɾ]
voorzien (verwachten)	**prever** (vt)	[prə'veɾ]
vragen (ww)	**perguntar** (vt)	[pərgũ'taɾ]
waarnemen (ww)	**observar** (vt)	[ɔbsər'vaɾ]
waarschuwen (ww)	**advertir** (vt)	[ɐdvər'tiɾ]
wachten (ww)	**esperar** (vt)	[əʃpə'raɾ]
weerspreken (ww)	**objetar** (vt)	[ɔbʒɛ'taɾ]
weigeren (ww)	**negar-se a ...**	[ne'garse a]
werken (ww)	**trabalhar** (vi)	[trɐbɐ'ʎaɾ]
weten (ww)	**saber** (vt)	[sɐ'beɾ]
willen (verlangen)	**querer** (vt)	[kə'reɾ]
zeggen (ww)	**dizer** (vt)	[di'zeɾ]
zich haasten (ww)	**apressar-se** (vr)	[ɐprə'sarsə]
zich interesseren voor ...	**interessar-se** (vr)	[ĩtərə'sarsə]
zich vergissen (ww)	**equivocar-se** (vi)	[ẽgɐ'narsə]
zich verontschuldigen	**desculpar-se** (vr)	[dəʃkul'parsə]

zien (ww)	**ver** (vt)	[ver]
zoeken (ww)	**buscar** (vt)	[bu'ʃkar]
zwemmen (ww)	**nadar** (vi)	[nɐ'dar]
zwijgen (ww)	**ficar em silêncio**	[fi'kar ẽ si'lẽsiu]

14. Kleuren

kleur (de)	**cor** (f)	[kor]
tint (de)	**matiz** (m)	[mɐ'tiʒ]
kleurnuance (de)	**tom** (m)	[tõ]
regenboog (de)	**arco-íris** (m)	['arku 'iriʃ]
wit (bn)	**branco**	['brãku]
zwart (bn)	**preto**	['pretu]
grijs (bn)	**cinzento**	[sĩ'zẽtu]
groen (bn)	**verde**	['verdə]
geel (bn)	**amarelo**	[ɐmɐ'rɛlu]
rood (bn)	**vermelho**	[vər'mɐʎu]
blauw (bn)	**azul**	[ɐ'zul]
lichtblauw (bn)	**azul claro**	[ɐ'zul 'klaru]
roze (bn)	**rosa**	['ʀɔzɐ]
oranje (bn)	**laranja**	[lɐ'rãʒɐ]
violet (bn)	**violeta**	[viu'letɐ]
bruin (bn)	**castanho**	[kɐ'ʃtɐɲu]
goud (bn)	**dourado**	[do'radu]
zilverkleurig (bn)	**prateado**	[prɐ'tjadu]
beige (bn)	**bege**	['bɛʒə]
roomkleurig (bn)	**creme**	['krɛmə]
turkoois (bn)	**turquesa**	[tur'kezɐ]
kersrood (bn)	**vermelho cereja**	[vər'mɐʎu sə'rɐʒɐ]
lila (bn)	**lilás**	[li'laʃ]
karmijnrood (bn)	**carmesim**	[kɐrmə'zĩ]
licht (bn)	**claro**	['klaru]
donker (bn)	**escuro**	[ə'ʃkuru]
fel (bn)	**vivo**	['vivu]
kleur-, kleurig (bn)	**de cor**	[də kor]
kleuren- (abn)	**a cores**	[ɐ 'korəʃ]
zwart-wit (bn)	**preto e branco**	['pretu i 'brãku]
eenkleurig (bn)	**unicolor**	[uniku'lor]
veelkleurig (bn)	**multicor, multicolor**	[multi'kor], [multiku'lor]

15. Vragen

Wie?	**Quem?**	[kẽʲ]
Wat?	**Que?**	[ke]
Waar?	**Onde?**	['õdə]

Waarheen?	**Para onde?**	['pere 'õdə]
Waarvandaan?	**De onde?**	[də 'õdə]
Wanneer?	**Quando?**	[ku'ãdu]
Waarom?	**Para quê?**	['pere ke]
Waarom?	**Porquê?**	[pur'ke]
Waarvoor dan ook?	**Para quê?**	['pere ke]
Hoe?	**Como?**	['komu]
Wat voor ...?	**Qual?**	[ku'al]
Welk?	**Qual?**	[ku'al]
Aan wie?	**A quem?**	[ɐ kẽʲ]
Over wie?	**De quem?**	[də kẽʲ]
Waarover?	**Do quê?**	[du ke]
Met wie?	**Com quem?**	[kõ kẽʲ]
Hoeveel? (ontelb.)	**Quanto?**	[ku'ãtu]
Hoeveel? (telb.)	**Quantos? -as?**	[ku'ãtuʃ, -ɐʃ]
Van wie? (mann.)	**De quem?**	[də kẽʲ]

16. Voorzetsels

met (bijv. ~ beleg)	**com ...**	[kõ]
zonder (~ accent)	**sem**	[sẽʲ]
naar (in de richting van)	**a ..., para ...**	[ɐ], ['pere]
over (praten ~)	**sobre ...**	['sobrə]
voor (in tijd)	**antes de ...**	['ãtəʃ də]
voor (aan de voorkant)	**diante de ...**	[di'ãtə də]
onder (lager dan)	**debaixo de ...**	[də'baɪʃu də]
boven (hoger dan)	**sobre ..., em cima de ...**	['sobrə], [ẽ 'sime də]
op (bovenop)	**em ..., sobre ...**	[ẽ], ['sobrə]
van (uit, afkomstig van)	**de ...**	[də]
van (gemaakt van)	**de ...**	[də]
over (bijv. ~ een uur)	**dentro de ...**	['dẽtru də]
over (over de bovenkant)	**por cima de ...**	[pur 'sime də]

17. Functiewoorden. Bijwoorden. Deel 1

Waar?	**Onde?**	['õdə]
hier (bw)	**aqui**	[ɐ'ki]
daar (bw)	**lá, ali**	[la], [ɐ'li]
ergens (bw)	**em algum lugar**	[ɛn al'gũ lu'gar]
nergens (bw)	**em lugar nenhum**	[ẽ lu'gar nə'ɲũ]
bij ... (in de buurt)	**ao pé de ...**	['au pɛ də]
bij het raam	**ao pé da janela**	['au pɛ dɐ ʒɐ'nɛlɐ]
Waarheen?	**Para onde?**	['pere 'õdə]
hierheen (bw)	**para cá**	['pere ka]

daarheen (bw)	**para lá**	['perɐ la]
hiervandaan (bw)	**daqui**	[dɐ'ki]
daarvandaan (bw)	**de lá, dali**	[də la], [dɐ'li]
dichtbij (bw)	**perto**	['pɛrtu]
ver (bw)	**longe**	['lõʒə]
in de buurt (van …)	**perto de …**	['pɛrtu də]
dichtbij (bw)	**ao lado de**	[au 'ladu də]
niet ver (bw)	**perto, não fica longe**	['pɛrtu], ['nãu 'fikɐ 'lõʒə]
linker (bn)	**esquerdo**	[ə'ʃkerdu]
links (bw)	**à esquerda**	[a ə'ʃkerdɐ]
linksaf, naar links (bw)	**para esquerda**	['perɐ ə'ʃkerdɐ]
rechter (bn)	**direito**	[di'rɐjtu]
rechts (bw)	**à direita**	[a di'rɐjtɐ]
rechtsaf, naar rechts (bw)	**para direita**	['perɐ di'rɐjtɐ]
vooraan (bw)	**adiante, à frente**	[ɐdi'ãtə], [a 'frẽtə]
voorste (bn)	**da frente**	[dɐ 'frẽtə]
vooruit (bw)	**para a frente**	['perɐ a 'frẽtə]
achter (bw)	**atrás de …**	[ɐ'traʃ də]
van achteren (bw)	**por detrás**	[pur de'traʃ]
achteruit (naar achteren)	**para trás**	['perɐ 'traʃ]
midden (het)	**meio** (m)**, metade** (f)	['mɐju], [mə'tadə]
in het midden (bw)	**no meio**	[nu 'mɐju]
opzij (bw)	**de lado**	[də 'ladu]
overal (bw)	**em todo lugar**	[ãn 'todu lu'gar]
omheen (bw)	**ao redor**	['au ʀə'dɔr]
binnenuit (bw)	**de dentro**	[də 'dẽtru]
naar ergens (bw)	**para algum lugar**	['perɐ al'gũ lu'gar]
rechtdoor (bw)	**diretamente**	[dirɛte'mẽtə]
terug (bijv. ~ komen)	**de volta**	['parɐ 'traʃ]
ergens vandaan (bw)	**de algum lugar**	[də al'gũ lu'gar]
ergens vandaan (en dit geld moet ~ komen)	**de algum lugar**	[də al'gũ lu'gar]
ten eerste (bw)	**em primeiro lugar**	[ẽ pri'mɐjru lu'gar]
ten tweede (bw)	**em segundo lugar**	[ẽ sə'gũdu lu'gar]
ten derde (bw)	**em terceiro lugar**	[ẽ tər'sɐjru lu'gar]
plotseling (bw)	**de súbito, de repente**	[də 'subitu], [də ʀə'pẽtə]
in het begin (bw)	**no início**	[nu i'nisiu]
voor de eerste keer (bw)	**pela primeira vez**	['pelɐ pri'mɐjrɐ 'veʒ]
lang voor … (bw)	**muito antes de …**	['mujtu 'ãtəʃ də]
opnieuw (bw)	**de novo**	[də 'novu]
voor eeuwig (bw)	**para sempre**	['perɐ 'sẽprə]
nooit (bw)	**nunca**	['nũkɐ]
weer (bw)	**de novo**	[də 'novu]

nu (bw)	**agora**	[ɐ'gɔrɐ]
vaak (bw)	**frequentemente**	[frəkuẽtə'mẽtə]
toen (bw)	**então**	[ẽ'tãu]
urgent (bw)	**urgentemente**	[urʒẽtə'mẽtə]
meestal (bw)	**usualmente**	[uzual'mẽtə]
trouwens, ... (tussen haakjes)	**a propósito, ...**	[ɐ pru'pɔzitu]
mogelijk (bw)	**é possível**	[ɛ pu'sivɛl]
waarschijnlijk (bw)	**provavelmente**	[pruvavɛl'mẽtə]
misschien (bw)	**talvez**	[ta'lveʒ]
trouwens (bw)	**além disso, ...**	[a'lẽʲ 'disu]
daarom ...	**por isso ...**	[pur 'isu]
in weerwil van ...	**apesar de ...**	[ɐpə'zar də]
dankzij ...	**graças a ...**	['grasɐʃ ɐ]
wat (vn)	**que**	[kə]
dat (vw)	**que**	[kə]
iets (vn)	**algo**	[algu]
iets	**alguma coisa**	[al'gumɐ 'kojzɐ]
niets (vn)	**nada**	['nadɐ]
wie (~ is daar?)	**quem**	[kẽʲ]
iemand (een onbekende)	**alguém**	[al'gẽʲ]
iemand (een bepaald persoon)	**alguém**	[al'gẽʲ]
niemand (vn)	**ninguém**	[nĩ'gẽʲ]
nergens (bw)	**para lugar nenhum**	['pɐrɐ lu'gar nə'ɲũ]
niemands (bn)	**de ninguém**	[də nĩ'gẽʲ]
iemands (bn)	**de alguém**	[də al'gẽʲ]
zo (Ik ben ~ blij)	**tão**	['tãu]
ook (evenals)	**também**	[tã'bẽʲ]
alsook (eveneens)	**também**	[tã'bẽʲ]

18. Functiewoorden. Bijwoorden. Deel 2

Waarom?	**Porquê?**	[pur'ke]
om een bepaalde reden	**por alguma razão**	[pur al'gumɐ ʀɐ'zãu]
omdat ...	**porque ...**	['purkə]
voor een bepaald doel	**por qualquer razão**	['pur kual'kɛr ʀɐ'zãw]
en (vw)	**e**	[i]
of (vw)	**ou**	['ou]
maar (vw)	**mas**	[mɐʃ]
voor (vz)	**para**	['pɐrɐ]
te (~ veel mensen)	**demasiado, muito**	[dəmɐzi'adu], ['mujtu]
alleen (bw)	**só, somente**	[sɔ], [sɔ'mẽtə]
precies (bw)	**exatamente**	[ezatɐ'mẽtə]
ongeveer (~ 10 kg)	**cerca de ...**	['serkɐ də]
omstreeks (bw)	**aproximadamente**	[ɐprɔsimadɐ'mẽtə]
bij benadering (bn)	**aproximado**	[ɐprɔsi'madu]

bijna (bw)	**quase**	[ku'azə]
rest (de)	**resto** (m)	['ʀɛʃtu]
de andere (tweede)	**o outro**	[u 'otru]
ander (bn)	**outro**	['otru]
elk (bn)	**cada**	['kɐdɐ]
om het even welk	**qualquer**	[kua'lkɛr]
veel (ontelb.)	**muito**	['mujtu]
veel (telb.)	**muitos, muitas**	['mujtuʃ], ['mujtɐʃ]
veel mensen	**muitas pessoas**	['mujtɐʃ pə'soɐʃ]
iedereen (alle personen)	**todos**	['toduʃ]
in ruil voor ...	**em troca de ...**	[ẽ 'trɔkɐ də]
in ruil (bw)	**em troca**	[ẽ 'trɔkɐ]
met de hand (bw)	**à mão**	[a 'mãu]
onwaarschijnlijk (bw)	**pouco provável**	['poku pru'vavɛl]
waarschijnlijk (bw)	**provavelmente**	[pruvavɛl'mẽtə]
met opzet (bw)	**de propósito**	[də pru'pɔzitu]
toevallig (bw)	**por acidente**	[pur ɐsi'dẽtə]
zeer (bw)	**muito**	['mujtu]
bijvoorbeeld (bw)	**por exemplo**	[pur e'zẽplu]
tussen (~ twee steden)	**entre**	['ẽtrə]
tussen (te midden van)	**entre, no meio de ...**	['ẽtrə], [nu 'mɐju də]
zoveel (bw)	**tanto**	['tãtu]
vooral (bw)	**especialmente**	[əʃpəsjal'mẽtə]

Basisbegrippen Deel 2

19. Tegenovergestelden

rijk (bn)	**rico**	['ʀiku]
arm (bn)	**pobre**	['pɔbrə]
ziek (bn)	**doente**	[du'ẽtə]
gezond (bn)	**são**	['sãu]
groot (bn)	**grande**	['grãdə]
klein (bn)	**pequeno**	[pə'kenu]
snel (bw)	**rapidamente**	[ʀapidɐ'mẽtə]
langzaam (bw)	**lentamente**	[lẽtɐ'mẽtə]
snel (bn)	**rápido**	['ʀapidu]
langzaam (bn)	**lento**	['lẽtu]
vrolijk (bn)	**alegre**	[ɐ'lɛgrə]
treurig (bn)	**triste**	['triʃtə]
samen (bw)	**juntos**	['ʒũtuʃ]
apart (bw)	**separadamente**	[səpɐradɐ'mẽtə]
hardop (~ lezen)	**em voz alta**	[ẽ vɔʒ 'altɐ]
stil (~ lezen)	**para si**	['pɐrɐ si]
hoog (bn)	**alto**	['altu]
laag (bn)	**baixo**	['baɪʃu]
diep (bn)	**profundo**	[pru'fũdu]
ondiep (bn)	**pouco fundo**	['poku 'fũdu]
ja	**sim**	[sĩ]
nee	**não**	[nãu]
ver (bn)	**distante**	[di'ʃtãtə]
dicht (bn)	**próximo**	['prɔsimu]
ver (bw)	**longe**	['lõʒə]
dichtbij (bw)	**perto**	['pɛrtu]
lang (bn)	**longo**	['lõgu]
kort (bn)	**curto**	['kurtu]
vriendelijk (goedhartig)	**bom, bondoso**	[bõ], [bõ'dozu]
kwaad (bn)	**mau**	['mau]
gehuwd (mann.)	**casado**	[kɐ'zadu]

ongehuwd (mann.)	**solteiro**	[sɔl'tɐjru]
verbieden (ww)	**proibir** (vt)	[prui'biɾ]
toestaan (ww)	**permitir** (vt)	[pərmi'tiɾ]
einde (het)	**fim** (m)	[fĩ]
begin (het)	**princípio, começo** (m)	[prĩ'sipiu], [ku'mesu]
linker (bn)	**esquerdo**	[ə'ʃkerdu]
rechter (bn)	**direito**	[di'rɐjtu]
eerste (bn)	**primeiro**	[pri'mɐjru]
laatste (bn)	**último**	['ultimu]
misdaad (de)	**crime** (m)	['krimə]
bestraffing (de)	**castigo** (m)	[kɐ'ʃtigu]
bevelen (ww)	**ordenar** (vt)	[ɔrdə'naɾ]
gehoorzamen (ww)	**obedecer** (vt)	[ɔbədə'seɾ]
recht (bn)	**reto**	['ʀɛtu]
krom (bn)	**curvo**	['kurvu]
paradijs (het)	**paraíso** (m)	[pɐrɐ'izu]
hel (de)	**inferno** (m)	[ĩ'fɛrnu]
geboren worden (ww)	**nascer** (vi)	[nɐ'ʃseɾ]
sterven (ww)	**morrer** (vi)	[mu'ʀeɾ]
sterk (bn)	**forte**	['fɔrtə]
zwak (bn)	**fraco, débil**	['fraku], ['dɛbil]
oud (bn)	**velho, idoso**	['vɛʎu], [i'dozu]
jong (bn)	**jovem**	['ʒɔvẽʲ]
oud (bn)	**velho**	['vɛʎu]
nieuw (bn)	**novo**	['novu]
hard (bn)	**duro**	['duru]
zacht (bn)	**mole**	['mɔlə]
warm (bn)	**tépido**	['tɛpidu]
koud (bn)	**frio**	['friu]
dik (bn)	**gordo**	['gordu]
dun (bn)	**magro**	['magru]
smal (bn)	**estreito**	[ə'ʃtrɐjtu]
breed (bn)	**largo**	['largu]
goed (bn)	**bom**	[bõ]
slecht (bn)	**mau**	['mau]
moedig (bn)	**valente**	[vɐ'lẽtə]
laf (bn)	**cobarde**	[ku'bardə]

20. Dagen van de week

maandag (de)	**segunda-feira** (f)	[sə'gũdɐ 'fɐjrɐ]
dinsdag (de)	**terça-feira** (f)	['tersɐ 'fɐjrɐ]
woensdag (de)	**quarta-feira** (f)	[ku'art 'fɐjrɐ]
donderdag (de)	**quinta-feira** (f)	['kĩtɐ 'fɐjrɐ]
vrijdag (de)	**sexta-feira** (f)	['sɐʃtɐ 'fɐjrɐ]
zaterdag (de)	**sábado** (m)	['sabɐdu]
zondag (de)	**domingo** (m)	[du'mĩgu]
vandaag (bw)	**hoje**	['oʒə]
morgen (bw)	**amanhã**	[amɐ'ɲã]
overmorgen (bw)	**depois de amanhã**	[də'poɪʃ də amɐ'ɲã]
gisteren (bw)	**ontem**	['õtẽʲ]
eergisteren (bw)	**anteontem**	[ãti'õtẽʲ]
dag (de)	**dia** (m)	['diɐ]
werkdag (de)	**dia** (m) **de trabalho**	['diɐ də trɐ'baʎu]
feestdag (de)	**feriado** (m)	[fə'rjadu]
verlofdag (de)	**dia** (m) **de folga**	['diɐ də 'fɔlgɐ]
weekend (het)	**fim** (m) **de semana**	[fĩ də sə'mɐnɐ]
de hele dag (bw)	**o dia todo**	[u 'diɐ 'todu]
de volgende dag (bw)	**no dia seguinte**	[nu 'diɐ sə'gĩtə]
twee dagen geleden	**há dois dias**	[a 'doɪʃ 'diɐʃ]
aan de vooravond (bw)	**na véspera**	[nɐ 'vɛʃpərɐ]
dag-, dagelijks (bn)	**diário**	[di'ariu]
elke dag (bw)	**todos os dias**	['toduʃ uʃ 'diɐʃ]
week (de)	**semana** (f)	[sə'mɐnɐ]
vorige week (bw)	**na semana passada**	[nɐ sə'mɐnɐ pɐ'sadɐ]
volgende week (bw)	**na próxima semana**	[nɐ 'prɔsimɐ sə'mɐnɐ]
wekelijks (bn)	**semanal**	[səmɐ'nal]
elke week (bw)	**cada semana**	['kɐdɐ sə'mɐnɐ]
twee keer per week	**duas vezes por semana**	['duɐʃ 'vezəʃ pur sə'mɐnɐ]
elke dinsdag	**cada terça-feira**	['kɐdɐ tersɐ 'fɐjrɐ]

21. Uren. Dag en nacht

morgen (de)	**manhã** (f)	[mɐ'ɲã]
's morgens (bw)	**de manhã**	[də mɐ'ɲã]
middag (de)	**meio-dia** (m)	['mɐju 'diɐ]
's middags (bw)	**à tarde**	[a 'tardə]
avond (de)	**noite** (f)	['nojtə]
's avonds (bw)	**à noite**	[a 'nojtə]
nacht (de)	**noite** (f)	['nojtə]
's nachts (bw)	**à noite**	[a 'nojtə]
middernacht (de)	**meia-noite** (f)	['mɐjɐ 'nojtə]
seconde (de)	**segundo** (m)	[sə'gũdu]
minuut (de)	**minuto** (m)	[mi'nutu]
uur (het)	**hora** (f)	['ɔrɐ]

halfuur (het)	**meia hora** (f)	['mɐjɐ 'ɔrɐ]
kwartier (het)	**quarto** (m) **de hora**	[ku'artu də 'ɔrɐ]
vijftien minuten	**quinze minutos**	['kĩzə mi'nutuʃ]
etmaal (het)	**vinte e quatro horas**	['vĩtə i ku'atru 'ɔrɐʃ]
zonsopgang (de)	**nascer** (m) **do sol**	[nɐ'ʃser du sɔl]
dageraad (de)	**amanhecer** (m)	[ɐmɐɲə'ser]
vroege morgen (de)	**madrugada** (f)	[mɐdru'gadɐ]
zonsondergang (de)	**pôr** (m) **do sol**	[por du 'sɔl]
's morgens vroeg (bw)	**de madrugada**	[də mɐdru'gadɐ]
vanmorgen (bw)	**hoje de manhã**	['oʒə də mɐ'ɲã]
morgenochtend (bw)	**amanhã de manhã**	[amɐ'ɲã də mɐ'ɲã]
vanmiddag (bw)	**hoje à tarde**	['oʒə a 'tardə]
's middags (bw)	**à tarde**	[a 'tardə]
morgenmiddag (bw)	**amanhã à tarde**	[amɐ'ɲã a 'tardə]
vanavond (bw)	**esta noite, hoje à noite**	['ɛʃtɐ 'nojtə], ['oʒə a 'nojtə]
morgenavond (bw)	**amanhã à noite**	[amɐ'ɲã a 'nojtə]
klokslag drie uur	**às três horas em ponto**	[aʃ treʃ 'ɔrɐʃ ẽ 'põtu]
ongeveer vier uur	**por volta das quatro**	[pur 'vɔltɐ dɐʃ ku'atru]
tegen twaalf uur	**às doze**	[aʃ 'dozə]
over twintig minuten	**dentro de vinte minutos**	['dẽtru də 'vĩtə mi'nutuʃ]
over een uur	**dentro duma hora**	['dẽtru 'dumɐ 'ɔrɐ]
op tijd (bw)	**a tempo**	[ɐ 'tẽpu]
kwart voor …	**… menos um quarto**	['menuʃ 'ũ ku'artu]
binnen een uur	**durante uma hora**	[du'rãtə 'umɐ 'ɔrɐ]
elk kwartier	**a cada quinze minutos**	[ɐ 'kɐdɐ 'kĩzə mi'nutuʃ]
de klok rond	**as vinte e quatro horas**	[ɐʃ 'vĩtə i ku'atru 'ɔrɐʃ]

22. Maanden. Seizoenen

januari (de)	**janeiro** (m)	[ʒɐ'nɐjru]
februari (de)	**fevereiro** (m)	[fəvə'rɐjru]
maart (de)	**março** (m)	['marsu]
april (de)	**abril** (m)	[ɐ'bril]
mei (de)	**maio** (m)	['maju]
juni (de)	**junho** (m)	['ʒuɲu]
juli (de)	**julho** (m)	['ʒuʎu]
augustus (de)	**agosto** (m)	[ɐ'goʃtu]
september (de)	**setembro** (m)	[sə'tẽbru]
oktober (de)	**outubro** (m)	[o'tubru]
november (de)	**novembro** (m)	[nu'vẽbru]
december (de)	**dezembro** (m)	[də'zẽbru]
lente (de)	**primavera** (f)	[primɐ'vɛrɐ]
in de lente (bw)	**na primavera**	[nɐ primɐ'vɛrɐ]
lente- (abn)	**primaveril**	[primɐvə'ril]
zomer (de)	**verão** (m)	[və'rãu]

in de zomer (bw)	**no verão**	[nu ve'rãu]
zomer-, zomers (bn)	**de verão**	[də ve'rãu]
herfst (de)	**outono** (m)	[o'tonu]
in de herfst (bw)	**no outono**	[nu o'tonu]
herfst- (abn)	**outonal**	[otu'nal]
winter (de)	**inverno** (m)	[ĩ'vɛrnu]
in de winter (bw)	**no inverno**	[nu ĩ'vɛrnu]
winter- (abn)	**de inverno**	[də ĩ'vɛrnu]
maand (de)	**mês** (m)	[meʃ]
deze maand (bw)	**este mês**	['eʃtə meʃ]
volgende maand (bw)	**no próximo mês**	[nu 'prɔsimu meʃ]
vorige maand (bw)	**no mês passado**	[nu meʃ pe'sadu]
een maand geleden (bw)	**há um mês**	[a ũ meʃ]
over een maand (bw)	**dentro de um mês**	['dẽtru də ũ meʃ]
over twee maanden (bw)	**dentro de dois meses**	['dẽtru də 'doɪʃ 'mezəʃ]
de hele maand (bw)	**todo o mês**	['todu u meʃ]
een volle maand (bw)	**um mês inteiro**	[ũ meʃ ĩ'tejru]
maand-, maandelijks (bn)	**mensal**	[mẽ'sal]
maandelijks (bw)	**mensalmente**	[mẽsal'mẽtə]
elke maand (bw)	**cada mês**	['kedɐ meʃ]
twee keer per maand	**duas vezes por mês**	['duɐʃ 'vezəʃ pur meʃ]
jaar (het)	**ano** (m)	['ɐnu]
dit jaar (bw)	**este ano**	['eʃtə 'ɐnu]
volgend jaar (bw)	**no próximo ano**	[nu 'prɔsimu 'ɐnu]
vorig jaar (bw)	**no ano passado**	[nu 'ɐnu pe'sadu]
een jaar geleden (bw)	**há um ano**	[a ũ 'ɐnu]
over een jaar	**dentro dum ano**	['dẽtru dũ 'ɐnu]
over twee jaar	**dentro de dois anos**	['dẽtru də 'doɪʃ 'ɐnuʃ]
het hele jaar	**todo o ano**	['todu u 'ɐnu]
een vol jaar	**um ano inteiro**	[ũ 'ɐnu ĩ'tejru]
elk jaar	**cada ano**	['kedɐ 'ɐnu]
jaar-, jaarlijks (bn)	**anual**	[ɐnu'al]
jaarlijks (bw)	**anualmente**	[ɐnual'mẽtə]
4 keer per jaar	**quatro vezes por ano**	[ku'atru 'vezəʃ pur 'ɐnu]
datum (de)	**data** (f)	['datɐ]
datum (de)	**data** (f)	['datɐ]
kalender (de)	**calendário** (m)	[kɐlẽ'dariu]
een half jaar	**meio ano**	['meju 'ɐnu]
zes maanden	**seis meses**	['sɐɪʃ 'mezəʃ]
seizoen (bijv. lente, zomer)	**estação** (f)	[əʃtɐ'sãu]
eeuw (de)	**século** (m)	['sɛkulu]

23. Tijd. Diversen

tijd (de)	**tempo** (m)	['tẽpu]
ogenblik (het)	**momento** (m)	[mu'mẽtu]

moment (het)	**instante** (m)	[ĩʃtãtə]
ogenblikkelijk (bn)	**instantâneo**	[ĩʃtã'tɐniu]
tijdsbestek (het)	**lapso** (m) **de tempo**	['lapsu də 'tẽpu]
leven (het)	**vida** (f)	['vidɐ]
eeuwigheid (de)	**eternidade** (f)	[etərni'dadə]
epoche (de), tijdperk (het)	**época** (f)	['ɛpukɐ]
era (de), tijdperk (het)	**era** (f)	['ɛrɐ]
cyclus (de)	**ciclo** (m)	['siklu]
periode (de)	**período** (m)	[pə'riudu]
termijn (vastgestelde periode)	**prazo** (m)	['prazu]
toekomst (de)	**futuro** (m)	[fu'turu]
toekomstig (bn)	**futuro**	[fu'turu]
de volgende keer	**da próxima vez**	[dɐ 'prɔsimɐ veʒ]
verleden (het)	**passado** (m)	[pɐ'sadu]
vorig (bn)	**passado**	[pɐ'sadu]
de vorige keer	**na vez passada**	[nɐ veʒ pɐ'sadɐ]
later (bw)	**mais tarde**	['maɪʃ 'tardə]
na (~ het diner)	**depois**	[də'poɪʃ]
tegenwoordig (bw)	**atualmente**	[ɐtual'mẽtə]
nu (bw)	**agora**	[ɐ'gɔrɐ]
onmiddellijk (bw)	**imediatamente**	[imədjatɐ'mẽtə]
snel (bw)	**em breve**	[ẽʲ 'brɛvə]
bij voorbaat (bw)	**de antemão**	[də ãtə'mãu]
lang geleden (bw)	**há muito tempo**	[a 'mujtu 'tẽpu]
kort geleden (bw)	**há pouco tempo**	[a 'poku 'tẽpu]
noodlot (het)	**destino** (m)	[də'ʃtinu]
herinneringen (mv.)	**recordações** (f pl)	[ʀəkurdɐ'soɪʃ]
archief (het)	**arquivo** (m)	[ɐr'kivu]
tijdens ... (ten tijde van)	**durante ...**	[du'rãtə]
lang (bw)	**durante muito tempo**	[du'rãtə 'mujtu 'tẽpu]
niet lang (bw)	**pouco tempo**	['poku 'tẽpu]
vroeg (bijv. ~ in de ochtend)	**cedo**	['sedu]
laat (bw)	**tarde**	['tardə]
voor altijd (bw)	**para sempre**	['perɐ 'sẽprə]
beginnen (ww)	**começar** (vt)	[kumə'sar]
uitstellen (ww)	**adiar** (vt)	[ɐ'djar]
tegelijkertijd (bw)	**simultaneamente**	['aw 'meʒmu 'tẽpu]
voortdurend (bw)	**permanentemente**	[pərmɐnẽtə'mẽtə]
voortdurend	**constante**	[kõ'ʃtãtə]
tijdelijk (bn)	**temporário**	[tẽpu'rariu]
soms (bw)	**às vezes**	[aʃ 'vezəʃ]
zelden (bw)	**raras vezes, raramente**	['ʀarɐʃ 'vezəʃ' [ʀarɐ'mẽtə]
vaak (bw)	**frequentemente**	[frəkuẽtə'mẽtə]

24. Lijnen en vormen

vierkant (het)	**quadrado** (m)	[kuɐ'dradu]
vierkant (bn)	**quadrado**	[kuɐ'dradu]

cirkel (de)	**círculo** (m)	['sirkulu]
rond (bn)	**redondo**	[ʀə'dõdu]
driehoek (de)	**triângulo** (m)	[tri'ãgulu]
driehoekig (bn)	**triangular**	[triãgu'lar]
ovaal (het)	**oval** (f)	[ɔ'val]
ovaal (bn)	**oval**	[ɔ'val]
rechthoek (de)	**retângulo** (m)	[ʀɛ'tãgulu]
rechthoekig (bn)	**retangular**	[ʀɛtãgu'lar]
piramide (de)	**pirâmide** (f)	[pi'ɾɐmidə]
ruit (de)	**rombo, losango** (m)	['ʀõbu], [lu'zãgu]
trapezium (het)	**trapézio** (m)	[trɐ'pɛziu]
kubus (de)	**cubo** (m)	['kubu]
prisma (het)	**prisma** (m)	['priʒmɐ]
omtrek (de)	**circunferência** (f)	[sirkũfə'rẽsiɐ]
bol, sfeer (de)	**esfera** (f)	[ə'ʃfɛɾɐ]
bal (de)	**globo** (m)	['globu]
diameter (de)	**diâmetro** (m)	['djɐmətru]
straal (de)	**raio** (m)	['ʀaju]
omtrek (~ van een cirkel)	**perímetro** (m)	[pə'rimətru]
middelpunt (het)	**centro** (m)	['sẽtru]
horizontaal (bn)	**horizontal**	[ɔrizõ'tal]
verticaal (bn)	**vertical**	[vərti'kal]
parallel (de)	**paralela** (f)	[pɐrɐ'lɛlɐ]
parallel (bn)	**paralelo**	[pɐrɐ'lɛlu]
lijn (de)	**linha** (f)	['liɲɐ]
streep (de)	**traço** (m)	['trasu]
rechte lijn (de)	**reta** (f)	['ʀɛtɐ]
kromme (de)	**curva** (f)	['kurvɐ]
dun (bn)	**fino**	['finu]
omlijning (de)	**contorno** (m)	[kõ'tornu]
snijpunt (het)	**interseção** (f)	[ĩtərsɛ'sãu]
rechte hoek (de)	**ângulo** (m) **reto**	[ãgulu 'ʀɛtu]
segment (het)	**segmento** (m)	[sɛ'gmẽtu]
sector (de)	**setor** (m)	[sɛ'tor]
zijde (de)	**lado** (m)	['ladu]
hoek (de)	**ângulo** (m)	[ãgulu]

25. Meeteenheden

gewicht (het)	**peso** (m)	['pezu]
lengte (de)	**comprimento** (m)	[kõpri'mẽtu]
breedte (de)	**largura** (f)	[lɐr'gurɐ]
hoogte (de)	**altura** (f)	[al'turɐ]
diepte (de)	**profundidade** (f)	[prufũdi'dadə]
volume (het)	**volume** (m)	[vu'lumə]
oppervlakte (de)	**área** (f)	['ariɐ]
gram (het)	**grama** (m)	['grɐmɐ]
milligram (het)	**miligrama** (m)	[mili'grɐmɐ]

kilogram (het)	**quilograma** (m)	[kilu'gremɐ]
ton (duizend kilo)	**tonelada** (f)	[tunə'ladɐ]
pond (het)	**libra** (f)	['librɐ]
ons (het)	**onça** (f)	['õsɐ]
meter (de)	**metro** (m)	['mɛtru]
millimeter (de)	**milímetro** (m)	[mi'limətru]
centimeter (de)	**centímetro** (m)	[sẽ'timətru]
kilometer (de)	**quilómetro** (m)	[ki'lɔmətru]
mijl (de)	**milha** (f)	['miʎɐ]
duim (de)	**polegada** (f)	[pulə'gadɐ]
voet (de)	**pé** (m)	[pɛ]
yard (de)	**jarda** (f)	['ʒardɐ]
vierkante meter (de)	**metro** (m) **quadrado**	['mɛtru kuɐ'dradu]
hectare (de)	**hectare** (m)	[ɛ'ktarə]
liter (de)	**litro** (m)	['litru]
graad (de)	**grau** (m)	['grau]
volt (de)	**volt** (m)	['vɔltə]
ampère (de)	**ampere** (m)	[ã'pɛrə]
paardenkracht (de)	**cavalo-vapor** (m)	[kɐ'valu vɐ'por]
hoeveelheid (de)	**quantidade** (f)	[kuãti'dadə]
een beetje ...	**um pouco de ...**	[ũ 'poku də]
helft (de)	**metade** (f)	[mə'tadə]
dozijn (het)	**dúzia** (f)	['duziɐ]
stuk (het)	**peça** (f)	['pɛsɐ]
afmeting (de)	**dimensão** (f)	[dimẽ'sãu]
schaal (bijv. ~ van 1 op 50)	**escala** (f)	[ə'ʃkalɐ]
minimaal (bn)	**mínimo**	['minimu]
minste (bn)	**menor, mais pequeno**	[mə'nɔr], ['maɪʃ pə'kenu]
medium (bn)	**médio**	['mɛdiu]
maximaal (bn)	**máximo**	['masimu]
grootste (bn)	**maior, mais grande**	[mɐ'jɔr], ['maɪʃ 'grãdə]

26. Containers

glazen pot (de)	**boião** (m) **de vidro**	[bo'jãu də 'vidru]
blik (conserven~)	**lata** (f)	['latɐ]
emmer (de)	**balde** (m)	['baldə]
ton (bijv. regenton)	**barril** (m)	[bɐ'ʀil]
ronde waterbak (de)	**bacia** (f)	[bɐ'siɐ]
tank (bijv. watertank-70-ltr)	**tanque** (m)	['tãkə]
heupfles (de)	**cantil** (m) **de bolso**	[kã'til de 'bolsu]
jerrycan (de)	**bidão** (m) **de gasolina**	[bi'dãu də gɐzu'linɐ]
tank (bijv. ketelwagen)	**cisterna** (f)	[si'ʃtɛrnɐ]
beker (de)	**caneca** (f)	[kɐ'nɛkɐ]
kopje (het)	**chávena** (f)	['ʃavənɐ]

schoteltje (het)	**pires** (m)	['pirəʃ]
glas (het)	**copo** (m)	['kɔpu]
wijnglas (het)	**taça** (f) **de vinho**	['tasɐ də 'viɲu]
pan (de)	**panela, caçarola** (f)	[pɐ'nɛlɐ], [kɐsɐ'rɔlɐ]
fles (de)	**garrafa** (f)	[gɐ'ʀafɐ]
flessenhals (de)	**gargalo** (m)	[gɐr'galu]
karaf (de)	**garrafa** (f)	[gɐ'ʀafɐ]
kruik (de)	**jarro** (m)	['ʒaʀu]
vat (het)	**recipiente** (m)	[ʀəsipi'ẽtə]
pot (de)	**pote** (m)	['pɔtə]
vaas (de)	**vaso** (m), **jarra** (f)	['vazu], ['ʒaʀɐ]
flacon (de)	**frasco** (m)	['fraʃku]
flesje (het)	**frasquinho** (m)	[frɐ'ʃkiɲu]
tube (bijv. ~ tandpasta)	**tubo** (m)	['tubu]
zak (bijv. ~ aardappelen)	**saca** (f)	['sakɐ]
tasje (het)	**saco** (m)	['saku]
pakje (~ sigaretten, enz.)	**maço** (m)	['masu]
doos (de)	**caixa** (f)	['kaɪʃɐ]
kist (de)	**caixa** (f)	['kaɪʃɐ]
mand (de)	**cesto** (m), **cesta** (f)	['seʃtu], ['seʃtɐ]

27. Materialen

materiaal (het)	**material** (m)	[mɐtə'rjal]
hout (het)	**madeira** (f)	[mɐ'dɐjrɐ]
houten (bn)	**de madeira**	[də mɐ'dɐjrɐ]
glas (het)	**vidro** (m)	['vidru]
glazen (bn)	**de vidro**	[də 'vidru]
steen (de)	**pedra** (f)	['pɛdrɐ]
stenen (bn)	**de pedra**	[də 'pɛdrɐ]
plastic (het)	**plástico** (m)	['plaʃtiku]
plastic (bn)	**de plástico**	[də 'plaʃtiku]
rubber (het)	**borracha** (f)	[bu'ʀaʃɐ]
rubber-, rubberen (bn)	**de borracha**	[də bu'ʀaʃɐ]
stof (de)	**tecido, pano** (m)	[tə'sidu], ['pɐnu]
van stof (bn)	**de tecido**	[də tə'sidu]
papier (het)	**papel** (m)	[pɐ'pɛl]
papieren (bn)	**de papel**	[də pɐ'pɛl]
karton (het)	**cartão** (m)	[kɐr'tɐ̃u]
kartonnen (bn)	**de cartão**	[də kɐr'tɐ̃u]
polyethyleen (het)	**polietileno** (m)	[pɔliɛti'lenu]
cellofaan (het)	**celofane** (m)	[səlu'fɐnə]

multiplex (het)	**contraplacado** (m)	[kõtrɐplɐ'kadu]
porselein (het)	**porcelana** (f)	[pursə'lɐnɐ]
porseleinen (bn)	**de porcelana**	[də pursə'lɐnɐ]
klei (de)	**argila** (f), **barro** (m)	[ɐr'ʒilɐ], ['baʀu]
klei-, van klei (bn)	**de barro**	[də 'baʀu]
keramiek (de)	**cerâmica** (f)	[sə'rɐmikɐ]
keramieken (bn)	**de cerâmica**	[də sə'rɐmikɐ]

28. Metalen

metaal (het)	**metal** (m)	[mə'tal]
metalen (bn)	**metálico**	[mə'taliku]
legering (de)	**liga** (f)	['ligɐ]
goud (het)	**ouro** (m)	['oru]
gouden (bn)	**de ouro**	[də 'oru]
zilver (het)	**prata** (f)	['pratɐ]
zilveren (bn)	**de prata**	[də 'pratɐ]
ijzer (het)	**ferro** (m)	['fɛʀu]
ijzeren	**de ferro**	[də 'fɛʀu]
staal (het)	**aço** (m)	['asu]
stalen (bn)	**de aço**	[də 'asu]
koper (het)	**cobre** (m)	['kɔbrə]
koperen (bn)	**de cobre**	[də 'kɔbrə]
aluminium (het)	**alumínio** (m)	[ɐlu'miniu]
aluminium (bn)	**de alumínio**	[də ɐlu'miniu]
brons (het)	**bronze** (m)	['brõzə]
bronzen (bn)	**de bronze**	[də 'brõzə]
messing (het)	**latão** (m)	[lɐ'tãu]
nikkel (het)	**níquel** (m)	['nikɛl]
platina (het)	**platina** (f)	[plɐ'tinɐ]
kwik (het)	**mercúrio** (m)	[mər'kuriu]
tin (het)	**estanho** (m)	[ə'ʃtɐɲu]
lood (het)	**chumbo** (m)	['ʃũbu]
zink (het)	**zinco** (m)	['zĩku]

MENS

Mens. Het lichaam

29. Mensen. Basisbegrippen

mens (de)	**ser** (m) **humano**	[ser u'menu]
man (de)	**homem** (m)	['ɔmẽj]
vrouw (de)	**mulher** (f)	[mu'ʎɛr]
kind (het)	**criança** (f)	[kri'ãsɐ]
meisje (het)	**menina** (f)	[mə'ninɐ]
jongen (de)	**menino** (m)	[mə'ninu]
tiener, adolescent (de)	**adolescente** (m)	[ɐdulə'ʃsẽtə]
oude man (de)	**velho** (m)	['vɛʎu]
oude vrouw (de)	**velha, anciã** (f)	['vɛʎɐ], [ãsi'ã]

30. Menselijke anatomie

organisme (het)	**organismo** (m)	[ɔrgɐ'niʒmu]
hart (het)	**coração** (m)	[kurɐ'sãu]
bloed (het)	**sangue** (m)	['sãgə]
slagader (de)	**artéria** (f)	[ɐr'tɛriɐ]
ader (de)	**veia** (f)	['vɐjɐ]
hersenen (mv.)	**cérebro** (m)	['sɛrəbru]
zenuw (de)	**nervo** (m)	['nervu]
zenuwen (mv.)	**nervos** (m pl)	['nervuʃ]
wervel (de)	**vértebra** (f)	['vɛrtəbrɐ]
ruggengraat (de)	**coluna** (f) **vertebral**	[ku'lunɐ vərtə'bral]
maag (de)	**estômago** (m)	[ə'ʃtomɐgu]
darmen (mv.)	**intestinos** (m pl)	[ĩtə'ʃtinuʃ]
darm (de)	**intestino** (m)	[ĩtə'ʃtinu]
lever (de)	**fígado** (m)	['figɐdu]
nier (de)	**rim** (m)	[ʀĩ]
been (deel van het skelet)	**osso** (m)	['osu]
skelet (het)	**esqueleto** (m)	[əʃkə'letu]
rib (de)	**costela** (f)	[ku'ʃtɛlɐ]
schedel (de)	**crânio** (m)	['krɐniu]
spier (de)	**músculo** (m)	['muʃkulu]
biceps (de)	**bíceps** (m)	['bisɛps]
triceps (de)	**tríceps** (m)	['trisɛps]
pees (de)	**tendão** (m)	[tẽ'dãu]
gewricht (het)	**articulação** (f)	[ɐrtikulɐ'sãu]

longen (mv.)	**pulmões** (m pl)	[pul'moɪʃ]
geslachtsorganen (mv.)	**órgãos** (m pl) **genitais**	['ɔrgãuʃ ʒəni'taɪʃ]
huid (de)	**pele** (f)	['pɛlə]

31. Hoofd

hoofd (het)	**cabeça** (f)	[kɐ'besɐ]
gezicht (het)	**cara** (f)	['karɐ]
neus (de)	**nariz** (m)	[nɐ'riʒ]
mond (de)	**boca** (f)	['bokɐ]
oog (het)	**olho** (m)	['oʎu]
ogen (mv.)	**olhos** (m pl)	['ɔʎuʃ]
pupil (de)	**pupila** (f)	[pu'pilɐ]
wenkbrauw (de)	**sobrancelha** (f)	[subrã'sɐʎɐ]
wimper (de)	**pestana** (f)	[pə'ʃtɐnɐ]
ooglid (het)	**pálpebra** (f)	['palpəbrɐ]
tong (de)	**língua** (f)	['lĩguɐ]
tand (de)	**dente** (m)	['dẽtə]
lippen (mv.)	**lábios** (m pl)	['labiuʃ]
jukbeenderen (mv.)	**maçãs** (f pl) **do rosto**	[mɐ'sãʃ du 'ʀoʃtu]
tandvlees (het)	**gengiva** (f)	[ʒẽ'ʒivɐ]
gehemelte (het)	**palato** (m)	[pɐ'latu]
neusgaten (mv.)	**narinas** (f pl)	[nɐ'rinɐʃ]
kin (de)	**queixo** (m)	['kɐɪʃu]
kaak (de)	**mandíbula** (f)	[mã'dibulɐ]
wang (de)	**bochecha** (f)	[bu'ʃeʃɐ]
voorhoofd (het)	**testa** (f)	['tɛʃtɐ]
slaap (de)	**têmpora** (f)	['tẽpurɐ]
oor (het)	**orelha** (f)	[ɔ'rɐʎɐ]
achterhoofd (het)	**nuca** (f)	['nukɐ]
hals (de)	**pescoço** (m), **colo** (m)	[pə'ʃkosu], ['kɔlu]
keel (de)	**garganta** (f)	[gɐr'gãtɐ]
haren (mv.)	**cabelos** (m pl)	[kɐ'beluʃ]
kapsel (het)	**penteado** (m)	[pẽ'tjadu]
haarsnit (de)	**corte** (m) **de cabelo**	['kɔrtə də kɐ'belu]
pruik (de)	**peruca** (f)	[pə'rukɐ]
snor (de)	**bigode** (m)	[bi'gɔdə]
baard (de)	**barba** (f)	['barbɐ]
dragen (een baard, enz.)	**usar, ter** (vt)	[u'zar], [ter]
vlecht (de)	**trança** (f)	['trãsɐ]
bakkebaarden (mv.)	**suíças** (f pl)	[su'isɐʃ]
ros (roodachtig, rossig)	**ruivo**	['ʀujvu]
grijs (~ haar)	**grisalho**	[gri'zaʎu]
kaal (bn)	**calvo**	['kalvu]
kale plek (de)	**calva** (f)	['kalvɐ]
paardenstaart (de)	**rabo-de-cavalo** (m)	[ʀabu də kɐ'valu]
pony (de)	**franja** (f)	['frãʒɐ]

32. Menselijk lichaam

hand (de)	**mão** (f)	['mãu]
arm (de)	**braço** (m)	['brasu]
vinger (de)	**dedo** (m)	['dedu]
teen (de)	**dedo** (m)	['dedu]
duim (de)	**polegar** (m)	[pulə'gar]
pink (de)	**dedo** (m) **mindinho**	['dedu mĩ'diɲu]
nagel (de)	**unha** (f)	['uɲɐ]
vuist (de)	**punho** (m)	['puɲu]
handpalm (de)	**palma** (f)	['palmɐ]
pols (de)	**pulso** (m)	['pulsu]
voorarm (de)	**antebraço** (m)	[ãtə'brasu]
elleboog (de)	**cotovelo** (m)	[kutu'velu]
schouder (de)	**ombro** (m)	['õbru]
been (rechter ~)	**perna** (f)	['pɛrnɐ]
voet (de)	**pé** (m)	[pɛ]
knie (de)	**joelho** (m)	[ʒu'ɐʎu]
kuit (de)	**barriga** (f) **da perna**	[bɐ'ʀigɐ dɐ 'pɛrnɐ]
heup (de)	**anca** (f)	[ãkɐ]
hiel (de)	**calcanhar** (m)	[kalkɐ'ɲar]
lichaam (het)	**corpo** (m)	['korpu]
buik (de)	**barriga** (f)	[bɐ'ʀigɐ]
borst (de)	**peito** (m)	['pɐjtu]
borst (de)	**seio** (m)	['sɐju]
zijde (de)	**lado** (m)	['ladu]
rug (de)	**costas** (f pl)	['kɔʃtɐʃ]
lage rug (de)	**região** (f) **lombar**	[ʀə'ʒjãu lõ'bar]
taille (de)	**cintura** (f)	[sĩ'turɐ]
navel (de)	**umbigo** (m)	[ũ'bigu]
billen (mv.)	**nádegas** (f pl)	['nadəgɐʃ]
achterwerk (het)	**traseiro** (m)	[trɐ'zɐjru]
huidvlek (de)	**sinal** (m)	[si'nal]
moedervlek (de)	**sinal** (m) **de nascença**	[si'nal də nɐ'ʃsẽsɐ]
tatoeage (de)	**tatuagem** (f)	[tɐtu'aʒẽʲ]
litteken (het)	**cicatriz** (f)	[sikɐ'triʒ]

Kleding en accessoires

33. Bovenkleding. Jassen

kleren (mv.)	**roupa** (f)	['ʀopɐ]
bovenkleding (de)	**roupa** (f) **exterior**	['ʀopɐ əʃtə'rjor]
winterkleding (de)	**roupa** (f) **de inverno**	['ʀopɐ də ĩ'vɛrnu]
jas (de)	**sobretudo** (m)	[sobrə'tudu]
bontjas (de)	**casaco** (m) **de peles**	[kɐ'zaku də 'pɛləʃ]
bontjasje (het)	**casaco curto** (m) **de pele**	[kɐ'zaku 'kurtu də 'pɛlə]
donzen jas (de)	**casaco** (m) **acolchoado**	[kɐ'zaku ɐkɔlʃu'adu]
jasje (bijv. een leren ~)	**casaco, blusão** (m)	[kɐ'zaku], [blu'zãu]
regenjas (de)	**impermeável** (m)	[ĩpərmi'avɛl]
waterdicht (bn)	**impermeável**	[ĩpər'mjavɛl]

34. Heren & dames kleding

overhemd (het)	**camisa** (f)	[kɐ'mizɐ]
broek (de)	**calças** (f pl)	['kalsɐʃ]
jeans (de)	**calças** (f pl) **de ganga**	['kalsɐʃ də 'gãgɐ]
colbert (de)	**casaco** (m)	[kɐ'zaku]
kostuum (het)	**fato** (m)	['fatu]
jurk (de)	**vestido** (m)	[və'ʃtidu]
rok (de)	**saia** (f)	['sajɐ]
blouse (de)	**blusa** (f)	['bluzɐ]
wollen vest (de)	**casaco** (m) **de malha**	[kɐ'zaku də 'maʎɐ]
blazer (kort jasje)	**casaco, blazer** (m)	[kɐ'zaku], ['blɐjzɐr]
T-shirt (het)	**T-shirt, camiseta** (f)	['tiʃərt], [kɐmi'zetɐ]
shorts (mv.)	**short** (m), **calções** (m pl)	['ʃɔrt], [ka'lsoɪʃ]
trainingspak (het)	**fato** (m) **de treino**	['fatu də 'trɐjnu]
badjas (de)	**roupão** (m) **de banho**	[ʀo'pãu də 'bɐɲu]
pyjama (de)	**pijama** (m)	[pi'ʒɐmɐ]
sweater (de)	**suéter** (m)	[su'ɛtɛr]
pullover (de)	**pulôver** (m)	[pu'lovɛr]
gilet (het)	**colete** (m)	[ku'letə]
rokkostuum (het)	**fraque** (m)	['frakə]
smoking (de)	**smoking** (m)	['smokiŋ]
uniform (het)	**uniforme** (m)	[uni'fɔrmə]
werkkleding (de)	**roupa** (f) **de trabalho**	['ʀopɐ də trɐ'baʎu]
overall (de)	**fato-macaco** (m)	['fatu mɐ'kaku]
doktersjas (de)	**bata** (f)	['batɐ]

35. Kleding. Ondergoed

ondergoed (het)	**roupa** (f) **interior**	['ʀopɐ ĩtə'rjor]
herenslip (de)	**cuecas boxer** (f pl)	[ku'ɛkɐʃ 'bɔksɐr]
slipjes (mv.)	**cuecas** (f pl)	[ku'ɛkɐʃ]
onderhemd (het)	**camisola** (f) **interior**	[kɐmi'zɔlɐ ĩtə'rjor]
sokken (mv.)	**peúgas** (f pl)	['pjugɐʃ]
nachthemd (het)	**camisa** (f) **de noite**	[kɐ'mizɐ də 'nojtə]
beha (de)	**sutiã** (m)	[su'tjã]
kniekousen (mv.)	**meias longas** (f pl)	['mɐjɐʃ 'lõgɐʃ]
panty (de)	**meia-calça** (f)	['mɐjɐ 'kalsɐ]
nylonkousen (mv.)	**meias** (f pl)	['mɐjɐʃ]
badpak (het)	**fato** (m) **de banho**	['fatu də 'bɐɲu]

36. Hoofddeksels

hoed (de)	**chapéu** (m)	[ʃɐ'pɛu]
deukhoed (de)	**chapéu** (m) **de feltro**	[ʃɐ'pɛu də 'feltru]
honkbalpet (de)	**boné** (m) **de beisebol**	[bɔ'nɛ də 'bɛjzbɔl]
kleppet (de)	**boné** (m)	[bɔ'nɛ]
baret (de)	**boina** (f)	['bɔjnɐ]
kap (de)	**capuz** (m)	[kɐ'puʃ]
panamahoed (de)	**panamá** (m)	[pɐnɐ'ma]
gebreide muts (de)	**gorro** (m) **de malha**	['goʀu də 'maʎɐ]
hoofddoek (de)	**lenço** (m)	['lẽsu]
dameshoed (de)	**chapéu** (m) **de mulher**	[ʃɐ'pɛu də mu'ʎɛr]
veiligheidshelm (de)	**capacete** (m)	[kɐpɐ'setə]
veldmuts (de)	**bibico** (m)	[bi'biku]
helm, valhelm (de)	**capacete** (m)	[kɐpɐ'setə]
bolhoed (de)	**chapéu-coco** (m)	[ʃɐ'pɛu 'koku]
hoge hoed (de)	**chapéu** (m) **alto**	[ʃɐ'pɛu 'altu]

37. Schoeisel

schoeisel (het)	**calçado** (m)	[kal'sadu]
schoenen (mv.)	**botinas** (f pl)	[bu'tinɐʃ]
vrouwenschoenen (mv.)	**sapatos** (m pl)	[sɐ'patuʃ]
laarzen (mv.)	**botas** (f pl)	['bɔtɐʃ]
pantoffels (mv.)	**pantufas** (f pl)	[pã'tufɐʃ]
sportschoenen (mv.)	**ténis** (m pl)	['tɛniʃ]
sneakers (mv.)	**sapatilhas** (f pl)	[sɐpɐ'tiʎɐʃ]
sandalen (mv.)	**sandálias** (f pl)	[sã'daliɐʃ]
schoenlapper (de)	**sapateiro** (m)	[sɐpɐ'tɐjru]
hiel (de)	**salto** (m)	['saltu]

paar (een ~ schoenen)	**par** (m)	[par]
veter (de)	**atacador** (m)	[ɐtɐkɐ'dor]
rijgen (schoenen ~)	**apertar os atacadores**	[ɐpər'tar uʃ ɐtɐkɐ'dorəʃ]
schoenlepel (de)	**calçadeira** (f)	[kalsɐ'dɐjrɐ]
schoensmeer (de/het)	**graxa** (f) **para calçado**	['graʃɐ 'pɐrɐ ka'lsadu]

38. Textiel. Weefsel

katoen (de/het)	**algodão** (m)	[algu'dãu]
katoenen (bn)	**de algodão**	[də algu'dãu]
vlas (het)	**linho** (m)	['liɲu]
vlas-, van vlas (bn)	**de linho**	[də 'liɲu]
zijde (de)	**seda** (f)	['sedɐ]
zijden (bn)	**de seda**	[də 'sedɐ]
wol (de)	**lã** (f)	[lã]
wollen (bn)	**de lã**	[də lã]
fluweel (het)	**veludo** (m)	[və'ludu]
suède (de)	**camurça** (f)	[kɐ'mursɐ]
ribfluweel (het)	**bombazina** (f)	[bõbɐ'zinɐ]
nylon (de/het)	**nylon** (m)	['najlɔn]
nylon-, van nylon (bn)	**de náilon**	[də 'najlɔn]
polyester (het)	**poliéster** (m)	[pɔli'ɛstɛr]
polyester- (abn)	**de poliéster**	[də pɔli'ɛstɛr]
leer (het)	**couro** (m)	['koru]
leren (van leer gemaak)	**de couro**	[də 'koru]
bont (het)	**pele** (f)	['pɛlə]
bont- (abn)	**de peles, de pele**	[də 'pɛləʃ], [də 'pɛlə]

39. Persoonlijke accessoires

handschoenen (mv.)	**luvas** (f pl)	['luvɐʃ]
wanten (mv.)	**mitenes** (f pl)	[mi'tɛnəʃ]
sjaal (fleece ~)	**cachecol** (m)	[kaʃə'kɔl]
bril (de)	**óculos** (m pl)	['ɔkuluʃ]
brilmontuur (het)	**armação** (f)	[ɐrmɐ'sãu]
paraplu (de)	**guarda-chuva** (m)	[guardɐ 'ʃuvɐ]
wandelstok (de)	**bengala** (f)	[bẽ'galɐ]
haarborstel (de)	**escova** (f) **para o cabelo**	[ə'ʃkovɐ 'pɐrɐ u kɐ'belu]
waaier (de)	**leque** (m)	['lɛkə]
das (de)	**gravata** (f)	[grɐ'vatɐ]
strikje (het)	**gravata-borboleta** (f)	[grɐ'vatɐ burbu'letɐ]
bretels (mv.)	**suspensórios** (m pl)	[suʃpẽ'sɔriuʃ]
zakdoek (de)	**lenço** (m)	['lẽsu]
kam (de)	**pente** (m)	['pẽtə]
haarspeldje (het)	**travessão** (m)	[trɐvə'sãu]

schuifspeldje (het)	**gancho** (m) **de cabelo**	['gãʃu də kɐ'belu]
gesp (de)	**fivela** (f)	[fi'vɛlɐ]
broekriem (de)	**cinto** (m)	['sĩtu]
draagriem (de)	**correia** (f)	[ku'ʀɐjɐ]
handtas (de)	**mala** (f)	['malɐ]
damestas (de)	**mala** (f) **de senhora**	['malɐ də sə'ɲorɐ]
rugzak (de)	**mochila** (f)	[mu'ʃilɐ]

40. Kleding. Diversen

mode (de)	**moda** (f)	['mɔdɐ]
de mode (bn)	**na moda**	[nɐ 'mɔdɐ]
kledingstilist (de)	**estilista** (m)	[əʃti'liʃtɐ]
kraag (de)	**colarinho** (m), **gola** (f)	[kulɐ'riɲu], ['gɔlɐ]
zak (de)	**bolso** (m)	['bolsu]
zak- (abn)	**de bolso**	[də 'bolsu]
mouw (de)	**manga** (f)	['mãgɐ]
lusje (het)	**alcinha** (f)	[al'siɲɐ]
gulp (de)	**braguilha** (f)	[brɐ'giʎɐ]
rits (de)	**fecho** (m) **de correr**	['fɐʃu də ku'ʀer]
sluiting (de)	**fecho** (m), **colchete** (m)	['fɐʃu], [kɔ'lʃetə]
knoop (de)	**botão** (m)	[bu'tãu]
knoopsgat (het)	**casa** (f) **de botão**	['kazɐ də bu'tãu]
losraken (bijv. knopen)	**soltar-se** (vr)	[sɔl'tarsə]
naaien (kleren, enz.)	**coser** (vi)	[ku'zer]
borduren (ww)	**bordar** (vt)	[bur'dar]
borduursel (het)	**bordado** (m)	[bur'dadu]
naald (de)	**agulha** (f)	[ɐ'guʎɐ]
draad (de)	**fio** (m)	['fiu]
naad (de)	**costura** (f)	[ku'ʃturɐ]
vies worden (ww)	**sujar-se** (vr)	[su'ʒarsə]
vlek (de)	**mancha** (f)	['mãʃɐ]
gekreukt raken (ov. kleren)	**engelhar-se** (vr)	[ẽʒə'ʎarsə]
scheuren (ov.ww.)	**rasgar** (vt)	[ʀɐʒ'gar]
mot (de)	**traça** (f)	['trasɐ]

41. Persoonlijke verzorging. Schoonheidsmiddelen

tandpasta (de)	**pasta** (f) **de dentes**	['paʃtɐ də 'dẽtəʃ]
tandenborstel (de)	**escova** (f) **de dentes**	[ə'ʃkovɐ də 'dẽtəʃ]
tanden poetsen (ww)	**escovar os dentes**	[əʃku'var uʃ 'dẽtəʃ]
scheermes (het)	**máquina** (f) **de barbear**	['makinɐ də bɐrbi'ar]
scheerschuim (het)	**creme** (m) **de barbear**	['krɛmə də bɐr'bjar]
zich scheren (ww)	**barbear-se** (vr)	[bɐr'bjarsə]
zeep (de)	**sabonete** (m)	[sɐbu'netə]

shampoo (de)	**champô** (m)	[ʃã'po]
schaar (de)	**tesoura** (f)	[tə'zorɐ]
nagelvijl (de)	**lima** (f) **de unhas**	['limɐ də 'uɲɐʃ]
nagelknipper (de)	**corta-unhas** (m)	['kɔrtɐ 'uɲɐʃ]
pincet (het)	**pinça** (f)	['pĩsɐ]
cosmetica (mv.)	**cosméticos** (m pl)	[ku'ʒmɛtikuʃ]
masker (het)	**máscara** (f)	['maʃkɐrɐ]
manicure (de)	**manicura** (f)	[mɐni'kurɐ]
manicure doen	**fazer a manicura**	[fɐ'zer ɐ mɐni'kurɐ]
pedicure (de)	**pedicure** (f)	[pedi'kurə]
cosmetica tasje (het)	**mala** (f) **de maquilhagem**	['malɐ də mɐki'ʎaʒẽʲ]
poeder (de/het)	**pó** (m)	[pɔ]
poederdoos (de)	**caixa** (f) **de pó**	['kaɪʃɐ də pɔ]
rouge (de)	**blush** (m)	[blɐʃ]
parfum (de/het)	**perfume** (m)	[pər'fumə]
eau de toilet (de)	**água** (f) **de toilette**	['aguɐ də tua'lɛtə]
lotion (de)	**loção** (f)	[lu'sãu]
eau de cologne (de)	**água-de-colónia** (f)	['aguɐ də ku'lɔniɐ]
oogschaduw (de)	**sombra** (f) **de olhos**	['sõbrɐ də 'ɔʎuʃ]
oogpotlood (het)	**lápis** (m) **delineador**	['lapiʃ dəliniɐ'dor]
mascara (de)	**máscara** (f), **rímel** (m)	['maʃkɐrɐ], ['ʀimɛl]
lippenstift (de)	**batom** (m)	['batõ]
nagellak (de)	**verniz** (m) **de unhas**	[vər'niʒ də 'uɲɐʃ]
haarlak (de)	**laca** (f) **para cabelos**	['lakɐ 'pɐrɐ kɐ'beluʃ]
deodorant (de)	**desodorizante** (m)	[dəzɔdɔri'zãtə]
crème (de)	**creme** (m)	['krɛmə]
gezichtscrème (de)	**creme** (m) **de rosto**	['krɛmə də 'ʀoʃtu]
handcrème (de)	**creme** (m) **de mãos**	['krɛmə də 'mãuʃ]
antirimpelcrème (de)	**creme** (m) **antirrugas**	['krɛmə ãti'ʀugɐʃ]
dagcrème (de)	**creme** (m) **de dia**	['krɛmə də 'diɐ]
nachtcrème (de)	**creme** (m) **de noite**	['krɛmə də 'nojtə]
dag- (abn)	**de dia**	[də 'diɐ]
nacht- (abn)	**da noite**	[dɐ 'nojtə]
tampon (de)	**tampão** (m)	[tã'pãu]
toiletpapier (het)	**papel** (m) **higiénico**	[pɐ'pɛl i'ʒjɛniku]
föhn (de)	**secador** (m) **elétrico**	[səkɐ'dor e'lɛtriku]

42. Juwelen

sieraden (mv.)	**joias** (f pl)	['ʒɔjɐʃ]
edel (bijv. ~ stenen)	**precioso**	[prə'sjozu]
keurmerk (het)	**marca** (f) **de contraste**	['markɐ də kõ'traʃtə]
ring (de)	**anel** (m)	[ɐ'nɛl]
trouwring (de)	**aliança** (f)	[ɐ'ljãsɐ]
armband (de)	**pulseira** (f)	[pul'sɐjrɐ]
oorringen (mv.)	**brincos** (m pl)	['brĩkuʃ]

halssnoer (het)	**colar** (m)	[ku'lar]
kroon (de)	**coroa** (f)	[ku'roɐ]
kralen snoer (het)	**colar** (m) **de contas**	[ku'lar də 'kõtɐʃ]
diamant (de)	**diamante** (m)	[diɐ'mãtə]
smaragd (de)	**esmeralda** (f)	[əʒmə'raldɐ]
robijn (de)	**rubi** (m)	[ʀu'bi]
saffier (de)	**safira** (f)	[sɐ'firɐ]
parel (de)	**pérola** (f)	['pɛrulɐ]
barnsteen (de)	**âmbar** (m)	[ãbar]

43. Horloges. Klokken

polshorloge (het)	**relógio** (m) **de pulso**	[ʀə'lɔʒiu də 'pulsu]
wijzerplaat (de)	**mostrador** (m)	[muʃtrɐ'dor]
wijzer (de)	**ponteiro** (m)	[põ'tɐjru]
metalen horlogeband (de)	**bracelete** (f) **em aço**	[brɐsə'lɛtə ãj 'asu]
horlogebandje (het)	**bracelete** (f) **em couro**	[brɐsə'lɛtə ãj 'koru]
batterij (de)	**pilha** (f)	['piʎɐ]
leeg zijn (ww)	**acabar** (vi)	[ɐkɐ'bar]
batterij vervangen	**trocar a pilha**	[tru'kar ɐ 'piʎɐ]
voorlopen (ww)	**estar adiantado**	[ə'ʃtar ɐdiã'tadu]
achterlopen (ww)	**estar atrasado**	[ə'ʃtar ɐtrɐ'zadu]
wandklok (de)	**relógio** (m) **de parede**	[ʀə'lɔʒiu də pɐ'redə]
zandloper (de)	**ampulheta** (f)	[ãpu'ʎetɐ]
zonnewijzer (de)	**relógio** (m) **de sol**	[ʀə'lɔʒiu də sɔl]
wekker (de)	**despertador** (m)	[dəʃpərtɐ'dor]
horlogemaker (de)	**relojoeiro** (m)	[ʀəluʒu'ɐjru]
repareren (ww)	**reparar** (vt)	[ʀəpɐ'rar]

Voedsel. Voeding

44. Voedsel

vlees (het)	**carne** (f)	['karnə]
kip (de)	**galinha** (f)	[gɐ'liɲɐ]
kuiken (het)	**frango** (m)	['frãgu]
eend (de)	**pato** (m)	['patu]
gans (de)	**ganso** (m)	['gãsu]
wild (het)	**caça** (f)	['kasɐ]
kalkoen (de)	**peru** (m)	[pə'ru]
varkensvlees (het)	**carne** (f) **de porco**	['karnə də 'porku]
kalfsvlees (het)	**carne** (f) **de vitela**	['karnə də vi'tɛlɐ]
schapenvlees (het)	**carne** (f) **de carneiro**	['karnə də kɐr'nɐjru]
rundvlees (het)	**carne** (f) **de vaca**	['karnə də 'vakɐ]
konijnenvlees (het)	**carne** (f) **de coelho**	['karnə də ku'ɐʎu]
worst (de)	**chouriço, salsichão** (m)	[ʃo'risu], [salsi'ʃãu]
saucijs (de)	**salsicha** (f)	[sa'lsiʃɐ]
spek (het)	**bacon** (m)	['bɐjkɐn]
ham (de)	**fiambre** (f)	['fjãbrə]
gerookte achterham (de)	**presunto** (m)	[prə'zũtu]
paté (de)	**patê** (m)	[pɐ'te]
lever (de)	**fígado** (m)	['figɐdu]
gehakt (het)	**carne** (f) **moída**	['karnə mu'idɐ]
tong (de)	**língua** (f)	['lĩguɐ]
ei (het)	**ovo** (m)	['ovu]
eieren (mv.)	**ovos** (m pl)	['ɔvuʃ]
eiwit (het)	**clara** (f) **do ovo**	['klarɐ du 'ovu]
eigeel (het)	**gema** (f) **do ovo**	['ʒemɐ du 'ovu]
vis (de)	**peixe** (m)	['pɐɪʃə]
zeevruchten (mv.)	**mariscos** (m pl)	[mɐ'riʃkuʃ]
schaaldieren (mv.)	**crustáceos** (m pl)	[kru'ʃtasiuʃ]
kaviaar (de)	**caviar** (m)	[ka'vjar]
krab (de)	**caranguejo** (m)	[kɐrã'gɐʒu]
garnaal (de)	**camarão** (m)	[kɐmɐ'rãu]
oester (de)	**ostra** (f)	['ɔʃtrɐ]
langoest (de)	**lagosta** (f)	[lɐ'goʃtɐ]
octopus (de)	**polvo** (m)	['polvu]
inktvis (de)	**lula** (f)	['lulɐ]
steur (de)	**esturjão** (m)	[əʃtur'ʒãu]
zalm (de)	**salmão** (m)	[sal'mãu]
heilbot (de)	**halibute** (m)	[ali'butə]
kabeljauw (de)	**bacalhau** (m)	[bɐkɐ'ʎau]

makreel (de)	**cavala, sarda** (f)	[ke'vale], ['sarde]
tonijn (de)	**atum** (m)	[e'tũ]
paling (de)	**enguia** (f)	[ẽ'gie]
forel (de)	**truta** (f)	['trute]
sardine (de)	**sardinha** (f)	[ser'diɲe]
snoek (de)	**lúcio** (m)	['lusiu]
haring (de)	**arenque** (m)	[e'rẽkə]
brood (het)	**pão** (m)	['pãu]
kaas (de)	**queijo** (m)	['kejʒu]
suiker (de)	**açúcar** (m)	[e'sukar]
zout (het)	**sal** (m)	[sal]
rijst (de)	**arroz** (m)	[e'ʀɔʒ]
pasta (de)	**massas** (f pl)	['maseʃ]
noedels (mv.)	**talharim** (m)	[teʎe'rĩ]
boter (de)	**manteiga** (f)	[mã'tejge]
plantaardige olie (de)	**óleo** (m) **vegetal**	['ɔliu vəʒə'tal]
zonnebloemolie (de)	**óleo** (m) **de girassol**	['ɔliu də ʒire'sɔl]
margarine (de)	**margarina** (f)	[merge'rine]
olijven (mv.)	**azeitonas** (f pl)	[ezej'toneʒ]
olijfolie (de)	**azeite** (m)	[e'zejtə]
melk (de)	**leite** (m)	['lejtə]
gecondenseerde melk (de)	**leite** (m) **condensado**	['lejtə kõdẽ'sadu]
yoghurt (de)	**iogurte** (m)	[jɔ'gurtə]
zure room (de)	**nata** (f) **azeda**	['nate e'zede]
room (de)	**nata** (f) **do leite**	['nate du 'lejtə]
mayonaise (de)	**maionese** (f)	[maju'nezə]
crème (de)	**creme** (m)	['krɛmə]
graan (het)	**grãos** (m pl) **de cereais**	['grãuʃ də sə'rjaɪʃ]
meel (het), bloem (de)	**farinha** (f)	[fe'riɲe]
conserven (mv.)	**enlatados** (m pl)	[ẽle'taduʃ]
maïsvlokken (mv.)	**flocos** (m pl) **de milho**	['flɔkuʃ də 'miʎu]
honing (de)	**mel** (m)	[mɛl]
jam (de)	**doce** (m)	['dosə]
kauwgom (de)	**pastilha** (f) **elástica**	[pe'ʃtiʎe e'laʃtike]

45. Drankjes

water (het)	**água** (f)	['ague]
drinkwater (het)	**água** (f) **potável**	['ague pu'tavɛl]
mineraalwater (het)	**água** (f) **mineral**	['ague minə'ral]
zonder gas	**sem gás**	[sẽʲ gaʃ]
koolzuurhoudend (bn)	**gaseificada**	[geziifi'kade]
bruisend (bn)	**com gás**	[kõ gaʃ]
ijs (het)	**gelo** (m)	['ʒelu]

met ijs	**com gelo**	[kõ 'ʒelu]
alcohol vrij (bn)	**sem álcool**	[sɛm 'alkuɔl]
alcohol vrije drank (de)	**bebida** (f) **sem álcool**	[bə'bidɐ sɛn 'alkuɔl]
frisdrank (de)	**refresco** (m)	[ʀə'freʃku]
limonade (de)	**limonada** (f)	[limu'nadɐ]
alcoholische dranken (mv.)	**bebidas** (f pl) **alcoólicas**	[bə'bidɐʃ alku'ɔlikɐʃ]
wijn (de)	**vinho** (m)	['viɲu]
witte wijn (de)	**vinho** (m) **branco**	['viɲu 'brãku]
rode wijn (de)	**vinho** (m) **tinto**	['viɲu 'tĩtu]
likeur (de)	**licor** (m)	[li'kor]
champagne (de)	**champanhe** (m)	[ʃã'pɐɲə]
vermout (de)	**vermute** (m)	[vər'mutə]
whisky (de)	**uísque** (m)	[u'iʃkə]
wodka (de)	**vodca, vodka** (f)	['vɔdkɐ]
gin (de)	**gim** (m)	[ʒĩ]
cognac (de)	**conhaque** (m)	[ku'ɲakə]
rum (de)	**rum** (m)	[ʀũ]
koffie (de)	**café** (m)	[kɐ'fɛ]
zwarte koffie (de)	**café** (m) **puro**	[kɐ'fɛ 'puru]
koffie (de) met melk	**café** (m) **com leite**	[kɐ'fɛ kõ 'lɐjtə]
cappuccino (de)	**cappuccino** (m)	[kapu'ʧinu]
oploskoffie (de)	**café** (m) **solúvel**	[kɐ'fɛ su'luvɛl]
melk (de)	**leite** (m)	['lɐjtə]
cocktail (de)	**coquetel** (m)	[kɔkə'tɛl]
milkshake (de)	**batido** (m) **de leite**	[bɐ'tidu də 'lɐjtə]
sap (het)	**sumo** (m)	['sumu]
tomatensap (het)	**sumo** (m) **de tomate**	['sumu də tu'matə]
sinaasappelsap (het)	**sumo** (m) **de laranja**	['sumu də lɐ'rãʒɐ]
vers geperst sap (het)	**sumo** (m) **fresco**	['sumu 'freʃku]
bier (het)	**cerveja** (f)	[sər'veʒɐ]
licht bier (het)	**cerveja** (f) **clara**	[sər'veʒɐ 'klarɐ]
donker bier (het)	**cerveja** (f) **preta**	[sər'veʒɐ 'pretɐ]
thee (de)	**chá** (m)	[ʃa]
zwarte thee (de)	**chá** (m) **preto**	[ʃa 'pretu]
groene thee (de)	**chá** (m) **verde**	[ʃa 'verdə]

46. Groenten

groenten (mv.)	**legumes** (m pl)	[lə'guməʃ]
verse kruiden (mv.)	**verduras** (f pl)	[vər'durɐʃ]
tomaat (de)	**tomate** (m)	[tu'matə]
augurk (de)	**pepino** (m)	[pə'pinu]
wortel (de)	**cenoura** (f)	[sə'norɐ]
aardappel (de)	**batata** (f)	[bɐ'tatɐ]
ui (de)	**cebola** (f)	[sə'bolɐ]

knoflook (de)	**alho** (m)	['aʎu]
kool (de)	**couve** (f)	['kovə]
bloemkool (de)	**couve-flor** (f)	['kovə 'flor]
spruitkool (de)	**couve-de-bruxelas** (f)	['kovə də bru'ʃɛlɐʃ]
broccoli (de)	**brócolos** (m pl)	['brɔkuluʃ]
rode biet (de)	**beterraba** (f)	[bətə'ʀabɐ]
aubergine (de)	**beringela** (f)	[bərĩ'ʒɛlɐ]
courgette (de)	**curgete** (f)	[kur'ʒɛtə]
pompoen (de)	**abóbora** (f)	[ɐ'bɔburɐ]
raap (de)	**nabo** (m)	['nabu]
peterselie (de)	**salsa** (f)	['salsɐ]
dille (de)	**funcho, endro** (m)	['fũʃu], ['ẽdru]
sla (de)	**alface** (f)	[al'fasə]
selderij (de)	**aipo** (m)	['ajpu]
asperge (de)	**espargo** (m)	[ə'ʃpargu]
spinazie (de)	**espinafre** (m)	[əʃpi'nafrə]
erwt (de)	**ervilha** (f)	[er'viʎɐ]
bonen (mv.)	**fava** (f)	['favɐ]
maïs (de)	**milho** (m)	['miʎu]
nierboon (de)	**feijão** (m)	[fɐj'ʒãu]
peper (de)	**pimentão** (m)	[pimẽ'tãu]
radijs (de)	**rabanete** (m)	[ʀɐbɐ'netə]
artisjok (de)	**alcachofra** (f)	[alkɐ'ʃofrɐ]

47. Vruchten. Noten

vrucht (de)	**fruta** (f)	['frutɐ]
appel (de)	**maçã** (f)	[mɐ'sã]
peer (de)	**pera** (f)	['perɐ]
citroen (de)	**limão** (m)	[li'mãu]
sinaasappel (de)	**laranja** (f)	[lɐ'rãʒɐ]
aardbei (de)	**morango** (m)	[mu'rãgu]
mandarijn (de)	**tangerina** (f)	[tãʒə'rinɐ]
pruim (de)	**ameixa** (f)	[ɐ'mɐjʃɐ]
perzik (de)	**pêssego** (m)	['pesəgu]
abrikoos (de)	**damasco** (m)	[dɐ'maʃku]
framboos (de)	**framboesa** (f)	[frãbu'ezɐ]
ananas (de)	**ananás** (m)	[ɐnɐ'naʃ]
banaan (de)	**banana** (f)	[bɐ'nɐnɐ]
watermeloen (de)	**melancia** (f)	[məlã'siɐ]
druif (de)	**uva** (f)	['uvɐ]
zure kers (de)	**ginja** (f)	['ʒĩʒɐ]
zoete kers (de)	**cereja** (f)	[sə'rɐʒɐ]
meloen (de)	**meloa** (f), **melão** (m)	[mə'loɐ], [mə'lãu]
grapefruit (de)	**toranja** (f)	[tu'rãʒɐ]
avocado (de)	**abacate** (m)	[ɐbɐ'katə]
papaja (de)	**papaia** (f), **mamão** (m)	[pɐ'pajɐ], [mɐ'mãu]

mango (de)	**manga** (f)	['mãgɐ]
granaatappel (de)	**romã** (f)	[ʀu'mã]
rode bes (de)	**groselha** (f) **vermelha**	[gru'zeʎɐ vər'meʎɐ]
zwarte bes (de)	**groselha** (f) **preta**	[gru'zeʎɐ 'pretɐ]
kruisbes (de)	**groselha** (f) **espinhosa**	[gru'zeʎɐ əʃpi'ɲɔzɐ]
blauwe bosbes (de)	**mirtilo** (m)	[mir'tilu]
braambes (de)	**amora silvestre** (f)	[ɐ'mɔrɐ sil'vɛʃtrə]
rozijn (de)	**uvas** (f pl) **passas**	['uvɐʃ 'pasɐʃ]
vijg (de)	**figo** (m)	['figu]
dadel (de)	**tâmara** (f)	['tɐmɐrɐ]
pinda (de)	**amendoim** (m)	[ɐmẽdu'ĩ]
amandel (de)	**amêndoa** (f)	[ɐ'mẽduɐ]
walnoot (de)	**noz** (f)	[nɔʒ]
hazelnoot (de)	**avelã** (f)	[ɐvə'lã]
kokosnoot (de)	**coco** (m)	['koku]
pistaches (mv.)	**pistáchios** (m pl)	[pi'ʃtaʃiuʃ]

48. Brood. Snoep

suikerbakkerij (de)	**pastelaria** (f)	[pɐʃtəlɐ'riɐ]
brood (het)	**pão** (m)	['pãu]
koekje (het)	**bolacha** (f)	[bu'laʃɐ]
chocolade (de)	**chocolate** (m)	[ʃuku'latə]
chocolade- (abn)	**de chocolate**	[də ʃuku'latə]
snoepje (het)	**rebuçado** (m)	[ʀəbu'sadu]
cakeje (het)	**bolo** (m)	['bolu]
taart (bijv. verjaardags~)	**bolo** (m) **de aniversário**	['bolu də ɐnivər'sariu]
pastei (de)	**tarte** (f)	['tartə]
vulling (de)	**recheio** (m)	[ʀə'ʃeju]
confituur (de)	**doce** (m)	['dosə]
marmelade (de)	**geleia** (f) **de frutas**	[ʒə'lɐjɐ də 'frutɐʃ]
wafel (de)	**waffle** (m)	['wɐjfəl]
ijsje (het)	**gelado** (m)	[ʒə'ladu]
pudding (de)	**pudim** (m)	[pu'dĩ]

49. Bereide gerechten

gerecht (het)	**prato** (m)	['pratu]
keuken (bijv. Franse ~)	**cozinha** (f)	[ku'ziɲɐ]
recept (het)	**receita** (f)	[ʀə'sɐjtɐ]
portie (de)	**porção** (f)	[pur'sãu]
salade (de)	**salada** (f)	[sɐ'ladɐ]
soep (de)	**sopa** (f)	['sopɐ]
bouillon (de)	**caldo** (m)	['kaldu]
boterham (de)	**sandes** (f)	['sãdəʃ]

spiegelei (het)	**ovos** (m pl) **estrelados**	['ɔvuʃ əʃtrə'laduʃ]
hamburger (de)	**hambúrguer** (m)	[ã'burgɛr]
biefstuk (de)	**bife** (m)	['bifə]
garnering (de)	**conduto** (m)	[kõ'dutu]
spaghetti (de)	**espaguete** (m)	[əʃpɐ'getə]
aardappelpuree (de)	**puré** (m) **de batata**	[pu'rɛ də bɐ'tatɐ]
pizza (de)	**pizza** (f)	['pitzɐ]
pap (de)	**papa** (f)	['papɐ]
omelet (de)	**omelete** (f)	[ɔmə'lɛtə]
gekookt (in water)	**cozido**	[ku'zidu]
gerookt (bn)	**fumado**	[fu'madu]
gebakken (bn)	**frito**	['fritu]
gedroogd (bn)	**seco**	['seku]
diepvries (bn)	**congelado**	[kõʒə'ladu]
gemarineerd (bn)	**em conserva**	[ẽ kõ'sɛrvɐ]
zoet (bn)	**doce, açucarado**	['dosə], [ɐsukɐ'radu]
gezouten (bn)	**salgado**	[sa'lgadu]
koud (bn)	**frio**	['friu]
heet (bn)	**quente**	['kẽtə]
bitter (bn)	**amargo**	[ɐ'margu]
lekker (bn)	**gostoso**	[gu'ʃtozu]
koken (in kokend water)	**cozinhar em água a ferver**	[kuzi'ɲar ɛn 'aguɐ ɐ fər'ver]
bereiden (avondmaaltijd ~)	**preparar** (vt)	[prəpɐ'rar]
bakken (ww)	**fritar** (vt)	[fri'tar]
opwarmen (ww)	**aquecer** (vt)	[ɐkɛ'ser]
zouten (ww)	**salgar** (vt)	[sa'lgar]
peperen (ww)	**apimentar** (vt)	[ɐpimẽ'tar]
raspen (ww)	**ralar** (vt)	[ʀɐ'lar]
schil (de)	**casca** (f)	['kaʃkɐ]
schillen (ww)	**descascar** (vt)	[dəʃkɐ'ʃkar]

50. Kruiden

zout (het)	**sal** (m)	[sal]
gezouten (bn)	**salgado**	[sa'lgadu]
zouten (ww)	**salgar** (vt)	[sa'lgar]
zwarte peper (de)	**pimenta** (f) **preta**	[pi'mẽtɐ 'pretɐ]
rode peper (de)	**pimenta** (f) **vermelha**	[pi'mẽtɐ vər'mɐʎɐ]
mosterd (de)	**mostarda** (f)	[mu'ʃtardɐ]
mierikswortel (de)	**raiz-forte** (f)	[ʀɐ'iʃ 'fɔrtə]
condiment (het)	**condimento** (m)	[kõdi'mẽtu]
specerij, kruiderij (de)	**especiaria** (f)	[əʃpəsiɐ'riɐ]
saus (de)	**molho** (m)	['moʎu]
azijn (de)	**vinagre** (m)	[vi'nagrə]
anijs (de)	**anis** (m)	[ɐ'niʃ]
basilicum (de)	**manjericão** (m)	[mãʒəri'kãu]

kruidnagel (de)	**cravo** (m)	['kravu]
gember (de)	**gengibre** (m)	[ʒẽ'ʒibrə]
koriander (de)	**coentro** (m)	[ku'ẽtru]
kaneel (de/het)	**canela** (f)	[kɐ'nɛlɐ]
sesamzaad (het)	**sésamo** (m)	['sɛzɐmu]
laurierblad (het)	**folhas** (f pl) **de louro**	['foʎɐʃ də 'loru]
paprika (de)	**páprica** (f)	['paprikɐ]
komijn (de)	**cominho** (m)	[ku'miɲu]
saffraan (de)	**açafrão** (m)	[ɐsɐ'frãu]

51. Maaltijden

eten (het)	**comida** (f)	[ku'midɐ]
eten (ww)	**comer** (vt)	[ku'meɾ]
ontbijt (het)	**pequeno-almoço** (m)	[pə'kenu al'mosu]
ontbijten (ww)	**tomar o pequeno-almoço**	[tu'maɾ u pə'kenu al'mosu]
lunch (de)	**almoço** (m)	[al'mosu]
lunchen (ww)	**almoçar** (vi)	[almu'saɾ]
avondeten (het)	**jantar** (m)	[ʒã'taɾ]
souperen (ww)	**jantar** (vi)	[ʒã'taɾ]
eetlust (de)	**apetite** (m)	[ɐpə'titə]
Eet smakelijk!	**Bom apetite!**	[bõ ɐpə'titə]
openen (een fles ~)	**abrir** (vt)	[ɐ'briɾ]
morsen (koffie, enz.)	**derramar** (vt)	[dəʀɐ'maɾ]
zijn gemorst	**derramar-se** (vr)	[dəʀɐ'marsə]
koken (water kookt bij 100°C)	**ferver** (vi)	[fəɾ'veɾ]
koken (Hoe om water te ~)	**ferver** (vt)	[fəɾ'veɾ]
gekookt (~ water)	**fervido**	[fəɾ'vidu]
afkoelen (koeler maken)	**arrefecer** (vt)	[ɐʀəfə'seɾ]
afkoelen (koeler worden)	**arrefecer-se** (vr)	[ɐʀəfə'sersə]
smaak (de)	**sabor, gosto** (m)	[sɐ'boɾ], ['goʃtu]
nasmaak (de)	**gostinho** (m)	[gu'ʃtiɲu]
volgen een dieet	**fazer dieta**	[fɐ'zer di'ɛtɐ]
dieet (het)	**dieta** (f)	[di'ɛtɐ]
vitamine (de)	**vitamina** (f)	[vitɐ'minɐ]
calorie (de)	**caloria** (f)	[kɐlu'riɐ]
vegetariër (de)	**vegetariano** (m)	[vəʒətɐ'rjɐnu]
vegetarisch (bn)	**vegetariano**	[vəʒətɐ'rjɐnu]
vetten (mv.)	**gorduras** (f pl)	[gur'durɐʃ]
eiwitten (mv.)	**proteínas** (f pl)	[prɔtɐ'inɐʃ]
koolhydraten (mv.)	**carboidratos** (m pl)	[kɐrbuid'ratuʃ]
snede (de)	**fatia** (f)	[fɐ'tiɐ]
stuk (bijv. een ~ taart)	**bocado, pedaço** (m)	[bu'kadu], [pə'dasu]
kruimel (de)	**migalha** (f)	[mi'gaʎɐ]

52. Tafelschikking

lepel (de)	**colher** (f)	[ku'ʎɛɾ]
mes (het)	**faca** (f)	['fakɐ]
vork (de)	**garfo** (m)	['gaɾfu]
kopje (het)	**chávena** (f)	['ʃavənɐ]
bord (het)	**prato** (m)	['pratu]
schoteltje (het)	**pires** (m)	['piɾəʃ]
servet (het)	**guardanapo** (m)	[guɐrdɐ'napu]
tandenstoker (de)	**palito** (m)	[pɐ'litu]

53. Restaurant

restaurant (het)	**restaurante** (m)	[ʀəʃtau'rãtə]
koffiehuis (het)	**café** (m)	[kɐ'fɛ]
bar (de)	**bar** (m), **cervejaria** (f)	[baɾ], [sərvəʒɐ'riɐ]
tearoom (de)	**salão** (m) **de chá**	[sɐ'lãu də ʃa]
kelner, ober (de)	**empregado** (m)	[ẽprə'gadu]
serveerster (de)	**empregada** (f)	[ẽprə'gadɐ]
barman (de)	**barman** (m)	['baɾmɐn]
menu (het)	**ementa** (f)	[e'mẽtɐ]
wijnkaart (de)	**lista** (f) **de vinhos**	['liʃtɐ də 'viɲuʃ]
een tafel reserveren	**reservar uma mesa**	[ʀəzər'var 'umɐ 'mezɐ]
gerecht (het)	**prato** (m)	['pratu]
bestellen (eten ~)	**pedir** (vt)	[pə'diɾ]
een bestelling maken	**pedir** (vi)	[pə'diɾ]
aperitief (de/het)	**aperitivo** (m)	[ɐpəri'tivu]
voorgerecht (het)	**entrada** (f)	[ẽ'tradɐ]
dessert (het)	**sobremesa** (f)	[sobrə'mezɐ]
rekening (de)	**conta** (f)	['kõtɐ]
de rekening betalen	**pagar a conta**	[pɐ'gar ɐ 'kõtɐ]
wisselgeld teruggeven	**dar o troco**	[dar u 'troku]
fooi (de)	**gorjeta** (f)	[guɾ'ʒetɐ]

Familie, verwanten en vrienden

54. Persoonlijke informatie. Formulieren

naam (de)	**nome** (m)	['nomə]
achternaam (de)	**apelido** (m)	[ɐpə'lidu]
geboortedatum (de)	**data** (f) **de nascimento**	['datɐ də nɐʃsi'mẽtu]
geboorteplaats (de)	**local** (m) **de nascimento**	[lu'kal də nɐʃsi'mẽtu]
nationaliteit (de)	**nacionalidade** (f)	[nɐsiunɐli'dadə]
woonplaats (de)	**lugar** (m) **de residência**	[lu'gar də ʀəzi'dẽsiɐ]
land (het)	**país** (m)	[pɐ'iʃ]
beroep (het)	**profissão** (f)	[prufi'sãu]
geslacht (ov. het vrouwelijk ~)	**sexo** (m)	['sɛksu]
lengte (de)	**estatura** (f)	[əʃtɐ'turɐ]
gewicht (het)	**peso** (m)	['pezu]

55. Familieleden. Verwanten

moeder (de)	**mãe** (f)	[mẽʲ]
vader (de)	**pai** (m)	[paj]
zoon (de)	**filho** (m)	['fiʎu]
dochter (de)	**filha** (f)	['fiʎɐ]
jongste dochter (de)	**filha** (f) **mais nova**	['fiʎɐ 'maɪʃ 'nɔvɐ]
jongste zoon (de)	**filho** (m) **mais novo**	['fiʎu 'maɪʃ 'novu]
oudste dochter (de)	**filha** (f) **mais velha**	['fiʎɐ 'maɪʃ 'vɛʎɐ]
oudste zoon (de)	**filho** (m) **mais velho**	['fiʎu 'maɪʃ 'vɛʎu]
broer (de)	**irmão** (m)	[ir'mãu]
oudere broer (de)	**irmão** (m) **mais velho**	[ir'mãu 'maɪʃ 'vɛʎu]
jongere broer (de)	**irmão** (m) **mais novo**	[ir'mãu 'maɪʃ 'novu]
zuster (de)	**irmã** (f)	[ir'mã]
oudere zuster (de)	**irmã** (f) **mais velha**	[ir'mã 'maɪʃ 'vɛʎɐ]
jongere zuster (de)	**irmã** (f) **mais nova**	[ir'mã 'maɪʃ 'nɔvɐ]
neef (zoon van oom, tante)	**primo** (m)	['primu]
nicht (dochter van oom, tante)	**prima** (f)	['primɐ]
mama (de)	**mamã** (f)	[mɐ'mã]
papa (de)	**papá** (m)	[pɐ'pa]
ouders (mv.)	**pais** (pl)	['paɪʃ]
kind (het)	**criança** (f)	[kri'ãsɐ]
kinderen (mv.)	**crianças** (f pl)	[kri'ãsɐʃ]
oma (de)	**avó** (f)	[ɐ'vɔ]
opa (de)	**avô** (m)	[ɐ'vo]

kleinzoon (de)	**neto** (m)	['nɛtu]
kleindochter (de)	**neta** (f)	['nɛtɐ]
kleinkinderen (mv.)	**netos** (pl)	['nɛtuʃ]
oom (de)	**tio** (m)	['tiu]
tante (de)	**tia** (f)	['tiɐ]
neef (zoon van broer, zus)	**sobrinho** (m)	[su'briɲu]
nicht (dochter van broer, zus)	**sobrinha** (f)	[su'briɲɐ]
schoonmoeder (de)	**sogra** (f)	['sɔgrɐ]
schoonvader (de)	**sogro** (m)	['sogru]
schoonzoon (de)	**genro** (m)	['ʒẽʀu]
stiefmoeder (de)	**madrasta** (f)	[mɐ'draʃtɐ]
stiefvader (de)	**padrasto** (m)	[pɐ'draʃtu]
zuigeling (de)	**criança** (f) **de colo**	[kri'ãsɐ də 'kɔlu]
wiegenkind (het)	**bebé** (m)	[bə'bɛ]
kleuter (de)	**menino** (m)	[mə'ninu]
vrouw (de)	**mulher** (f)	[mu'ʎɛr]
man (de)	**marido** (m)	[mɐ'ridu]
echtgenoot (de)	**esposo** (m)	[ə'ʃpozu]
echtgenote (de)	**esposa** (f)	[ə'ʃpozɐ]
gehuwd (mann.)	**casado**	[kɐ'zadu]
gehuwd (vrouw.)	**casada**	[kɐ'zadɐ]
ongehuwd (mann.)	**solteiro**	[sɔl'tɐjru]
vrijgezel (de)	**solteirão** (m)	[sɔltɐj'rãu]
gescheiden (bn)	**divorciado**	[divur'sjadu]
weduwe (de)	**viúva** (f)	['vjuvɐ]
weduwnaar (de)	**viúvo** (m)	['vjuvu]
familielid (het)	**parente** (m)	[pɐ'rẽtə]
dichte familielid (het)	**parente** (m) **próximo**	[pɐ'rẽtə 'prɔsimu]
verre familielid (het)	**parente** (m) **distante**	[pɐ'rẽtə di'ʃtãtə]
familieleden (mv.)	**parentes** (m pl)	[pɐ'rẽtəʃ]
voogd (de)	**tutor** (m)	[tu'tor]
adopteren (een jongen te ~)	**adotar** (vt)	[ɐdɔ'tar]
adopteren (een meisje te ~)	**adotar** (vt)	[ɐdɔ'tar]

56. Vrienden. Collega's

vriend (de)	**amigo** (m)	[ɐ'migu]
vriendin (de)	**amiga** (f)	[ɐ'migɐ]
vriendschap (de)	**amizade** (f)	[ɐmi'zadə]
bevriend zijn (ww)	**ser amigos**	[ser ɐ'miguʃ]
makker (de)	**amigo** (m)	[ɐ'migu]
vriendin (de)	**amiga** (f)	[ɐ'migɐ]
partner (de)	**parceiro** (m)	[pɐr'sɐjru]
chef (de)	**chefe** (m)	['ʃɛfə]
baas (de)	**superior** (m)	[supə'rjor]

eigenaar (de)	**proprietário** (m)	[pruprie'tariu]
ondergeschikte (de)	**subordinado** (m)	[suburdi'nadu]
collega (de)	**colega** (m)	[ku'lɛgɐ]
kennis (de)	**conhecido** (m)	[kuɲə'sidu]
medereiziger (de)	**companheiro** (m) **de viagem**	[kõpɐ'ɲɐjru də 'vjaʒẽʲ]
klasgenoot (de)	**colega** (m) **de classe**	[ku'lɛgɐ də 'klasə]
buurman (de)	**vizinho** (m)	[vi'ziɲu]
buurvrouw (de)	**vizinha** (f)	[vi'ziɲɐ]
buren (mv.)	**vizinhos** (pl)	[vi'ziɲuʃ]

57. Man. Vrouw

vrouw (de)	**mulher** (f)	[mu'ʎɛr]
meisje (het)	**rapariga** (f)	[ʀɐpɐ'rigɐ]
bruid (de)	**noiva** (f)	['nojvɐ]
mooi(e) (vrouw, meisje)	**bonita**	[bu'nitɐ]
groot, grote (vrouw, meisje)	**alta**	['altɐ]
slank(e) (vrouw, meisje)	**esbelta**	[ə'ʒbɛltɐ]
korte, kleine (vrouw, meisje)	**de estatura média**	[də əʃtɐ'turɐ 'mɛdiɐ]
blondine (de)	**loura** (f)	['lorɐ]
brunette (de)	**morena** (f)	[mu'renɐ]
dames- (abn)	**de senhora**	[də sə'ɲorɐ]
maagd (de)	**virgem** (f)	['virʒẽʲ]
zwanger (bn)	**grávida**	['gravidɐ]
man (de)	**homem** (m)	['ɔmẽʲ]
blonde man (de)	**louro** (m)	['loru]
bruinharige man (de)	**moreno** (m)	[mu'renu]
groot (bn)	**alto**	['altu]
klein (bn)	**de estatura média**	[də əʃtɐ'turɐ 'mɛdiɐ]
onbeleefd (bn)	**rude**	['ʀudə]
gedrongen (bn)	**atarracado**	[ɐtɐʀɐ'kadu]
robuust (bn)	**robusto**	[ʀu'buʃtu]
sterk (bn)	**forte**	['fɔrtə]
sterkte (de)	**força** (f)	['forsɐ]
mollig (bn)	**gordo**	['gordu]
getaand (bn)	**moreno**	[mu'renu]
slank (bn)	**esbelto**	[ə'ʒbɛltu]
elegant (bn)	**elegante**	[elə'gãtə]

58. Leeftijd

leeftijd (de)	**idade** (f)	[i'dadə]
jeugd (de)	**juventude** (f)	[ʒuvẽ'tudə]
jong (bn)	**jovem**	['ʒɔvẽʲ]

jonger (bn)	**mais novo**	['maɪʃ 'novu]
ouder (bn)	**mais velho**	['maɪʃ 'vɛʎu]
jongen (de)	**jovem** (m)	['ʒɔvẽʲ]
tiener, adolescent (de)	**adolescente** (m)	[ɐdulə'ʃsẽtə]
kerel (de)	**rapaz** (m)	[ʀɐ'paʒ]
oude man (de)	**velho** (m)	['vɛʎu]
oude vrouw (de)	**velhota** (f)	[vɛ'ʎɔtɐ]
volwassen (bn)	**adulto**	[ɐ'dultu]
van middelbare leeftijd (bn)	**de meia-idade**	[də mɐjɐ i'dadə]
bejaard (bn)	**idoso, de idade**	[i'dozu], [de i'dade]
oud (bn)	**velho**	['vɛʎu]
pensioen (het)	**reforma** (f)	[ʀə'fɔrmɐ]
met pensioen gaan	**reformar-se** (vr)	[ʀəfur'marsə]
gepensioneerde (de)	**reformado** (m)	[ʀəfur'madu]

59. Kinderen

kind (het)	**criança** (f)	[kri'ãsɐ]
kinderen (mv.)	**crianças** (f pl)	[kri'ãsɐʃ]
tweeling (de)	**gémeos** (m pl)	['ʒɛmiuʃ]
wieg (de)	**berço** (m)	['bersu]
rammelaar (de)	**guizo** (m)	['gizu]
luier (de)	**fralda** (f)	['fraldɐ]
speen (de)	**chupeta** (f)	[ʃu'petɐ]
kinderwagen (de)	**carrinho** (m) **de bebé**	[kɐ'ʀiɲu də bə'bɛ]
kleuterschool (de)	**jardim** (m) **de infância**	[ʒɐr'dĩ də ĩ'fãsiɐ]
babysitter (de)	**babysitter** (f)	[bɐbisi'ter]
kindertijd (de)	**infância** (f)	[ĩ'fãsiɐ]
pop (de)	**boneca** (f)	[bu'nɛkɐ]
speelgoed (het)	**brinquedo** (m)	[brĩ'kedu]
bouwspeelgoed (het)	**jogo** (m) **de armar**	['ʒogu də ɐr'mar]
welopgevoed (bn)	**bem-educado**	[bẽʲ edu'kadu]
onopgevoed (bn)	**mal-educado**	[mal edu'kadu]
verwend (bn)	**mimado**	[mi'madu]
stout zijn (ww)	**ser travesso**	[ser trɐ'vɛsu]
stout (bn)	**travesso, traquinas**	[trɐ'vɛsu], [trɐ'kinɐʃ]
stoutheid (de)	**travessura** (f)	[trɐvə'surɐ]
stouterd (de)	**criança** (f) **travessa**	[kri'ãsɐ trɐ'vɛsɐ]
gehoorzaam (bn)	**obediente**	[ɔbə'djẽtə]
ongehoorzaam (bn)	**desobediente**	[dəzɔbə'djẽtə]
braaf (bn)	**dócil**	['dɔsil]
slim (verstandig)	**inteligente**	[ĩtəli'ʒẽtə]
wonderkind (het)	**menino** (m) **prodígio**	[mə'ninu pru'diʒiu]

60. Gehuwde paren. Gezinsleven

kussen (een kus geven)	**beijar** (vt)	[bɐj'ʒaɾ]
elkaar kussen (ww)	**beijar-se** (vr)	[bɐj'ʒaɾsə]
gezin (het)	**família** (f)	[fɐ'miliɐ]
gezins- (abn)	**familiar**	[fɐmi'ljaɾ]
paar (het)	**casal** (m)	[kɐ'zal]
huwelijk (het)	**matrimónio** (m)	[mɐtri'mɔniu]
thuis (het)	**lar** (m)	[laɾ]
dynastie (de)	**dinastia** (f)	[dinɐ'ʃtiɐ]
date (de)	**encontro** (m)	[ẽ'kõtru]
zoen (de)	**beijo** (m)	['bɐjʒu]
liefde (de)	**amor** (m)	[ɐ'moɾ]
liefhebben (ww)	**amar** (vt)	[ɐ'maɾ]
geliefde (bn)	**amado, querido**	[ɐ'madu], [kə'ridu]
tederheid (de)	**ternura** (f)	[təɾ'nuɾɐ]
teder (bn)	**terno, afetuoso**	['tɛɾnu], [ɐfɛtu'ozu]
trouw (de)	**fidelidade** (f)	[fidəli'dadə]
trouw (bn)	**fiel**	['fjɛl]
zorg (bijv. bejaarden~)	**cuidado** (m)	[kui'dadu]
zorgzaam (bn)	**carinhoso**	[kɐɾi'ɲozu]
jonggehuwden (mv.)	**recém-casados** (pl)	[ʀə'sẽʲ kɐ'zaduʃ]
wittebroodsweken (mv.)	**lua** (f) **de mel**	['luɐ də mɛl]
trouwen (vrouw)	**casar-se** (vr)	[kɐ'zaɾsə]
trouwen (man)	**casar-se** (vr)	[kɐ'zaɾsə]
bruiloft (de)	**boda** (f)	['bodɐ]
gouden bruiloft (de)	**bodas** (f pl) **de ouro**	['bodɐʃ də 'oru]
verjaardag (de)	**aniversário** (m)	[ɐnivəɾ'saɾiu]
minnaar (de)	**amante** (m)	[ɐ'mãtə]
minnares (de)	**amante** (f)	[ɐ'mãtə]
overspel (het)	**adultério** (m)	[ɐdul'tɛɾiu]
overspel plegen (ww)	**cometer adultério**	[kumə'teɾ ɐdul'tɛɾiu]
jaloers (bn)	**ciumento**	[siu'mẽtu]
jaloers zijn (echtgenoot, enz.)	**ser ciumento**	[seɾ siu'mẽtu]
echtscheiding (de)	**divórcio** (m)	[di'vɔɾsiu]
scheiden (ww)	**divorciar-se** (vr)	[divuɾ'sjaɾsə]
ruzie hebben (ww)	**brigar** (vi)	[bɾi'gaɾ]
vrede sluiten (ww)	**fazer as pazes**	[fɐ'zeɾ ɐʃ 'pazəʃ]
samen (bw)	**juntos**	['ʒũtuʃ]
seks (de)	**sexo** (m)	['sɛksu]
geluk (het)	**felicidade** (f)	[fəlisi'dadə]
gelukkig (bn)	**feliz**	[fə'liʃ]
ongeluk (het)	**infelicidade** (f)	[ĩfəlisi'dadə]
ongelukkig (bn)	**infeliz**	[ĩfə'liʃ]

Karakter. Gevoelens. Emoties

61. Gevoelens. Emoties

gevoel (het)	**sentimento** (m)	[sẽti'mẽtu]
gevoelens (mv.)	**sentimentos** (m pl)	[sẽti'mẽtuʃ]
voelen (ww)	**sentir** (vt)	[sẽ'tiɾ]
honger (de)	**fome** (f)	['fɔmə]
honger hebben (ww)	**ter fome**	[teɾ 'fɔmə]
dorst (de)	**sede** (f)	['sedə]
dorst hebben	**ter sede**	[teɾ 'sedə]
slaperigheid (de)	**sonolência** (f)	[sunu'lẽsiɐ]
willen slapen	**estar sonolento**	[ə'ʃtar sunu'lẽtu]
moeheid (de)	**cansaço** (m)	[kã'sasu]
moe (bn)	**cansado**	[kã'sadu]
vermoeid raken (ww)	**ficar cansado**	[fi'kar kã'sadu]
stemming (de)	**humor** (m)	[u'moɾ]
verveling (de)	**tédio** (m)	['tɛdiu]
zich vervelen (ww)	**aborrecer-se** (vr)	[ɐbuʀə'sersə]
afzondering (de)	**isolamento** (m)	[izulɐ'mẽtu]
zich afzonderen (ww)	**isolar-se**	[izu'larsə]
bezorgd maken	**preocupar** (vt)	[priɔku'paɾ]
bezorgd zijn (ww)	**preocupar-se** (vr)	[priɔku'parsə]
zorg (bijv. geld~en)	**preocupação** (f)	[priɔkupɐ'sãu]
ongerustheid (de)	**ansiedade** (f)	[ãsiɛ'dadə]
ongerust (bn)	**preocupado**	[priɔku'padu]
zenuwachtig zijn (ww)	**estar nervoso**	[ə'ʃtar nəɾ'vozu]
in paniek raken	**entrar em pânico**	[ẽ'trar ẽ 'pɐniku]
hoop (de)	**esperança** (f)	[əʃpə'rãsɐ]
hopen (ww)	**esperar** (vt)	[əʃpə'raɾ]
zekerheid (de)	**certeza** (f)	[səɾ'tezɐ]
zeker (bn)	**certo**	['sɛrtu]
onzekerheid (de)	**indecisão** (f)	[ĩdəsi'zãu]
onzeker (bn)	**indeciso**	[ĩdə'sizu]
dronken (bn)	**ébrio, bêbado**	['ɛbriu], ['bebɐdu]
nuchter (bn)	**sóbrio**	['sɔbriu]
zwak (bn)	**fraco**	['fraku]
gelukkig (bn)	**feliz**	[fə'liʃ]
doen schrikken (ww)	**assustar** (vt)	[ɐsu'ʃtaɾ]
toorn (de)	**fúria** (f)	['furiɐ]
woede (de)	**ira, raiva** (f)	[irɐ], ['ʀajvɐ]
depressie (de)	**depressão** (f)	[dəprə'sãu]
ongemak (het)	**desconforto** (m)	[dəʃkõ'fortu]

gemak, comfort (het)	**conforto** (m)	[kõ'fortu]
spijt hebben (ww)	**arrepender-se** (vr)	[ɐʁipẽ'dersə]
spijt (de)	**arrependimento** (m)	[ɐʁipẽdi'mẽtu]
pech (de)	**azar** (m), **má sorte** (f)	[ɐ'zaɾ], [ma 'sɔrtə]
bedroefdheid (de)	**tristeza** (f)	[tri'ʃtezɐ]
schaamte (de)	**vergonha** (f)	[vər'goɲɐ]
pret (de), plezier (het)	**alegria** (f)	[ɐlə'griɐ]
enthousiasme (het)	**entusiasmo** (m)	[ẽtu'zjaʒmu]
enthousiasteling (de)	**entusiasta** (m)	[ẽtu'zjaʃtɐ]
enthousiasme vertonen	**mostrar entusiasmo**	[mu'ʃtrar ẽtu'zjaʒmu]

62. Karakter. Persoonlijkheid

karakter (het)	**caráter** (m)	[kɐ'ratɛɾ]
karakterfout (de)	**falha** (f) **de caráter**	['faʎɐ də kɐ'ratɛɾ]
verstand (het)	**mente** (f)	['mẽtə]
rede (de)	**razão** (f)	[ʀɐ'zãu]
geweten (het)	**consciência** (f)	[kõ'ʃsjẽsiɐ]
gewoonte (de)	**hábito** (m)	['abitu]
bekwaamheid (de)	**habilidade** (f)	[ɐbili'dadə]
kunnen (bijv., ~ zwemmen)	**saber** (vi)	[sɐ'beɾ]
geduldig (bn)	**paciente**	[pɐ'sjẽtə]
ongeduldig (bn)	**impaciente**	[ĩpɐ'sjẽtə]
nieuwsgierig (bn)	**curioso**	[ku'rjozu]
nieuwsgierigheid (de)	**curiosidade** (f)	[kuriuzi'dadə]
bescheidenheid (de)	**modéstia** (f)	[mu'dɛʃtiɐ]
bescheiden (bn)	**modesto**	[mu'dɛʃtu]
onbescheiden (bn)	**imodesto**	[imu'dɛʃtu]
luiheid (de)	**preguiça** (f)	[prə'gisɐ]
lui (bn)	**preguiçoso**	[prəgi'sozu]
luiwammes (de)	**preguiçoso** (m)	[prəgi'sozu]
sluwheid (de)	**astúcia** (f)	[ɐ'ʃtusiɐ]
sluw (bn)	**astuto**	[ɐ'ʃtutu]
wantrouwen (het)	**desconfiança** (f)	[dəʃkõ'fjãsɐ]
wantrouwig (bn)	**desconfiado**	[dəʃkõ'fjadu]
gulheid (de)	**generosidade** (f)	[ʒənəruzi'dadə]
gul (bn)	**generoso**	[ʒənə'rozu]
talentrijk (bn)	**talentoso**	[tɐlẽ'tozu]
talent (het)	**talento** (m)	[tɐ'lẽtu]
moedig (bn)	**corajoso**	[kurɐ'ʒozu]
moed (de)	**coragem** (f)	[ku'raʒẽʲ]
eerlijk (bn)	**honesto**	[o'nɛʃtu]
eerlijkheid (de)	**honestidade** (f)	[onɛʃti'dadə]
voorzichtig (bn)	**prudente**	[pru'dẽtə]
manhaftig (bn)	**valente**	[vɐ'lẽtə]

ernstig (bn)	**sério**	['sɛriu]
streng (bn)	**severo**	[sə'vɛru]
resoluut (bn)	**decidido**	[dəsi'didu]
onzeker, irresoluut (bn)	**indeciso**	[ĩdə'sizu]
schuchter (bn)	**tímido**	['timidu]
schuchterheid (de)	**timidez** (f)	[timi'deʃ]
vertrouwen (het)	**confiança** (f)	[kõ'fjãsɐ]
vertrouwen (ww)	**confiar** (vt)	[kõ'fjar]
goedgelovig (bn)	**crédulo**	['krɛdulu]
oprecht (bw)	**sinceramente**	[sĩsɛrɐ'mẽtə]
oprecht (bn)	**sincero**	[sĩ'sɛru]
oprechtheid (de)	**sinceridade** (f)	[sĩsəri'dadə]
open (bn)	**aberto**	[ɐ'bɛrtu]
rustig (bn)	**calmo**	['kalmu]
openhartig (bn)	**franco**	['frãku]
naïef (bn)	**ingénuo**	[ĩ'ʒɛnuu]
verstrooid (bn)	**distraído**	[diʃtrɐ'idu]
leuk, grappig (bn)	**engraçado**	[ẽgrɐ'sadu]
gierigheid (de)	**ganância** (f)	[gɐ'nãsiɐ]
gierig (bn)	**ganancioso**	[gɐnɐ'sjozu]
inhalig (bn)	**avarento**	[ɐvɐ'rẽtu]
kwaad (bn)	**mau**	['mau]
koppig (bn)	**teimoso**	[tɐj'mozu]
onaangenaam (bn)	**desagradável**	[dəzɐgrɐ'davɛl]
egoïst (de)	**egoísta** (m)	[egu'iʃtɐ]
egoïstisch (bn)	**egoísta**	[egu'iʃtɐ]
lafaard (de)	**cobarde** (m)	[ku'bardə]
laf (bn)	**cobarde**	[ku'bardə]

63. Slaap. Dromen

slapen (ww)	**dormir** (vi)	[dur'mir]
slaap (in ~ vallen)	**sono** (m)	['sonu]
droom (de)	**sonho** (m)	['soɲu]
dromen (in de slaap)	**sonhar** (vi)	[su'ɲar]
slaperig (bn)	**sonolento**	[sunu'lẽtu]
bed (het)	**cama** (f)	['kɐmɐ]
matras (de)	**colchão** (m)	[kɔ'lʃãu]
deken (de)	**cobertor** (m)	[kubər'tor]
kussen (het)	**almofada** (f)	[almu'fadɐ]
laken (het)	**lençol** (m)	[lẽ'sɔl]
slapeloosheid (de)	**insónia** (f)	[ĩ'sɔniɐ]
slapeloos (bn)	**insone**	[ĩ'sɔnə]
slaapmiddel (het)	**sonífero** (m)	[su'nifəru]
slaapmiddel innemen	**tomar um sonífero**	[tu'mar ũ su'nifəru]
willen slapen	**estar sonolento**	[ə'ʃtar sunu'lẽtu]

geeuwen (ww)	**bocejar** (vi)	[busə'ʒar]
gaan slapen	**ir para a cama**	[ir 'perɐ ɐ 'kɐmɐ]
het bed opmaken	**fazer a cama**	[fɐ'zer ɐ 'kɐmɐ]
inslapen (ww)	**adormecer** (vi)	[ɐdurmə'ser]
nachtmerrie (de)	**pesadelo** (m)	[pəzɐ'delu]
gesnurk (het)	**ronco** (m)	['ʀõku]
snurken (ww)	**roncar** (vi)	[ʀõ'kar]
wekker (de)	**despertador** (m)	[dəʃpərtɐ'dor]
wekken (ww)	**despertar** (vt)	[dəʃpər'tar]
wakker worden (ww)	**acordar** (vi)	[ɐkur'dar]
opstaan (ww)	**levantar-se** (vr)	[ləvã'tarsə]
zich wassen (ww)	**lavar-se** (vr)	[lɐ'varsə]

64. Humor. Gelach. Blijdschap

humor (de)	**humor** (m)	[u'mor]
gevoel (het) voor humor	**sentido** (m) **de humor**	[sẽ'tidu də u'mor]
plezier hebben (ww)	**divertir-se** (vr)	[divər'tirsə]
vrolijk (bn)	**alegre**	[ɐ'lɛgrə]
pret (de), plezier (het)	**alegria** (f)	[ɐlə'griɐ]
glimlach (de)	**sorriso** (m)	[su'ʀizu]
glimlachen (ww)	**sorrir** (vi)	[su'ʀir]
beginnen te lachen (ww)	**começar a rir**	[kumə'sar ɐ ʀir]
lachen (ww)	**rir** (vi)	[ʀir]
lach (de)	**riso** (m)	['ʀizu]
mop (de)	**anedota** (f)	[ɐnə'dɔtɐ]
grappig (een ~ verhaal)	**engraçado**	[ẽgrɐ'sadu]
grappig (~e clown)	**ridículo**	[ʀi'dikulu]
grappen maken (ww)	**brincar, fazer piadas**	[brĩ'kar], [fɐ'zer 'pjadɐʃ]
grap (de)	**piada** (f)	['pjadɐ]
blijheid (de)	**alegria** (f)	[ɐlə'griɐ]
blij zijn (ww)	**regozijar-se** (vr)	[ʀəguzi'ʒarsə]
blij (bn)	**alegre**	[ɐ'lɛgrə]

65. Discussie, conversatie. Deel 1

communicatie (de)	**comunicação** (f)	[kumunikɐ'sãu]
communiceren (ww)	**comunicar-se** (vr)	[kumuni'karsə]
conversatie (de)	**conversa** (f)	[kõ'vɛrsɐ]
dialoog (de)	**diálogo** (m)	['djalugu]
discussie (de)	**discussão** (f)	[diʃku'sãu]
debat (het)	**debate** (m)	[də'batə]
debatteren, twisten (ww)	**debater** (vt)	[dəbɐ'ter]
gesprekspartner (de)	**interlocutor** (m)	[ĩtɛrluku'tor]
thema (het)	**tema** (m)	['temɐ]

standpunt (het)	**ponto** (m) **de vista**	['põtu də 'viʃtɐ]
mening (de)	**opinião** (f)	[ɔpi'njãu]
toespraak (de)	**discurso** (m)	[di'ʃkursu]
bespreking (de)	**discussão** (f)	[diʃku'sãu]
bespreken (spreken over)	**discutir** (vt)	[diʃku'tir]
gesprek (het)	**conversa** (f)	[kõ'vɛrsɐ]
spreken (converseren)	**conversar** (vi)	[kõvər'sar]
ontmoeting (de)	**encontro** (m)	[ẽ'kõtru]
ontmoeten (ww)	**encontrar-se** (vr)	[ẽkõ'trarsə]
spreekwoord (het)	**provérbio** (m)	[pru'vɛrbiu]
gezegde (het)	**ditado** (m)	[di'tadu]
raadsel (het)	**adivinha** (f)	[ɐdi'viɲɐ]
een raadsel opgeven	**dizer uma adivinha**	[di'zer 'umɐ ɐdi'viɲɐ]
wachtwoord (het)	**senha** (f)	['sɐɲɐ]
geheim (het)	**segredo** (m)	[sə'gredu]
eed (de)	**juramento** (m)	[ʒurɐ'mẽtu]
zweren (een eed doen)	**jurar** (vi)	[ʒu'rar]
belofte (de)	**promessa** (f)	[pru'mɛsɐ]
beloven (ww)	**prometer** (vt)	[prumə'ter]
advies (het)	**conselho** (m)	[kõ'sɐʎu]
adviseren (ww)	**aconselhar** (vt)	[ɐkõsə'ʎar]
advies volgen (iemands ~)	**seguir o conselho**	[sə'gir u kõ'sɐʎu]
luisteren (gehoorzamen)	**escutar** (vt)	[əʃku'tar]
nieuws (het)	**novidade, notícia** (f)	[nuvi'dadə], [nu'tisiɐ]
sensatie (de)	**sensação** (f)	[sẽsɐ'sãu]
informatie (de)	**informação** (f)	[ĩfurmɐ'sãu]
conclusie (de)	**conclusão** (f)	[kõklu'zãu]
stem (de)	**voz** (f)	[vɔʒ]
compliment (het)	**elogio** (m)	[elu'ʒiu]
vriendelijk (bn)	**amável**	[ɐ'mavɛl]
woord (het)	**palavra** (f)	[pɐ'lavrɐ]
zin (de), zinsdeel (het)	**frase** (f)	['frazə]
antwoord (het)	**resposta** (f)	[ʀə'ʃpɔʃtɐ]
waarheid (de)	**verdade** (f)	[vər'dadə]
leugen (de)	**mentira** (f)	[mẽ'tirɐ]
gedachte (de)	**pensamento** (m)	[pẽsɐ'mẽtu]
idee (de/het)	**ideia** (f)	[i'dɛjɐ]
fantasie (de)	**fantasia** (f)	[fãtɐ'ziɐ]

66. Discussie, conversatie. Deel 2

gerespecteerd (bn)	**estimado**	[əʃti'madu]
respecteren (ww)	**respeitar** (vt)	[ʀəʃpɐj'tar]
respect (het)	**respeito** (m)	[ʀə'ʃpɐjtu]
Geachte ... (brief)	**Estimado ..., Caro ...**	[əʃti'madu], ['karu]
voorstellen (Mag ik jullie ~)	**apresentar** (vt)	[ɐprəzẽ'tar]

kennismaken (met ...)	**conhecer** (vt)	[kuɲə'ser]
intentie (de)	**intenção** (f)	[ĩtẽ'sãu]
intentie hebben (ww)	**tencionar** (vt)	[tẽsiu'nar]
wens (de)	**desejo** (m)	[də'zɐʒu]
wensen (ww)	**desejar** (vt)	[dəzə'ʒar]
verbazing (de)	**surpresa** (f)	[sur'prezɐ]
verbazen (verwonderen)	**surpreender** (vt)	[surpriẽ'der]
verbaasd zijn (ww)	**surpreender-se** (vr)	[surpriẽ'dersə]
geven (ww)	**dar** (vt)	[dar]
nemen (ww)	**pegar** (vt)	[pə'gar]
teruggeven (ww)	**devolver** (vt)	[dəvɔ'lver]
retourneren (ww)	**retornar** (vt)	[ʀətur'nar]
zich verontschuldigen	**desculpar-se** (vr)	[dəʃkul'parsə]
verontschuldiging (de)	**desculpa** (f)	[də'ʃkulpɐ]
vergeven (ww)	**perdoar** (vt)	[pərdu'ar]
spreken (ww)	**falar** (vi)	[fɐ'lar]
luisteren (ww)	**escutar** (vt)	[əʃku'tar]
aanhoren (ww)	**ouvir até o fim**	[o'vir ɐ'tɛ u fĩ]
begrijpen (ww)	**compreender** (vt)	[kõpriẽ'der]
tonen (ww)	**mostrar** (vt)	[mu'ʃtrar]
kijken naar ...	**olhar para ...**	[ɔ'ʎar 'pɐrɐ]
roepen (vragen te komen)	**chamar** (vt)	[ʃɐ'mar]
afleiden (storen)	**distrair** (vt)	[diʃtrɐ'ir]
storen (lastigvallen)	**perturbar** (vt)	[pərtur'bar]
doorgeven (ww)	**entregar** (vt)	[ẽtrə'gar]
verzoek (het)	**pedido** (m)	[pə'didu]
verzoeken (ww)	**pedir** (vt)	[pə'dir]
eis (de)	**exigência** (f)	[ezi'ʒẽsiɐ]
eisen (met klem vragen)	**exigir** (vt)	[ezi'ʒir]
beledigen (beledigende namen geven)	**chamar nomes** (vt)	[ʃɐ'mar 'noməʃ]
uitlachen (ww)	**zombar** (vt)	[zõ'bar]
spot (de)	**zombaria** (f)	[zõbɐ'riɐ]
bijnaam (de)	**alcunha** (f)	[al'kuɲɐ]
zinspeling (de)	**insinuação** (f)	[ɐlu'zãu]
zinspelen (ww)	**insinuar** (vt)	[ĩsinu'ar]
impliceren (duiden op)	**subentender** (vt)	[subẽtẽ'der]
beschrijving (de)	**descrição** (f)	[dəʃkri'sãu]
beschrijven (ww)	**descrever** (vt)	[dəʃkrə'ver]
lof (de)	**elogio** (m)	[elu'ʒiu]
loven (ww)	**elogiar** (vt)	[elu'ʒjar]
teleurstelling (de)	**desapontamento** (m)	[dəzɐpõtɐ'mẽtu]
teleurstellen (ww)	**desapontar** (vt)	[dəzɐpõ'tar]
teleurgesteld zijn (ww)	**desapontar-se** (vr)	[dəzɐpõ'tarsə]
veronderstelling (de)	**suposição** (f)	[supuzi'sãu]
veronderstellen (ww)	**supor** (vt)	[su'por]

waarschuwing (de)	**advertência** (f)	[ɐdvər'tẽsiɐ]
waarschuwen (ww)	**advertir** (vt)	[ɐdvər'tiɾ]

67. Discussie, conversatie. Deel 3

aanpraten (ww)	**convencer** (vt)	[kõvẽ'seɾ]
kalmeren (kalm maken)	**acalmar** (vt)	[ɐkal'maɾ]
stilte (de)	**silêncio** (m)	[si'lẽsiu]
zwijgen (ww)	**ficar em silêncio**	[fi'kar ẽ si'lẽsiu]
fluisteren (ww)	**sussurrar** (vt)	[susu'ʀaɾ]
gefluister (het)	**sussurro** (m)	[su'suʀu]
open, eerlijk (bw)	**francamente**	[frɐ̃kɐ'mẽtə]
volgens mij ...	**a meu ver ...**	[ɐ 'meu veɾ]
detail (het)	**detalhe** (m)	[də'taʎə]
gedetailleerd (bn)	**detalhado**	[dətɐ'ʎadu]
gedetailleerd (bw)	**detalhadamente**	[dətɐʎadɐ'mẽtə]
hint (de)	**dica** (f)	['dikɐ]
een hint geven	**dar uma dica**	[daɾ 'umɐ 'dikɐ]
blik (de)	**olhar** (m)	[ɔ'ʎaɾ]
een kijkje nemen	**dar uma vista de olhos**	[daɾ 'umɐ 'viʃtɐ də 'ɔʎuʃ]
strak (een ~ke blik)	**fixo**	['fiksu]
knipperen (ww)	**piscar** (vi)	[pi'ʃkaɾ]
knipogen (ww)	**pestanejar** (vt)	[pəʃtɐnə'ʒaɾ]
knikken (ww)	**acenar** (vt)	[ɐsə'naɾ]
zucht (de)	**suspiro** (m)	[su'ʃpiru]
zuchten (ww)	**suspirar** (vi)	[suʃpi'raɾ]
huiveren (ww)	**estremecer** (vi)	[əʃtrəmə'seɾ]
gebaar (het)	**gesto** (m)	['ʒɛʃtu]
aanraken (ww)	**tocar** (vt)	[tu'kaɾ]
grijpen (ww)	**agarrar** (vt)	[ɐgɐ'ʀaɾ]
een schouderklopje geven	**bater de leve**	[bɐ'ter də 'lɛvə]
Kijk uit!	**Cuidado!**	[kui'dadu]
Echt?	**A sério?**	[ɐ 'sɛriu]
Bent je er zeker van?	**Tem certeza?**	[tɐ̃j sər'tezɐ]
Succes!	**Boa sorte!**	['boɐ 'sɔrtə]
Juist, ja!	**Compreendi!**	[kõpriẽ'di]
Wat jammer!	**Que pena!**	[kə 'penɐ]

68. Overeenstemming. Weigering

instemming (het)	**consentimento** (m)	[kõsẽti'mẽtu]
instemmen (akkoord gaan)	**consentir** (vi)	[kõsẽ'tiɾ]
goedkeuring (de)	**aprovação** (f)	[ɐpruvɐ'sɐ̃u]
goedkeuren (ww)	**aprovar** (vt)	[ɐpru'vaɾ]
weigering (de)	**recusa** (f)	[ʀə'kuzɐ]

weigeren (ww)	**negar-se** (vt)	[nə'garsə]
Geweldig!	**Está ótimo!**	[ə'ʃta 'ɔtimu]
Goed!	**Muito bem!**	['mũjtu bẽʲ]
Akkoord!	**Está bem! De acordo!**	[ə'ʃta bẽʲ], [də ɐ'kordu]
verboden (bn)	**proibido**	[prui'bidu]
het is verboden	**é proibido**	[ɛ prui'bidu]
het is onmogelijk	**é impossível**	[ɛ ĩpu'sivɛl]
onjuist (bn)	**incorreto**	[ĩku'ʀɛtu]
afwijzen (ww)	**rejeitar** (vt)	[ʀəʒɐj'tar]
steunen (een goed doel, enz.)	**apoiar** (vt)	[ɐpo'jar]
aanvaarden (excuses ~)	**aceitar** (vt)	[ɐsɐj'tar]
bevestigen (ww)	**confirmar** (vt)	[kõfir'mar]
bevestiging (de)	**confirmação** (f)	[kõfirmɐ'sãu]
toestemming (de)	**permissão** (f)	[pərmi'sãu]
toestaan (ww)	**permitir** (vt)	[pərmi'tir]
beslissing (de)	**decisão** (f)	[dəsi'zãu]
z'n mond houden (ww)	**não dizer nada**	['nãu di'zer 'nadɐ]
voorwaarde (de)	**condição** (f)	[kõdi'sãu]
smoes (de)	**pretexto** (m)	[prə'tɛʃtu]
lof (de)	**elogio** (m)	[elu'ʒiu]
loven (ww)	**elogiar** (vt)	[elu'ʒjar]

69. Succes. Veel geluk. Mislukking

succes (het)	**êxito, sucesso** (m)	['ɛzitu], [su'sɛsu]
succesvol (bw)	**com êxito**	[kõ 'ɛzitu]
succesvol (bn)	**bem sucedido**	[bẽʲ susə'didu]
geluk (het)	**sorte** (f)	['sɔrtə]
Succes!	**Boa sorte!**	['boɐ 'sɔrtə]
geluks- (bn)	**de sorte**	[də 'sɔrtə]
gelukkig (fortuinlijk)	**sortudo, felizardo**	[sur'tudu], [fəli'zardu]
mislukking (de)	**fracasso** (m)	[frɐ'kasu]
tegenslag (de)	**pouca sorte** (f)	['pokɐ 'sɔrtə]
pech (de)	**azar** (m), **má sorte** (f)	[ɐ'zar], [ma 'sɔrtə]
zonder succes (bn)	**mal sucedido**	[mal susə'didu]
catastrofe (de)	**catástrofe** (f)	[kɐ'taʃtrufə]
fierheid (de)	**orgulho** (m)	[ɔr'guʎu]
fier (bn)	**orgulhoso**	[ɔrgu'ʎozu]
fier zijn (ww)	**estar orgulhoso**	[ə'ʃtar ɔrgu'ʎozu]
winnaar (de)	**vencedor** (m)	[vẽsə'dor]
winnen (ww)	**vencer** (vi)	[vẽ'ser]
verliezen (ww)	**perder** (vt)	[pər'der]
poging (de)	**tentativa** (f)	[tẽtɐ'tivɐ]
pogen, proberen (ww)	**tentar** (vt)	[tẽ'tar]
kans (de)	**chance** (m)	['ʃãsə]

70. Ruzies. Negatieve emoties

schreeuw (de)	**grito** (m)	['gritu]
schreeuwen (ww)	**gritar** (vi)	[gri'tar]
beginnen te schreeuwen	**começar a gritar**	[kumə'sar ɐ gri'tar]
ruzie (de)	**discussão** (f)	[diʃku'sãu]
ruzie hebben (ww)	**discutir** (vt)	[diʃku'tir]
schandaal (het)	**escândalo** (m)	[ə'ʃkãdɐlu]
schandaal maken (ww)	**criar escândalo**	[kri'ar ə'ʃkãdɐlu]
conflict (het)	**conflito** (m)	[kõ'flitu]
misverstand (het)	**mal-entendido** (m)	[mal ẽtẽ'didu]
belediging (de)	**insulto** (m)	[ĩ'sultu]
beledigen (met scheldwoorden)	**insultar** (vt)	[ĩsul'tar]
beledigd (bn)	**insultado**	[ĩsul'tadu]
krenking (de)	**ofensa** (f)	[ɔ'fẽsɐ]
krenken (beledigen)	**ofender** (vt)	[ɔfẽ'der]
gekwetst worden (ww)	**ofender-se** (vr)	[ɔfẽ'dersə]
verontwaardiging (de)	**indignação** (f)	[ĩdignɐ'sãu]
verontwaardigd zijn (ww)	**indignar-se** (vr)	[ĩdi'gnarsə]
klacht (de)	**queixa** (f)	['kɐɪʃɐ]
klagen (ww)	**queixar-se** (vr)	[kɐɪ'ʃarsə]
verontschuldiging (de)	**desculpa** (f)	[də'ʃkulpɐ]
zich verontschuldigen	**desculpar-se** (vr)	[dəʃkul'parsə]
excuus vragen	**pedir perdão**	[pə'dir pər'dãu]
kritiek (de)	**crítica** (f)	['kritikɐ]
bekritiseren (ww)	**criticar** (vt)	[kriti'kar]
beschuldiging (de)	**acusação** (f)	[ɐkuzɐ'sãu]
beschuldigen (ww)	**acusar** (vt)	[ɐku'zar]
wraak (de)	**vingança** (f)	[vĩ'gãsɐ]
wreken (ww)	**vingar** (vt)	[vĩ'gar]
wraak nemen (ww)	**vingar-se** (vr)	[vĩ'garsə]
minachting (de)	**desprezo** (m)	[də'ʃprezu]
minachten (ww)	**desprezar** (vt)	[dəʃprə'zar]
haat (de)	**ódio** (m)	['ɔdiu]
haten (ww)	**odiar** (vt)	[o'djar]
zenuwachtig (bn)	**nervoso**	[nər'vozu]
zenuwachtig zijn (ww)	**estar nervoso**	[ə'ʃtar nər'vozu]
boos (bn)	**zangado**	[zã'gadu]
boos maken (ww)	**zangar** (vt)	[zã'gar]
vernedering (de)	**humilhação** (f)	[umiʎɐ'sãu]
vernederen (ww)	**humilhar** (vt)	[umi'ʎar]
zich vernederen (ww)	**humilhar-se** (vr)	[umi'ʎarsə]
schok (de)	**choque** (m)	['ʃɔkə]
schokken (ww)	**chocar** (vt)	[ʃu'kar]

onaangenaamheid (de)	**aborrecimento** (m)	[ɐbuʀəsi'mẽtu]
onaangenaam (bn)	**desagradável**	[dəzɐgrɐ'davɛl]

vrees (de)	**medo** (m)	['medu]
vreselijk (bijv. ~ onweer)	**terrível**	[tə'ʀivɛl]
eng (bn)	**assustador**	[ɐsuʃtɐ'doɾ]
gruwel (de)	**horror** (m)	[ɔ'ʀoɾ]
vreselijk (~ nieuws)	**horrível**	[ɔ'ʀivɛl]

beginnen te beven	**começar a tremer**	[kumə'saɾ ɐ trə'meɾ]
huilen (wenen)	**chorar** (vi)	[ʃu'raɾ]
beginnen te huilen (wenen)	**começar a chorar**	[kumə'saɾ ɐ ʃu'raɾ]
traan (de)	**lágrima** (f)	['lagrimɐ]

schuld (~ geven aan)	**falta** (f)	['faltɐ]
schuldgevoel (het)	**culpa** (f)	['kulpɐ]
schande (de)	**desonra** (f)	[də'zõʀɐ]
protest (het)	**protesto** (m)	[pru'tɛʃtu]
stress (de)	**stresse** (m)	['stresə]

storen (lastigvallen)	**perturbar** (vt)	[pərtur'baɾ]
kwaad zijn (ww)	**zangar-se com ...**	[zã'garsə kõ]
kwaad (bn)	**zangado**	[zã'gadu]
beëindigen (een relatie ~)	**terminar** (vt)	[tərmi'naɾ]
vloeken (ww)	**praguejar**	[prɐgə'ʒaɾ]

schrikken (schrik krijgen)	**assustar-se**	[ɐsu'ʃtarsə]
slaan (iemand ~)	**golpear** (vt)	[gɔl'pjaɾ]
vechten (ww)	**brigar** (vi)	[bri'gaɾ]

regelen (conflict)	**resolver** (vt)	[ʀəzɔ'lveɾ]
ontevreden (bn)	**descontente**	[dəʃkõ'tẽtə]
woedend (bn)	**furioso**	[fu'ɾjozu]

Dat is niet goed!	**Não está bem!**	['nãu ə'ʃta bẽʲ]
Dat is slecht!	**É mau!**	[ɛ 'mau]

Geneeskunde

71. Ziekten

ziekte (de)	**doença** (f)	[du'ẽsɐ]
ziek zijn (ww)	**estar doente**	[ə'ʃtar du'ẽtə]
gezondheid (de)	**saúde** (f)	[sɐ'udə]
snotneus (de)	**nariz** (m) **a escorrer**	[nɐ'riʒ ɐ əʃku'ʀer]
angina (de)	**amigdalite** (f)	[ɐmigdɐ'litə]
verkoudheid (de)	**constipação** (f)	[kõʃtipɐ'sãu]
verkouden raken (ww)	**constipar-se** (vr)	[kõʃti'parsə]
bronchitis (de)	**bronquite** (f)	[brõ'kitə]
longontsteking (de)	**pneumonia** (f)	[pneumu'niɐ]
griep (de)	**gripe** (f)	['gripə]
bijziend (bn)	**míope**	['miupə]
verziend (bn)	**presbita**	[prə'ʒbitɐ]
scheelheid (de)	**estrabismo** (m)	[əʃtrɐ'biʒmu]
scheel (bn)	**estrábico**	[ə'ʃtrabiku]
grauwe staar (de)	**catarata** (f)	[kɐtɐ'ratɐ]
glaucoom (het)	**glaucoma** (m)	[glau'komɐ]
beroerte (de)	**AVC** (m), **apoplexia** (f)	[avɛ'sɛ], [ɐpɔplɛ'ksiɐ]
hartinfarct (het)	**ataque** (m) **cardíaco**	[ɐ'takə kɐr'diɐku]
myocardiaal infarct (het)	**enfarte** (m) **do miocárdio**	[ẽ'fartə du miɔ'kardiu]
verlamming (de)	**paralisia** (f)	[pɐrɐli'ziɐ]
verlammen (ww)	**paralisar** (vt)	[pɐrɐli'zar]
allergie (de)	**alergia** (f)	[ɐlər'ʒiɐ]
astma (de/het)	**asma** (f)	['aʒmɐ]
diabetes (de)	**diabetes** (f)	[diɐ'bɛtəʃ]
tandpijn (de)	**dor** (f) **de dentes**	[dor də 'dẽtəʃ]
tandbederf (het)	**cárie** (f)	['kariə]
diarree (de)	**diarreia** (f)	[diɐ'ʀɐjɐ]
constipatie (de)	**prisão** (f) **de ventre**	[pri'zãu də 'vẽtrə]
maagstoornis (de)	**desarranjo** (m) **intestinal**	[dəzɐ'ʀãʒu ĩtəʃti'nal]
voedselvergiftiging (de)	**intoxicação** (f) **alimentar**	[ĩtɔksikɐ'sãu ɐlimẽ'tar]
voedselvergiftiging oplopen	**intoxicar-se**	[ĩtɔksi'karsə]
artritis (de)	**artrite** (f)	[ɐr'tritə]
rachitis (de)	**raquitismo** (m)	[ʀɐki'tiʒmu]
reuma (het)	**reumatismo** (m)	[ʀiumɐ'tiʒmu]
arteriosclerose (de)	**arteriosclerose** (f)	[ɐrtəriɔʃklə'rɔzə]
gastritis (de)	**gastrite** (f)	[gɐ'ʃtritə]
blindedarmontsteking (de)	**apendicite** (f)	[ɐpẽdi'sitə]

galblaasontsteking (de)	**colecistite** (f)	[kulɛsi'ʃtitə]
zweer (de)	**úlcera** (f)	['ulsərɐ]
mazelen (mv.)	**sarampo** (m)	[sɐ'rãpu]
rodehond (de)	**rubéola** (f)	[ʀu'bɛulɐ]
geelzucht (de)	**iterícia** (f)	[itə'risiɐ]
leverontsteking (de)	**hepatite** (f)	[epɐ'titə]
schizofrenie (de)	**esquizofrenia** (f)	[əʃkizɔfrə'niɐ]
dolheid (de)	**raiva** (f)	['ʀajvɐ]
neurose (de)	**neurose** (f)	[neu'rɔzə]
hersenschudding (de)	**comoção** (f) **cerebral**	[kumu'sãu sərə'bral]
kanker (de)	**cancro** (m)	['kãkru]
sclerose (de)	**esclerose** (f)	[əʃklə'rɔzə]
multiple sclerose (de)	**esclerose** (f) **múltipla**	[əʃklə'rɔzə 'multiplɐ]
alcoholisme (het)	**alcoolismo** (m)	[alkuu'liʒmu]
alcoholicus (de)	**alcoólico** (m)	[alku'ɔliku]
syfilis (de)	**sífilis** (f)	['sifiliʃ]
AIDS (de)	**SIDA** (f)	['sidɐ]
tumor (de)	**tumor** (m)	[tu'mor]
kwaadaardig (bn)	**maligno**	[mɐ'lignu]
goedaardig (bn)	**benigno**	[bə'nignu]
koorts (de)	**febre** (f)	['fɛbrə]
malaria (de)	**malária** (f)	[mɐ'lariɐ]
gangreen (het)	**gangrena** (f)	[gã'grenɐ]
zeeziekte (de)	**enjoo** (m)	[ẽ'ʒou]
epilepsie (de)	**epilepsia** (f)	[epilɛp'siɐ]
epidemie (de)	**epidemia** (f)	[epidə'miɐ]
tyfus (de)	**tifo** (m)	['tifu]
tuberculose (de)	**tuberculose** (f)	[tubɛrku'lɔzə]
cholera (de)	**cólera** (f)	['kɔlərɐ]
pest (de)	**peste** (f)	['pɛʃtə]

72. Symptomen. Behandelingen. Deel 1

symptoom (het)	**sintoma** (m)	[sĩ'tomɐ]
temperatuur (de)	**temperatura** (f)	[tẽpərɐ'turɐ]
verhoogde temperatuur (de)	**febre** (f)	['fɛbrə]
polsslag (de)	**pulso** (m)	['pulsu]
duizeling (de)	**vertigem** (f)	[vər'tiʒẽʲ]
heet (erg warm)	**quente**	['kẽtə]
koude rillingen (mv.)	**calafrio** (m)	[kɐlɐ'friu]
bleek (bn)	**pálido**	['palidu]
hoest (de)	**tosse** (f)	['tɔsə]
hoesten (ww)	**tossir** (vi)	[tɔ'sir]
niezen (ww)	**espirrar** (vi)	[əʃpi'ʀar]
flauwte (de)	**desmaio** (m)	[də'ʒmaju]

flauwvallen (ww)	**desmaiar** (vi)	[dəʒmɐ'jaɾ]
blauwe plek (de)	**nódoa** (f) **negra**	['nɔduɐ 'negɾɐ]
buil (de)	**galo** (m)	['galu]
zich stoten (ww)	**magoar-se** (vr)	[mɐgu'arsə]
kneuzing (de)	**pisadura** (f)	[pizɐ'duɾɐ]
kneuzen (gekneusd zijn)	**aleijar-se** (vr)	[ɐlɐj'ʒarsə]
hinken (ww)	**coxear** (vi)	[kɔ'ksjaɾ]
verstuiking (de)	**deslocação** (f)	[dəʒlukɐ'sãu]
verstuiken (enkel, enz.)	**deslocar** (vt)	[dəʒlu'kaɾ]
breuk (de)	**fratura** (f)	[fra'tuɾɐ]
een breuk oplopen	**fraturar** (vt)	[frɐtu'raɾ]
snijwond (de)	**corte** (m)	['kɔrtə]
zich snijden (ww)	**cortar-se** (vr)	[kuɾ'tarsə]
bloeding (de)	**hemorragia** (f)	[emuʀɐ'ʒiɐ]
brandwond (de)	**queimadura** (f)	[kɐjmɐ'duɾɐ]
zich branden (ww)	**queimar-se** (vr)	[kɐj'marsə]
prikken (ww)	**picar** (vt)	[pi'kaɾ]
zich prikken (ww)	**picar-se** (vr)	[pi'karsə]
blesseren (ww)	**lesionar** (vt)	[ləziu'naɾ]
blessure (letsel)	**lesão** (m)	[lə'zãu]
wond (de)	**ferida** (f), **ferimento** (m)	[fə'ridɐ], [fəri'mẽtu]
trauma (het)	**trauma** (m)	['traumɐ]
ijlen (ww)	**delirar** (vi)	[dəli'raɾ]
stotteren (ww)	**gaguejar** (vi)	[gɐgə'ʒaɾ]
zonnesteek (de)	**insolação** (f)	[ĩsulɐ'sãu]

73. Symptomen. Behandelingen. Deel 2

pijn (de)	**dor** (f)	[doɾ]
splinter (de)	**farpa** (f)	['farpɐ]
zweet (het)	**suor** (m)	[su'ɔɾ]
zweten (ww)	**suar** (vi)	[su'aɾ]
braking (de)	**vómito** (m)	['vɔmitu]
stuiptrekkingen (mv.)	**convulsões** (f pl)	[kõvu'lsoɪʃ]
zwanger (bn)	**grávida**	['gravidɐ]
geboren worden (ww)	**nascer** (vi)	[nɐ'ʃseɾ]
geboorte (de)	**parto** (m)	['partu]
baren (ww)	**dar à luz**	[dar a luʃ]
abortus (de)	**aborto** (m)	[ɐ'bortu]
ademhaling (de)	**respiração** (f)	[ʀəʃpiɾɐ'sãu]
inademing (de)	**inspiração** (f)	[ĩʃpiɾɐ'sãu]
uitademing (de)	**expiração** (f)	[əʃpiɾɐ'sãu]
uitademen (ww)	**expirar** (vi)	[əʃpi'raɾ]
inademen (ww)	**inspirar** (vi)	[ĩʃpi'raɾ]
invalide (de)	**inválido** (m)	[ĩ'validu]
gehandicapte (de)	**aleijado** (m)	[ɐlɐj'ʒadu]

drugsverslaafde (de)	**toxicodependente** (m)	[tɔksiku·dəpẽ'dẽtə]
doof (bn)	**surdo**	['surdu]
stom (bn)	**mudo**	['mudu]
doofstom (bn)	**surdo-mudo**	['surdu 'mudu]
krankzinnig (bn)	**louco**	['loku]
krankzinnige (man)	**louco** (m)	['loku]
krankzinnige (vrouw)	**louca** (f)	['lokɐ]
krankzinnig worden	**ficar louco**	[fi'kar 'loku]
gen (het)	**gene** (m)	['ʒɛnə]
immuniteit (de)	**imunidade** (f)	[imuni'dadə]
erfelijk (bn)	**hereditário**	[erədi'tariu]
aangeboren (bn)	**congénito**	[kõ'ʒɛnitu]
virus (het)	**vírus** (m)	['viruʃ]
microbe (de)	**micróbio** (m)	[mi'krɔbiu]
bacterie (de)	**bactéria** (f)	[ba'ktɛriɐ]
infectie (de)	**infeção** (f)	[ĩfɛ'sãu]

74. Symptomen. Behandelingen. Deel 3

ziekenhuis (het)	**hospital** (m)	[ɔʃpi'tal]
patiënt (de)	**paciente** (m)	[pɐ'sjẽtə]
diagnose (de)	**diagnóstico** (m)	[diɐ'gnɔʃtiku]
genezing (de)	**cura** (f)	['kurɐ]
medische behandeling (de)	**tratamento** (m) **médico**	[tretɐ'mẽtu 'mɛdiku]
onder behandeling zijn	**curar-se** (vr)	[ku'rarsə]
behandelen (ww)	**tratar** (vt)	[trɐ'tar]
zorgen (zieken ~)	**cuidar** (vt)	[kui'dar]
ziekenzorg (de)	**cuidados** (m pl)	[kui'daduʃ]
operatie (de)	**operação** (f)	[ɔpərɐ'sãu]
verbinden (een arm ~)	**enfaixar** (vt)	[ẽfaj'ʃar]
verband (het)	**enfaixamento** (m)	[ẽfajʃɐ'mẽtu]
vaccin (het)	**vacinação** (f)	[vɐsinɐ'sãu]
inenten (vaccineren)	**vacinar** (vt)	[vɐsi'nar]
injectie (de)	**injeção** (f)	[ĩʒɛ'sãu]
een injectie geven	**dar uma injeção**	[dar 'umɐ ĩʒɛ'sãu]
aanval (de)	**ataque** (m)	[ɐ'takə]
amputatie (de)	**amputação** (f)	[ãputɐ'sãu]
amputeren (ww)	**amputar** (vt)	[ãpu'tar]
coma (het)	**coma** (f)	['komɐ]
in coma liggen	**estar em coma**	[ə'ʃtar ẽ 'komɐ]
intensieve zorg, ICU (de)	**reanimação** (f)	[ʀiɐnimɐ'sãu]
zich herstellen (ww)	**recuperar-se** (vr)	[ʀəkupə'rarsə]
toestand (de)	**estado** (m)	[ə'ʃtadu]
bewustzijn (het)	**consciência** (f)	[kõ'ʃsjẽsiɐ]
geheugen (het)	**memória** (f)	[mə'mɔriɐ]
trekken (een kies ~)	**tirar** (vt)	[ti'rar]

vulling (de)	**chumbo** (m), **obturação** (f)	['ʃũbu], [ɔbturɐ'sãu]
vullen (ww)	**chumbar, obturar** (vt)	[ʃũ'bar], [ɔbtu'rar]
hypnose (de)	**hipnose** (f)	[ip'nɔzə]
hypnotiseren (ww)	**hipnotizar** (vt)	[ipnuti'zar]

75. Artsen

dokter, arts (de)	**médico** (m)	['mɛdiku]
ziekenzuster (de)	**enfermeira** (f)	[ẽfər'mɐjrɐ]
lijfarts (de)	**médico** (m) **pessoal**	['mɛdiku pəsu'al]
tandarts (de)	**dentista** (m)	[dẽ'tiʃtɐ]
oogarts (de)	**oculista** (m)	[ɔku'liʃtɐ]
therapeut (de)	**terapeuta** (m)	[tərɐ'peutɐ]
chirurg (de)	**cirurgião** (m)	[sirur'ʒjãu]
psychiater (de)	**psiquiatra** (m)	[psiki'atrɐ]
pediater (de)	**pediatra** (m)	[pə'djatrɐ]
psycholoog (de)	**psicólogo** (m)	[psi'kɔlugu]
gynaecoloog (de)	**ginecologista** (m)	[ʒinɛkulu'ʒiʃtɐ]
cardioloog (de)	**cardiologista** (m)	[kɐrdiulu'ʒiʃtɐ]

76. Geneeskunde. Medicijnen. Accessoires

geneesmiddel (het)	**medicamento** (m)	[mədikɐ'mẽtu]
middel (het)	**remédio** (m)	[ʀə'mɛdiu]
voorschrijven (ww)	**receitar** (vt)	[ʀəsɐj'tar]
recept (het)	**receita** (f)	[ʀə'sɐjtɐ]
tablet (de/het)	**comprimido** (m)	[kõpri'midu]
zalf (de)	**pomada** (f)	[pu'madɐ]
ampul (de)	**ampola** (f)	[ã'polɐ]
drank (de)	**preparado** (m)	[prəpɐ'radu]
siroop (de)	**xarope** (m)	[ʃɐ'rɔpə]
pil (de)	**cápsula** (f)	['kapsulɐ]
poeder (de/het)	**remédio** (m) **em pó**	[ʀə'mɛdiu ẽ pɔ]
verband (het)	**ligadura** (f)	[ligɐ'durɐ]
watten (mv.)	**algodão** (m)	[algu'dãu]
jodium (het)	**iodo** (m)	['jodu]
pleister (de)	**penso** (m) **rápido**	['pẽsu 'ʀapidu]
pipet (de)	**conta-gotas** (m)	[kõtɐ 'gotɐʃ]
thermometer (de)	**termómetro** (m)	[tər'mɔmətru]
spuit (de)	**seringa** (f)	[sə'rĩgɐ]
rolstoel (de)	**cadeira** (f) **de rodas**	[kɐ'dɐjrɐ də 'ʀɔdɐʃ]
krukken (mv.)	**muletas** (f pl)	[mu'letɐʃ]
pijnstiller (de)	**analgésico** (m)	[ɐnal'ʒɛziku]
laxeermiddel (het)	**laxante** (m)	[la'ʃãtə]

spiritus (de)	**álcool** (m)	['alkuɔl]
medicinale kruiden (mv.)	**ervas** (f pl) **medicinais**	['ɛrvɐʃ mədisi'naɪʃ]
kruiden- (abn)	**de ervas**	[də 'ɛrvɐʃ]

77. Roken. Tabaksproducten

tabak (de)	**tabaco** (m)	[tɐ'baku]
sigaret (de)	**cigarro** (m)	[si'gaʀu]
sigaar (de)	**charuto** (m)	[ʃɐ'rutu]
pijp (de)	**cachimbo** (m)	[kɐ'ʃĩbu]
pakje (~ sigaretten)	**maço** (m)	['masu]
lucifers (mv.)	**fósforos** (m pl)	['fɔʃfuruʃ]
luciferdoosje (het)	**caixa** (f) **de fósforos**	['kaɪʃɐ də 'fɔʃfuruʃ]
aansteker (de)	**isqueiro** (m)	[i'ʃkɐjru]
asbak (de)	**cinzeiro** (m)	[sĩ'zɐjru]
sigarettendoosje (het)	**cigarreira** (f)	[sigɐ'ʀɐjrɐ]
sigarettenpijpje (het)	**boquilha** (f)	[bu'kiʎɐ]
filter (de/het)	**filtro** (m)	['filtru]
roken (ww)	**fumar** (vi, vt)	[fu'mar]
een sigaret opsteken	**acender um cigarro**	[ɐsẽ'der ũ si'gaʀu]
roken (het)	**tabagismo** (m)	[tɐbɐ'ʒiʒmu]
roker (de)	**fumador** (m)	[fumɐ'dor]
peuk (de)	**beata** (f)	['bjatɐ]
rook (de)	**fumo** (m)	['fumu]
as (de)	**cinza** (f)	['sĩzɐ]

HET MENSELIJKE LEEFGEBIED

Stad

78. Stad. Het leven in de stad

stad (de)	**cidade** (f)	[si'dadə]
hoofdstad (de)	**capital** (f)	[kɐpi'tal]
dorp (het)	**aldeia** (f)	[al'dɐjɐ]
plattegrond (de)	**mapa** (m) **da cidade**	['mapɐ dɐ si'dadə]
centrum (ov. een stad)	**centro** (m) **da cidade**	['sẽtru dɐ si'dadə]
voorstad (de)	**subúrbio** (m)	[su'burbiu]
voorstads- (abn)	**suburbano**	[subur'bɐnu]
randgemeente (de)	**periferia** (f)	[pərifə'riɐ]
omgeving (de)	**arredores** (m pl)	[ɐʀə'dorəʃ]
blok (huizenblok)	**quarteirão** (m)	[kuɐrtɐj'rɐ̃u]
woonwijk (de)	**quarteirão** (m) **residencial**	[kuɐrtɐj'rɐ̃u ʀəzidẽ'sjal]
verkeer (het)	**tráfego** (m)	['trafəgu]
verkeerslicht (het)	**semáforo** (m)	[sə'mafuru]
openbaar vervoer (het)	**transporte** (m) **público**	[trɐ̃'ʃpɔrtə 'publiku]
kruispunt (het)	**cruzamento** (m)	[kruzɐ'mẽtu]
zebrapad (oversteekplaats)	**passadeira** (f)	[pɐsɐ'dɐjrɐ]
onderdoorgang (de)	**passagem** (f) **subterrânea**	[pɐ'saʒẽʲ subtə'ʀɐniɐ]
oversteken (de straat ~)	**cruzar, atravessar** (vt)	[kru'zar], [ɐtrɐvə'sar]
voetganger (de)	**peão** (m)	['pjɐ̃u]
trottoir (het)	**passeio** (m)	[pɐ'sɐju]
brug (de)	**ponte** (f)	['põtə]
dijk (de)	**margem** (f) **do rio**	['marʒẽʲ du 'ʀiu]
fontein (de)	**fonte** (f)	['fõtə]
allee (de)	**alameda** (f)	[ɐlɐ'medɐ]
park (het)	**parque** (m)	['parkə]
boulevard (de)	**bulevar** (m)	[bulə'var]
plein (het)	**praça** (f)	['prasɐ]
laan (de)	**avenida** (f)	[ɐvə'nidɐ]
straat (de)	**rua** (f)	['ʀuɐ]
zijstraat (de)	**travessa** (f)	[trɐ'vɛsɐ]
doodlopende straat (de)	**beco** (m) **sem saída**	['beku sẽ sɐ'idɐ]
huis (het)	**casa** (f)	['kazɐ]
gebouw (het)	**edifício, prédio** (m)	[edi'fisiu], ['prɛdiu]
wolkenkrabber (de)	**arranha-céus** (m)	[ɐ'ʀɐɲɐ 'sɛuʃ]
gevel (de)	**fachada** (f)	[fɐ'ʃadɐ]
dak (het)	**telhado** (m)	[tə'ʎadu]

venster (het)	**janela** (f)	[ʒɐ'nɛlɐ]
boog (de)	**arco** (m)	['arku]
pilaar (de)	**coluna** (f)	[ku'lunɐ]
hoek (ov. een gebouw)	**esquina** (f)	[ə'ʃkinɐ]
vitrine (de)	**montra** (f)	['mõtrɐ]
gevelreclame (de)	**letreiro** (m)	[lə'trɐjru]
affiche (de/het)	**cartaz** (m)	[kɐɾ'taʃ]
reclameposter (de)	**cartaz** (m) **publicitário**	[kɐɾ'taʃ publisi'tariu]
aanplakbord (het)	**painel** (m) **publicitário**	[paj'nɛl publisi'tariu]
vuilnis (de/het)	**lixo** (m)	['liʃu]
vuilnisbak (de)	**cesta** (f) **do lixo**	['seʃtɐ du 'liʃu]
afval weggooien (ww)	**jogar lixo na rua**	[ʒu'gaɾ 'liʃu nɐ 'ʀuɐ]
stortplaats (de)	**aterro** (m) **sanitário**	[ɐ'teʀu sɐni'tariu]
telefooncel (de)	**cabine** (f) **telefónica**	[kɐ'binə tələ'fɔnikɐ]
straatlicht (het)	**candeeiro** (m) **de rua**	[kɐ̃'djɐjru də 'ʀuɐ]
bank (de)	**banco** (m)	['bɐ̃ku]
politieagent (de)	**polícia** (m)	[pu'lisiɐ]
politie (de)	**polícia** (f)	[pu'lisiɐ]
zwerver (de)	**mendigo** (m)	[mẽ'digu]
dakloze (de)	**sem-abrigo** (m)	[sɐ̃ʲ ɐ'brigu]

79. Stedelijke instellingen

winkel (de)	**loja** (f)	['lɔʒɐ]
apotheek (de)	**farmácia** (f)	[fɐɾ'masiɐ]
optiek (de)	**ótica** (f)	['ɔtikɐ]
winkelcentrum (het)	**centro** (m) **comercial**	['sẽtru kumər'sjal]
supermarkt (de)	**supermercado** (m)	[supɛrmər'kadu]
bakkerij (de)	**padaria** (f)	[pɐdɐ'riɐ]
bakker (de)	**padeiro** (m)	[pɐ'dɐjru]
banketbakkerij (de)	**pastelaria** (f)	[pɐʃtəlɐ'riɐ]
kruidenier (de)	**mercearia** (f)	[mərsiɐ'riɐ]
slagerij (de)	**talho** (m)	['taʎu]
groentewinkel (de)	**loja** (f) **de legumes**	['lɔʒɐ də lə'guməʃ]
markt (de)	**mercado** (m)	[mər'kadu]
koffiehuis (het)	**café** (m)	[kɐ'fɛ]
restaurant (het)	**restaurante** (m)	[ʀəʃtau'rɐ̃tə]
bar (de)	**bar** (m), **cervejaria** (f)	[bar], [sərvəʒɐ'riɐ]
pizzeria (de)	**pizzaria** (f)	[pitzɐ'riɐ]
kapperssalon (de/het)	**salão** (m) **de cabeleireiro**	[sɐ'lɐ̃u də kɐbəlɐj'rɐjru]
postkantoor (het)	**correios** (m pl)	[ku'ʀɐjuʃ]
stomerij (de)	**lavandaria** (f)	[lɐvɐ̃dɐ'riɐ]
fotostudio (de)	**estúdio** (m) **fotográfico**	[ə'ʃtudiu futu'grafiku]
schoenwinkel (de)	**sapataria** (f)	[sɐpɐtɐ'riɐ]
boekhandel (de)	**livraria** (f)	[livrɐ'riɐ]

sportwinkel (de)	**loja** (f) **de artigos de desporto**	['lɔʒɐ də ɐr'tiguʃ də də'ʃportu]
kledingreparatie (de)	**reparação** (f) **de roupa**	[ʀəpɐrɐ'sãu də 'ʀopɐ]
kledingverhuur (de)	**aluguer** (m) **de roupa**	[ɐlu'gɛr də 'ʀopɐ]
videotheek (de)	**aluguer** (m) **de filmes**	[ɐlu'gɛr də 'filməʃ]
circus (de/het)	**circo** (m)	['sirku]
dierentuin (de)	**jardim** (m) **zoológico**	[ʒɐr'dĩ zuu'lɔʒiku]
bioscoop (de)	**cinema** (m)	[si'nemɐ]
museum (het)	**museu** (m)	[mu'zeu]
bibliotheek (de)	**biblioteca** (f)	[bibliu'tɛkɐ]
theater (het)	**teatro** (m)	[tə'atru]
opera (de)	**ópera** (f)	['ɔpərɐ]
nachtclub (de)	**clube** (m) **noturno**	['klubə nɔ'turnu]
casino (het)	**casino** (m)	[kɐ'zinu]
moskee (de)	**mesquita** (f)	[mə'ʃkitɐ]
synagoge (de)	**sinagoga** (f)	[sinɐ'gɔgɐ]
kathedraal (de)	**catedral** (f)	[kɐtə'dral]
tempel (de)	**templo** (m)	['tẽplu]
kerk (de)	**igreja** (f)	[i'greʒɐ]
instituut (het)	**instituto** (m)	[ĩʃti'tutu]
universiteit (de)	**universidade** (f)	[univərsi'dadə]
school (de)	**escola** (f)	[ə'ʃkɔlɐ]
gemeentehuis (het)	**prefeitura** (f)	[prəfɐj'turɐ]
stadhuis (het)	**câmara** (f) **municipal**	['kɐmɐrɐ munisi'pal]
hotel (het)	**hotel** (m)	[ɔ'tɛl]
bank (de)	**banco** (m)	['bãku]
ambassade (de)	**embaixada** (f)	[ẽbaɪ'ʃadɐ]
reisbureau (het)	**agência** (f) **de viagens**	[ɐ'ʒẽsiɐ də 'vjaʒẽʲʃ]
informatieloket (het)	**agência** (f) **de informações**	[ɐ'ʒẽsiɐ də ĩfurmɐ'soɪʃ]
wisselkantoor (het)	**casa** (f) **de câmbio**	['kazɐ də 'kãbiu]
metro (de)	**metro** (m)	['mɛtru]
ziekenhuis (het)	**hospital** (m)	[ɔʃpi'tal]
benzinestation (het)	**posto** (m) **de gasolina**	['poʃtu də gɐzu'linɐ]
parking (de)	**parque** (m) **de estacionamento**	['parkə də əʃtɐsiunɐ'mẽtu]

80. Borden

gevelreclame (de)	**letreiro** (m)	[lə'trɐjru]
opschrift (het)	**inscrição** (f)	[ĩʃkri'sãu]
poster (de)	**cartaz, póster** (m)	[kɐr'taʃ], ['pɔʃtɛr]
wegwijzer (de)	**sinal** (m) **informativo**	[si'nal ĩfurmɐ'tivu]
pijl (de)	**seta** (f)	['sɛtɐ]
waarschuwing (verwittiging)	**aviso** (m), **advertência** (f)	[ɐ'vizu], [ɐdvər'tẽsiɐ]
waarschuwingsbord (het)	**sinal** (m) **de aviso**	[si'nal də ɐ'vizu]

waarschuwen (ww)	**avisar, advertir** (vt)	[ɐvi'zar], [ɐdvər'tir]
vrije dag (de)	**dia** (m) **de folga**	['diɐ də 'fɔlgɐ]
dienstregeling (de)	**horário** (m)	[ɔ'rariu]
openingsuren (mv.)	**horário** (m)	[ɔ'rariu]
WELKOM!	**BEM-VINDOS!**	[bẽʲ'vĩduʃ]
INGANG	**ENTRADA**	[ẽ'tradɐ]
UITGANG	**SAÍDA**	[sɐ'idɐ]
DUWEN	**EMPURRE**	[ẽ'puʀə]
TREKKEN	**PUXE**	['puʃə]
OPEN	**ABERTO**	[ɐ'bɛrtu]
GESLOTEN	**FECHADO**	[fə'ʃadu]
DAMES	**MULHER**	[mu'ʎɛr]
HEREN	**HOMEM**	['ɔmẽʲ]
KORTING	**DESCONTOS**	[də'ʃkõtuʃ]
UITVERKOOP	**SALDOS**	['salduʃ]
NIEUW!	**NOVIDADE!**	[nuvi'dadə]
GRATIS	**GRÁTIS**	['gratiʃ]
PAS OP!	**ATENÇÃO!**	[ɐtẽ'sãu]
VOLGEBOEKT	**NÃO HÁ VAGAS**	['nãu a 'vagɐʃ]
GERESERVEERD	**RESERVADO**	[ʀəzər'vadu]
ADMINISTRATIE	**ADMINISTRAÇÃO**	[ɐdminiʃtrɐ'sãu]
ALLEEN VOOR PERSONEEL	**SOMENTE PESSOAL AUTORIZADO**	[sɔ'mẽtə pəsu'al auturi'zadu]
GEVAARLIJKE HOND	**CUIDADO CÃO FEROZ**	[kui'dadu 'kãu fə'rɔʃ]
VERBODEN TE ROKEN!	**PROIBIDO FUMAR!**	[prui'bidu fu'mar]
NIET AANRAKEN!	**NÃO TOCAR**	['nãu tu'kar]
GEVAARLIJK	**PERIGOSO**	[pəri'gozu]
GEVAAR	**PERIGO**	[pə'rigu]
HOOGSPANNING	**ALTA TENSÃO**	['altɐ tẽ'sãu]
VERBODEN TE ZWEMMEN	**PROIBIDO NADAR**	[prui'bidu nɐ'dar]
BUITEN GEBRUIK	**AVARIADO**	[ɐvɐ'rjadu]
ONTVLAMBAAR	**INFLAMÁVEL**	[ĩflɐ'mavɛl]
VERBODEN	**PROIBIDO**	[prui'bidu]
DOORGANG VERBODEN	**ENTRADA PROIBIDA**	[ẽ'tradɐ prui'bidɐ]
OPGELET PAS GEVERFD	**CUIDADO TINTA FRESCA**	[kui'dadu 'tĩtɐ 'freʃkɐ]

81. Stedelijk vervoer

bus, autobus (de)	**autocarro** (m)	[autɔ'kaʀu]
tram (de)	**elétrico** (m)	[e'lɛtriku]
trolleybus (de)	**troleicarro** (m)	[trulɛi'kaʀu]
route (de)	**itinerário** (m)	[itinə'rariu]
nummer (busnummer, enz.)	**número** (m)	['numəru]
rijden met ...	**ir de ...**	[ir də]
stappen (in de bus ~)	**entrar em ...**	[ẽ'trar ẽʲ]

afstappen (ww)	**descer de ...**	[də'ʃser də]
halte (de)	**paragem** (f)	[pɐ'raʒẽʲ]
volgende halte (de)	**próxima paragem** (f)	['prɔsimɐ pɐ'raʒẽʲ]
eindpunt (het)	**ponto** (m) **final**	['põtu fi'nal]
dienstregeling (de)	**horário** (m)	[ɔ'rariu]
wachten (ww)	**esperar** (vt)	[əʃpə'rar]
kaartje (het)	**bilhete** (m)	[bi'ʎetə]
reiskosten (de)	**custo** (m) **do bilhete**	['kuʃtu du bi'ʎetə]
kassier (de)	**bilheteiro** (m)	[biʎə'tɐjru]
kaartcontrole (de)	**controle** (m) **dos bilhetes**	[kõ'trole duʃ bi'ʎetəʃ]
controleur (de)	**revisor** (m)	[ʀəvi'zor]
te laat zijn (ww)	**atrasar-se** (vr)	[ɐtrɐ'zarsə]
missen (de bus ~)	**perder** (vt)	[pər'der]
zich haasten (ww)	**estar com pressa**	[ə'ʃtar kõ 'prɛsɐ]
taxi (de)	**táxi** (m)	['taksi]
taxichauffeur (de)	**taxista** (m)	[ta'ksiʃtɐ]
met de taxi (bw)	**de táxi**	[də 'taksi]
taxistandplaats (de)	**praça** (f) **de táxis**	['prasɐ də 'taksiʃ]
een taxi bestellen	**chamar um táxi**	[ʃɐ'mar ũ 'taksi]
een taxi nemen	**apanhar um táxi**	[ɐpɐ'ɲar ũ 'taksi]
verkeer (het)	**tráfego** (m)	['trafəgu]
file (de)	**engarrafamento** (m)	[ẽgɐʀɐfɐ'mẽtu]
spitsuur (het)	**horas** (f pl) **de ponta**	['ɔrɐʃ də 'põtɐ]
parkeren (on.ww.)	**estacionar** (vi)	[əʃtɐsiu'nar]
parkeren (ov.ww.)	**estacionar** (vt)	[əʃtɐsiu'nar]
parking (de)	**parque** (m) **de estacionamento**	['parkə də əʃtɐsiunɐ'mẽtu]
metro (de)	**metro** (m)	['mɛtru]
halte (bijv. kleine treinhalte)	**estação** (f)	[əʃtɐ'sãu]
de metro nemen	**ir de metro**	[ir də 'mɛtru]
trein (de)	**comboio** (m)	[kõ'bɔju]
station (treinstation)	**estação** (f)	[əʃtɐ'sãu]

82. Bezienswaardigheden

monument (het)	**monumento** (m)	[munu'mẽtu]
vesting (de)	**fortaleza** (f)	[furtɐ'lezɐ]
paleis (het)	**palácio** (m)	[pɐ'lasiu]
kasteel (het)	**castelo** (m)	[kɐ'ʃtɛlu]
toren (de)	**torre** (f)	['toʀə]
mausoleum (het)	**mausoléu** (m)	[mauzu'lɛu]
architectuur (de)	**arquitetura** (f)	[ɐrkitɛ'turɐ]
middeleeuws (bn)	**medieval**	[mədiɛ'val]
oud (bn)	**antigo**	[ɐ̃'tigu]
nationaal (bn)	**nacional**	[nɐsiu'nal]
bekend (bn)	**conhecido**	[kuɲə'sidu]
toerist (de)	**turista** (m)	[tu'riʃtɐ]

gids (de)	**guia** (m)	['giɐ]
rondleiding (de)	**excursão** (f)	[əʃkur'sãu]
tonen (ww)	**mostrar** (vt)	[mu'ʃtrar]
vertellen (ww)	**contar** (vt)	[kõ'tar]
vinden (ww)	**encontrar** (vt)	[ẽkõ'trar]
verdwalen (de weg kwijt zijn)	**perder-se** (vr)	[pər'dersə]
plattegrond (~ van de metro)	**mapa** (m)	['mapɐ]
plattegrond (~ van de stad)	**mapa** (m)	['mapɐ]
souvenir (het)	**lembrança** (f), **presente** (m)	[lẽ'brãsɐ], [prə'zẽtə]
souvenirwinkel (de)	**loja** (f) **de presentes**	['lɔʒɐ də prə'zẽtəʃ]
foto's maken	**fotografar** (vt)	[futugrɐ'far]
zich laten fotograferen	**fotografar-se**	[futugrɐ'farsə]

83. Winkelen

kopen (ww)	**comprar** (vt)	[kõ'prar]
aankoop (de)	**compra** (f)	['kõprɐ]
winkelen (ww)	**fazer compras**	[fɐ'zer 'kõprɐʃ]
winkelen (het)	**compras** (f pl)	['kõprɐʃ]
open zijn (ov. een winkel, enz.)	**estar aberta**	[ə'ʃtar ɐ'bɛrtɐ]
gesloten zijn (ww)	**estar fechada**	[ə'ʃtar fə'ʃadɐ]
schoeisel (het)	**calçado** (m)	[kal'sadu]
kleren (mv.)	**roupa** (f)	['ʀopɐ]
cosmetica (mv.)	**cosméticos** (m pl)	[ku'ʒmɛtikuʃ]
voedingswaren (mv.)	**alimentos** (m pl)	[ɐli'mẽtuʃ]
geschenk (het)	**presente** (m)	[prə'zẽtə]
verkoper (de)	**vendedor** (m)	[vẽdə'dor]
verkoopster (de)	**vendedora** (f)	[vẽdə'dorɐ]
kassa (de)	**caixa** (f)	['kaɪʃɐ]
spiegel (de)	**espelho** (m)	[ə'ʃpɐʎu]
toonbank (de)	**balcão** (m)	[bal'kãu]
paskamer (de)	**cabine** (f) **de provas**	[kɐ'binə də 'prɔvɐʃ]
aanpassen (ww)	**provar** (vt)	[pru'var]
passen (ov. kleren)	**servir** (vi)	[sər'vir]
bevallen (prettig vinden)	**gostar** (vt)	[gu'ʃtar]
prijs (de)	**preço** (m)	['presu]
prijskaartje (het)	**etiqueta** (f) **de preço**	[eti'ketɐ də 'presu]
kosten (ww)	**custar** (vt)	[ku'ʃtar]
Hoeveel?	**Quanto?**	[ku'ãtu]
korting (de)	**desconto** (m)	[də'ʃkõtu]
niet duur (bn)	**não caro**	['nãu 'karu]
goedkoop (bn)	**barato**	[bɐ'ratu]
duur (bn)	**caro**	['karu]
Dat is duur.	**É caro**	[ɛ 'karu]

verhuur (de)	**aluguer** (m)	[ɐlu'gɛr]
huren (smoking, enz.)	**alugar** (vt)	[ɐlu'gar]
krediet (het)	**crédito** (m)	['krɛditu]
op krediet (bw)	**a crédito**	[ɐ 'krɛditu]

84. Geld

geld (het)	**dinheiro** (m)	[di'ɲɐjru]
ruil (de)	**câmbio** (m)	['kɐ̃biu]
koers (de)	**taxa** (f) **de câmbio**	['taʃɐ də 'kɐ̃biu]
geldautomaat (de)	**Caixa Multibanco** (m)	['kaɪʃɐ multi'bɐ̃ku]
muntstuk (de)	**moeda** (f)	[mu'ɛdɐ]
dollar (de)	**dólar** (m)	['dɔlar]
euro (de)	**euro** (m)	['euru]
lire (de)	**lira** (f)	['lirɐ]
Duitse mark (de)	**marco** (m)	['marku]
frank (de)	**franco** (m)	['frɐ̃ku]
pond sterling (het)	**libra** (f) **esterlina**	['librɐ əʃtər'linɐ]
yen (de)	**iene** (m)	['jɛnə]
schuld (geldbedrag)	**dívida** (f)	['dividɐ]
schuldenaar (de)	**devedor** (m)	[dəvə'dor]
uitlenen (ww)	**emprestar** (vt)	[ẽprə'ʃtar]
lenen (geld ~)	**pedir emprestado**	[pə'dir ẽprə'ʃtadu]
bank (de)	**banco** (m)	['bɐ̃ku]
bankrekening (de)	**conta** (f)	['kõtɐ]
storten (ww)	**depositar** (vt)	[dəpuzi'tar]
op rekening storten	**depositar na conta**	[dəpuzi'tar nɐ 'kõtɐ]
opnemen (ww)	**levantar** (vt)	[ləvɐ̃'tar]
kredietkaart (de)	**cartão** (m) **de crédito**	[kɐr'tɐ̃u də 'krɛditu]
baar geld (het)	**dinheiro** (m) **vivo**	[di'ɲɐjru 'vivu]
cheque (de)	**cheque** (m)	['ʃɛkə]
een cheque uitschrijven	**passar um cheque**	[pɐ'sar ũ 'ʃɛkə]
chequeboekje (het)	**livro** (m) **de cheques**	['livru də 'ʃɛkəʃ]
portefeuille (de)	**carteira** (f)	[kɐr'tɐjrɐ]
geldbeugel (de)	**porta-moedas** (m)	['pɔrtɐ mu'ɛdɐʃ]
safe (de)	**cofre** (m)	['kɔfrə]
erfgenaam (de)	**herdeiro** (m)	[er'dɐjru]
erfenis (de)	**herança** (f)	[e'rɐ̃sɐ]
fortuin (het)	**fortuna** (f)	[fur'tunɐ]
huur (de)	**arrendamento** (m)	[ɐʀẽdɐ'mẽtu]
huurprijs (de)	**renda** (f) **de casa**	['ʀẽdɐ də 'kazɐ]
huren (huis, kamer)	**alugar** (vt)	[ɐlu'gar]
prijs (de)	**preço** (m)	['presu]
kostprijs (de)	**custo** (m)	['kuʃtu]
som (de)	**soma** (f)	['somɐ]

uitgeven (geld besteden)	**gastar** (vt)	[gɐ'ʃtaɾ]
kosten (mv.)	**gastos** (m pl)	['gaʃtuʃ]
bezuinigen (ww)	**economizar** (vi)	[ekɔnumi'zaɾ]
zuinig (bn)	**económico**	[eku'nɔmiku]
betalen (ww)	**pagar** (vt)	[pɐ'gaɾ]
betaling (de)	**pagamento** (m)	[pɐgɐ'mẽtu]
wisselgeld (het)	**troco** (m)	['troku]
belasting (de)	**imposto** (m)	[ĩ'poʃtu]
boete (de)	**multa** (f)	['multɐ]
beboeten (bekeuren)	**multar** (vt)	[mul'taɾ]

85. Post. Postkantoor

postkantoor (het)	**correios** (m pl)	[ku'ʀɐjuʃ]
post (de)	**correio** (m)	[ku'ʀɐju]
postbode (de)	**carteiro** (m)	[kɐr'tɐjru]
openingsuren (mv.)	**horário** (m)	[ɔ'rariu]
brief (de)	**carta** (f)	['kartɐ]
aangetekende brief (de)	**carta** (f) **registada**	['kartɐ ʀəʒi'ʃtadɐ]
briefkaart (de)	**postal** (m)	[pu'ʃtal]
telegram (het)	**telegrama** (m)	[tələ'gremɐ]
postpakket (het)	**encomenda** (f) **postal**	[ẽku'mẽdɐ pu'ʃtal]
overschrijving (de)	**remessa** (f) **de dinheiro**	[ʀə'mɛsɐ də di'ɲɐjru]
ontvangen (ww)	**receber** (vt)	[ʀəsə'beɾ]
sturen (zenden)	**enviar** (vt)	[ẽ'vjaɾ]
verzending (de)	**envio** (m)	[ẽ'viu]
adres (het)	**endereço** (m)	[ẽdə'resu]
postcode (de)	**código** (m) **postal**	['kɔdigu pu'ʃtal]
verzender (de)	**remetente** (m)	[ʀəmə'tẽtə]
ontvanger (de)	**destinatário** (m)	[dəʃtinɐ'tariu]
naam (de)	**nome** (m)	['nomə]
achternaam (de)	**apelido** (m)	[ɐpə'lidu]
tarief (het)	**tarifa** (f)	[tɐ'rifɐ]
standaard (bn)	**ordinário**	[ɔrdi'nariu]
zuinig (bn)	**económico**	[eku'nɔmiku]
gewicht (het)	**peso** (m)	['pezu]
afwegen (op de weegschaal)	**pesar** (vt)	[pə'zaɾ]
envelop (de)	**envelope** (m)	[ẽvə'lɔpə]
postzegel (de)	**selo** (m)	['selu]
een postzegel plakken op	**colar o selo**	[ku'laɾ u 'selu]

Woning. Huis. Thuis

86. Huis. Woning

huis (het)	**casa** (f)	['kazɐ]
thuis (bw)	**em casa**	[ẽ 'kazɐ]
cour (de)	**pátio** (m)	['patiu]
omheining (de)	**cerca** (f)	['serkɐ]
baksteen (de)	**tijolo** (m)	[ti'ʒolu]
van bakstenen	**de tijolos**	[də ti'ʒɔluʃ]
steen (de)	**pedra** (f)	['pɛdrɐ]
stenen (bn)	**de pedra**	[də 'pɛdrɐ]
beton (het)	**betão** (m)	[bə'tãu]
van beton	**de betão**	[də bə'tãu]
nieuw (bn)	**novo**	['novu]
oud (bn)	**velho**	['vɛʎu]
vervallen (bn)	**decrépito**	[də'krɛpitu]
modern (bn)	**moderno**	[mu'dɛrnu]
met veel verdiepingen	**de muitos andares**	[də 'mujtuʃ ã'darəʃ]
hoog (bn)	**alto**	['altu]
verdieping (de)	**andar** (m)	[ã'dar]
met een verdieping	**de um andar**	[də ũ ã'dar]
laagste verdieping (de)	**andar** (m) **de baixo**	[ãdar də 'baɪʃu]
bovenverdieping (de)	**andar** (m) **de cima**	[ãdar də 'simɐ]
dak (het)	**telhado** (m)	[tə'ʎadu]
schoorsteen (de)	**chaminé** (f)	[ʃɐmi'nɛ]
dakpan (de)	**telha** (f)	['tɐʎɐ]
pannen- (abn)	**de telha**	[də 'tɐʎɐ]
zolder (de)	**sótão** (m)	['sɔtãu]
venster (het)	**janela** (f)	[ʒɐ'nɛlɐ]
glas (het)	**vidro** (m)	['vidru]
vensterbank (de)	**parapeito** (m)	[pɐrɐ'pɐjtu]
luiken (mv.)	**portadas** (f pl)	[pur'tadɐʃ]
muur (de)	**parede** (f)	[pɐ'redə]
balkon (het)	**varanda** (f)	[vɐ'rãdɐ]
regenpijp (de)	**tubo** (m) **de queda**	['tubu də 'kɛdɐ]
boven (bw)	**em cima**	[ẽ 'simɐ]
naar boven gaan (ww)	**subir** (vi)	[su'bir]
afdalen (on.ww.)	**descer** (vi)	[də'ʃser]
verhuizen (ww)	**mudar-se** (vr)	[mu'darsə]

87. Huis. Ingang. Lift

ingang (de)	**entrada** (f)	[ẽ'tradɐ]
trap (de)	**escada** (f)	[ə'ʃkadɐ]
treden (mv.)	**degraus** (m pl)	[də'grauʃ]
trapleuning (de)	**corrimão** (m)	[kuʀi'mãu]
hal (de)	**hall** (m) **de entrada**	[ɔl də ẽ'tradɐ]

postbus (de)	**caixa** (f) **de correio**	['kaɪʃɐ də ku'ʀɐju]
vuilnisbak (de)	**caixote** (m) **do lixo**	[kaɪ'ʃɔtə du 'liʃu]
vuilniskoker (de)	**conduta** (f) **do lixo**	[kõ'dutɐ du 'liʃu]

lift (de)	**elevador** (m)	[eləvɐ'dor]
goederenlift (de)	**elevador** (m) **de carga**	[eləvɐ'dor də 'kargɐ]
liftcabine (de)	**cabine** (f)	[kɐ'binə]
de lift nemen	**pegar o elevador**	[pə'gar u eləvɐ'dor]

appartement (het)	**apartamento** (m)	[ɐpɐrtɐ'mẽtu]
bewoners (mv.)	**moradores** (m pl)	[murɐ'dorəʃ]
buurman (de)	**vizinho** (m)	[vi'ziɲu]
buurvrouw (de)	**vizinha** (f)	[vi'ziɲɐ]
buren (mv.)	**vizinhos** (pl)	[vi'ziɲuʃ]

88. Huis. Elektriciteit

elektriciteit (de)	**eletricidade** (f)	[elɛtrisi'dadə]
lamp (de)	**lâmpada** (f)	['lãpɐdɐ]
schakelaar (de)	**interruptor** (m)	[ĩtəʀup'tor]
zekering (de)	**fusível** (m)	[fu'zivɛl]

draad (de)	**fio, cabo** (m)	['fiu], ['kabu]
bedrading (de)	**instalação** (f) **elétrica**	[ĩʃtɐlɐ'sãu e'lɛtrikɐ]
elektriciteitsmeter (de)	**contador** (m) **de eletricidade**	[kõtɐ'dor də elɛtrisi'dadə]
gegevens (mv.)	**indicação** (f), **registo** (m)	[ĩdikɐ'sãu], [ʀə'ʒiʃtu]

89. Huis. Deuren. Sloten

deur (de)	**porta** (f)	['pɔrtɐ]
toegangspoort (de)	**portão** (m)	[pur'tãu]
deurkruk (de)	**maçaneta** (f)	[mɐsɐ'netɐ]
ontsluiten (ontgrendelen)	**destrancar** (vt)	[dəʃtrã'kar]
openen (ww)	**abrir** (vt)	[ɐ'brir]
sluiten (ww)	**fechar** (vt)	[fə'ʃar]

sleutel (de)	**chave** (f)	['ʃavə]
sleutelbos (de)	**molho** (m)	['moʎu]
knarsen (bijv. scharnier)	**ranger** (vi)	[ʀã'ʒer]
knarsgeluid (het)	**rangido** (m)	[ʀã'ʒidu]
scharnier (het)	**dobradiça** (f)	[dubrɐ'disɐ]
deurmat (de)	**tapete** (m) **de entrada**	[tɐ'petə də ẽ'tradɐ]
slot (het)	**fechadura** (f)	[fəʃɐ'durɐ]

sleutelgat (het)	**buraco** (m) **da fechadura**	[bu'raku dɐ fəʃɐ'durɐ]
grendel (de)	**ferrolho** (m)	[fə'ʀɔʎu]
schuif (de)	**ferrolho, fecho** (m)	[fə'ʀɔʎu], ['feʃu]
hangslot (het)	**cadeado** (m)	[kɐ'djadu]
aanbellen (ww)	**tocar** (vt)	[tu'kar]
bel (geluid)	**toque** (m)	['tɔkə]
deurbel (de)	**campainha** (f)	[kãpɐ'iɲɐ]
belknop (de)	**botão** (m)	[bu'tãu]
geklop (het)	**batida** (f)	[bɐ'tidɐ]
kloppen (ww)	**bater** (vi)	[bɐ'ter]
code (de)	**código** (m)	['kɔdigu]
cijferslot (het)	**fechadura** (f) **de código**	[fəʃɐ'durɐ də 'kɔdigu]
parlofoon (de)	**telefone** (m) **de porta**	[tələ'fɔnə də 'pɔrtɐ]
nummer (het)	**número** (m)	['numəru]
naambordje (het)	**placa** (f) **de porta**	['plakɐ də 'pɔrtɐ]
deurspion (de)	**vigia** (f), **olho** (m) **mágico**	[vi'ʒiɐ], ['oʎu 'maʒiku]

90. Huis op het platteland

dorp (het)	**aldeia** (f)	[al'dɐjɐ]
moestuin (de)	**horta** (f)	['ɔrtɐ]
hek (het)	**cerca** (f)	['serkɐ]
houten hekwerk (het)	**paliçada** (f)	[pɐli'sadɐ]
tuinpoortje (het)	**cancela** (f)	[kã'sɛlɐ]
graanschuur (de)	**celeiro** (m)	[sə'lɐjru]
wortelkelder (de)	**adega** (f)	[ɐ'dɛgɐ]
schuur (de)	**galpão, barracão** (m)	[gal'pãu], [bɐʀɐ'kãu]
waterput (de)	**poço** (m)	['posu]
kachel (de)	**fogão** (m)	[fu'gãu]
de kachel stoken	**atiçar o fogo**	[ɐti'sar u 'fogu]
brandhout (het)	**lenha** (f)	['lɐɲɐ]
houtblok (het)	**acha, lenha** (f)	[aʃɐ], ['lɐɲɐ]
veranda (de)	**varanda** (f)	[vɐ'rãdɐ]
terras (het)	**alpendre** (m)	[al'pẽdrə]
bordes (het)	**degraus** (m pl) **de entrada**	[də'grauʃ də ẽ'tradɐ]
schommel (de)	**balouço** (m)	[bɐ'losu]

91. Villa. Herenhuis

landhuisje (het)	**casa** (f) **de campo**	['kazɐ də 'kãpu]
villa (de)	**vila** (f)	['vilɐ]
vleugel (de)	**ala** (f)	['alɐ]
tuin (de)	**jardim** (m)	[ʒɐr'dĩ]
park (het)	**parque** (m)	['parkə]
oranjerie (de)	**estufa** (f)	[ə'ʃtufɐ]
onderhouden (tuin, enz.)	**cuidar de ...**	[kuidar də]

zwembad (het)	**piscina** (f)	[pi'ʃsinɐ]
gym (het)	**ginásio** (m)	[ʒi'naziu]
tennisveld (het)	**campo** (m) **de ténis**	['kãpu də 'tɛniʃ]
bioscoopkamer (de)	**cinema** (m)	[si'nemɐ]
garage (de)	**garagem** (f)	[gɐ'raʒẽʲ]
privé-eigendom (het)	**propriedade** (f) **privada**	[pruprie'dadə pri'vadɐ]
eigen terrein (het)	**terreno** (m) **privado**	[tə'ʀenu pri'vadu]
waarschuwing (de)	**advertência** (f)	[ɐdvər'tẽsiɐ]
waarschuwingsbord (het)	**sinal** (m) **de aviso**	[si'nal də ɐ'vizu]
bewaking (de)	**guarda** (f)	[gu'ardɐ]
bewaker (de)	**guarda** (m)	[gu'ardɐ]
inbraakalarm (het)	**alarme** (m)	[ɐ'larmə]

92. Kasteel. Paleis

kasteel (het)	**castelo** (m)	[kɐ'ʃtɛlu]
paleis (het)	**palácio** (m)	[pɐ'lasiu]
vesting (de)	**fortaleza** (f)	[furtɐ'lezɐ]
ringmuur (de)	**muralha** (f)	[mu'raʎɐ]
toren (de)	**torre** (f)	['toʀə]
donjon (de)	**calabouço** (m)	[kɐlɐ'bosu]
valhek (het)	**grade** (f) **levadiça**	['gradə ləvɐ'disɐ]
onderaardse gang (de)	**passagem** (f) **subterrânea**	[pɐ'saʒẽʲ subtə'ʀɐniɐ]
slotgracht (de)	**fosso** (m)	['fosu]
ketting (de)	**corrente, cadeia** (f)	[ku'ʀẽtə], [kɐ'dɐjɐ]
schietgat (het)	**seteira** (f)	[sə'tɐjrɐ]
prachtig (bn)	**magnífico**	[ma'gnifiku]
majestueus (bn)	**majestoso**	[mɐʒə'ʃtozu]
onneembaar (bn)	**inexpugnável**	[inəʃpu'gnavɛl]
middeleeuws (bn)	**medieval**	[mədiɛ'val]

93. Appartement

appartement (het)	**apartamento** (m)	[ɐpɐrtɐ'mẽtu]
kamer (de)	**quarto** (m)	[ku'artu]
slaapkamer (de)	**quarto** (m) **de dormir**	[ku'artu də dur'mir]
eetkamer (de)	**sala** (f) **de jantar**	['salɐ də ʒã'tar]
salon (de)	**sala** (f) **de estar**	['salɐ də ə'ʃtar]
studeerkamer (de)	**escritório** (m)	[əʃkri'tɔriu]
gang (de)	**antessala** (f)	[ãtə'salɐ]
badkamer (de)	**quarto** (m) **de banho**	[ku'artu də 'bɐɲu]
toilet (het)	**quarto** (m) **de banho**	[ku'artu də 'bɐɲu]
plafond (het)	**teto** (m)	['tɛtu]
vloer (de)	**chão, soalho** (m)	['ʃɐ̃u], [su'aʎu]
hoek (de)	**canto** (m)	['kãtu]

94. Appartement. Schoonmaken

schoonmaken (ww)	**arrumar, limpar** (vt)	[ɐʀu'mar], [lĩ'par]
opbergen (in de kast, enz.)	**guardar** (vt)	[guɐr'dar]
stof (het)	**pó** (m)	[pɔ]
stoffig (bn)	**empoeirado**	[ẽpɔɐj'radu]
stoffen (ww)	**limpar o pó**	[lĩ'par u pɔ]
stofzuiger (de)	**aspirador** (m)	[ɐʃpirɐ'dor]
stofzuigen (ww)	**aspirar** (vt)	[ɐʃpi'rar]
vegen (de vloer ~)	**varrer** (vt)	[vɐ'ʀer]
veegsel (het)	**sujeira** (f)	[su'ʒɐjrɐ]
orde (de)	**arrumação** (f), **ordem** (f)	[ɐʀumɐ'sãu], ['ɔrdẽʲ]
wanorde (de)	**desordem** (f)	[də'zɔrdẽʲ]
zwabber (de)	**esfregão** (m)	[əʃfrə'gãu]
poetsdoek (de)	**pano** (m), **trapo** (m)	['pɐnu], ['trapu]
veger (de)	**vassoura** (f)	[vɐ'sorɐ]
stofblik (het)	**pá** (f) **de lixo**	[pa də 'liʃu]

95. Meubels. Interieur

meubels (mv.)	**mobiliário** (m)	[mubi'ljariu]
tafel (de)	**mesa** (f)	['mezɐ]
stoel (de)	**cadeira** (f)	[kɐ'dɐjrɐ]
bed (het)	**cama** (f)	['kɐmɐ]
bankstel (het)	**divã** (m)	[di'vã]
fauteuil (de)	**cadeirão** (m)	[kɐdɐj'rãu]
boekenkast (de)	**estante** (f)	[ə'ʃtãtə]
boekenrek (het)	**prateleira** (f)	[prɐtə'lɐjrɐ]
kledingkast (de)	**guarda-vestidos** (m)	[gu'ardɐ və'ʃtiduʃ]
kapstok (de)	**cabide** (m) **de parede**	[kɐ'bidə də pɐ'redə]
staande kapstok (de)	**cabide** (m) **de pé**	[kɐ'bidə də pɛ]
commode (de)	**cómoda** (f)	['kɔmudɐ]
salontafeltje (het)	**mesinha** (f) **de centro**	[mə'ziɲɐ də 'sẽtru]
spiegel (de)	**espelho** (m)	[ə'ʃpɐʎu]
tapijt (het)	**tapete** (m)	[tɐ'petə]
tapijtje (het)	**tapete** (m) **pequeno**	[tɐ'petə pə'kenu]
haard (de)	**lareira** (f)	[lɐ'rɐjrɐ]
kaars (de)	**vela** (f)	['vɛlɐ]
kandelaar (de)	**castiçal** (m)	[kɐʃti'sal]
gordijnen (mv.)	**cortinas** (f pl)	[kur'tinɐʃ]
behang (het)	**papel** (m) **de parede**	[pɐ'pɛl də pɐ'redə]
jaloezie (de)	**estores** (f pl)	[ə'ʃtorəʃ]
bureaulamp (de)	**candeeiro** (m) **de mesa**	[kã'djɐjru də 'mezɐ]
wandlamp (de)	**candeeiro** (m) **de parede**	[kã'djɐjru də pɐ'redə]

staande lamp (de)	**candeeiro** (m) **de pé**	[kã'djɐjɾu də pɛ]
luchter (de)	**lustre** (m)	['luʃtrə]
poot (ov. een tafel, enz.)	**pé** (m)	[pɛ]
armleuning (de)	**braço** (m)	['brasu]
rugleuning (de)	**costas** (f pl)	['kɔʃtɐʃ]
la (de)	**gaveta** (f)	[gɐ'vetɐ]

96. Beddengoed

beddengoed (het)	**roupa** (f) **de cama**	['ʀopɐ də 'kɐmɐ]
kussen (het)	**almofada** (f)	[almu'fadɐ]
kussenovertrek (de)	**fronha** (f)	['froɲɐ]
deken (de)	**cobertor** (m)	[kubər'toɾ]
laken (het)	**lençol** (m)	[lẽ'sɔl]
sprei (de)	**colcha** (f)	['kolʃɐ]

97. Keuken

keuken (de)	**cozinha** (f)	[ku'ziɲɐ]
gas (het)	**gás** (m)	[gaʃ]
gasfornuis (het)	**fogão** (m) **a gás**	[fu'gãu ɐ gaʃ]
elektrisch fornuis (het)	**fogão** (m) **elétrico**	[fu'gãu e'lɛtriku]
oven (de)	**forno** (m)	['fornu]
magnetronoven (de)	**forno** (m) **de micro-ondas**	['fornu də mikrɔ'õdɐʃ]
koelkast (de)	**frigorífico** (m)	[frigu'rifiku]
diepvriezer (de)	**congelador** (m)	[kõʒəlɐ'doɾ]
vaatwasmachine (de)	**máquina** (f) **de lavar louça**	['makinɐ də lɐ'var 'losɐ]
vleesmolen (de)	**moedor** (m) **de carne**	[muə'dor də 'karnə]
vruchtenpers (de)	**espremedor** (m)	[əʃprəmə'doɾ]
toaster (de)	**torradeira** (f)	[tuʀɐ'dɐjrɐ]
mixer (de)	**batedeira** (f)	[bɐtə'dɐjrɐ]
koffiemachine (de)	**máquina** (f) **de café**	['makinɐ də kɐ'fɛ]
koffiepot (de)	**cafeteira** (f)	[kɐfə'tɐjrɐ]
koffiemolen (de)	**moinho** (m) **de café**	[mu'iɲu də kɐ'fɛ]
fluitketel (de)	**chaleira** (f)	[ʃɐ'lɐjrɐ]
theepot (de)	**bule** (m)	['bulə]
deksel (de/het)	**tampa** (f)	['tãpɐ]
theezeefje (het)	**coador** (m) **de chá**	[kuɐ'dor də 'ʃa]
lepel (de)	**colher** (f)	[ku'ʎɛɾ]
theelepeltje (het)	**colher** (f) **de chá**	[ku'ʎɛr də ʃa]
eetlepel (de)	**colher** (f) **de sopa**	[ku'ʎɛr də 'sopɐ]
vork (de)	**garfo** (m)	['garfu]
mes (het)	**faca** (f)	['fakɐ]
vaatwerk (het)	**louça** (f)	['losɐ]
bord (het)	**prato** (m)	['pratu]

schoteltje (het)	**pires** (m)	['pirəʃ]
likeurglas (het)	**cálice** (m)	['kalisə]
glas (het)	**copo** (m)	['kɔpu]
kopje (het)	**chávena** (f)	['ʃavənɐ]
suikerpot (de)	**açucareiro** (m)	[ɐsukɐ'rɐjru]
zoutvat (het)	**saleiro** (m)	[sɐ'lɐjru]
pepervat (het)	**pimenteiro** (m)	[pimẽ'tɐjru]
boterschaaltje (het)	**manteigueira** (f)	[mãtii'gɐjrɐ]
pan (de)	**panela, caçarola** (f)	[pɐ'nɛlɐ], [kɐsɐ'rɔlɐ]
bakpan (de)	**frigideira** (f)	[friʒi'dɐjrɐ]
pollepel (de)	**concha** (f)	['kõʃɐ]
vergiet (de/het)	**passador** (m)	[pɐsɐ'dor]
dienblad (het)	**bandeja** (f)	[bã'dɐʒɐ]
fles (de)	**garrafa** (f)	[gɐ'ʀafɐ]
glazen pot (de)	**boião** (m) **de vidro**	[bo'jãu də 'vidru]
blik (conserven~)	**lata** (f)	['latɐ]
flesopener (de)	**abre-garrafas** (m)	[abrə gɐ'ʀafɐʃ]
blikopener (de)	**abre-latas** (m)	[abrə 'latɐʃ]
kurkentrekker (de)	**saca-rolhas** (m)	['sakɐ 'ʀoʎɐʃ]
filter (de/het)	**filtro** (m)	['filtru]
filteren (ww)	**filtrar** (vt)	[fil'trar]
huisvuil (het)	**lixo** (m)	['liʃu]
vuilnisemmer (de)	**balde** (m) **do lixo**	['baldə du 'liʃu]

98. Badkamer

badkamer (de)	**quarto** (m) **de banho**	[ku'artu də 'bɐɲu]
water (het)	**água** (f)	['aguɐ]
kraan (de)	**torneira** (f)	[tur'nɐjrɐ]
warm water (het)	**água** (f) **quente**	['aguɐ 'kẽtə]
koud water (het)	**água** (f) **fria**	['aguɐ 'friɐ]
tandpasta (de)	**pasta** (f) **de dentes**	['paʃtɐ də 'dẽtəʃ]
tanden poetsen (ww)	**escovar os dentes**	[əʃku'var uʃ 'dẽtəʃ]
tandenborstel (de)	**escova** (f) **de dentes**	[ə'ʃkovɐ də 'dẽtəʃ]
zich scheren (ww)	**barbear-se** (vr)	[bɐr'bjarsə]
scheercrème (de)	**espuma** (f) **de barbear**	[ə'ʃpumɐ də bɐr'bjar]
scheermes (het)	**máquina** (f) **de barbear**	['makinɐ də bɐrbi'ar]
wassen (ww)	**lavar** (vt)	[lɐ'var]
een bad nemen	**lavar-se** (vr)	[lɐ'varsə]
douche (de)	**duche** (m)	['duʃə]
een douche nemen	**tomar um duche**	[tu'mar ũ 'duʃə]
bad (het)	**banheira** (f)	[bɐ'ɲɐjrɐ]
toiletpot (de)	**sanita** (f)	[sɐ'nitɐ]
wastafel (de)	**lavatório** (m)	[lɐvɐ'tɔriu]
zeep (de)	**sabonete** (m)	[sɐbu'netə]

zeepbakje (het)	**saboneteira** (f)	[sebunə'tejre]
spons (de)	**esponja** (f)	[ə'ʃpõʒe]
shampoo (de)	**champô** (m)	[ʃã'po]
handdoek (de)	**toalha** (f)	[tu'aʎe]
badjas (de)	**roupão** (m) **de banho**	[ʀo'pãu də 'beɲu]
was (bijv. handwas)	**lavagem** (f)	[le'vaʒẽʲ]
wasmachine (de)	**máquina** (f) **de lavar**	['makine də le'var]
de was doen	**lavar a roupa**	[le'var e 'ʀope]
waspoeder (de)	**detergente** (m)	[dətər'ʒẽtə]

99. Huishoudelijke apparaten

televisie (de)	**televisor** (m)	[tələvi'zor]
cassettespeler (de)	**gravador** (m)	[greve'dor]
videorecorder (de)	**videogravador** (m)	[vidiu·greve'dor]
radio (de)	**rádio** (m)	['ʀadiu]
speler (de)	**leitor** (m)	[ləj'tor]
videoprojector (de)	**projetor** (m)	[pruʒɛ'tor]
home theater systeem (het)	**cinema** (m) **em casa**	[si'neme ẽ 'kaze]
DVD-speler (de)	**leitor** (m) **de DVD**	[ləj'tor də dɛvɛ'de]
versterker (de)	**amplificador** (m)	[ãplifike'dor]
spelconsole (de)	**console** (f) **de jogos**	[kõ'sɔlə də 'ʒɔguʃ]
videocamera (de)	**câmara** (f) **de vídeo**	['kemere də 'vidiu]
fotocamera (de)	**máquina** (f) **fotográfica**	['makine futu'grafike]
digitale camera (de)	**câmara** (f) **digital**	['kemere diʒi'tal]
stofzuiger (de)	**aspirador** (m)	[eʃpire'dor]
strijkijzer (het)	**ferro** (m) **de engomar**	['fɛʀu də ẽgu'mar]
strijkplank (de)	**tábua** (f) **de engomar**	['tabue də ẽgu'mar]
telefoon (de)	**telefone** (m)	[tələ'fɔnə]
mobieltje (het)	**telemóvel** (m)	[tɛlɛ'mɔvɛl]
schrijfmachine (de)	**máquina** (f) **de escrever**	['makine də əʃkrə'ver]
naaimachine (de)	**máquina** (f) **de costura**	['makine də ku'ʃture]
microfoon (de)	**microfone** (m)	[mikrɔ'fɔnə]
koptelefoon (de)	**auscultadores** (m pl)	[auʃkulte'dorəʃ]
afstandsbediening (de)	**controlo remoto** (m)	[kõ'trolu ʀə'mɔtu]
CD (de)	**CD** (m)	['sɛdɛ]
cassette (de)	**cassete** (f)	[ka'sɛtə]
vinylplaat (de)	**disco** (m) **de vinil**	['diʃku də vi'nil]

100. Reparaties. Renovatie

renovatie (de)	**renovação** (f)	[ʀənuve'sãu]
renoveren (ww)	**renovar** (vt), **fazer obras**	[ʀənu'var], [fe'zer 'ɔbreʃ]
repareren (ww)	**reparar** (vt)	[ʀəpe'rar]
op orde brengen	**consertar** (vt)	[kõsər'tar]

overdoen (ww)	**refazer** (vt)	[ʀəfɐ'zeɾ]
verf (de)	**tinta** (f)	['tĩtɐ]
verven (muur ~)	**pintar** (vt)	[pĩ'taɾ]
schilder (de)	**pintor** (m)	[pĩ'toɾ]
kwast (de)	**pincel** (m)	[pĩ'sɛl]
kalk (de)	**cal** (f)	[kal]
kalken (ww)	**caiar** (vt)	[ka'jaɾ]
behang (het)	**papel** (m) **de parede**	[pɐ'pɛl də pɐ'redə]
behangen (ww)	**colocar papel de parede**	[kulu'kar pɐ'pɛl də pɐ'ɾedə]
lak (de/het)	**verniz** (m)	[vəɾ'niʒ]
lakken (ww)	**envernizar** (vt)	[ẽvərni'zaɾ]

101. Loodgieterswerk

water (het)	**água** (f)	['aguɐ]
warm water (het)	**água** (f) **quente**	['aguɐ 'kẽtə]
koud water (het)	**água** (f) **fria**	['aguɐ 'friɐ]
kraan (de)	**torneira** (f)	[tuɾ'nɐjɾɐ]
druppel (de)	**gota** (f)	['gotɐ]
druppelen (ww)	**gotejar** (vi)	[gɔtə'ʒaɾ]
lekken (een lek hebben)	**vazar** (vt)	[vɐ'zaɾ]
lekkage (de)	**vazamento** (m)	[vɐzɐ'mẽtu]
plasje (het)	**poça** (f)	['pɔsɐ]
buis, leiding (de)	**tubo** (m)	['tubu]
stopkraan (de)	**válvula** (f)	['valvulɐ]
verstopt raken (ww)	**entupir-se** (vr)	[ẽtu'pirsə]
gereedschap (het)	**ferramentas** (f pl)	[fəʀɐ'mẽtɐʃ]
Engelse sleutel (de)	**chave** (f) **inglesa**	['ʃavə ĩ'glezɐ]
losschroeven (ww)	**desenroscar** (vt)	[dəzẽʀu'ʃkaɾ]
aanschroeven (ww)	**enroscar** (vt)	[ẽʀu'ʃkaɾ]
ontstoppen (riool, enz.)	**desentupir** (vt)	[dəzẽtu'piɾ]
loodgieter (de)	**canalizador** (m)	[kɐnɐlizɐ'doɾ]
kelder (de)	**cave** (f)	['kavə]
riolering (de)	**sistema** (m) **de esgotos**	[si'ʃtemɐ də əʒ'gɔtuʃ]

102. Brand. Vuurzee

brand (de)	**incêndio** (m)	[ĩ'sẽdiu]
vlam (de)	**chama** (f)	['ʃɐmɐ]
vonk (de)	**faísca** (f)	[fɐ'iʃkɐ]
rook (de)	**fumo** (m)	['fumu]
fakkel (de)	**tocha** (f)	['tɔʃɐ]
kampvuur (het)	**fogueira** (f)	[fu'gɐjɾɐ]
benzine (de)	**gasolina** (f)	[gɐzu'linɐ]
kerosine (de)	**querosene** (m)	[kəru'zɛnə]

brandbaar (bn)	**inflamável**	[ĩflɐ'mavɛl]
ontplofbaar (bn)	**explosivo**	[əʃplu'zivu]
VERBODEN TE ROKEN!	**PROIBIDO FUMAR!**	[pɾui'bidu fu'maɾ]
veiligheid (de)	**segurança** (f)	[səgu'ɾãsɐ]
gevaar (het)	**perigo** (m)	[pə'ɾigu]
gevaarlijk (bn)	**perigoso**	[pəɾi'gozu]
in brand vliegen (ww)	**incendiar-se** (vr)	[ĩsẽ'djaɾsə]
explosie (de)	**explosão** (f)	[əʃplu'zãu]
in brand steken (ww)	**incendiar** (vt)	[ĩsẽ'djaɾ]
brandstichter (de)	**incendiário** (m)	[ĩsẽ'djaɾiu]
brandstichting (de)	**incêndio** (m) **criminoso**	[ĩ'sẽdiu kɾimi'nozu]
vlammen (ww)	**arder** (vi)	[ɐɾ'deɾ]
branden (ww)	**queimar** (vi)	[kɐj'maɾ]
afbranden (ww)	**queimar tudo** (vi)	[kɐj'maɾ 'tudu]
de brandweer bellen	**chamar os bombeiros**	[ʃɐ'maɾ uʃ bõ'bɐjɾuʃ]
brandweerman (de)	**bombeiro** (m)	[bõ'bɐjɾu]
brandweerwagen (de)	**carro** (m) **de bombeiros**	['kaʀu də bõ'bɐjɾuʃ]
brandweer (de)	**corpo** (m) **de bombeiros**	['koɾpu də bõ'bɐjɾuʃ]
uitschuifbare ladder (de)	**escada** (f) **extensível**	[ə'ʃkadɐ əʃtẽ'sivɛl]
brandslang (de)	**mangueira** (f)	[mã'gɐjɾɐ]
brandblusser (de)	**extintor** (m)	[əʃtĩ'toɾ]
helm (de)	**capacete** (m)	[kɐpɐ'setə]
sirene (de)	**sirene** (f)	[si'ɾɛnə]
roepen (ww)	**gritar** (vi)	[gɾi'taɾ]
hulp roepen	**chamar por socorro**	[ʃɐ'maɾ puɾ su'koʀu]
redder (de)	**salvador** (m)	[salvɐ'doɾ]
redden (ww)	**salvar, resgatar** (vt)	[sa'lvaɾ], [ʀəʒgɐ'taɾ]
aankomen (per auto, enz.)	**chegar** (vi)	[ʃə'gaɾ]
blussen (ww)	**apagar** (vt)	[ɐpɐ'gaɾ]
water (het)	**água** (f)	['agwɐ]
zand (het)	**areia** (f)	[ɐ'ɾɐjɐ]
ruïnes (mv.)	**ruínas** (f pl)	[ʀu'inɐʃ]
instorten (gebouw, enz.)	**ruir** (vi)	[ʀu'iɾ]
ineenstorten (ww)	**desmoronar** (vi)	[dəʒmuɾu'naɾ]
inzakken (ww)	**desabar** (vi)	[dəzɐ'baɾ]
brokstuk (het)	**fragmento** (m)	[fɾa'gmẽtu]
as (de)	**cinza** (f)	['sĩzɐ]
verstikken (ww)	**sufocar** (vi)	[sufu'kaɾ]
omkomen (ww)	**perecer** (vi)	[pəɾə'seɾ]

MENSELIJKE ACTIVITEITEN

Baan. Business. Deel 1

103. Kantoor. Op kantoor werken

kantoor (het)	**escritório** (m)	[əʃkri'tɔriu]
kamer (de)	**escritório** (m)	[əʃkri'tɔriu]
receptie (de)	**receção** (f)	[ʀəsɛ'sãu]
secretaris (de)	**secretário** (m)	[səkrə'tariu]
secretaresse (de)	**secretária** (f)	[səkrə'tariɐ]
directeur (de)	**diretor** (m)	[dirɛ'tor]
manager (de)	**gerente** (m)	[ʒə'rẽtə]
boekhouder (de)	**contabilista** (m)	[kõtɐbi'liʃtɐ]
werknemer (de)	**empregado** (m)	[ẽprə'gadu]
meubilair (het)	**mobiliário** (m)	[mubi'ljariu]
tafel (de)	**mesa** (f)	['mezɐ]
bureaustoel (de)	**cadeira** (f)	[kɐ'dɐjrɐ]
ladeblok (het)	**bloco** (m) **de gavetas**	['blɔku də gɐ'vetɐʃ]
kapstok (de)	**cabide** (m) **de pé**	[kɐ'bidə də pɛ]
computer (de)	**computador** (m)	[kõputɐ'dor]
printer (de)	**impressora** (f)	[ĩprə'sorɐ]
fax (de)	**fax** (m)	[faks]
kopieerapparaat (het)	**fotocopiadora** (f)	[futukupiɐ'dorɐ]
papier (het)	**papel** (m)	[pɐ'pɛl]
kantoorartikelen (mv.)	**artigos** (m pl) **de escritório**	[ɐr'tiguʃ də əʃkri'tɔriu]
muismat (de)	**tapete** (m) **de rato**	[tɐ'petə də 'ʀatu]
blad (het)	**folha** (f)	['foʎɐ]
ordner (de)	**pasta** (f)	['paʃtɐ]
catalogus (de)	**catálogo** (m)	[kɐ'talugu]
telefoongids (de)	**diretório** (f) **telefónico**	[dirɛ'tɔriu tələ'fɔniku]
documentatie (de)	**documentação** (f)	[dukumẽtɐ'sãu]
brochure (de)	**brochura** (f)	[bru'ʃurɐ]
flyer (de)	**flyer** (m)	['flɐjər]
monster (het), staal (de)	**amostra** (f)	[ɐ'mɔʃtrɐ]
training (de)	**formação** (f)	[furmɐ'sãu]
vergadering (de)	**reunião** (f)	[ʀiu'njãu]
lunchpauze (de)	**hora** (f) **de almoço**	['ɔrɐ də al'mosu]
een kopie maken	**fazer uma cópia**	[fɐ'zer 'umɐ 'kɔpiɐ]
de kopieën maken	**tirar cópias**	[ti'rar 'kɔpiɐʃ]
een fax ontvangen	**receber um fax**	[ʀəsə'ber ũ faks]
een fax versturen	**enviar um fax**	[ẽ'vjar ũ faks]

opbellen (ww)	**fazer uma chamada**	[fɐ'zer 'umɐ ʃɐ'madɐ]
antwoorden (ww)	**responder** (vt)	[ʀəʃpõ'der]
doorverbinden (ww)	**passar** (vt)	[pɐ'sar]
afspreken (ww)	**marcar** (vt)	[mɐr'kar]
demonstreren (ww)	**demonstrar** (vt)	[dəmõ'ʃtrar]
absent zijn (ww)	**estar ausente**	[ə'ʃtar au'zẽtə]
afwezigheid (de)	**ausência** (f)	[au'zẽsiɐ]

104. Bedrijfsprocessen. Deel 1

bedrijf (business)	**negócio** (m)	[nə'gɔsiu]
zaak (de), beroep (het)	**ocupação** (f)	[ɔkupɐ'sãu]
firma (de)	**firma, empresa** (f)	['firmɐ], [ẽp'rezɐ]
bedrijf (maatschap)	**companhia** (f)	[kõpɐ'ɲiɐ]
corporatie (de)	**corporação** (f)	[kurpurɐ'sãu]
onderneming (de)	**empresa** (f)	[ẽ'prezɐ]
agentschap (het)	**agência** (f)	[ɐ'ʒẽsiɐ]
overeenkomst (de)	**acordo** (m)	[ɐ'kordu]
contract (het)	**contrato** (m)	[kõ'tratu]
transactie (de)	**acordo** (m)	[ɐ'kordu]
bestelling (de)	**encomenda** (f)	[ẽku'mẽdɐ]
voorwaarde (de)	**cláusulas** (f pl), **termos** (m pl)	['klawzulɐʃ], ['termuʃ]
in het groot (bw)	**por grosso**	[pur 'grosu]
groothandels- (abn)	**por grosso**	[pur 'grosu]
groothandel (de)	**venda** (f) **por grosso**	['vẽdɐ pur 'grosu]
kleinhandels- (abn)	**a retalho**	[ɐ ʀə'taʎu]
kleinhandel (de)	**venda** (f) **a retalho**	['vẽdɐ ɐ ʀə'taʎu]
concurrent (de)	**concorrente** (m)	[kõku'ʀẽtə]
concurrentie (de)	**concorrência** (f)	[kõku'ʀẽsiɐ]
concurreren (ww)	**competir** (vi)	[kõpə'tir]
partner (de)	**sócio** (m)	['sɔsiu]
partnerschap (het)	**parceria** (f)	[pɐrsə'riɐ]
crisis (de)	**crise** (f)	['krizə]
bankroet (het)	**bancarrota** (f)	[bãkɐ'ʀotɐ]
bankroet gaan (ww)	**entrar em falência**	[ẽ'trar ẽ fɐ'lẽsiɐ]
moeilijkheid (de)	**dificuldade** (f)	[difikul'dadə]
probleem (het)	**problema** (m)	[prub'lemɐ]
catastrofe (de)	**catástrofe** (f)	[kɐ'taʃtrufə]
economie (de)	**economia** (f)	[ekɔnu'miɐ]
economisch (bn)	**económico**	[eku'nɔmiku]
economische recessie (de)	**recessão** (f) **económica**	[ʀesə'sãu eku'nɔmikɐ]
doel (het)	**objetivo** (m)	[ɔbʒɛ'tivu]
taak (de)	**tarefa** (f)	[tɐ'rɛfɐ]
handelen (handel drijven)	**comerciar** (vi, vt)	[kumər'sjar]
netwerk (het)	**rede** (f), **cadeia** (f)	['ʀedə], [kɐ'dɐjɐ]

voorraad (de)	**estoque** (m)	[ə'ʃtɔkə]
assortiment (het)	**sortimento** (m)	[surti'mẽtu]
leider (de)	**líder** (m)	['lidɛr]
groot (bn)	**grande**	['grãdə]
monopolie (het)	**monopólio** (m)	[munu'pɔliu]
theorie (de)	**teoria** (f)	[tiu'riɐ]
praktijk (de)	**prática** (f)	['pratikɐ]
ervaring (de)	**experiência** (f)	[əʃpə'rjẽsiɐ]
tendentie (de)	**tendência** (f)	[tẽ'dẽsiɐ]
ontwikkeling (de)	**desenvolvimento** (m)	[dəzẽvɔlvi'mẽtu]

105. Bedrijfsprocessen. Deel 2

voordeel (het)	**rentabilidade** (f)	[ʀẽtɐbili'dadə]
voordelig (bn)	**rentável**	[ʀẽ'tavɛl]
delegatie (de)	**delegação** (f)	[dələgɐ'sãu]
salaris (het)	**salário, ordenado** (m)	[sɐ'lariu], [ɔrdə'nadu]
corrigeren (fouten ~)	**corrigir** (vt)	[kuʀi'ʒir]
zakenreis (de)	**viagem** (f) **de negócios**	['vjaʒẽʲ də nə'gɔsiuʃ]
commissie (de)	**comissão** (f)	[kumi'sãu]
controleren (ww)	**controlar** (vt)	[kõtru'lar]
conferentie (de)	**conferência** (f)	[kõfə'rẽsiɐ]
licentie (de)	**licença** (f)	[li'sẽsɐ]
betrouwbaar (partner, enz.)	**confiável**	[kõ'fjavɛl]
aanzet (de)	**empreendimento** (m)	[ẽpriẽdi'mẽtu]
norm (bijv. ~ stellen)	**norma** (f)	['nɔrmɐ]
omstandigheid (de)	**circunstância** (f)	[sirkũ'ʃtãsiɐ]
taak, plicht (de)	**dever** (m)	[də'ver]
organisatie (bedrijf, zaak)	**empresa** (f)	[ẽ'prezɐ]
organisatie (proces)	**organização** (f)	[ɔrgɐnizɐ'sãu]
georganiseerd (bn)	**organizado**	[ɔrgɐni'zadu]
afzegging (de)	**anulação** (f)	[ɐnulɐ'sãu]
afzeggen (ww)	**anular, cancelar** (vt)	[ɐnu'lar], [kãsə'lar]
verslag (het)	**relatório** (m)	[ʀəlɐ'tɔriu]
patent (het)	**patente** (f)	[pɐ'tẽtə]
patenteren (ww)	**patentear** (vt)	[pɐtẽ'tjar]
plannen (ww)	**planear** (vt)	[plɐ'njar]
premie (de)	**prémio** (m)	['prɛmiu]
professioneel (bn)	**profissional**	[prufisiu'nal]
procedure (de)	**procedimento** (m)	[prusədi'mẽtu]
onderzoeken (contract, enz.)	**examinar** (vt)	[ezɐmi'nar]
berekening (de)	**cálculo** (m)	['kalkulu]
reputatie (de)	**reputação** (f)	[ʀəputɐ'sãu]
risico (het)	**risco** (m)	['ʀiʃku]
beheren (managen)	**dirigir** (vt)	[diri'ʒir]

informatie (de)	**informação** (f)	[ĩfurmɐ'sãu]
eigendom (bezit)	**propriedade** (f)	[pruprie'dadə]
unie (de)	**união** (f)	[u'njãu]
levensverzekering (de)	**seguro** (m) **de vida**	[sə'guru də 'vidɐ]
verzekeren (ww)	**fazer um seguro**	[fɐ'zer ũ sə'guru]
verzekering (de)	**seguro** (m)	[sə'guru]
veiling (de)	**leilão** (m)	[lɐj'lãu]
verwittigen (ww)	**notificar** (vt)	[nutifi'kar]
beheer (het)	**gestão** (f)	[ʒə'ʃtãu]
dienst (de)	**serviço** (m)	[sər'visu]
forum (het)	**fórum** (m)	['fɔrũ]
functioneren (ww)	**funcionar** (vi)	[fũsiu'nar]
stap, etappe (de)	**estágio** (m)	[ə'ʃtaʒiu]
juridisch (bn)	**jurídico**	[ʒu'ridiku]
jurist (de)	**jurista** (m)	[ʒu'riʃtɐ]

106. Productie. Werken

industriële installatie (fabriek)	**usina** (f)	[u'zina]
fabriek (de)	**fábrica** (f)	['fabrikɐ]
werkplaatsruimte (de)	**oficina** (f)	[ɔfi'sinɐ]
productielocatie (de)	**local** (m) **de produção**	[lu'kal də prudu'sãu]
industrie (de)	**indústria** (f)	[ĩ'duʃtriɐ]
industrieel (bn)	**industrial**	[ĩduʃtri'al]
zware industrie (de)	**indústria** (f) **pesada**	[ĩ'duʃtriɐ pə'zadɐ]
lichte industrie (de)	**indústria** (f) **ligeira**	[ĩ'duʃtriɐ li'ʒejrɐ]
productie (de)	**produção** (f)	[prudu'sãu]
produceren (ww)	**produzir** (vt)	[prudu'zir]
grondstof (de)	**matérias-primas** (f pl)	[mɐ'tɛriɐʃ 'primɐʃ]
voorman, ploegbaas (de)	**chefe** (m) **de brigada**	['ʃɛfə də bri'gadɐ]
ploeg (de)	**brigada** (f)	[bri'gadɐ]
arbeider (de)	**operário** (m)	[ɔpə'rariu]
werkdag (de)	**dia** (m) **de trabalho**	['diɐ də trɐ'baʎu]
pauze (de)	**pausa** (f)	['pauzɐ]
samenkomst (de)	**reunião** (f)	[ʀiu'njãu]
bespreken (spreken over)	**discutir** (vt)	[diʃku'tir]
plan (het)	**plano** (m)	['plɐnu]
het plan uitvoeren	**cumprir o plano**	[kũ'prir u 'plɐnu]
productienorm (de)	**taxa** (f) **de produção**	['taʃɐ də prudu'sãu]
kwaliteit (de)	**qualidade** (f)	[kuɐli'dadə]
controle (de)	**controlo** (m)	[kõ'trolu]
kwaliteitscontrole (de)	**controlo** (m) **da qualidade**	[kõ'trolu dɐ kuɐli'dadə]
arbeidsveiligheid (de)	**segurança** (f) **no trabalho**	[səgu'rãsɐ nu trɐ'baʎu]
discipline (de)	**disciplina** (f)	[diʃsi'plinɐ]
overtreding (de)	**infração** (f)	[ĩfra'sãu]

overtreden (ww)	**violar** (vt)	[viu'laɾ]
staking (de)	**greve** (f)	['grɛvə]
staker (de)	**grevista** (m)	[grɛ'viʃtɐ]
staken (ww)	**estar em greve**	[ə'ʃtar ẽ 'grɛvə]
vakbond (de)	**sindicato** (m)	[sĩdi'katu]
uitvinden (machine, enz.)	**inventar** (vt)	[ĩvẽ'taɾ]
uitvinding (de)	**invenção** (f)	[ĩvẽ'sãu]
onderzoek (het)	**pesquisa** (f)	[pə'ʃkizɐ]
verbeteren (beter maken)	**melhorar** (vt)	[məʎu'raɾ]
technologie (de)	**tecnologia** (f)	[tɛknulu'ʒiɐ]
technische tekening (de)	**desenho** (m) **técnico**	[də'zɐɲu 'tɛkniku]
vracht (de)	**carga** (f)	['kargɐ]
lader (de)	**carregador** (m)	[kɐʀəgɐ'doɾ]
laden (vrachtwagen)	**carregar** (vt)	[kɐʀə'gaɾ]
laden (het)	**carregamento** (m)	[kɐʀəgɐ'mẽtu]
lossen (ww)	**descarregar** (vt)	[dəʃkɐʀə'gaɾ]
lossen (het)	**descarga** (f)	[də'ʃkargɐ]
transport (het)	**transporte** (m)	[trã'ʃpɔrtə]
transportbedrijf (de)	**companhia** (f) **de transporte**	[kõpɐ'ɲiɐ də trã'ʃpɔrtə]
transporteren (ww)	**transportar** (vt)	[trãʃpur'taɾ]
goederenwagon (de)	**vagão** (m) **de carga**	[vɐ'gãu də 'kargɐ]
tank (bijv. ketelwagen)	**cisterna** (f)	[si'ʃtɛrnɐ]
vrachtwagen (de)	**camião** (m)	[ka'mjãu]
machine (de)	**máquina-ferramenta** (f)	['makinɐ fəʀɐ'mẽtɐ]
mechanisme (het)	**mecanismo** (m)	[məkɐ'niʒmu]
industrieel afval (het)	**resíduos** (m pl) **industriais**	[ʀə'ziduuʃ ĩdu'ʃtrjaɪʃ]
verpakking (de)	**embalagem** (f)	[ẽbɐ'laʒẽʲ]
verpakken (ww)	**embalar** (vt)	[ẽbɐ'laɾ]

107. Contract. Overeenstemming

contract (het)	**contrato** (m)	[kõ'tratu]
overeenkomst (de)	**acordo** (m)	[ɐ'kordu]
bijlage (de)	**adenda** (f), **anexo** (m)	[ɐ'dẽdɐ], [ɐ'nɛksu]
een contract sluiten	**assinar o contrato**	[ɐsi'nar u kõ'tratu]
handtekening (de)	**assinatura** (f)	[ɐsinɐ'turɐ]
ondertekenen (ww)	**assinar** (vt)	[ɐsi'naɾ]
stempel (de)	**carimbo** (m)	[kɐ'rĩbu]
voorwerp (het) van de overeenkomst	**objeto** (m) **do contrato**	[ɔb'ʒɛtu du kõ'tratu]
clausule (de)	**cláusula** (f)	['klauzulɐ]
partijen (mv.)	**partes** (f pl)	['partəʃ]
vestigingsadres (het)	**morada** (f) **jurídica**	[mu'radɐ ʒu'ridikɐ]
het contract verbreken (overtreden)	**violar o contrato**	[viu'lar u kõ'tratu]

verplichting (de)	**obrigação** (f)	[ɔbrigɐ'sãu]
verantwoordelijkheid (de)	**responsabilidade** (f)	[ʀəʃpõsɐbili'dadə]
overmacht (de)	**força** (f) **maior**	['forsɐ mɐ'jɔr]
geschil (het)	**litígio** (m), **disputa** (f)	[li'tiʒiu], [di'ʃputɐ]
sancties (mv.)	**multas** (f pl)	['multɐʃ]

108. Import & Export

import (de)	**importação** (f)	[ĩpurtɐ'sãu]
importeur (de)	**importador** (m)	[ĩpurtɐ'dor]
importeren (ww)	**importar** (vt)	[ĩpur'tar]
import- (abn)	**de importação**	[də ĩpurtɐ'sãu]
uitvoer (export)	**exportação** (f)	[əʃpurtɐ'sãu]
exporteur (de)	**exportador** (m)	[əʃpurtɐ'dor]
exporteren (ww)	**exportar** (vt)	[əʃpur'tar]
uitvoer- (bijv., ~goederen)	**de exportação**	[də əʃpurtɐ'sãu]
goederen (mv.)	**mercadoria** (f)	[mərkɐdu'riɐ]
partij (de)	**lote** (m)	['lɔtə]
gewicht (het)	**peso** (m)	['pezu]
volume (het)	**volume** (m)	[vu'lumə]
kubieke meter (de)	**metro** (m) **cúbico**	['mɛtru 'kubiku]
producent (de)	**produtor** (m)	[prudu'tor]
transportbedrijf (de)	**companhia** (f) **de transporte**	[kõpɐ'ɲiɐ də trã'ʃpɔrtə]
container (de)	**contentor** (m)	[kõtẽ'tor]
grens (de)	**fronteira** (f)	[frõ'tɐjrɐ]
douane (de)	**alfândega** (f)	[al'fãdəgɐ]
douanerecht (het)	**taxa** (f) **alfandegária**	['taʃɐ alfãdə'gariɐ]
douanier (de)	**funcionário** (m) **da alfândega**	[fũsiu'nariu dɐ al'fãdəgɐ]
smokkelen (het)	**contrabando** (m)	[kõtrɐ'bãdu]
smokkelwaar (de)	**contrabando** (m)	[kõtrɐ'bãdu]

109. Financiën

aandeel (het)	**ação** (f)	[a'sãu]
obligatie (de)	**obrigação** (f)	[ɔbrigɐ'sãu]
wissel (de)	**nota** (f) **promissória**	['nɔtɐ prumi'sɔriɐ]
beurs (de)	**bolsa** (f)	['bolsɐ]
aandelenkoers (de)	**cotação** (m) **das ações**	[kutɐ'sãu dɐʃ a'soɪʃ]
dalen (ww)	**tornar-se mais barato**	[tur'narsə 'maɪʃ bɐ'ratu]
stijgen (ww)	**tornar-se mais caro**	[tur'narsə 'maɪʃ 'karu]
deel (het)	**parte** (f)	['partə]
meerderheidsbelang (het)	**participação** (f) **maioritária**	[pɐrtisipɐ'sãu mɐjuri'tariɐ]
investeringen (mv.)	**investimento** (m)	[ĩvəʃti'mẽtu]
investeren (ww)	**investir** (vt)	[ĩvə'ʃtir]

procent (het)	**percentagem** (f)	[pərsẽ'taʒẽʲ]
rente (de)	**juros** (m pl)	['ʒuruʃ]
winst (de)	**lucro** (m)	['lukru]
winstgevend (bn)	**lucrativo**	[lukrɐ'tivu]
belasting (de)	**imposto** (m)	[ĩ'poʃtu]
valuta (vreemde ~)	**divisa** (f)	[di'vizɐ]
nationaal (bn)	**nacional**	[nɐsiu'nal]
ruil (de)	**câmbio** (m)	['kãbiu]
boekhouder (de)	**contabilista** (m)	[kõtɐbi'liʃtɐ]
boekhouding (de)	**contabilidade** (f)	[kõtɐbili'dadə]
bankroet (het)	**bancarrota** (f)	[bãkɐ'ʀotɐ]
ondergang (de)	**falência** (f)	[fɐ'lẽsiɐ]
faillissement (het)	**ruína** (f)	[ʀu'inɐ]
geruïneerd zijn (ww)	**arruinar-se** (vr)	[ɐʀui'narsə]
inflatie (de)	**inflação** (f)	[ĩfla'sãu]
devaluatie (de)	**desvalorização** (f)	[dəʒvɐlurizɐ'sãu]
kapitaal (het)	**capital** (m)	[kɐpi'tal]
inkomen (het)	**rendimento** (m)	[ʀẽdi'mẽtu]
omzet (de)	**volume** (m) **de negócios**	[vu'lumə də nə'gɔsiuʃ]
middelen (mv.)	**recursos** (m pl)	[ʀə'kursuʃ]
financiële middelen (mv.)	**recursos** (m pl) **financeiros**	[ʀə'kursuʃ finã'sɐjruʃ]
operationele kosten (mv.)	**despesas** (f pl) **gerais**	[də'ʃpezɐʃ ʒə'raɪʃ]
reduceren (kosten ~)	**reduzir** (vt)	[ʀədu'zir]

110. Marketing

marketing (de)	**marketing** (m)	['markətiŋ]
markt (de)	**mercado** (m)	[mər'kadu]
marktsegment (het)	**segmento** (m) **do mercado**	[sɛg'mẽtu du mər'kadu]
product (het)	**produto** (m)	[pru'dutu]
goederen (mv.)	**mercadoria** (f)	[mərkɐdu'riɐ]
merk (het)	**marca** (f)	['markɐ]
handelsmerk (het)	**marca** (f) **comercial**	['markɐ kumər'sjal]
beeldmerk (het)	**logotipo** (m)	[lɔgɔ'tipu]
logo (het)	**logo** (m)	['lɔgu]
vraag (de)	**demanda** (f)	[də'mãdɐ]
aanbod (het)	**oferta** (f)	[ɔ'fɛrtɐ]
behoefte (de)	**necessidade** (f)	[nəsəsi'dadə]
consument (de)	**consumidor** (m)	[kõsumi'dor]
analyse (de)	**análise** (f)	[ɐ'nalizə]
analyseren (ww)	**analisar** (vt)	[ɐnɐli'zar]
positionering (de)	**posicionamento** (m)	[puzisiunɐ'mẽtu]
positioneren (ww)	**posicionar** (vt)	[puzisiu'nar]
prijs (de)	**preço** (m)	['presu]
prijspolitiek (de)	**política** (f) **de preços**	[pu'litikɐ də 'presuʃ]
prijsvorming (de)	**formação** (f) **de preços**	[furmɐ'sãu də 'presuʃ]

111. Reclame

reclame (de)	**publicidade** (f)	[publisi'dadə]
adverteren (ww)	**publicitar** (vt)	[publisi'tar]
budget (het)	**orçamento** (m)	[ɔrsɐ'mẽtu]
advertentie, reclame (de)	**anúncio** (m) **publicitário**	[ɐ'nũsiu publisi'tariu]
TV-reclame (de)	**publicidade** (f) **televisiva**	[publisi'dadə tələvi'zivɐ]
radioreclame (de)	**publicidade** (f) **na rádio**	[publisi'dadə nɐ 'ʀadiu]
buitenreclame (de)	**publicidade** (f) **exterior**	[publisi'dadə əʃtə'rjor]
massamedia (de)	**comunicação** (f) **de massa**	[kumunikɐ'sãu də 'masɐ]
periodiek (de)	**periódico** (m)	[pə'rjɔdiku]
imago (het)	**imagem** (f)	[i'maʒẽʲ]
slagzin (de)	**slogan** (m)	['slogɐn]
motto (het)	**mote** (m), **divisa** (f)	['mɔtə], [di'vizɐ]
campagne (de)	**campanha** (f)	[kã'pɐɲɐ]
reclamecampagne (de)	**campanha** (f) **publicitária**	[kã'pɐɲɐ publisi'tariɐ]
doelpubliek (het)	**grupo** (m) **alvo**	['grupu 'alvu]
visitekaartje (het)	**cartão** (m) **de visita**	[kɐr'tãu də vi'zitɐ]
flyer (de)	**flyer** (m)	['flɐjər]
brochure (de)	**brochura** (f)	[bru'ʃurɐ]
folder (de)	**folheto** (m)	[fu'ʎetu]
nieuwsbrief (de)	**boletim** (m)	[bulə'tĩ]
gevelreclame (de)	**letreiro** (m)	[lə'trɐjru]
poster (de)	**cartaz, póster** (m)	[kɐr'taʃ], ['pɔʃtɛr]
aanplakbord (het)	**painel** (m) **publicitário**	[paj'nɛl publisi'tariu]

112. Bankieren

bank (de)	**banco** (m)	['bãku]
bankfiliaal (het)	**sucursal, balcão** (f)	[sukur'sal], [ba'lkãu]
bankbediende (de)	**consultor** (m)	[kõsul'tor]
manager (de)	**gerente** (m)	[ʒə'rẽtə]
bankrekening (de)	**conta** (f)	['kõtɐ]
rekeningnummer (het)	**número** (m) **da conta**	['numəru dɐ 'kõtɐ]
lopende rekening (de)	**conta** (f) **corrente**	['kõtɐ ku'ʀẽtə]
spaarrekening (de)	**conta** (f) **poupança**	['kõtɐ po'pãsɐ]
een rekening openen	**abrir uma conta**	[ɐ'brir 'umɐ 'kõtɐ]
de rekening sluiten	**fechar uma conta**	[fə'ʃar 'umɐ 'kõtɐ]
op rekening storten	**depositar na conta**	[dəpuzi'tar nɐ 'kõtɐ]
opnemen (ww)	**levantar** (vt)	[ləvã'tar]
storting (de)	**depósito** (m)	[də'pɔzitu]
een storting maken	**fazer um depósito**	[fɐ'zer ũ də'pɔzitu]

overschrijving (de)	**transferência** (f) **bancária**	[trãʃfə'rẽsiɐ bã'kariɐ]
een overschrijving maken	**transferir** (vt)	[trãʃfə'rir]
som (de)	**soma** (f)	['somɐ]
Hoeveel?	**Quanto?**	[ku'ãtu]
handtekening (de)	**assinatura** (f)	[ɐsinɐ'turɐ]
ondertekenen (ww)	**assinar** (vt)	[ɐsi'nar]
kredietkaart (de)	**cartão** (m) **de crédito**	[kɐr'tãu də 'krɛditu]
code (de)	**código** (m)	['kɔdigu]
kredietkaartnummer (het)	**número** (m) **do cartão de crédito**	['numəru du kɐr'tãu də 'krɛditu]
geldautomaat (de)	**Caixa Multibanco** (m)	['kaɪʃɐ multi'bãku]
cheque (de)	**cheque** (m)	['ʃɛkə]
een cheque uitschrijven	**passar um cheque**	[pɐ'sar ũ 'ʃɛkə]
chequeboekje (het)	**livro** (m) **de cheques**	['livru də 'ʃɛkəʃ]
lening, krediet (de)	**empréstimo** (m)	[ẽ'prɛʃtimu]
een lening aanvragen	**pedir um empréstimo**	[pə'dir un ẽ'prɛʃtimu]
een lening nemen	**obter um empréstimo**	[ɔb'ter un ẽp'rɛʃtimu]
een lening verlenen	**conceder um empréstimo**	[kõsə'der un ẽp'rɛʃtimu]
garantie (de)	**garantia** (f)	[gɐrã'tiɐ]

113. Telefoon. Telefoongesprek

telefoon (de)	**telefone** (m)	[tələ'fɔnə]
mobieltje (het)	**telemóvel** (m)	[tɛlɛ'mɔvɛl]
antwoordapparaat (het)	**secretária** (f) **eletrónica**	[səkrə'tariɐ elɛ'trɔnikɐ]
bellen (ww)	**fazer uma chamada**	[fɐ'zer 'umɐ ʃɐ'madɐ]
belletje (telefoontje)	**chamada** (f)	[ʃɐ'madɐ]
een nummer draaien	**marcar um número**	[mɐr'kar ũ 'numəru]
Hallo!	**Alô!**	[ɐ'lo]
vragen (ww)	**perguntar** (vt)	[pərgũ'tar]
antwoorden (ww)	**responder** (vt)	[ʀəʃpõ'der]
horen (ww)	**ouvir** (vt)	[o'vir]
goed (bw)	**bem**	[bẽʲ]
slecht (bw)	**mal**	[mal]
storingen (mv.)	**ruído** (m)	[ʀu'idu]
hoorn (de)	**auscultador** (m)	[auʃkultɐ'dor]
opnemen (ww)	**pegar o telefone**	[pə'gar u tələ'fɔnə]
ophangen (ww)	**desligar** (vi)	[dəʒli'gar]
bezet (bn)	**ocupado**	[ɔku'padu]
overgaan (ww)	**tocar** (vi)	[tu'kar]
telefoonboek (het)	**lista** (f) **telefónica**	['liʃtɐ tələ'fɔnikɐ]
lokaal (bn)	**local**	[lu'kal]
lokaal gesprek (het)	**chamada** (f) **local**	[ʃɐ'madɐ lu'kal]

interlokaal (bn)	**de longa distância**	[də 'lõgɐ di'ʃtãsiɐ]
interlokaal gesprek (het)	**chamada** (f) **de longa distância**	[ʃa'mada də 'lõgɐ di'ʃtãsiɐ]
buitenlands (bn)	**internacional**	[ĩtərnɐsiu'nal]

114. Mobiele telefoon

mobieltje (het)	**telemóvel** (m)	[tɛlɛ'mɔvɛl]
scherm (het)	**ecrã** (m)	[ɛ'krã]
toets, knop (de)	**botão** (m)	[bu'tãu]
simkaart (de)	**cartão SIM** (m)	[kɐr'tãu sim]
batterij (de)	**bateria** (f)	[bɐtə'riɐ]
leeg zijn (ww)	**descarregar-se**	[dəʃkɐʀə'garsə]
acculader (de)	**carregador** (m)	[kɐʀəgɐ'dor]
menu (het)	**menu** (m)	[mɛ'nu]
instellingen (mv.)	**definições** (f pl)	[dəfini'soɪʃ]
melodie (beltoon)	**melodia** (f)	[məlu'diɐ]
selecteren (ww)	**escolher** (vt)	[əʃku'ʎer]
rekenmachine (de)	**calculadora** (f)	[kalkulɐ'dorɐ]
voicemail (de)	**correio** (m) **de voz**	[ku'ʀɐju də vɔʃ]
wekker (de)	**despertador** (m)	[dəʃpərtɐ'dor]
contacten (mv.)	**contatos** (m pl)	[kõ'tatuʃ]
SMS-bericht (het)	**mensagem** (f) **de texto**	[mẽ'saʒẽʲ də 'tɛʃtu]
abonnee (de)	**assinante** (m)	[ɐsi'nãtə]

115. Schrijfbehoeften

balpen (de)	**caneta** (f)	[kɐ'netɐ]
vulpen (de)	**caneta** (f) **tinteiro**	[kɐ'netɐ tĩ'tɐjru]
potlood (het)	**lápis** (m)	['lapiʃ]
marker (de)	**marcador** (m)	[mɐrkɐ'dor]
viltstift (de)	**caneta** (f) **de feltro**	[kɐ'netɐ də 'feltru]
notitieboekje (het)	**bloco** (m) **de notas**	['blɔku də 'nɔtɐʃ]
agenda (boekje)	**agenda** (f)	[ɐ'ʒẽdɐ]
liniaal (de/het)	**régua** (f)	['ʀɛguɐ]
rekenmachine (de)	**calculadora** (f)	[kalkulɐ'dorɐ]
gom (de)	**borracha** (f)	[bu'ʀaʃɐ]
punaise (de)	**pionés** (m)	[piu'nɛʃ]
paperclip (de)	**clipe** (m)	['klipə]
lijm (de)	**cola** (f)	['kɔlɐ]
nietmachine (de)	**agrafador** (m)	[ɐgrɐfɐ'dor]
perforator (de)	**furador** (m)	[furɐ'dor]
potloodslijper (de)	**afia-lápis** (m)	[ɐ'fiɐ 'lapiʃ]

116. Verschillende soorten documenten

verslag (het)	**relatório** (m)	[ʀəlɐ'tɔriu]
overeenkomst (de)	**acordo** (m)	[ɐ'kordu]
aanvraagformulier (het)	**ficha** (f) **de inscrição**	['fiʃɐ də ĩʃkɾi'sãu]
origineel, authentiek (bn)	**autêntico**	[au'tẽtiku]
badge, kaart (de)	**crachá** (m)	[krɐ'ʃa]
visitekaartje (het)	**cartão** (m) **de visita**	[kɐɾ'tãu də vi'zitɐ]
certificaat (het)	**certificado** (m)	[səɾtifi'kadu]
cheque (de)	**cheque** (m)	['ʃɛkə]
rekening (in restaurant)	**conta** (f)	['kõtɐ]
grondwet (de)	**constituição** (f)	[kõʃtitui'sãu]
contract (het)	**contrato** (m)	[kõ'tratu]
kopie (de)	**cópia** (f)	['kɔpiɐ]
exemplaar (het)	**exemplar** (m)	[ezẽ'plaɾ]
douaneaangifte (de)	**declaração** (f) **alfandegária**	[dəklɐɾɐ'sãu alfãdə'gariɐ]
document (het)	**documento** (m)	[duku'mẽtu]
rijbewijs (het)	**carta** (f) **de condução**	['kartɐ də kõdu'sãu]
bijlage (de)	**adenda** (f), **anexo** (m)	[ɐ'dẽdɐ], [ɐ'nɛksu]
formulier (het)	**questionário** (m)	[kəʃtiu'naɾiu]
identiteitskaart (de)	**bilhete** (m) **de identidade**	[bi'ʎetə də idẽti'dadə]
aanvraag (de)	**inquérito** (m)	[ĩ'kɛritu]
uitnodigingskaart (de)	**convite** (m)	[kõ'vitə]
factuur (de)	**fatura** (f)	[fa'tuɾɐ]
wet (de)	**lei** (f)	[lɐj]
brief (de)	**carta** (f)	['kartɐ]
briefhoofd (het)	**papel** (m) **timbrado**	[pɐ'pɛl tĩ'bradu]
lijst (de)	**lista** (f)	['liʃtɐ]
manuscript (het)	**manuscrito** (m)	[mɐnu'ʃkritu]
nieuwsbrief (de)	**boletim** (m)	[bulə'tĩ]
briefje (het)	**bilhete** (m)	[bi'ʎetə]
pasje (voor personeel, enz.)	**passe** (m)	['pasə]
paspoort (het)	**passaporte** (m)	[pasɐ'pɔrtə]
vergunning (de)	**permissão** (f)	[pərmi'sãu]
CV, curriculum vitae (het)	**CV, currículo** (m)	[sɛ'vɛ], [ku'ʀikulu]
schuldbekentenis (de)	**vale** (f), **nota** (f) **promissória**	['valə], ['nɔtɐ prumi'sɔɾiɐ]
kwitantie (de)	**recibo** (m)	[ʀə'sibu]
bon (kassabon)	**talão** (f)	[tɐ'lãu]
rapport (het)	**relatório** (m)	[ʀəlɐ'tɔriu]
tonen (paspoort, enz.)	**mostrar** (vt)	[mu'ʃtraɾ]
ondertekenen (ww)	**assinar** (vt)	[ɐsi'naɾ]
handtekening (de)	**assinatura** (f)	[ɐsinɐ'tuɾɐ]
stempel (de)	**carimbo** (m)	[kɐ'ɾĩbu]
tekst (de)	**texto** (m)	['tɛʃtu]
biljet (het)	**bilhete** (m)	[bi'ʎetə]
doorhalen (doorstrepen)	**riscar** (vt)	[ʀi'ʃkaɾ]
invullen (een formulier ~)	**preencher** (vt)	[priẽ'ʃeɾ]

vrachtbrief (de)	**guia** (f) **de remessa**	['giɐ də ʀə'mɛsɐ]
testament (het)	**testamento** (m)	[təʃtɐ'mẽtu]

117. Soorten bedrijven

uitzendbureau (het)	**agência** (f) **de emprego**	[ɐ'ʒẽsiɐ də ẽ'pregu]
bewakingsfirma (de)	**empresa** (f) **de segurança**	[ẽ'prezɐ də səgu'rãsɐ]
persbureau (het)	**agência** (f) **de notícias**	[ɐ'ʒẽsiɐ də nu'tisiɐʃ]
reclamebureau (het)	**agência** (f) **de publicidade**	[ɐ'ʒẽsiɐ də publisi'dadə]
antiek (het)	**comércio** (m) **de antiguidades**	[ku'mɛrsiu də ãtigui'dadəʃ]
verzekering (de)	**seguro** (m)	[sə'guru]
naaiatelier (het)	**alfaiataria** (f)	[alfɐjɐtɐ'riɐ]
banken (mv.)	**negócios** (m pl) **bancários**	[nə'gɔsiuʃ bã'kariuʃ]
bar (de)	**bar** (m)	[bar]
bouwbedrijven (mv.)	**construção** (f)	[kõʃtru'sãu]
juwelen (mv.)	**joias** (f pl)	['ʒɔjɐʃ]
juwelier (de)	**joalheiro** (m)	[ʒuɐ'ʎɐjru]
wasserette (de)	**lavandaria** (f)	[lɐvãdɐ'riɐ]
alcoholische dranken (mv.)	**bebidas** (f pl) **alcoólicas**	[bə'bidɐʃ alku'ɔlikɐʃ]
nachtclub (de)	**clube** (m) **noturno**	['klubə nɔ'turnu]
handelsbeurs (de)	**bolsa** (f)	['bolsɐ]
bierbrouwerij (de)	**cervejaria** (f)	[sərvəʒɐ'riɐ]
uitvaartcentrum (het)	**agência** (f) **funerária**	[ɐ'ʒẽsiɐ funə'rariɐ]
casino (het)	**casino** (m)	[kɐ'zinu]
zakencentrum (het)	**centro** (m) **de escritórios**	['sẽtru də əʃkri'tɔriuʃ]
bioscoop (de)	**cinema** (m)	[si'nemɐ]
airconditioning (de)	**ar** (m) **condicionado**	[ar kõdisiu'nadu]
handel (de)	**comércio** (m)	[ku'mɛrsiu]
luchtvaartmaatschappij (de)	**companhia** (f) **aérea**	[kõpɐ'ɲiɐ ɐ'ɛriɐ]
adviesbureau (het)	**serviços** (m pl) **de consultoria**	[sər'visuʃ də kõsultu'riɐ]
koerierdienst (de)	**serviço** (m) **de encomendas**	[sər'visu də ẽku'mẽdəʃ]
tandheelkunde (de)	**estomatologia** (f)	[əʃtumɐtulu'ʒiɐ]
design (het)	**design** (m)	[di'zajn]
business school (de)	**escola** (f) **de negócios**	[ə'ʃkɔlɐ də nə'gɔsiuʃ]
magazijn (het)	**armazém** (m)	[ɐrmɐ'zẽ]
kunstgalerie (de)	**galeria** (f) **de arte**	[gɐlə'riɐ də 'artə]
ijsje (het)	**gelado** (m)	[ʒə'ladu]
hotel (het)	**hotel** (m)	[ɔ'tɛl]
vastgoed (het)	**imobiliário** (m)	[imubi'ljariu]
drukkerij (de)	**poligrafia** (f)	[pɔligrɐ'fiɐ]
industrie (de)	**indústria** (f)	[ĩ'duʃtriɐ]
Internet (het)	**internet** (f)	[ĩtɛr'nɛtə]
investeringen (mv.)	**investimento** (m)	[ĩvəʃti'mẽtu]
krant (de)	**jornal** (m)	[ʒur'nal]

boekhandel (de)	**livraria** (f)	[livrɐ'riɐ]
lichte industrie (de)	**indústria** (f) **ligeira**	[ĩ'duʃtriɐ li'ʒɐjrɐ]
winkel (de)	**loja** (f)	['lɔʒɐ]
uitgeverij (de)	**editora** (f)	[edi'torɐ]
medicijnen (mv.)	**medicina** (f)	[mədi'sinɐ]
meubilair (het)	**mobiliário** (m)	[mubi'ljariu]
museum (het)	**museu** (m)	[mu'zeu]
olie (aardolie)	**petróleo** (m)	[pə'trɔliu]
apotheek (de)	**farmácia** (f)	[fɐr'masiɐ]
farmacie (de)	**indústria** (f) **farmacêutica**	[ĩ'duʃtriɐ fɐrmɐ'seutikɐ]
zwembad (het)	**piscina** (f)	[pi'ʃsinɐ]
stomerij (de)	**lavandaria** (f)	[lɐvãdɐ'riɐ]
voedingswaren (mv.)	**alimentos** (m pl)	[ɐli'mẽtuʃ]
reclame (de)	**publicidade** (f)	[publisi'dadə]
radio (de)	**rádio** (m)	['ʀadiu]
afvalinzameling (de)	**recolha** (f) **do lixo**	[ʀə'koʎɐ du 'liʃu]
restaurant (het)	**restaurante** (m)	[ʀəʃtau'rãtə]
tijdschrift (het)	**revista** (f)	[ʀə'viʃtɐ]
schoonheidssalon (de/het)	**salão** (m) **de beleza**	[sɐ'lãu də bə'lezɐ]
financiële diensten (mv.)	**serviços** (m pl) **financeiros**	[sər'visuʃ finã'sɐjruʃ]
juridische diensten (mv.)	**serviços** (m pl) **jurídicos**	[sər'visuʃ ʒu'ridikuʃ]
boekhouddiensten (mv.)	**serviços** (m pl) **de contabilidade**	[sər'visuʃ də kõtɐbili'dadə]
audit diensten (mv.)	**serviços** (m pl) **de auditoria**	[sər'visuʃ də auditu'riɐ]
sport (de)	**desporto** (m)	[də'ʃportu]
supermarkt (de)	**supermercado** (m)	[supɛrmər'kadu]
televisie (de)	**televisão** (f)	[tələvi'zãu]
theater (het)	**teatro** (m)	[tə'atru]
toerisme (het)	**viagens** (f pl)	[vi'aʒãɪʃ]
transport (het)	**serviços** (m pl) **de transporte**	[sər'visuʃ də trã'ʃpɔrtə]
postorderbedrijven (mv.)	**vendas** (f pl) **por catálogo**	['vẽdɐʃ pur kɐ'talugu]
kleding (de)	**roupa** (f)	['ʀopɐ]
dierenarts (de)	**veterinário** (m)	[vətəri'nariu]

Baan. Business. Deel 2

118. Show. Tentoonstelling

beurs (de)	**feira** (f)	['fɐjrɐ]
vakbeurs, handelsbeurs (de)	**feira** (f) **comercial**	['fɐjrɐ kumər'sjal]
deelneming (de)	**participação** (f)	[pɐrtisipɐ'sãu]
deelnemen (ww)	**participar** (vi)	[pɐrtisi'par]
deelnemer (de)	**participante** (m)	[pɐrtisi'pãtə]
directeur (de)	**diretor** (m)	[dirɛ'tor]
organisatiecomité (het)	**direção** (f)	[dirɛ'sãu]
organisator (de)	**organizador** (m)	[ɔrgɐnizɐ'dor]
organiseren (ww)	**organizar** (vt)	[ɔrgɐni'zar]
deelnemingsaanvraag (de)	**ficha** (f) **de inscrição**	['fiʃɐ də ĩʃkri'sãu]
invullen (een formulier ~)	**preencher** (vt)	[priẽ'ʃer]
details (mv.)	**detalhes** (m pl)	[də'taʎəʃ]
informatie (de)	**informação** (f)	[ĩfurmɐ'sãu]
prijs (de)	**preço** (m)	['presu]
inclusief (bijv. ~ BTW)	**incluindo**	[ĩklu'ĩdu]
inbegrepen (alles ~)	**incluir** (vt)	[ĩklu'ir]
betalen (ww)	**pagar** (vt)	[pɐ'gar]
registratietarief (het)	**taxa** (f) **de inscrição**	['taʃɐ də ĩʃkri'sãu]
ingang (de)	**entrada** (f)	[ẽ'tradɐ]
paviljoen (het), hal (de)	**pavilhão** (m)	[pɐvi'ʎãu]
registreren (ww)	**inscrever** (vt)	[ĩʃkrə'ver]
badge, kaart (de)	**crachá** (m)	[krɐ'ʃa]
beursstand (de)	**stand** (m)	[stɛnd]
reserveren (een stand ~)	**reservar** (vt)	[ʀəzər'var]
vitrine (de)	**vitrina** (f)	[vi'trinɐ]
licht (het)	**foco, spot** (m)	['foku], ['spɔtə]
design (het)	**design** (m)	[di'zajn]
plaatsen (ww)	**pôr, colocar** (vt)	[por], [kulu'kar]
distributeur (de)	**distribuidor** (m)	[diʃtribui'dor]
leverancier (de)	**fornecedor** (m)	[furnəsə'dor]
leveren (ww)	**fornecer** (vt)	[furnə'ser]
land (het)	**país** (m)	[pɐ'iʃ]
buitenlands (bn)	**estrangeiro**	[əʃtrã'ʒɐjru]
product (het)	**produto** (m)	[pru'dutu]
associatie (de)	**associação** (f)	[ɐsusiɐ'sãu]
conferentiezaal (de)	**sala** (f) **de conferências**	['salɐ də kõfə'rẽsiɐʃ]

congres (het)	**congresso** (m)	[kõ'grɛsu]
wedstrijd (de)	**concurso** (m)	[kõ'kursu]
bezoeker (de)	**visitante** (m)	[vizi'tãtə]
bezoeken (ww)	**visitar** (vt)	[vizi'tar]
afnemer (de)	**cliente** (m)	[kli'ẽtə]

119. Massamedia

krant (de)	**jornal** (m)	[ʒur'nal]
tijdschrift (het)	**revista** (f)	[ʀə'viʃtɐ]
pers (gedrukte media)	**imprensa** (f)	[ĩ'prẽsɐ]
radio (de)	**rádio** (m)	['ʀadiu]
radiostation (het)	**estação** (f) **de rádio**	[əʃtɐ'sãu də 'ʀadiu]
televisie (de)	**televisão** (f)	[tələvi'zãu]
presentator (de)	**apresentador** (m)	[ɐprəzẽtɐ'dor]
nieuwslezer (de)	**locutor** (m)	[luku'tor]
commentator (de)	**comentador** (m)	[kumẽtɐ'dor]
journalist (de)	**jornalista** (m)	[ʒurnɐ'liʃtɐ]
correspondent (de)	**correspondente** (m)	[kuʀəʃpõ'dẽtə]
fotocorrespondent (de)	**repórter** (m) **fotográfico**	[ʀə'pɔrtɛr futu'grafiku]
reporter (de)	**repórter** (m)	[ʀə'pɔrtɛr]
redacteur (de)	**redator** (m)	[ʀəda'tor]
chef-redacteur (de)	**redator-chefe** (m)	[ʀəda'tor 'ʃɛfə]
zich abonneren op	**assinar a ...**	[ɐsi'nar ɐ]
abonnement (het)	**assinatura** (f)	[ɐsinɐ'turɐ]
abonnee (de)	**assinante** (m)	[ɐsi'nãtə]
lezen (ww)	**ler** (vt)	[ler]
lezer (de)	**leitor** (m)	[ləj'tor]
oplage (de)	**tiragem** (f)	[ti'raʒẽʲ]
maand-, maandelijks (bn)	**mensal**	[mẽ'sal]
wekelijks (bn)	**semanal**	[səmɐ'nal]
nummer (het)	**número** (m)	['numəru]
vers (~ van de pers)	**recente**	[ʀə'sẽtə]
kop (de)	**manchete** (f)	[mã'ʃetə]
korte artikel (het)	**pequeno artigo** (m)	[pə'kenu ɐr'tigu]
rubriek (de)	**coluna** (f)	[ku'lunɐ]
artikel (het)	**artigo** (m)	[ɐr'tigu]
pagina (de)	**página** (f)	['paʒinɐ]
reportage (de)	**reportagem** (f)	[ʀəpur'taʒẽʲ]
gebeurtenis (de)	**evento** (m)	[e'vẽtu]
sensatie (de)	**sensação** (f)	[sẽsɐ'sãu]
schandaal (het)	**escândalo** (m)	[ə'ʃkãdɐlu]
schandalig (bn)	**escandaloso**	[əʃkãdɐ'lozu]
groot (~ schandaal, enz.)	**grande**	['grãdə]
programma (het)	**programa** (m) **de TV**	[pru'gremɐ də tɛ'vɛ]
interview (het)	**entrevista** (f)	[ẽtrə'viʃtɐ]

live uitzending (de)	**transmissão** (f) **em direto**	[trɐ̃ʒmi'sɐ̃u ẽ di'rɛtu]
kanaal (het)	**canal** (m)	[kɐ'nal]

120. Landbouw

landbouw (de)	**agricultura** (f)	[ɐgrikul'turɐ]
boer (de)	**camponês** (m)	[kɐ̃pu'neʃ]
boerin (de)	**camponesa** (f)	[kɐ̃pu'nezɐ]
landbouwer (de)	**agricultor** (m)	[ɐgrikul'tor]
tractor (de)	**trator** (m)	[tra'tor]
maaidorser (de)	**ceifeira-debulhadora** (f)	[sɐjfɐjrɐ dəbuʎɐ'dorɐ]
ploeg (de)	**arado** (m)	[ɐ'radu]
ploegen (ww)	**arar** (vt)	[ɐ'rar]
akkerland (het)	**campo** (m) **lavrado**	['kɐ̃pu lɐ'vradu]
voor (de)	**rego** (m)	['ʀegu]
zaaien (ww)	**semear** (vt)	[sə'mjar]
zaaimachine (de)	**semeadora** (f)	[səmjɐ'dorɐ]
zaaien (het)	**semeadura** (f)	[səmjɐ'durɐ]
zeis (de)	**gadanha** (f)	[gɐ'dɐɲɐ]
maaien (ww)	**gadanhar** (vt)	[gɐdɐ'ɲar]
schop (de)	**pá** (f)	[pa]
spitten (ww)	**cavar** (vt)	[kɐ'var]
schoffel (de)	**enxada** (f)	[ẽ'ʃadɐ]
wieden (ww)	**carpir** (vt)	[kɐr'pir]
onkruid (het)	**erva** (f) **daninha**	['ɛrvɐ dɐ'niɲɐ]
gieter (de)	**regador** (m)	[ʀəgɐ'dor]
begieten (water geven)	**regar** (vt)	[ʀə'gar]
bewatering (de)	**rega** (f)	['ʀɛgɐ]
riek, hooivork (de)	**forquilha** (f)	[fɔr'kiʎɐ]
hark (de)	**ancinho** (m)	[ɐ̃'siɲu]
kunstmest (de)	**fertilizante** (m)	[fərtili'zɐ̃tə]
bemesten (ww)	**fertilizar** (vt)	[fərtili'zar]
mest (de)	**estrume** (m)	[ə'ʃtrumə]
veld (het)	**campo** (m)	['kɐ̃pu]
wei (de)	**prado** (m)	['pradu]
moestuin (de)	**horta** (f)	['ɔrtɐ]
boomgaard (de)	**pomar** (m)	[pu'mar]
weiden (ww)	**pastar** (vt)	[pɐ'ʃtar]
herder (de)	**pastor** (m)	[pɐ'ʃtor]
weiland (de)	**pastagem** (f)	[pɐ'ʃtaʒẽʲ]
veehouderij (de)	**pecuária** (f)	[pəku'ariɐ]
schapenteelt (de)	**criação** (f) **de ovelhas**	[kriɐ'sɐ̃u də ɔ'vɐʎɐʃ]

plantage (de)	**plantação** (f)	[plãtɐ'sãu]
rijtje (het)	**canteiro** (m)	[kã'tɐjru]
broeikas (de)	**invernadouro** (m)	[ĩvərnɐ'doru]
droogte (de)	**seca** (f)	['sekɐ]
droog (bn)	**seco**	['seku]
graan (het)	**cereal** (m)	[sə'rjal]
graangewassen (mv.)	**cereais** (m pl)	[sə'rjaɪʃ]
oogsten (ww)	**colher** (vt)	[ku'ʎɛr]
molenaar (de)	**moleiro** (m)	[mu'lɐjru]
molen (de)	**moinho** (m)	[mu'iɲu]
malen (graan ~)	**moer** (vt)	[mu'ɛr]
bloem (bijv. tarwebloem)	**farinha** (f)	[fɐ'riɲɐ]
stro (het)	**palha** (f)	['paʎɐ]

121. Gebouw. Bouwproces

bouwplaats (de)	**canteiro** (m) **de obras**	[kã'tɐjru də 'ɔbrɐʃ]
bouwen (ww)	**construir** (vt)	[kõʃtru'ir]
bouwvakker (de)	**construtor** (m)	[kõʃtru'tor]
project (het)	**projeto** (m)	[pru'ʒɛtu]
architect (de)	**arquiteto** (m)	[ɐrki'tɛtu]
arbeider (de)	**operário** (m)	[ɔpə'rariu]
fundering (de)	**fundação** (f)	[fũdɐ'sãu]
dak (het)	**telhado** (m)	[tə'ʎadu]
heipaal (de)	**estaca** (f)	[ə'ʃtakɐ]
muur (de)	**parede** (f)	[pɐ'redə]
betonstaal (het)	**varões** (m pl) **para betão**	[vɐ'roɪʃ 'pɐrɐ bə'tãu]
steigers (mv.)	**andaime** (m)	[ã'dajmə]
beton (het)	**betão** (m)	[bə'tãu]
graniet (het)	**granito** (m)	[grɐ'nitu]
steen (de)	**pedra** (f)	['pɛdrɐ]
baksteen (de)	**tijolo** (m)	[ti'ʒolu]
zand (het)	**areia** (f)	[ɐ'rɐjɐ]
cement (de/het)	**cimento** (m)	[si'mẽtu]
pleister (het)	**emboço** (m)	[ẽ'bɔsu]
pleisteren (ww)	**emboçar** (vt)	[ẽbu'sar]
verf (de)	**tinta** (f)	['tĩtɐ]
verven (muur ~)	**pintar** (vt)	[pĩ'tar]
ton (de)	**barril** (m)	[bɐ'ʀil]
kraan (de)	**grua** (f), **guindaste** (m)	['gruɐ], [gĩ'daʃtə]
heffen, hijsen (ww)	**erguer** (vt)	[er'ger]
neerlaten (ww)	**baixar** (vt)	[baɪ'ʃar]
bulldozer (de)	**buldózer** (m)	[bul'dɔzər]
graafmachine (de)	**escavadora** (f)	[əʃkɐvɐ'dorɐ]

graafbak (de)	**caçamba** (f)	[kɐ'sãbɐ]
graven (tunnel, enz.)	**escavar** (vt)	[əʃkɐ'var]
helm (de)	**capacete** (m) **de proteção**	[kɐpɐ'setə də prutɛ'sãu]

122. Wetenschap. Onderzoek. Wetenschappers

wetenschap (de)	**ciência** (f)	['sjẽsiɐ]
wetenschappelijk (bn)	**científico**	[siẽ'tifiku]
wetenschapper (de)	**cientista** (m)	[siẽ'tiʃtɐ]
theorie (de)	**teoria** (f)	[tiu'riɐ]
axioma (het)	**axioma** (m)	[ɐk'sjomɐ]
analyse (de)	**análise** (f)	[ɐ'nalizə]
analyseren (ww)	**analisar** (vt)	[ɐnɐli'zar]
argument (het)	**argumento** (m)	[ɐrgu'mẽtu]
substantie (de)	**substância** (f)	[sub'ʃtãsiɐ]
hypothese (de)	**hipótese** (f)	[i'pɔtəzə]
dilemma (het)	**dilema** (m)	[di'lemɐ]
dissertatie (de)	**tese** (f)	['tɛzə]
dogma (het)	**dogma** (m)	['dɔgmɐ]
doctrine (de)	**doutrina** (f)	[do'trinɐ]
onderzoek (het)	**pesquisa** (f)	[pə'ʃkizɐ]
onderzoeken (ww)	**pesquisar** (vt)	[pəʃki'zar]
toetsing (de)	**teste** (m)	['tɛʃtə]
laboratorium (het)	**laboratório** (m)	[lɐburɐ'tɔriu]
methode (de)	**método** (m)	['mɛtudu]
molecule (de/het)	**molécula** (f)	[mu'lɛkulɐ]
monitoring (de)	**monitoramento** (m)	[munitur ɐ'mẽtu]
ontdekking (de)	**descoberta** (f)	[dəʃku'bɛrtɐ]
postulaat (het)	**postulado** (m)	[puʃtu'ladu]
principe (het)	**princípio** (m)	[prĩ'sipiu]
voorspelling (de)	**prognóstico** (m)	[prug'nɔʃtiku]
een prognose maken	**prognosticar** (vt)	[prugnuʃti'kar]
synthese (de)	**síntese** (f)	['sĩtəzə]
tendentie (de)	**tendência** (f)	[tẽ'dẽsiɐ]
theorema (het)	**teorema** (m)	[tiu'remɐ]
leerstellingen (mv.)	**ensinamentos** (m pl)	[ẽsinɐ'mẽtuʃ]
feit (het)	**facto** (m)	['faktu]
expeditie (de)	**expedição** (f)	[əʃpədi'sãu]
experiment (het)	**experiência** (f)	[əʃpə'rjẽsiɐ]
academicus (de)	**académico** (m)	[ɐkɐ'dɛmiku]
bachelor (bijv. BA, LLB)	**bacharel** (m)	[bɐʃɐ'rɛl]
doctor (de)	**doutor** (m)	[do'tor]
universitair docent (de)	**docente** (m)	[du'sẽtə]
master, magister (de)	**mestre** (m)	['mɛʃtrə]
professor (de)	**professor** (m) **catedrático**	[prufə'sor kɐtə'dratiku]

Beroepen en ambachten

123. Zoeken naar werk. Ontslag

baan (de)	**trabalho** (m)	[trɐ'baʎu]
werknemers (mv.)	**equipa** (f)	[e'kipɐ]
personeel (het)	**pessoal** (m)	[pəsu'al]
carrière (de)	**carreira** (f)	[kɐ'ʀɐjrɐ]
vooruitzichten (mv.)	**perspetivas** (f pl)	[pərʃpɛ'tivɐʃ]
meesterschap (het)	**mestria** (f)	[mɛ'ʃtriɐ]
keuze (de)	**seleção** (f)	[səlɛ'sãu]
uitzendbureau (het)	**agência** (f) **de emprego**	[ɐ'ʒẽsiɐ də ẽ'pregu]
CV, curriculum vitae (het)	**CV, currículo** (m)	[sɛ'vɛ], [ku'ʀikulu]
sollicitatiegesprek (het)	**entrevista** (f) **de emprego**	[ẽtrə'viʃtɐ də ẽ'pregu]
vacature (de)	**vaga** (f)	['vagɐ]
salaris (het)	**salário** (m)	[sɐ'lariu]
vaste salaris (het)	**salário** (m) **fixo**	[sɐ'lariu 'fiksu]
loon (het)	**pagamento** (m)	[pɐgɐ'mẽtu]
betrekking (de)	**posto** (m)	['poʃtu]
taak, plicht (de)	**dever** (m)	[də'ver]
takenpakket (het)	**gama** (f) **de deveres**	['gɐmɐ də də'verəʃ]
bezig (~ zijn)	**ocupado**	[ɔku'padu]
ontslagen (ww)	**despedir, demitir** (vt)	[dəʃpə'dir], [dəmi'tir]
ontslag (het)	**demissão** (f)	[dəmi'sãu]
werkloosheid (de)	**desemprego** (m)	[dəzẽ'pregu]
werkloze (de)	**desempregado** (m)	[dəzẽprə'gadu]
pensioen (het)	**reforma** (f)	[ʀə'fɔrmɐ]
met pensioen gaan	**reformar-se**	[ʀəfur'marsə]

124. Zakenmensen

directeur (de)	**diretor** (m)	[dirɛ'tor]
beheerder (de)	**gerente** (m)	[ʒə'rẽtə]
hoofd (het)	**patrão, chefe** (m)	[pɐ'trãu], ['ʃɛfə]
baas (de)	**superior** (m)	[supə'rjor]
superieuren (mv.)	**superiores** (m pl)	[supə'rjorəʃ]
president (de)	**presidente** (m)	[prəzi'dẽtə]
voorzitter (de)	**presidente** (m) **de direção**	[prəzi'dẽtə də dirɛ'sãu]
adjunct (de)	**substituto** (m)	[subʃti'tutu]
assistent (de)	**assistente** (m)	[ɐsi'ʃtẽtə]

secretaris (de)	**secretário** (m)	[səkrə'tariu]
persoonlijke assistent (de)	**secretário** (m) **pessoal**	[səkrə'tariu pəsu'al]
zakenman (de)	**homem** (m) **de negócios**	['ɔmẽʲ də nə'gɔsiuʃ]
ondernemer (de)	**empresário** (m)	[ẽprə'zariu]
oprichter (de)	**fundador** (m)	[fũdɐ'dor]
oprichten (een nieuw bedrijf ~)	**fundar** (vt)	[fũ'dar]
stichter (de)	**fundador, sócio** (m)	[fũdɐ'dor], ['sɔsiu]
partner (de)	**parceiro, sócio** (m)	[pɐr'sɐjru], ['sɔsiu]
aandeelhouder (de)	**acionista** (m)	[ɐsiu'niʃtɐ]
miljonair (de)	**milionário** (m)	[miliu'nariu]
miljardair (de)	**bilionário** (m)	[biliu'nariu]
eigenaar (de)	**proprietário** (m)	[pruprie'tariu]
landeigenaar (de)	**proprietário** (m) **de terras**	[pruprie'tariu də 'tɛʀɐʃ]
klant (de)	**cliente** (m)	[kli'ẽtə]
vaste klant (de)	**cliente** (m) **habitual**	[kli'ẽtə ɐbitu'al]
koper (de)	**comprador** (m)	[kõprɐ'dor]
bezoeker (de)	**visitante** (m)	[vizi'tãtə]
professioneel (de)	**profissional** (m)	[prufisiu'nal]
expert (de)	**perito** (m)	[pə'ritu]
specialist (de)	**especialista** (m)	[əʃpəsiɐ'liʃtɐ]
bankier (de)	**banqueiro** (m)	[bã'kɐjru]
makelaar (de)	**corretor** (m)	[kuʀɛ'tor]
kassier (de)	**caixa** (m, f)	['kaɪʃɐ]
boekhouder (de)	**contabilista** (m)	[kõtɐbi'liʃtɐ]
bewaker (de)	**guarda** (m)	[gu'ardɐ]
investeerder (de)	**investidor** (m)	[ĩvəʃti'dor]
schuldenaar (de)	**devedor** (m)	[dəvə'dor]
crediteur (de)	**credor** (m)	[krɛ'dor]
lener (de)	**mutuário** (m)	[mutu'ariu]
importeur (de)	**importador** (m)	[ĩpurtɐ'dor]
exporteur (de)	**exportador** (m)	[əʃpurtɐ'dor]
producent (de)	**produtor** (m)	[prudu'tor]
distributeur (de)	**distribuidor** (m)	[diʃtribui'dor]
bemiddelaar (de)	**intermediário** (m)	[ĩtərmə'djariu]
adviseur, consulent (de)	**consultor** (m)	[kõsul'tor]
vertegenwoordiger (de)	**representante** (m)	[ʀəprəzẽ'tãtə]
agent (de)	**agente** (m)	[ɐ'ʒẽtə]
verzekeringsagent (de)	**agente** (m) **de seguros**	[ɐ'ʒẽtə də sə'guruʃ]

125. Dienstverlenende beroepen

kok (de)	**cozinheiro** (m)	[kuzi'ɲɐjru]
chef-kok (de)	**cozinheiro chefe** (m)	[kuzi'ɲɐjru 'ʃɛfə]

bakker (de)	**padeiro** (m)	[pa'dɐjru]
barman (de)	**barman** (m)	['barmɐn]
kelner, ober (de)	**empregado** (m)	[ẽprə'gadu]
serveerster (de)	**empregada** (f)	[ẽprə'gadɐ]
advocaat (de)	**advogado** (m)	[ɐdvu'gadu]
jurist (de)	**jurista** (m)	[ʒu'riʃtɐ]
notaris (de)	**notário** (m)	[nu'tariu]
elektricien (de)	**eletricista** (m)	[elɛtri'siʃtɐ]
loodgieter (de)	**canalizador** (m)	[kɐnɐlizɐ'dor]
timmerman (de)	**carpinteiro** (m)	[kɐrpĩ'tɐjru]
masseur (de)	**massagista** (m)	[mɐsɐ'ʒiʃtɐ]
masseuse (de)	**massagista** (f)	[mɐsɐ'ʒiʃtɐ]
dokter, arts (de)	**médico** (m)	['mɛdiku]
taxichauffeur (de)	**taxista** (m)	[ta'ksiʃtɐ]
chauffeur (de)	**condutor** (m)	[kõdu'tor]
koerier (de)	**entregador** (m)	[ẽtrəgɐ'dor]
kamermeisje (het)	**camareira** (f)	[kɐmɐ'rɐjrɐ]
bewaker (de)	**guarda** (m)	[gu'ardɐ]
stewardess (de)	**hospedeira** (f) **de bordo**	[ɔʃpə'dɐjrɐ də 'bɔrdu]
meester (de)	**professor** (m)	[prufə'sor]
bibliothecaris (de)	**bibliotecário** (m)	[bibliutə'kariu]
vertaler (de)	**tradutor** (m)	[trɐdu'tor]
tolk (de)	**intérprete** (m)	[ĩ'tɛrprətə]
gids (de)	**guia** (m)	['giɐ]
kapper (de)	**cabeleireiro** (m)	[kɐbəlɐj'rɐjru]
postbode (de)	**carteiro** (m)	[kɐr'tɐjru]
verkoper (de)	**vendedor** (m)	[vẽdə'dor]
tuinman (de)	**jardineiro** (m)	[ʒɐrdi'nɐjru]
huisbediende (de)	**criado** (m)	[kri'adu]
dienstmeisje (het)	**criada** (f)	[kri'adɐ]
schoonmaakster (de)	**empregada** (f) **de limpeza**	[ẽprə'gadɐ də lĩ'pezɐ]

126. Militaire beroepen en rangen

soldaat (rang)	**soldado** (m) **raso**	[sol'dadu 'ʀazu]
sergeant (de)	**sargento** (m)	[sɐr'ʒẽtu]
luitenant (de)	**tenente** (m)	[tə'nẽtə]
kapitein (de)	**capitão** (m)	[kɐpi'tɐ̃u]
majoor (de)	**major** (m)	[mɐ'ʒɔr]
kolonel (de)	**coronel** (m)	[kuru'nɛl]
generaal (de)	**general** (m)	[ʒənə'ral]
maarschalk (de)	**marechal** (m)	[mɐrə'ʃal]
admiraal (de)	**almirante** (m)	[almi'rɐ̃tə]
militair (de)	**militar** (m)	[mili'tar]
soldaat (de)	**soldado** (m)	[sol'dadu]

officier (de)	**oficial** (m)	[ɔfi'sjal]
commandant (de)	**comandante** (m)	[kumã'dãtə]
grenswachter (de)	**guarda** (m) **fronteiriço**	[gu'arde frõtej'risu]
marconist (de)	**operador** (m) **de rádio**	[ɔpere'dor də 'ʀadiu]
verkenner (de)	**explorador** (m)	[əʃplure'dor]
sappeur (de)	**sapador** (m)	[sepe'dor]
schutter (de)	**atirador** (m)	[etire'dor]
stuurman (de)	**navegador** (m)	[nevəge'dor]

127. Ambtenaren. Priesters

koning (de)	**rei** (m)	[ʀej]
koningin (de)	**rainha** (f)	[ʀe'iɲe]
prins (de)	**príncipe** (m)	['prĩsipə]
prinses (de)	**princesa** (f)	[prĩ'seze]
tsaar (de)	**czar** (m)	['kzar]
tsarina (de)	**czarina** (f)	[kze'rine]
president (de)	**presidente** (m)	[prəzi'dẽtə]
minister (de)	**ministro** (m)	[mi'niʃtru]
eerste minister (de)	**primeiro-ministro** (m)	[pri'mejru mi'niʃtru]
senator (de)	**senador** (m)	[səne'dor]
diplomaat (de)	**diplomata** (m)	[diplu'mate]
consul (de)	**cônsul** (m)	['kõsul]
ambassadeur (de)	**embaixador** (m)	[ẽbaɪʃe'dor]
adviseur (de)	**conselheiro** (m)	[kõsə'ʎejru]
ambtenaar (de)	**funcionário** (m)	[fũsiu'nariu]
prefect (de)	**prefeito** (m)	[prə'fejtu]
burgemeester (de)	**Presidente** (m) **da Câmara**	[prəzi'dẽtə de 'kɐmere]
rechter (de)	**juiz** (m)	[ʒu'iʃ]
aanklager (de)	**procurador** (m)	[prɔkure'dor]
missionaris (de)	**missionário** (m)	[misiu'nariu]
monnik (de)	**monge** (m)	['mõʒə]
abt (de)	**abade** (m)	[e'badə]
rabbi, rabbijn (de)	**rabino** (m)	[ʀe'binu]
vizier (de)	**vizir** (m)	[vi'zir]
sjah (de)	**xá** (m)	[ʃa]
sjeik (de)	**xeque** (m)	['ʃɛkə]

128. Agrarische beroepen

imker (de)	**apicultor** (m)	[epikul'tor]
herder (de)	**pastor** (m)	[pe'ʃtor]
landbouwkundige (de)	**agrónomo** (m)	[e'grɔnumu]

veehouder (de)	**criador** (m) **de gado**	[krie'dor də 'gadu]
dierenarts (de)	**veterinário** (m)	[vətəri'nariu]
landbouwer (de)	**agricultor** (m)	[egrikul'tor]
wijnmaker (de)	**vinicultor** (m)	[vinikul'tor]
zoöloog (de)	**zoólogo** (m)	[zu'ɔlugu]
cowboy (de)	**cowboy** (m)	[kɔ'bɔj]

129. Kunst beroepen

acteur (de)	**ator** (m)	[a'tor]
actrice (de)	**atriz** (f)	[e'triʃ]
zanger (de)	**cantor** (m)	[kã'tor]
zangeres (de)	**cantora** (f)	[kã'tore]
danser (de)	**bailarino** (m)	[bajle'rinu]
danseres (de)	**bailarina** (f)	[bajle'rine]
artiest (mann.)	**artista** (m)	[er'tiʃte]
artiest (vrouw.)	**artista** (f)	[er'tiʃte]
muzikant (de)	**músico** (m)	['muziku]
pianist (de)	**pianista** (m)	[pie'niʃte]
gitarist (de)	**guitarrista** (m)	[gite'ʀiʃte]
orkestdirigent (de)	**maestro** (m)	[me'ɛʃtru]
componist (de)	**compositor** (m)	[kõpuzi'tor]
impresario (de)	**empresário** (m)	[ẽprə'zariu]
filmregisseur (de)	**realizador** (m)	[ʀielize'dor]
filmproducent (de)	**produtor** (m)	[prudu'tor]
scenarioschrijver (de)	**argumentista** (m)	[ergumẽ'tiʃte]
criticus (de)	**crítico** (m)	['kritiku]
schrijver (de)	**escritor** (m)	[əʃkri'tor]
dichter (de)	**poeta** (m)	[pu'ɛte]
beeldhouwer (de)	**escultor** (m)	[əʃkul'tor]
kunstenaar (de)	**pintor** (m)	[pĩ'tor]
jongleur (de)	**malabarista** (m)	[melebe'riʃte]
clown (de)	**palhaço** (m)	[pe'ʎasu]
acrobaat (de)	**acrobata** (m)	[ekru'bate]
goochelaar (de)	**mágico** (m)	['maʒiku]

130. Verschillende beroepen

dokter, arts (de)	**médico** (m)	['mɛdiku]
ziekenzuster (de)	**enfermeira** (f)	[ẽfər'mejre]
psychiater (de)	**psiquiatra** (m)	[psiki'atre]
tandarts (de)	**estomatologista** (m)	[əʃtumetulu'ʒiʃte]
chirurg (de)	**cirurgião** (m)	[sirur'ʒjãu]

astronaut (de)	**astronauta** (m)	[ɐʃtrɔ'nautɐ]
astronoom (de)	**astrónomo** (m)	[ɐ'ʃtrɔnumu]
piloot (de)	**piloto** (m)	[pi'lotu]
chauffeur (de)	**motorista** (m)	[mutu'riʃtɐ]
machinist (de)	**maquinista** (m)	[mɐki'niʃtɐ]
mecanicien (de)	**mecânico** (m)	[mə'kɐniku]
mijnwerker (de)	**mineiro** (m)	[mi'nɐjru]
arbeider (de)	**operário** (m)	[ɔpə'rariu]
bankwerker (de)	**serralheiro** (m)	[səʀɐ'ʎɐjru]
houtbewerker (de)	**marceneiro** (m)	[mɐrsə'nɐjru]
draaier (de)	**torneiro** (m)	[tur'nɐjru]
bouwvakker (de)	**construtor** (m)	[kõʃtru'tor]
lasser (de)	**soldador** (m)	[soldɐ'dor]
professor (de)	**professor** (m) **catedrático**	[prufə'sor kɐtə'dratiku]
architect (de)	**arquiteto** (m)	[ɐrki'tɛtu]
historicus (de)	**historiador** (m)	[iʃturiɐ'dor]
wetenschapper (de)	**cientista** (m)	[siẽ'tiʃtɐ]
fysicus (de)	**físico** (m)	['fiziku]
scheikundige (de)	**químico** (m)	['kimiku]
archeoloog (de)	**arqueólogo** (m)	[ɐr'kjɔlugu]
geoloog (de)	**geólogo** (m)	[ʒj'ɔlugu]
onderzoeker (de)	**pesquisador** (m)	[pəʃkizɐ'dor]
babysitter (de)	**babysitter** (f)	[bɐbisi'ter]
leraar, pedagoog (de)	**professor** (m)	[prufə'sor]
redacteur (de)	**redator** (m)	[ʀəda'tor]
chef-redacteur (de)	**redator-chefe** (m)	[ʀəda'tor 'ʃɛfə]
correspondent (de)	**correspondente** (m)	[kuʀəʃpõ'dẽtə]
typiste (de)	**datilógrafa** (f)	[dɐti'lɔgrɐfɐ]
designer (de)	**designer** (m)	[di'zajnɐr]
computerexpert (de)	**especialista** (m) **em informática**	[əʃpəsiɐ'liʃtɐ ən ĩfur'matikɐ]
programmeur (de)	**programador** (m)	[prugrɐmɐ'dor]
ingenieur (de)	**engenheiro** (m)	[ẽʒə'ɲɐjru]
matroos (de)	**marujo** (m)	[mɐ'ruʒu]
zeeman (de)	**marinheiro** (m)	[mɐri'ɲɐjru]
redder (de)	**salvador** (m)	[salvɐ'dor]
brandweerman (de)	**bombeiro** (m)	[bõ'bɐjru]
politieagent (de)	**polícia** (m)	[pu'lisiɐ]
nachtwaker (de)	**guarda-noturno** (m)	[gu'ardɐ nɔ'turnu]
detective (de)	**detetive** (m)	[dətɛ'tivə]
douanier (de)	**funcionário** (m) **da alfândega**	[fũsiu'nariu dɐ al'fɐ̃dəgɐ]
lijfwacht (de)	**guarda-costas** (m)	[gu'ardɐ 'kɔʃtɐʃ]
gevangenisbewaker (de)	**guarda** (m) **prisional**	[gu'ardɐ priziu'nal]
inspecteur (de)	**inspetor** (m)	[ĩʃpɛ'tor]
sportman (de)	**desportista** (m)	[dəʃpur'tiʃtɐ]
trainer (de)	**treinador** (m)	[trɐjnɐ'dor]

slager, beenhouwer (de)	**talhante** (m)	[tɐ'ʎãtə]
schoenlapper (de)	**sapateiro** (m)	[sɐpɐ'tɐjru]
handelaar (de)	**comerciante** (m)	[kumər'sjãtə]
lader (de)	**carregador** (m)	[kɐʀəgɐ'dor]
kledingstilist (de)	**estilista** (m)	[əʃti'liʃtɐ]
model (het)	**modelo** (f)	[mu'delu]

131. Beroepen. Sociale status

scholier (de)	**escolar** (m)	[əʃku'lar]
student (de)	**estudante** (m)	[əʃtu'dãtə]
filosoof (de)	**filósofo** (m)	[fi'lɔzufu]
econoom (de)	**economista** (m)	[ekɔnu'miʃtɐ]
uitvinder (de)	**inventor** (m)	[ĩvẽ'tor]
werkloze (de)	**desempregado** (m)	[dəzẽprə'gadu]
gepensioneerde (de)	**reformado** (m)	[ʀəfur'madu]
spion (de)	**espião** (m)	[ə'ʃpjãu]
gedetineerde (de)	**preso** (m)	['prezu]
staker (de)	**grevista** (m)	[grɛ'viʃtɐ]
bureaucraat (de)	**burocrata** (m)	[buru'kratɐ]
reiziger (de)	**viajante** (m)	[viɐ'ʒãtə]
homoseksueel (de)	**homossexual** (m)	[ɔmɔsɛksu'al]
hacker (computerkraker)	**hacker** (m)	['akɛr]
hippie (de)	**hippie**	['ipi]
bandiet (de)	**bandido** (m)	[bã'didu]
huurmoordenaar (de)	**assassino** (m) **a soldo**	[ɐsɐ'sinu ɐ 'soldu]
drugsverslaafde (de)	**toxicodependente** (m)	[tɔksiku·dəpẽ'dẽtə]
drugshandelaar (de)	**traficante** (m)	[trɐfi'kãtə]
prostituee (de)	**prostituta** (f)	[pruʃti'tutɐ]
pooier (de)	**chulo** (m)	['ʃulu]
tovenaar (de)	**bruxo** (m)	['bruʃu]
tovenares (de)	**bruxa** (f)	['bruʃɐ]
piraat (de)	**pirata** (m)	[pi'ratɐ]
slaaf (de)	**escravo** (m)	[ə'ʃkravu]
samoerai (de)	**samurai** (m)	[sɐmu'raj]
wilde (de)	**selvagem** (m)	[sɛ'lvaʒẽʲ]

Sport

132. Soorten sporten. Sporters

sportman (de)	**desportista** (m)	[dəʃpur'tiʃtɐ]
soort sport (de/het)	**tipo** (m) **de desporto**	['tipu də də'ʃportu]
basketbal (het)	**basquetebol** (m)	[bɐʃkɛtə'bɔl]
basketbalspeler (de)	**jogador** (m) **de basquetebol**	[ʒugɐ'dor də bɐʃkɛtə'bɔl]
baseball (het)	**beisebol** (m)	['bɛjzbɔl]
baseballspeler (de)	**jogador** (m) **de beisebol**	[ʒugɐ'dor də 'bɛjzbɔl]
voetbal (het)	**futebol** (m)	[futə'bɔl]
voetballer (de)	**futebolista** (m)	[futəbu'liʃtɐ]
doelman (de)	**guarda-redes** (m)	[gu'ardɐ 'ʀedəʃ]
hockey (het)	**hóquei** (m)	['ɔkɐj]
hockeyspeler (de)	**jogador** (m) **de hóquei**	[ʒugɐ'dor də 'ɔkɐj]
volleybal (het)	**voleibol** (m)	[vɔlɐj'bɔl]
volleybalspeler (de)	**jogador** (m) **de voleibol**	[ʒugɐ'dor də vɔlɐj'bɔl]
boksen (het)	**boxe** (m)	['bɔksə]
bokser (de)	**boxeador, pugilista** (m)	[bɔʃiɐ'dor], [puʒi'liʃtɐ]
worstelen (het)	**luta** (f)	['lutɐ]
worstelaar (de)	**lutador** (m)	[lutɐ'dor]
karate (de)	**karaté** (m)	[kara'tɛ]
karateka (de)	**karateca** (m)	[kɐrɐ'tɛkɐ]
judo (de)	**judo** (m)	['ʒudu]
judoka (de)	**judoca** (m)	[ʒu'dɔkɐ]
tennis (het)	**ténis** (m)	['tɛniʃ]
tennisspeler (de)	**tenista** (m)	[tɛ'niʃtɐ]
zwemmen (het)	**natação** (f)	[nɐtɐ'sãu]
zwemmer (de)	**nadador** (m)	[nɐdɐ'dor]
schermen (het)	**esgrima** (f)	[ə'ʒgrimɐ]
schermer (de)	**esgrimista** (m)	[əʒgri'miʃtɐ]
schaak (het)	**xadrez** (m)	[ʃɐ'dreʃ]
schaker (de)	**xadrezista** (m)	[ʃɐdrə'ziʃtɐ]
alpinisme (het)	**alpinismo** (m)	[alpi'niʒmu]
alpinist (de)	**alpinista** (m)	[alpi'niʃtɐ]
hardlopen (het)	**corrida** (f)	[ku'ʀidɐ]

renner (de)	**corredor** (m)	[kuʀə'dor]
atletiek (de)	**atletismo** (m)	[ɐtlɛ'tiʒmu]
atleet (de)	**atleta** (m)	[ɐt'lɛtɐ]
paardensport (de)	**hipismo** (m)	[i'piʒmu]
ruiter (de)	**cavaleiro** (m)	[kɐvɐ'lɐjru]
kunstschaatsen (het)	**patinagem** (f) **artística**	[pɐti'naʒɐ̃ʲ ɐr'tiʃtikɐ]
kunstschaatser (de)	**patinador** (m)	[pɐtinɐ'dor]
kunstschaatsster (de)	**patinadora** (f)	[pɐtinɐ'dorɐ]
gewichtheffen (het)	**halterofilismo** (m)	[altɛrɔfi'liʒmu]
gewichtheffer (de)	**halterofilista** (m)	[altɛrɔfi'liʃtɐ]
autoraces (mv.)	**corrida** (f) **de carros**	[ku'ʀidɐ də 'kaʀuʃ]
coureur (de)	**piloto** (m)	[pi'lotu]
wielersport (de)	**ciclismo** (m)	[sik'liʒmu]
wielrenner (de)	**ciclista** (m)	[sik'liʃtɐ]
verspringen (het)	**salto** (m) **em comprimento**	['saltu ẽ kõpri'mẽtu]
polsstokspringen (het)	**salto** (m) **à vara**	['saltu a 'varɐ]
verspringer (de)	**atleta** (m) **de saltos**	[ɐt'lɛtɐ də 'saltuʃ]

133. Soorten sporten. Diversen

Amerikaans voetbal (het)	**futebol** (m) **americano**	[futə'bɔl ɐməri'kɐnu]
badminton (het)	**badminton** (m)	[bad'mĩtɔn]
biatlon (de)	**biatlo** (m)	['bjatlu]
biljart (het)	**bilhar** (m)	[bi'ʎar]
bobsleeën (het)	**bobsled** (m)	['bɔbsled]
bodybuilding (de)	**musculação** (f)	[muʃkulɐ'sɐ̃u]
waterpolo (het)	**polo** (m) **aquático**	['pɔlu ɐku'atiku]
handbal (de)	**andebol** (m)	[ɐ̃də'bɔl]
golf (het)	**golfe** (m)	['golfə]
roeisport (de)	**remo** (m)	['ʀɛmu]
duiken (het)	**mergulho** (m)	[mər'guʎu]
langlaufen (het)	**corrida** (f) **de esqui**	[ku'ʀidɐ də ə'ʃki]
tafeltennis (het)	**ténis** (m) **de mesa**	['tɛniʃ də 'mezɐ]
zeilen (het)	**vela** (f)	['vɛlɐ]
rally (de)	**rali** (m)	[ʀɐ'li]
rugby (het)	**râguebi** (m)	['ʀɐgbi]
snowboarden (het)	**snowboard** (m)	[snou'bɔrd]
boogschieten (het)	**tiro** (m) **com arco**	['tiru kõ 'arku]

134. Fitnessruimte

lange halter (de)	**barra** (f)	['baʀɐ]
halters (mv.)	**halteres** (m pl)	[al'tɛrəʃ]

training machine (de)	**aparelho** (m) **de musculaçao**	[ɐpɐ'rɐʎu də muʃkulɐ'sɐu]
hometrainer (de)	**bicicleta** (f) **ergométrica**	[bisik'lɛtɐ ergu'mɛtrikɐ]
loopband (de)	**passadeira** (f) **de corrida**	[pɐsɐ'dɐjrɐ də ku'ʀidɐ]
rekstok (de)	**barra** (f) **fixa**	['baʀɐ 'fiksɐ]
brug (de) gelijke leggers	**barras** (f pl) **paralelas**	['baʀɐʃ pɐrɐ'lɛlɐʃ]
paardsprong (de)	**cavalo** (m)	[kɐ'valu]
mat (de)	**tapete** (m) **de ginástica**	[tɐ'petə də ʒi'naʃtikɐ]
springtouw (het)	**corda** (f) **de saltar**	['kɔrdɐ də sal'tar]
aerobics (de)	**aeróbica** (f)	[ɐɛ'rɔbikɐ]
yoga (de)	**ioga** (f)	['jɔgɐ]

135. Hockey

hockey (het)	**hóquei** (m)	['ɔkɐj]
hockeyspeler (de)	**jogador** (m) **de hóquei**	[ʒugɐ'dor də 'ɔkɐj]
hockey spelen	**jogar hóquei**	[ʒu'gar 'ɔkɐj]
ijs (het)	**gelo** (m)	['ʒelu]
puck (de)	**disco** (m)	['diʃku]
hockeystick (de)	**taco** (m) **de hóquei**	['taku də 'ɔkɐj]
schaatsen (mv.)	**patins** (m pl) **de gelo**	[pɐ'tĩʃ də 'ʒelu]
boarding (de)	**muro** (m)	['muru]
schot (het)	**tiro** (m)	['tiru]
doelman (de)	**guarda-redes** (m)	[gu'ardɐ 'ʀedəʃ]
goal (de)	**golo** (m)	['golu]
een goal scoren	**marcar um golo**	[mɐr'kar ũ 'golu]
periode (de)	**tempo** (m)	['tẽpu]
tweede periode (de)	**segundo tempo** (m)	[sə'gũdu 'tẽpu]
reservebank (de)	**banco** (m) **de reservas**	['bãku də ʀə'zɛrvɐʃ]

136. Voetbal

voetbal (het)	**futebol** (m)	[futə'bɔl]
voetballer (de)	**futebolista** (m)	[futəbu'liʃtɐ]
voetbal spelen	**jogar futebol**	[ʒu'gar futə'bɔl]
eredivisie (de)	**Liga Principal** (f)	['ligɐ prĩsi'pal]
voetbalclub (de)	**clube** (m) **de futebol**	['klubə də futə'bɔl]
trainer (de)	**treinador** (m)	[trɐjnɐ'dor]
eigenaar (de)	**proprietário** (m)	[pruprіɛ'tariu]
team (het)	**equipa** (f)	[e'kipɐ]
aanvoerder (de)	**capitão** (m) **da equipa**	[kɐpi'tãu dɐ e'kipɐ]
speler (de)	**jogador** (m)	[ʒugɐ'dor]
reservespeler (de)	**jogador** (m) **de reserva**	[ʒugɐ'dor də ʀə'zɛrvɐ]
aanvaller (de)	**atacante** (m)	[ɐtɐ'kãtə]
centrale aanvaller (de)	**avançado** (m) **centro**	[ɐvã'sadu 'sẽtru]

doelpuntmaker (de)	**marcador** (m)	[mɐɾkɐ'doɾ]
verdediger (de)	**defesa** (m)	[də'fezɐ]
middenvelder (de)	**médio** (m)	['mɛdiu]
match, wedstrijd (de)	**jogo** (m)	['ʒogu]
elkaar ontmoeten (ww)	**encontrar-se** (vr)	[ẽkõ'trarsə]
finale (de)	**final** (m)	[fi'nal]
halve finale (de)	**meia-final** (f)	['mɐjɐ fi'nal]
kampioenschap (het)	**campeonato** (m)	[kãpiu'natu]
helft (de)	**tempo** (m)	['tẽpu]
eerste helft (de)	**primeiro tempo** (m)	[pri'mɐjɾu 'tẽpu]
pauze (de)	**intervalo** (m)	[ĩtəɾ'valu]
doel (het)	**baliza** (f)	[bɐ'lizɐ]
doelman (de)	**guarda-redes** (m)	[gu'ardɐ 'ʀedəʃ]
doelpaal (de)	**trave** (f)	['travə]
lat (de)	**barra** (f) **transversal**	['baʀɐ trãzver'saw]
doelnet (het)	**rede** (f)	['ʀedə]
een goal incasseren	**sofrer um golo**	[su'frer ũ 'golu]
bal (de)	**bola** (f)	['bɔlɐ]
pass (de)	**passe** (m)	['pasə]
schot (het), schop (de)	**chute** (m)	['ʃutə]
schieten (de bal ~)	**chutar** (vt)	[ʃu'taɾ]
vrije schop (directe ~)	**tiro** (m) **livre**	['tiɾu 'livɾə]
hoekschop, corner (de)	**canto** (m)	['kãtu]
aanval (de)	**ataque** (m)	[ɐ'takə]
tegenaanval (de)	**contra-ataque** (m)	['kõtrɐ ɐ'takə]
combinatie (de)	**combinação** (f)	[kõbinɐ'sãu]
scheidsrechter (de)	**árbitro** (m)	['aɾbitɾu]
fluiten (ww)	**apitar** (vi)	[ɐpi'taɾ]
fluitsignaal (het)	**apito** (m)	[ɐ'pitu]
overtreding (de)	**falta** (f)	['faltɐ]
een overtreding maken	**cometer a falta**	[kumə'ter ɐ 'faltɐ]
uit het veld te sturen	**expulsar** (vt)	[əʃpu'lsaɾ]
gele kaart (de)	**cartão** (m) **amarelo**	[kɐɾ'tãu ɐmɐ'ɾɛlu]
rode kaart (de)	**cartão** (m) **vermelho**	[kɐɾ'tãu vəɾ'mɐʎu]
diskwalificatie (de)	**desqualificação** (f)	[dəʃkuɐlifikɐ'sãu]
diskwalificeren (ww)	**desqualificar** (vt)	[dəʃkuɐlifi'kaɾ]
strafschop, penalty (de)	**penálti** (m)	[pə'nalti]
muur (de)	**barreira** (f)	[bɐ'ʀɐjɾɐ]
scoren (ww)	**marcar** (vt)	[mɐɾ'kaɾ]
goal (de), doelpunt (het)	**golo** (m)	['golu]
een goal scoren	**marcar um golo**	[mɐɾ'kar ũ 'golu]
vervanging (de)	**substituição** (f)	[subʃtitui'sãu]
vervangen (ov.ww.)	**substituir** (vt)	[subʃtitu'iɾ]
regels (mv.)	**regras** (f pl)	['ʀɛgɾɐʃ]
tactiek (de)	**tática** (f)	['tatikɐ]
stadion (het)	**estádio** (m)	[ə'ʃtadiu]
tribune (de)	**bancadas** (f pl)	[bã'kadɐʃ]

fan, supporter (de)	**fã, adepto** (m)	[fã], [ɐ'dɛptu]
schreeuwen (ww)	**gritar** (vi)	[gri'tar]
scorebord (het)	**marcador** (m)	[mɐrkɐ'dor]
stand (~ is 3-1)	**resultado** (m)	[ʀəzul'tadu]
nederlaag (de)	**derrota** (f)	[də'ʀɔtɐ]
verliezen (ww)	**perder** (vt)	[pər'der]
gelijkspel (het)	**empate** (m)	[ẽ'patə]
in gelijk spel eindigen	**empatar** (vi)	[ẽpɐ'tar]
overwinning (de)	**vitória** (f)	[vi'tɔriɐ]
overwinnen (ww)	**ganhar, vencer** (vi, vt)	[ga'ɲar], [vẽ'ser]
kampioen (de)	**campeão** (m)	[kã'pjãu]
best (bn)	**melhor**	[mə'ʎɔr]
feliciteren (ww)	**felicitar** (vt)	[fəlisi'tar]
commentator (de)	**comentador** (m)	[kumẽtɐ'dor]
becommentariëren (ww)	**comentar** (vt)	[kumẽ'tar]
uitzending (de)	**transmissão** (f)	[trãʒmi'sãu]

137. Alpine skiën

ski's (mv.)	**esqui** (m)	[ə'ʃki]
skiën (ww)	**esquiar** (vi)	[əʃki'ar]
skigebied (het)	**estância** (f) **de esqui**	[ə'ʃtãsiɐ də ə'ʃki]
skilift (de)	**teleférico** (m)	[tələ'fɛriku]
skistokken (mv.)	**bastões** (m pl) **de esqui**	[bɐ'ʃtoɪʃ də ə'ʃki]
helling (de)	**declive** (m)	[dək'livə]
slalom (de)	**slalom** (m)	['slalom]

138. Tennis. Golf

golf (het)	**golfe** (m)	['golfə]
golfclub (de)	**clube** (m) **de golfe**	['klubə də 'golfə]
golfer (de)	**jogador** (m) **de golfe**	[ʒugɐ'dor də 'golfə]
hole (de)	**buraco** (m)	[bu'raku]
golfclub (de)	**taco** (m)	['taku]
trolley (de)	**trolley** (m)	['troli]
tennis (het)	**ténis** (m)	['tɛniʃ]
tennisveld (het)	**quadra** (f) **de ténis**	[ku'adrɐ də 'tɛniʃ]
opslag (de)	**saque** (m)	['sakə]
serveren, opslaan (ww)	**sacar** (vi)	[sɐ'kar]
racket (het)	**raquete** (f)	[ʀɐ'kɛtə]
net (het)	**rede** (f)	['ʀedə]
bal (de)	**bola** (f)	['bɔlɐ]

139. Schaken

schaak (het)	**xadrez** (m)	[ʃe'dreʃ]
schaakstukken (mv.)	**peças** (f pl)	['pɛseʃ]
schaker (de)	**xadrezista** (m)	[ʃedrə'ziʃte]
schaakbord (het)	**tabuleiro** (m) **de xadrez**	[tebu'lejru də ʃe'dreʃ]
schaakstuk (het)	**peça** (f)	['pɛse]
witte stukken (mv.)	**brancas** (f pl)	['brãkeʃ]
zwarte stukken (mv.)	**pretas** (f pl)	['preteʃ]
pion (de)	**peão** (m)	['pjãu]
loper (de)	**bispo** (m)	['biʃpu]
paard (het)	**cavalo** (m)	[ke'valu]
toren (de)	**torre** (f)	['toʀə]
dame, koningin (de)	**dama** (f)	['deme]
koning (de)	**rei** (m)	[ʀej]
zet (de)	**vez** (f)	[veʒ]
zetten (ww)	**mover** (vt)	[mu'ver]
opofferen (ww)	**sacrificar** (vt)	[sekrifi'kar]
rokade (de)	**roque** (m)	['ʀɔkə]
schaak (het)	**xeque** (m)	['ʃɛkə]
schaakmat (het)	**xeque-mate** (m)	['ʃɛkə 'matə]
schaakwedstrijd (de)	**torneio** (m) **de xadrez**	[tur'neju də ʃe'dreʃ]
grootmeester (de)	**grão-mestre** (m)	['grãu 'mɛʃtrə]
combinatie (de)	**combinação** (f)	[kõbine'sãu]
partij (de)	**partida** (f)	[per'tide]
dammen (de)	**jogo** (m) **de damas**	['ʒogu də 'demeʃ]

140. Boksen

boksen (het)	**boxe** (m)	['bɔksə]
boksgevecht (het)	**combate** (m)	[kõ'batə]
bokswedstrijd (de)	**duelo** (m)	[du'ɛlu]
ronde (de)	**round** (m)	['ʀaũd]
ring (de)	**ringue** (m)	['ʀĩgə]
gong (de)	**gongo** (m)	['gõgu]
stoot (de)	**murro, soco** (m)	['muʀu], ['soku]
knock-down (de)	**knockdown** (m)	['knɔkdɔun]
knock-out (de)	**nocaute** (m)	[nɔ'kautə]
knock-out slaan (ww)	**nocautear** (vt)	[nɔkau'tjar]
bokshandschoen (de)	**luva** (f) **de boxe**	['luve də 'bɔksə]
referee (de)	**árbitro** (m)	['arbitru]
lichtgewicht (het)	**peso-leve** (m)	['pezu 'lɛvə]
middengewicht (het)	**peso-médio** (m)	['pezu 'mɛdiu]
zwaargewicht (het)	**peso-pesado** (m)	['pezu pə'zadu]

141. Sporten. Diversen

Olympische Spelen (mv.)	**Jogos** (m pl) **Olímpicos**	['ʒɔguʃ ɔ'lĩpikuʃ]
winnaar (de)	**vencedor** (m)	[vẽsə'dor]
overwinnen (ww)	**vencer** (vi)	[vẽ'ser]
winnen (ww)	**vencer, ganhar** (vi)	[vẽ'ser], [ga'ɲar]
leider (de)	**líder** (m)	['lidɛr]
leiden (ww)	**liderar** (vt)	[lidə'rar]
eerste plaats (de)	**primeiro lugar** (m)	[pri'mɐjru lu'gar]
tweede plaats (de)	**segundo lugar** (m)	[sə'gũdu lu'gar]
derde plaats (de)	**terceiro lugar** (m)	[tər'sɐjru lu'gar]
medaille (de)	**medalha** (f)	[mə'daʎɐ]
trofee (de)	**troféu** (m)	[tru'fɛu]
beker (de)	**taça** (f)	['tasɐ]
prijs (de)	**prémio** (m)	['prɛmiu]
hoofdprijs (de)	**prémio** (m) **principal**	['prɛmiu prĩsi'pal]
record (het)	**recorde** (m)	[ʀə'kɔrdə]
een record breken	**estabelecer um recorde**	[əʃtɐbələ'ser ũ ʀə'kɔrdə]
finale (de)	**final** (m)	[fi'nal]
finale (bn)	**final**	[fi'nal]
kampioen (de)	**campeão** (m)	[kã'pjãu]
kampioenschap (het)	**campeonato** (m)	[kãpiu'natu]
stadion (het)	**estádio** (m)	[ə'ʃtadiu]
tribune (de)	**bancadas** (f pl)	[bã'kadɐʃ]
fan, supporter (de)	**fã, adepto** (m)	[fã], [ɐ'dɛptu]
tegenstander (de)	**adversário** (m)	[ɐdvər'sariu]
start (de)	**partida** (f)	[pɐr'tidɐ]
finish (de)	**chegada, meta** (f)	[ʃə'gadɐ], ['mɛtɐ]
nederlaag (de)	**derrota** (f)	[də'ʀɔtɐ]
verliezen (ww)	**perder** (vt)	[pər'der]
rechter (de)	**árbitro** (m)	['arbitru]
jury (de)	**júri** (m)	['ʒuri]
stand (~ is 3-1)	**resultado** (m)	[ʀəzul'tadu]
gelijkspel (het)	**empate** (m)	[ẽ'patə]
in gelijk spel eindigen	**empatar** (vi)	[ẽpɐ'tar]
punt (het)	**ponto** (m)	['põtu]
uitslag (de)	**resultado** (m) **final**	[ʀəzul'tadu fi'nal]
periode (de)	**tempo, período** (m)	['tẽpu pə'riwdu]
pauze (de)	**intervalo** (m)	[ĩtər'valu]
doping (de)	**doping** (m)	['dɔpĩg]
straffen (ww)	**penalizar** (vt)	[pənɐli'zar]
diskwalificeren (ww)	**desqualificar** (vt)	[dəʃkuɐlifi'kar]
toestel (het)	**aparelho** (m)	[ɐpɐ'rɐʎu]
speer (de)	**dardo** (m)	['dardu]

kogel (de)	**peso** (m)	['pezu]
bal (de)	**bola** (f)	['bɔlɐ]
doel (het)	**alvo** (m)	['alvu]
schietkaart (de)	**alvo** (m)	['alvu]
schieten (ww)	**atirar, disparar** (vi)	[ɐti'rar], [diʃpɐ'rar]
precies (bijv. precieze schot)	**preciso**	[prə'sizu]
trainer, coach (de)	**treinador** (m)	[trɐjnɐ'dor]
trainen (ww)	**treinar** (vt)	[trɐj'nar]
zich trainen (ww)	**treinar-se** (vr)	[trɐj'narsə]
training (de)	**treino** (m)	['trɐjnu]
gymnastiekzaal (de)	**ginásio** (m)	[ʒi'naziu]
oefening (de)	**exercício** (m)	[ezər'sisiu]
opwarming (de)	**aquecimento** (m)	[ɐkɛsi'mẽtu]

Onderwijs

142. School

school (de)	**escola** (f)	[ə'ʃkɔlɐ]
schooldirecteur (de)	**diretor** (m) **de escola**	[dirɛ'tor də ə'ʃkɔlɐ]
leerling (de)	**aluno** (m)	[ɐ'lunu]
leerlinge (de)	**aluna** (f)	[ɐ'lunɐ]
scholier (de)	**escolar** (m)	[əʃku'lar]
scholiere (de)	**escolar** (f)	[əʃku'lar]
leren (lesgeven)	**ensinar** (vt)	[ẽsi'nar]
studeren (bijv. een taal ~)	**aprender** (vt)	[ɐprẽ'der]
van buiten leren	**aprender de cor**	[ɐprẽ'der də kor]
leren (bijv. ~ tellen)	**estudar** (vi)	[əʃtu'dar]
in school zijn (schooljongen zijn)	**andar na escola**	[ãdar nɐ ə'ʃkɔlɐ]
naar school gaan	**ir à escola**	[ir a ə'ʃkɔlɐ]
alfabet (het)	**alfabeto** (m)	[alfɐ'bɛtu]
vak (schoolvak)	**disciplina** (f)	[diʃsi'plinɐ]
klaslokaal (het)	**sala** (f) **de aula**	['salɐ də 'aulɐ]
les (de)	**lição, aula** (f)	[li'sãu], ['aulɐ]
pauze (de)	**recreio** (m)	[ʀə'krɐju]
bel (de)	**toque** (m)	['tɔkə]
schooltafel (de)	**carteira** (f)	[kɐr'tɐjrɐ]
schoolbord (het)	**quadro** (m) **negro**	[ku'adru 'negru]
cijfer (het)	**nota** (f)	['nɔtɐ]
goed cijfer (het)	**boa nota** (f)	['boɐ 'nɔtɐ]
slecht cijfer (het)	**nota** (f) **baixa**	['nɔtɐ 'baɪʃɐ]
een cijfer geven	**dar uma nota**	[dar 'umɐ 'nɔtɐ]
fout (de)	**erro** (m)	['eʀu]
fouten maken	**fazer erros**	[fɐ'zer 'eʀuʃ]
corrigeren (fouten ~)	**corrigir** (vt)	[kuʀi'ʒir]
spiekbriefje (het)	**cábula** (f)	['kabulɐ]
huiswerk (het)	**dever** (m) **de casa**	[də'ver də 'kazɐ]
oefening (de)	**exercício** (m)	[ezər'sisiu]
aanwezig zijn (ww)	**estar presente**	[ə'ʃtar prə'zẽtə]
absent zijn (ww)	**estar ausente**	[ə'ʃtar au'zẽtə]
school verzuimen	**faltar às aulas**	[fal'tar aʃ 'aulɐʃ]
bestraffen (een stout kind ~)	**punir** (vt)	[pu'nir]
bestraffing (de)	**punição** (f)	[puni'sãu]

gedrag (het)	**comportamento** (m)	[kõpurtɐ'mẽtu]
cijferlijst (de)	**boletim** (m) **escolar**	[bulə'tĩ əʃku'lar]
potlood (het)	**lápis** (m)	['lapiʃ]
gom (de)	**borracha** (f)	[bu'ʀaʃɐ]
krijt (het)	**giz** (m)	[ʒiʃ]
pennendoos (de)	**estojo** (m)	[ə'ʃtoʒu]
boekentas (de)	**pasta** (f) **escolar**	['paʃtɐ əʃku'lar]
pen (de)	**caneta** (f)	[kɐ'netɐ]
schrift (de)	**caderno** (m)	[kɐ'dɛrnu]
leerboek (het)	**manual** (m)	[mɐnu'al]
passer (de)	**compasso** (m)	[kõ'pasu]
technisch tekenen (ww)	**traçar** (vt)	[trɐ'sar]
technische tekening (de)	**desenho** (m) **técnico**	[də'zɐɲu 'tɛkniku]
gedicht (het)	**poesia** (f)	[pue'ziɐ]
van buiten (bw)	**de cor**	[də kor]
van buiten leren	**aprender de cor**	[ɐprẽ'der də kor]
vakantie (de)	**férias** (f pl)	['fɛriɐʃ]
met vakantie zijn	**estar de férias**	[ə'ʃtar də 'fɛriɐʃ]
vakantie doorbrengen	**passar as férias**	[pɐ'sar ɐʃ 'fɛriɐʃ]
toets (schriftelijke ~)	**teste** (m)	['tɛʃtə]
opstel (het)	**composição, redação** (f)	[kõpuzi'sãu], [ʀəda'sãu]
dictee (het)	**ditado** (m)	[di'tadu]
examen (het)	**exame** (m)	[e'zɐmə]
examen afleggen	**fazer exame**	[fɐ'zer e'zɐmə]
experiment (het)	**experiência** (f)	[əʃpə'rjẽsiɐ]

143. Hogeschool. Universiteit

academie (de)	**academia** (f)	[ɐkɐdə'miɐ]
universiteit (de)	**universidade** (f)	[univərsi'dadə]
faculteit (de)	**faculdade** (f)	[fɐkul'dadə]
student (de)	**estudante** (m)	[əʃtu'dãtə]
studente (de)	**estudante** (f)	[əʃtu'dãtə]
leraar (de)	**professor** (m)	[prufə'sor]
collegezaal (de)	**sala** (f) **de palestras**	['salɐ də pɐ'lɛʃtrɐʃ]
afgestudeerde (de)	**graduado** (m)	[grɐdu'adu]
diploma (het)	**diploma** (m)	[dip'lomɐ]
dissertatie (de)	**tese** (f)	['tɛzə]
onderzoek (het)	**estudo** (m)	[ə'ʃtudu]
laboratorium (het)	**laboratório** (m)	[lɐburɐ'tɔriu]
college (het)	**palestra** (f)	[pɐ'lɛʃtrɐ]
medestudent (de)	**colega** (m) **de curso**	[ku'lɛgɐ də 'kursu]
studiebeurs (de)	**bolsa** (f) **de estudos**	['bolsɐ də ə'ʃtuduʃ]
academische graad (de)	**grau** (m) **académico**	['grau ɐkɐ'dɛmiku]

144. Wetenschappen. Disciplines

wiskunde (de)	**matemática** (f)	[mɐtə'matikɐ]
algebra (de)	**álgebra** (f)	['aɫʒəbrɐ]
meetkunde (de)	**geometria** (f)	[ʒiumə'triɐ]
astronomie (de)	**astronomia** (f)	[ɐʃtrunu'miɐ]
biologie (de)	**biologia** (f)	[biulu'ʒiɐ]
geografie (de)	**geografia** (f)	[ʒiugrɐ'fiɐ]
geologie (de)	**geologia** (f)	[ʒiulu'ʒiɐ]
geschiedenis (de)	**história** (f)	[i'ʃtɔriɐ]
geneeskunde (de)	**medicina** (f)	[mədi'sinɐ]
pedagogiek (de)	**pedagogia** (f)	[pədɐgu'ʒiɐ]
rechten (mv.)	**direito** (m)	[di'rɐjtu]
fysica, natuurkunde (de)	**física** (f)	['fizikɐ]
scheikunde (de)	**química** (f)	['kimikɐ]
filosofie (de)	**filosofia** (f)	[filuzu'fiɐ]
psychologie (de)	**psicologia** (f)	[psikulu'ʒiɐ]

145. Schrift. Spelling

grammatica (de)	**gramática** (f)	[grɐ'matikɐ]
vocabulaire (het)	**vocabulário** (m)	[vokabu'larju]
fonetiek (de)	**fonética** (f)	[fɔ'nɛtikɐ]
zelfstandig naamwoord (het)	**substantivo** (m)	[subʃtɐ̃'tivu]
bijvoeglijk naamwoord (het)	**adjetivo** (m)	[ɐdʒɛ'tivu]
werkwoord (het)	**verbo** (m)	['vɛrbu]
bijwoord (het)	**advérbio** (m)	[ɐd'vɛrbiu]
voornaamwoord (het)	**pronome** (m)	[pru'nomə]
tussenwerpsel (het)	**interjeição** (f)	[ĩtɛrʒɐj'sɐ̃u]
voorzetsel (het)	**preposição** (f)	[prəpuzi'sɐ̃u]
stam (de)	**raiz** (f)	[ʀɐ'iʃ]
achtervoegsel (het)	**terminação** (f)	[tərminɐ'sɐ̃u]
voorvoegsel (het)	**prefixo** (m)	[prə'fiksu]
lettergreep (de)	**sílaba** (f)	['silɐbɐ]
achtervoegsel (het)	**sufixo** (m)	[su'fiksu]
nadruk (de)	**acento** (m)	[ɐ'sẽtu]
afkappingsteken (het)	**apóstrofo** (m)	[ɐ'pɔʃtrɔfu]
punt (de)	**ponto** (m)	['põtu]
komma (de/het)	**vírgula** (f)	['virgulɐ]
puntkomma (de)	**ponto e vírgula** (m)	['põtu ə 'virgulɐ]
dubbelpunt (de)	**dois pontos** (m pl)	['doɪʃ 'põtuʃ]
beletselteken (het)	**reticências** (f pl)	[ʀəti'sẽsiɐʃ]
vraagteken (het)	**ponto** (m) **de interrogação**	['põtu də ĩtəʀugɐ'sɐ̃u]
uitroepteken (het)	**ponto** (m) **de exclamação**	['põtu də əʃklɐmɐ'sɐ̃u]

aanhalingstekens (mv.)	**aspas** (f pl)	['aʃpɐʃ]
tussen aanhalingstekens (bw)	**entre aspas**	[ẽtrə 'aʃpɐʃ]
haakjes (mv.)	**parênteses** (m pl)	[pɐ'rẽtəzəʃ]
tussen haakjes (bw)	**entre parênteses**	[ẽtrə pɐ'rẽtəzəʃ]
streepje (het)	**hífen** (m)	['ifɛn]
gedachtestreepje (het)	**travessão** (m)	[trɐvə'sãu]
spatie (~ tussen twee woorden)	**espaço** (m)	[ə'ʃpasu]
letter (de)	**letra** (f)	['letrɐ]
hoofdletter (de)	**letra** (f) **maiúscula**	['letrɐ mɐ'juʃkulɐ]
klinker (de)	**vogal** (f)	[vu'gal]
medeklinker (de)	**consoante** (f)	[kõsu'ãtə]
zin (de)	**frase** (f)	['frazə]
onderwerp (het)	**sujeito** (m)	[su'ʒɐjtu]
gezegde (het)	**predicado** (m)	[prədi'kadu]
regel (in een tekst)	**linha** (f)	['liɲɐ]
op een nieuwe regel (bw)	**em uma nova linha**	[ɛn 'umɐ 'nɔvɐ 'liɲɐ]
alinea (de)	**parágrafo** (m)	[pɐ'ragrɐfu]
woord (het)	**palavra** (f)	[pɐ'lavrɐ]
woordgroep (de)	**grupo** (m) **de palavras**	['grupu də pɐ'lavrɐʃ]
uitdrukking (de)	**expressão** (f)	[əʃprə'sãu]
synoniem (het)	**sinónimo** (m)	[si'nɔnimu]
antoniem (het)	**antónimo** (m)	[ã'tɔnimu]
regel (de)	**regra** (f)	['ʀɛgrɐ]
uitzondering (de)	**exceção** (f)	[əʃsɛ'sãu]
correct (bijv. ~e spelling)	**correto**	[ku'ʀɛtu]
vervoeging, conjugatie (de)	**conjugação** (f)	[kõʒugɐ'sãu]
verbuiging, declinatie (de)	**declinação** (f)	[dəklinɐ'sãu]
naamval (de)	**caso** (m)	['kazu]
vraag (de)	**pergunta** (f)	[pər'gũtɐ]
onderstrepen (ww)	**sublinhar** (vt)	[subli'ɲar]
stippellijn (de)	**linha** (f) **pontilhada**	['liɲɐ põti'ʎadɐ]

146. Vreemde talen

taal (de)	**língua** (f)	['lĩguɐ]
vreemd (bn)	**estrangeiro**	[əʃtrã'ʒɐjru]
vreemde taal (de)	**língua** (f) **estrangeira**	['lĩguɐ əʃtrã'ʒɐjrɐ]
leren (bijv. van buiten ~)	**estudar** (vt)	[əʃtu'dar]
studeren (Nederlands ~)	**aprender** (vt)	[ɐprẽ'der]
lezen (ww)	**ler** (vt)	[ler]
spreken (ww)	**falar** (vi)	[fɐ'lar]
begrijpen (ww)	**compreender** (vt)	[kõpriẽ'der]
schrijven (ww)	**escrever** (vt)	[əʃkrə'ver]
snel (bw)	**rapidamente**	[ʀapidɐ'mẽtə]

langzaam (bw)	**devagar**	[dəvɐ'gar]
vloeiend (bw)	**fluentemente**	[fluẽtə'mẽtə]
regels (mv.)	**regras** (f pl)	['ʀɛgrɐʃ]
grammatica (de)	**gramática** (f)	[grɐ'matikɐ]
vocabulaire (het)	**vocabulário** (m)	[vokabu'larju]
fonetiek (de)	**fonética** (f)	[fɔ'nɛtikɐ]
leerboek (het)	**manual** (m)	[mɐnu'al]
woordenboek (het)	**dicionário** (m)	[disiu'nariu]
leerboek (het) voor zelfstudie	**manual** (m) **de autoaprendizagem**	[mɐnu'al də 'autɔɐprẽdi'zaʒẽʲ]
taalgids (de)	**guia** (m) **de conversação**	['giɐ də kõvərsɐ'sãu]
cassette (de)	**cassete** (f)	[ka'sɛtə]
videocassette (de)	**vídeo cassete** (m)	['vidiu ka'sɛtə]
CD (de)	**CD, disco** (m) **compacto**	['sɛdɛ], ['diʃku kõ'paktu]
DVD (de)	**DVD** (m)	[dɛvɛ'dɛ]
alfabet (het)	**alfabeto** (m)	[alfɐ'bɛtu]
spellen (ww)	**soletrar** (vt)	[sulə'trar]
uitspraak (de)	**pronúncia** (f)	[pru'nũsiɐ]
accent (het)	**sotaque** (m)	[su'takə]
met een accent (bw)	**com sotaque**	[kõ su'takə]
zonder accent (bw)	**sem sotaque**	[sẽ su'takə]
woord (het)	**palavra** (f)	[pɐ'lavrɐ]
betekenis (de)	**sentido** (m)	[sẽ'tidu]
cursus (de)	**cursos** (m pl)	['kursuʃ]
zich inschrijven (ww)	**inscrever-se** (vr)	[ĩʃkrə'versə]
leraar (de)	**professor** (m)	[prufə'sor]
vertaling (een ~ maken)	**tradução** (f)	[trɐdu'sãu]
vertaling (tekst)	**tradução** (f)	[trɐdu'sãu]
vertaler (de)	**tradutor** (m)	[trɐdu'tor]
tolk (de)	**intérprete** (m)	[ĩ'tɛrprətə]
polyglot (de)	**poliglota** (m)	[pɔli'glɔtɐ]
geheugen (het)	**memória** (f)	[mə'mɔriɐ]

147. Sprookjesfiguren

Sinterklaas (de)	**Pai Natal** (m)	[paj nɐ'tal]
Assepoester (de)	**Cinderela** (f)	[sĩdə'rɛlɐ]
zeemeermin (de)	**sereia** (f)	[sə'rɐjɐ]
Neptunus (de)	**Neptuno** (m)	[nɛp'tunu]
magiër, tovenaar (de)	**mago** (m)	['magu]
goede heks (de)	**fada** (f)	['fadɐ]
magisch (bn)	**mágico**	['maʒiku]
toverstokje (het)	**varinha** (f) **mágica**	[vɐ'riɲɐ 'maʒikɐ]
sprookje (het)	**conto** (m) **de fadas**	['kõtu də 'fadɐʃ]

wonder (het)	**milagre** (m)	[mi'lagrə]
dwerg (de)	**anão** (m)	[ɐ'nãu]
veranderen in ... (anders worden)	**transformar-se em ...**	[trãʃfur'marsə ɛn]
geest (de)	**fantasma** (m)	[fã'taʒmɐ]
spook (het)	**espetro** (m)	[ə'ʃpɛtru]
monster (het)	**monstro** (m)	['mõʃtru]
draak (de)	**dragão** (m)	[drɐ'gãu]
reus (de)	**gigante** (m)	[ʒi'gãtə]

148. Dierenriem

Ram (de)	**Carneiro**	[kɐr'nɐjru]
Stier (de)	**Touro**	['toru]
Tweelingen (mv.)	**Gémeos**	['ʒɛmiuʃ]
Kreeft (de)	**Caranguejo**	[kɐrã'gɐʒu]
Leeuw (de)	**Leão**	[lj'ãu]
Maagd (de)	**Virgem** (f)	['virʒẽʲ]
Weegschaal (de)	**Balança**	[bɐ'lãsɐ]
Schorpioen (de)	**Escorpião**	[əʃkur'pjãu]
Boogschutter (de)	**Sagitário**	[sɐʒi'tariu]
Steenbok (de)	**Capricórnio**	[kɐpri'kɔrniu]
Waterman (de)	**Aquário**	[ɐku'ariu]
Vissen (mv.)	**Peixes**	['pɐɪʃəʃ]
karakter (het)	**caráter** (m)	[kɐ'ratɛr]
karaktertrekken (mv.)	**traços** (m pl) **do caráter**	['trasuʃ du kɐ'ratɛr]
gedrag (het)	**comportamento** (m)	[kõpurtɐ'mẽtu]
waarzeggen (ww)	**predizer** (vt)	[prədi'zer]
waarzegster (de)	**adivinha** (f)	[ɐdi'viɲɐ]
horoscoop (de)	**horóscopo** (m)	[ɔ'rɔʃkupu]

Kunst

149. Theater

theater (het)	**teatro** (m)	[tə'atru]
opera (de)	**ópera** (f)	['ɔpərɐ]
operette (de)	**opereta** (f)	[ɔpə'retɐ]
ballet (het)	**balé** (m)	[bɐ'lɛ]
affiche (de/het)	**cartaz** (m)	[kɐr'taʃ]
theatergezelschap (het)	**companhia** (f) **teatral**	[kõpɐ'ɲiɐ tiɐ'tral]
tournee (de)	**turné** (f), **digressão** (m)	[tur'nɛ], [digrə'sãu]
op tournee zijn	**estar em turné**	[ə'ʃtar ẽ tur'nɛ]
repeteren (ww)	**ensaiar** (vt)	[ẽsa'jar]
repetitie (de)	**ensaio** (m)	[ẽ'saju]
repertoire (het)	**repertório** (m)	[ʀəpər'tɔriu]
voorstelling (de)	**apresentação** (f)	[ɐprəzẽtɐ'sãu]
spektakel (het)	**espetáculo** (m)	[əʃpɛ'takulu]
toneelstuk (het)	**peça** (f)	['pɛsɐ]
biljet (het)	**bilhete** (m)	[bi'ʎetə]
kassa (de)	**bilheteira** (f)	[biʎə'tɐjrɐ]
foyer (de)	**hall** (m)	[ɔl]
garderobe (de)	**guarda-roupa** (m)	[guardɐ 'ʀopɐ]
garderobe nummer (het)	**senha** (f) **numerada**	['sɐɲɐ numə'radɐ]
verrekijker (de)	**binóculo** (m)	[bi'nɔkulu]
plaatsaanwijzer (de)	**lanterninha** (m)	[lãtər'niɲɐ]
parterre (de)	**plateia** (f)	[plɐ'tɐjɐ]
balkon (het)	**balcão** (m)	[bal'kãu]
gouden rang (de)	**primeiro balcão** (m)	[pri'mɐjru ba'lkãu]
loge (de)	**camarote** (m)	[kɐmɐ'rɔtə]
rij (de)	**fila** (f)	['filɐ]
plaats (de)	**assento** (m)	[ɐ'sẽtu]
publiek (het)	**público** (m)	['publiku]
kijker (de)	**espetador** (m)	[əʃpətɐ'dor]
klappen (ww)	**aplaudir** (vt)	[ɐplau'dir]
applaus (het)	**aplausos** (m pl)	[ɐp'lauzuʃ]
ovatie (de)	**ovação** (f)	[ɔvɐ'sãu]
toneel (op het ~ staan)	**palco** (m)	['palku]
gordijn, doek (het)	**pano** (m) **de boca**	['pɐnu də 'bokɐ]
toneeldecor (het)	**cenário** (m)	[sə'nariu]
backstage (de)	**bastidores** (m pl)	[bɐʃti'dorəʃ]
scène (de)	**cena** (f)	['senɐ]
bedrijf (het)	**ato** (m)	['atu]
pauze (de)	**entreato** (m)	[ẽ'trjatu]

150. Bioscoop

acteur (de)	**ator** (m)	[a'tor]
actrice (de)	**atriz** (f)	[ɐ'triʃ]
bioscoop (de)	**cinema** (m)	[si'nemɐ]
speelfilm (de)	**filme** (m)	['filmə]
aflevering (de)	**episódio** (m)	[epi'zɔdiu]
detectivefilm (de)	**filme** (m) **policial**	['filmə puli'sjal]
actiefilm (de)	**filme** (m) **de ação**	['filmə də a'sãu]
avonturenfilm (de)	**filme** (m) **de aventuras**	['filmə də ɐvẽ'turɐʃ]
sciencefictionfilm (de)	**filme** (m) **de ficção científica**	['filmə də fi'ksãu siẽ'tifikɐ]
griezelfilm (de)	**filme** (m) **de terror**	['filmə də te'ʀor]
komedie (de)	**comédia** (f)	[ku'mɛdiɐ]
melodrama (het)	**melodrama** (m)	[mɛlɔ'drɐmɐ]
drama (het)	**drama** (m)	['drɐmɐ]
speelfilm (de)	**filme** (m) **ficcional**	['filmə fiksiu'nal]
documentaire (de)	**documentário** (m)	[dukumẽ'tariu]
tekenfilm (de)	**desenho** (m) **animado**	[də'zɐɲu ɐni'madu]
stomme film (de)	**cinema** (m) **mudo**	[si'nemɐ 'mudu]
rol (de)	**papel** (m)	[pɐ'pɛl]
hoofdrol (de)	**papel** (m) **principal**	[pɐ'pɛl prĩsi'pal]
spelen (ww)	**representar** (vt)	[ʀəprəzẽ'tar]
filmster (de)	**estrela** (f) **de cinema**	[ə'ʃtrelɐ də si'nemɐ]
bekend (bn)	**conhecido**	[kuɲə'sidu]
beroemd (bn)	**famoso**	[fɐ'mozu]
populair (bn)	**popular**	[pupu'lar]
scenario (het)	**argumento** (m)	[ɐrgu'mẽtu]
scenarioschrijver (de)	**argumentista** (m)	[ɐrgumẽ'tiʃtɐ]
regisseur (de)	**realizador** (m)	[ʀiɐlizɐ'dor]
filmproducent (de)	**produtor** (m)	[prudu'tor]
assistent (de)	**assistente** (m)	[ɐsi'ʃtẽtə]
cameraman (de)	**diretor** (m) **de fotografia**	[dirɛ'tor də futugrɐ'fiɐ]
stuntman (de)	**duplo** (m)	['duplu]
stuntdubbel (de)	**duplo** (m)	['duplu]
een film maken	**filmar** (vt)	[fil'mar]
auditie (de)	**audição** (f)	[audi'sãu]
opnamen (mv.)	**filmagem** (f)	[fil'maʒẽʲ]
filmploeg (de)	**equipe** (f) **de filmagem**	[e'kipə də fil'maʒẽʲ]
filmset (de)	**set** (m) **de filmagem**	['sɛtə də fil'maʒẽʲ]
filmcamera (de)	**câmara** (f)	['kɐmɐrɐ]
bioscoop (de)	**cinema** (m)	[si'nemɐ]
scherm (het)	**ecrã** (m), **tela** (f)	[ɛ'krã], ['tɛlɐ]
een film vertonen	**exibir um filme**	[ezi'bir ũ 'filmə]
geluidsspoor (de)	**pista** (f) **sonora**	['piʃtɐ su'nɔrɐ]
speciale effecten (mv.)	**efeitos** (m pl) **especiais**	[e'fɐjtuʃ əʃpə'sjaɪʃ]

ondertiteling (de)	**legendas** (f pl)	[lə'ʒẽdɐʃ]
voortiteling, aftiteling (de)	**crédito** (m)	['krɛditu]
vertaling (de)	**tradução** (f)	[trɐdu'sãu]

151. Schilderij

kunst (de)	**arte** (f)	['artə]
schone kunsten (mv.)	**belas-artes** (f pl)	[bɛlɐ'zartəʃ]
kunstgalerie (de)	**galeria** (f) **de arte**	[gɐlə'riɐ də 'artə]
kunsttentoonstelling (de)	**exposição** (f) **de arte**	[əʃpuzi'sãu də 'artə]
schilderkunst (de)	**pintura** (f)	[pĩ'turɐ]
grafiek (de)	**arte** (f) **gráfica**	['artə 'grafikɐ]
abstracte kunst (de)	**arte** (f) **abstrata**	['artə ɐb'ʃtratɐ]
impressionisme (het)	**impressionismo** (m)	[ĩprəsiu'niʒmu]
schilderij (het)	**pintura** (f), **quadro** (m)	[pĩ'turɐ], [ku'adru]
tekening (de)	**desenho** (m)	[də'zɐɲu]
poster (de)	**cartaz, póster** (m)	[kɐr'taʃ], ['pɔʃtɛr]
illustratie (de)	**ilustração** (f)	[iluʃtrɐ'sãu]
miniatuur (de)	**miniatura** (f)	[miniɐ'turɐ]
kopie (de)	**cópia** (f)	['kɔpiɐ]
reproductie (de)	**reprodução** (f)	[ʀəprudu'sãu]
mozaïek (het)	**mosaico** (m)	[mu'zajku]
gebrandschilderd glas (het)	**vitral** (m)	[vi'tral]
fresco (het)	**fresco** (m)	['freʃku]
gravure (de)	**gravura** (f)	[grɐ'vurɐ]
buste (de)	**busto** (m)	['buʃtu]
beeldhouwwerk (het)	**escultura** (f)	[əʃkul'turɐ]
beeld (bronzen ~)	**estátua** (f)	[ə'ʃtatuɐ]
gips (het)	**gesso** (m)	['ʒesu]
gipsen (bn)	**em gesso**	[ẽ 'ʒesu]
portret (het)	**retrato** (m)	[ʀə'tratu]
zelfportret (het)	**autorretrato** (m)	[autɔʀə'tratu]
landschap (het)	**paisagem** (f)	[paj'zaʒẽʲ]
stilleven (het)	**natureza** (f) **morta**	[nɐtu'rezɐ 'mɔrtɐ]
karikatuur (de)	**caricatura** (f)	[kɐrikɐ'turɐ]
schets (de)	**esboço** (m)	[ə'ʒbosu]
verf (de)	**tinta** (f)	['tĩtɐ]
aquarel (de)	**aguarela** (f)	[aguɐ'rɛlɐ]
olieverf (de)	**óleo** (m)	['ɔliu]
potlood (het)	**lápis** (m)	['lapiʃ]
Oost-Indische inkt (de)	**tinta da China** (f)	[tĩtɐ dɐ 'ʃinɐ]
houtskool (de)	**carvão** (m)	[kɐr'vãu]
tekenen (met krijt)	**desenhar** (vt)	[dəzə'ɲar]
schilderen (ww)	**pintar** (vt)	[pĩ'tar]
poseren (ww)	**posar** (vi)	[po'zar]
naaktmodel (man)	**modelo** (m)	[mu'delu]

naaktmodel (vrouw)	**modelo** (f)	[mu'delu]
kunstenaar (de)	**pintor** (m)	[pĩ'tor]
kunstwerk (het)	**obra** (f)	['ɔbrɐ]
meesterwerk (het)	**obra-prima** (f)	['ɔbrɐ 'primɐ]
studio, werkruimte (de)	**estúdio** (m)	[ə'ʃtudiu]
schildersdoek (het)	**tela** (f)	['tɛlɐ]
schildersezel (de)	**cavalete** (m)	[kɐvɐ'letə]
palet (het)	**paleta** (f)	[pɐ'letɐ]
lijst (een vergulde ~)	**moldura** (f)	[mɔl'durɐ]
restauratie (de)	**restauração** (f)	[ʀəʃtaurɐ'sãu]
restaureren (ww)	**restaurar** (vt)	[ʀəʃtau'rar]

152. Literatuur & Poëzie

literatuur (de)	**literatura** (f)	[litərɐ'turɐ]
auteur (de)	**autor** (m)	[au'tor]
pseudoniem (het)	**pseudónimo** (m)	[pseu'dɔnimu]
boek (het)	**livro** (m)	['livru]
boekdeel (het)	**volume** (m)	[vu'lumə]
inhoudsopgave (de)	**índice** (m)	['ĩdisə]
pagina (de)	**página** (f)	['paʒinɐ]
hoofdpersoon (de)	**protagonista** (m)	[prutɐgu'niʃtɐ]
handtekening (de)	**autógrafo** (m)	[au'tɔgrɐfu]
verhaal (het)	**conto** (m)	['kõtu]
novelle (de)	**novela** (f)	[nu'vɛlɐ]
roman (de)	**romance** (m)	[ʀu'mãsə]
werk (literatuur)	**obra** (f)	['ɔbrɐ]
fabel (de)	**fábula** (m)	['fabulɐ]
detectiveroman (de)	**romance** (m) **policial**	[ʀu'mãsə puli'sjal]
gedicht (het)	**poesia** (f)	[pue'ziɐ]
poëzie (de)	**poesia** (f)	[pue'ziɐ]
epos (het)	**poema** (m)	[pu'emɐ]
dichter (de)	**poeta** (m)	[pu'ɛtɐ]
fictie (de)	**ficção** (f)	[fi'ksãu]
sciencefiction (de)	**ficção** (f) **científica**	[fi'ksãu siẽ'tifikɐ]
avonturenroman (de)	**aventuras** (f pl)	[ɐvẽ'turɐʃ]
opvoedkundige literatuur (de)	**literatura** (f) **didática**	[litərɐ'turɐ di'datikɐ]
kinderliteratuur (de)	**literatura** (f) **infantil**	[litərɐ'turɐ ĩfã'til]

153. Circus

circus (de/het)	**circo** (m)	['sirku]
chapiteau circus (de/het)	**circo** (m) **ambulante**	['sirku ãbu'lãtə]
programma (het)	**programa** (m)	[pru'gremɐ]
voorstelling (de)	**apresentação** (f)	[ɐprəzẽtɐ'sãu]
nummer (circus ~)	**número** (m)	['numəru]

arena (de)	**arena** (f)	[ɐ'renɐ]
pantomime (de)	**pantomima** (f)	[pãtu'mimɐ]
clown (de)	**palhaço** (m)	[pɐ'ʎasu]
acrobaat (de)	**acrobata** (m)	[ɐkru'batɐ]
acrobatiek (de)	**acrobacia** (f)	[ɐkrubɐ'siɐ]
gymnast (de)	**ginasta** (m)	[ʒi'naʃtɐ]
gymnastiek (de)	**ginástica** (f)	[ʒi'naʃtikɐ]
salto (de)	**salto** (m) **mortal**	['saltu mur'tal]
sterke man (de)	**homem forte** (m)	[ɔmɛj 'fɔrtə]
temmer (de)	**domador** (m)	[dumɐ'dor]
ruiter (de)	**cavaleiro** (m) **equilibrista**	[kɐvɐ'lɐjru ekili'briʃtɐ]
assistent (de)	**assistente** (m)	[ɐsi'ʃtẽtə]
stunt (de)	**truque** (m)	['trukə]
goocheltruc (de)	**truque** (m) **de mágica**	['trukə də 'maʒikɐ]
goochelaar (de)	**mágico** (m)	['maʒiku]
jongleur (de)	**malabarista** (m)	[mɐlɐbɐ'riʃtɐ]
jongleren (ww)	**fazer malabarismos**	[fɐ'zer mɐlɐbɐ'riʒmuʃ]
dierentrainer (de)	**domador** (m)	[dumɐ'dor]
dressuur (de)	**adestramento** (m)	[ɐdəʃtrɐ'mẽtu]
dresseren (ww)	**adestrar** (vt)	[ɐdə'ʃtrar]

154. Muziek. Popmuziek

muziek (de)	**música** (f)	['muzikɐ]
muzikant (de)	**músico** (m)	['muziku]
muziekinstrument (het)	**instrumento** (m) **musical**	[ĩʃtru'mẽtu muzi'kal]
spelen (bijv. gitaar ~)	**tocar ...**	[tu'kar]
gitaar (de)	**guitarra** (f)	[gi'taʀɐ]
viool (de)	**violino** (m)	[viu'linu]
cello (de)	**violoncelo** (m)	[viulõ'sɛlu]
contrabas (de)	**contrabaixo** (m)	[kõtrɐ'baɪʃu]
harp (de)	**harpa** (f)	['arpɐ]
piano (de)	**piano** (m)	['pjɐnu]
vleugel (de)	**piano** (m) **de cauda**	['pjɐnu də 'kaudɐ]
orgel (het)	**órgão** (m)	['ɔrgãu]
blaasinstrumenten (mv.)	**instrumentos** (m pl) **de sopro**	[ĩʃtru'mẽtuʃ də 'sopru]
hobo (de)	**oboé** (m)	[ɔbu'ɛ]
saxofoon (de)	**saxofone** (m)	[saksɔ'fɔnə]
klarinet (de)	**clarinete** (m)	[klɐri'netə]
fluit (de)	**flauta** (f)	['flautɐ]
trompet (de)	**trompete** (m)	[trõ'pɛtə]
accordeon (de/het)	**acordeão** (m)	[ɐkɔr'djãu]
trommel (de)	**tambor** (m)	[tã'bor]
duet (het)	**duo, dueto** (m)	['duu], [du'etu]
trio (het)	**trio** (m)	['triu]

kwartet (het)	**quarteto** (m)	[kuɐr'tetu]
koor (het)	**coro** (m)	['koru]
orkest (het)	**orquestra** (f)	[ɔr'kɛʃtrɐ]
popmuziek (de)	**música** (f) **pop**	['muzikɐ 'pɔpə]
rockmuziek (de)	**música** (f) **rock**	['muzikɐ 'ʀɔk]
rockgroep (de)	**grupo** (m) **de rock**	['grupu də 'ʀɔkə]
jazz (de)	**jazz** (m)	[ʒaz]
idool (het)	**ídolo** (m)	['idulu]
bewonderaar (de)	**fã, admirador** (m)	[fã], [ɐdmirɐ'dor]
concert (het)	**concerto** (m)	[kõ'sertu]
symfonie (de)	**sinfonia** (f)	[sĩfu'niɐ]
compositie (de)	**composição** (f)	[kõpuzi'sãu]
componeren (muziek ~)	**compor** (vt)	[kõ'por]
zang (de)	**canto** (m)	['kãtu]
lied (het)	**canção** (f)	[kã'sãu]
melodie (de)	**melodia** (f)	[məlu'diɐ]
ritme (het)	**ritmo** (m)	['ʀitmu]
blues (de)	**blues** (m)	['bluz]
bladmuziek (de)	**notas** (f pl)	['nɔtɐʃ]
dirigeerstok (baton)	**batuta** (f)	[bɐ'tutɐ]
strijkstok (de)	**arco** (m)	['arku]
snaar (de)	**corda** (f)	['kɔrdɐ]
koffer (de)	**estojo** (m)	[ə'ʃtoʒu]

Rusten. Entertainment. Reizen

155. Trip. Reizen

toerisme (het)	**turismo** (m)	[tu'riʒmu]
toerist (de)	**turista** (m)	[tu'riʃtɐ]
reis (de)	**viagem** (f)	['vjaʒẽʲ]
avontuur (het)	**aventura** (f)	[ɐvẽ'turɐ]
tocht (de)	**viagem** (f)	['vjaʒẽʲ]
vakantie (de)	**férias** (f pl)	['fɛriɐʃ]
met vakantie zijn	**estar de férias**	[ə'ʃtar də 'fɛriɐʃ]
rust (de)	**descanso** (m)	[də'ʃkãsu]
trein (de)	**comboio** (m)	[kõ'bɔju]
met de trein	**de comboio**	[də kõ'bɔju]
vliegtuig (het)	**avião** (m)	[ɐ'vjãu]
met het vliegtuig	**de avião**	[də ɐ'vjãu]
met de auto	**de carro**	[də 'kaʀu]
per schip (bw)	**de navio**	[də nɐ'viu]
bagage (de)	**bagagem** (f)	[bɐ'gaʒẽʲ]
valies (de)	**mala** (f)	['malɐ]
bagagekarretje (het)	**carrinho** (m)	[kɐ'ʀiɲu]
paspoort (het)	**passaporte** (m)	[pasɐ'pɔrtə]
visum (het)	**visto** (m)	['viʃtu]
kaartje (het)	**bilhete** (m)	[bi'ʎetə]
vliegticket (het)	**bilhete** (m) **de avião**	[bi'ʎetə də ɐ'vjãu]
reisgids (de)	**guia** (m) **de viagem**	['giɐ də vi'aʒẽʲ]
kaart (de)	**mapa** (m)	['mapɐ]
gebied (landelijk ~)	**local** (m), **area** (f)	[lu'kal], [ɐ'rɛɐ]
plaats (de)	**lugar, sítio** (m)	[lu'gar], ['sitiu]
exotische bestemming (de)	**exotismo** (m)	[ezu'tiʒmu]
exotisch (bn)	**exótico**	[e'zɔtiku]
verwonderlijk (bn)	**surpreendente**	[surpriẽ'dẽtə]
groep (de)	**grupo** (m)	['grupu]
rondleiding (de)	**excursão** (f)	[əʃkur'sãu]
gids (de)	**guia** (m)	['giɐ]

156. Hotel

hotel (het)	**hotel** (m)	[ɔ'tɛl]
motel (het)	**motel** (m)	[mu'tɛl]
3-sterren	**três estrelas**	['treʃ ɐ'ʃtrelɐʃ]

5-sterren	**cinco estrelas**	['sĩku ə'ʃtrelɐʃ]
overnachten (ww)	**ficar** (vi, vt)	[fi'kar]
kamer (de)	**quarto** (m)	[ku'artu]
eenpersoonskamer (de)	**quarto** (m) **individual**	[ku'artu ĩdividu'al]
tweepersoonskamer (de)	**quarto** (m) **duplo**	[ku'artu 'duplu]
een kamer reserveren	**reservar um quarto**	[ʀəzər'var ũ ku'artu]
halfpension (het)	**meia pensão** (f)	['mɐjɐ pẽ'sãu]
volpension (het)	**pensão** (f) **completa**	[pẽ'sãu kõ'plɛtɐ]
met badkamer	**com banheira**	[kõ bɐ'ɲɐjrɐ]
met douche	**com duche**	[kõ 'duʃə]
satelliet-tv (de)	**televisão** (m) **satélite**	[təlevi'zãu sɐ'tɛlitə]
airconditioner (de)	**ar** (m) **condicionado**	[ar kõdisiu'nadu]
handdoek (de)	**toalha** (f)	[tu'aʎɐ]
sleutel (de)	**chave** (f)	['ʃavə]
administrateur (de)	**administrador** (m)	[ɐdminiʃtrɐ'dor]
kamermeisje (het)	**camareira** (f)	[kɐmɐ'rɐjrɐ]
piccolo (de)	**bagageiro** (m)	[bɐgɐ'ʒɐjru]
portier (de)	**porteiro** (m)	[pur'tɐjru]
restaurant (het)	**restaurante** (m)	[ʀəʃtau'rãtə]
bar (de)	**bar** (m)	[bar]
ontbijt (het)	**pequeno-almoço** (m)	[pə'kenu al'mosu]
avondeten (het)	**jantar** (m)	[ʒã'tar]
buffet (het)	**buffet** (m)	[bu'fe]
hal (de)	**hall** (m) **de entrada**	[ɔl də ẽ'tradɐ]
lift (de)	**elevador** (m)	[eləvɐ'dor]
NIET STOREN	**NÃO PERTURBE**	['nãu pər'turbə]
VERBODEN TE ROKEN!	**PROIBIDO FUMAR!**	[prui'bidu fu'mar]

157. Boeken. Lezen

boek (het)	**livro** (m)	['livru]
auteur (de)	**autor** (m)	[au'tor]
schrijver (de)	**escritor** (m)	[əʃkri'tor]
schrijven (een boek)	**escrever** (vt)	[əʃkrə'ver]
lezer (de)	**leitor** (m)	[ləj'tor]
lezen (ww)	**ler** (vt)	[ler]
lezen (het)	**leitura** (f)	[lɐj'turɐ]
stil (~ lezen)	**para si**	['pɐrɐ si]
hardop (~ lezen)	**em voz alta**	[ẽ vɔʒ 'altɐ]
uitgeven (boek ~)	**publicar** (vt)	[publi'kar]
uitgeven (het)	**publicação** (f)	[publikɐ'sãu]
uitgever (de)	**editor** (m)	[edi'tor]
uitgeverij (de)	**editora** (f)	[edi'torɐ]
verschijnen (bijv. boek)	**sair** (vi)	[sɐ'ir]

verschijnen (het)	**lançamento** (m)	[lɐ̃sɐ'mẽtu]
oplage (de)	**tiragem** (f)	[ti'raʒẽʲ]
boekhandel (de)	**livraria** (f)	[livrɐ'riɐ]
bibliotheek (de)	**biblioteca** (f)	[bibliu'tɛkɐ]
novelle (de)	**novela** (f)	[nu'vɛlɐ]
verhaal (het)	**conto** (m)	['kõtu]
roman (de)	**romance** (m)	[ʀu'mɐ̃sə]
detectiveroman (de)	**romance** (m) **policial**	[ʀu'mɐ̃sə puli'sjal]
memoires (mv.)	**memórias** (f pl)	[mə'mɔriɐʃ]
legende (de)	**lenda** (f)	['lẽdɐ]
mythe (de)	**mito** (m)	['mitu]
gedichten (mv.)	**poesia** (f)	[pue'ziɐ]
autobiografie (de)	**autobiografia** (f)	[autɔbiugrɐ'fiɐ]
bloemlezing (de)	**obras** (f pl) **escolhidas**	['ɔbrɐʃ əʃku'ʎidɐʃ]
sciencefiction (de)	**ficção** (f) **científica**	[fi'ksɐ̃u siẽ'tifikɐ]
naam (de)	**título** (m)	['titulu]
inleiding (de)	**introdução** (f)	[ĩtrudu'sɐ̃u]
voorblad (het)	**folha** (f) **de rosto**	['foʎɐ də 'ʀoʃtu]
hoofdstuk (het)	**capítulo** (m)	[kɐ'pitulu]
fragment (het)	**excerto** (m)	[ə'ʃsertu]
episode (de)	**episódio** (m)	[epi'zɔdiu]
intrige (de)	**tema** (m)	['temɐ]
inhoud (de)	**conteúdo** (m)	[kõ'tjudu]
inhoudsopgave (de)	**índice** (m)	['ĩdisə]
hoofdpersonage (het)	**protagonista** (m)	[prutɐgu'niʃtɐ]
boekdeel (het)	**tomo, volume** (m)	['tomu], [vu'lumə]
omslag (de/het)	**capa** (f)	['kapɐ]
boekband (de)	**encadernação** (f)	[ẽkɐdərnɐ'sɐ̃u]
bladwijzer (de)	**marcador** (m)	[mɐrkɐ'dor]
pagina (de)	**página** (f)	['paʒinɐ]
bladeren (ww)	**folhear** (vt)	[fuʎe'ar]
marges (mv.)	**margem** (f)	['marʒẽʲ]
annotatie (de)	**anotação** (f)	[ɐnutɐ'sɐ̃u]
opmerking (de)	**nota** (f) **de rodapé**	['nɔtɐ də ʀɔdɐ'pɛ]
tekst (de)	**texto** (m)	['tɛʃtu]
lettertype (het)	**fonte** (f)	['fõtə]
drukfout (de)	**gralha** (f)	['graʎɐ]
vertaling (de)	**tradução** (f)	[trɐdu'sɐ̃u]
vertalen (ww)	**traduzir** (vt)	[trɐdu'zir]
origineel (het)	**original** (m)	[ɔriʒi'nal]
beroemd (bn)	**famoso**	[fɐ'mozu]
onbekend (bn)	**desconhecido**	[dəʃkuɲə'sidu]
interessant (bn)	**interessante**	[ĩtərə'sɐ̃tə]
bestseller (de)	**best-seller** (m)	[bɛst'sɛlɐr]

woordenboek (het)	**dicionário** (m)	[disiu'nariu]
leerboek (het)	**manual** (m)	[mɐnu'al]
encyclopedie (de)	**enciclopédia** (f)	[ẽsiklu'pɛdiɐ]

158. Jacht. Vissen

jacht (de)	**caça** (f)	['kasɐ]
jagen (ww)	**caçar** (vi)	[kɐ'sar]
jager (de)	**caçador** (m)	[kɐsɐ'dor]
schieten (ww)	**atirar** (vi)	[ɐti'rar]
geweer (het)	**caçadeira** (f)	[kɐsɐ'dɐjrɐ]
patroon (de)	**cartucho** (m)	[kɐr'tuʃu]
hagel (de)	**chumbo** (m) **de caça**	['ʃũbu də 'kasɐ]
val (de)	**armadilha** (f)	[ɐrmɐ'diʎɐ]
valstrik (de)	**armadilha** (f)	[ɐrmɐ'diʎɐ]
in de val trappen	**cair na armadilha**	[kɐ'ir nɐ ɐrmɐ'diʎɐ]
een val zetten	**pôr a armadilha**	['por ɐ ɐrmɐ'diʎɐ]
stroper (de)	**caçador** (m) **furtivo**	[kɐsɐ'dor fur'tivu]
wild (het)	**caça** (f)	['kasɐ]
jachthond (de)	**cão** (m) **de caça**	['kãu də 'kasɐ]
safari (de)	**safári** (m)	[sa'fari]
opgezet dier (het)	**animal** (m) **empalhado**	[ɐni'mal ẽpɐ'ʎadu]
visser (de)	**pescador** (m)	[pəʃkɐ'dor]
visvangst (de)	**pesca** (f)	['pɛʃkɐ]
vissen (ww)	**pescar** (vt)	[pə'ʃkar]
hengel (de)	**cana** (f) **de pesca**	['kɐnɐ də 'pɛʃkɐ]
vislijn (de)	**linha** (f) **de pesca**	['liɲɐ də 'pɛʃkɐ]
haak (de)	**anzol** (m)	[ã'zɔl]
dobber (de)	**boia** (f), **flutuador** (m)	['bɔjɐ], [flutuɐ'dor]
aas (het)	**isca** (f)	['iʃkɐ]
de hengel uitwerpen	**lançar a linha**	[lã'sar ɐ 'liɲɐ]
bijten (ov. de vissen)	**morder** (vt)	[mur'der]
vangst (de)	**pesca** (f)	['pɛʃkɐ]
wak (het)	**buraco** (m) **no gelo**	[bu'raku nu 'ʒelu]
net (het)	**rede** (f)	['ʀedə]
boot (de)	**barco** (m)	['barku]
vissen met netten	**pescar com rede**	[pə'ʃkar kõ 'ʀedə]
het net uitwerpen	**lançar a rede**	[lã'sar ɐ 'ʀedə]
het net binnenhalen	**puxar a rede**	[pu'ʃar ɐ 'ʀedə]
in het net vallen	**cair nas malhas**	[kɐ'ir nɐʃ 'maʎɐʃ]
walvisvangst (de)	**baleeiro** (m)	[bɐle'ɐjru]
walvisvaarder (de)	**baleeira** (f)	[bɐle'ɐjrɐ]
harpoen (de)	**arpão** (m)	[ɐr'pãu]

159. Spellen. Biljart

biljart (het)	**bilhar** (m)	[bi'ʎar]
biljartzaal (de)	**sala** (f) **de bilhar**	['salɐ də bi'ʎar]
biljartbal (de)	**bola** (f) **de bilhar**	['bɔlɐ də bi'ʎar]
een bal in het gat jagen	**embolsar uma bola**	[ẽbɔ'lsar 'umɐ 'bɔlɐ]
keu (de)	**taco** (m)	['taku]
gat (het)	**caçapa** (f)	[kɐ'sapɐ]

160. Spellen. Speelkaarten

ruiten (mv.)	**ouros** (m pl)	['oruʃ]
schoppen (mv.)	**espadas** (f pl)	[ə'ʃpadɐʃ]
klaveren (mv.)	**copas** (f pl)	['kɔpɐʃ]
harten (mv.)	**paus** (m pl)	['pauʃ]
aas (de)	**ás** (m)	[aʃ]
koning (de)	**rei** (m)	[ʀɐj]
dame (de)	**dama** (f)	['dɐmɐ]
boer (de)	**valete** (m)	[vɐ'letə]
speelkaart (de)	**carta** (f) **de jogar**	['kartɐ də ʒu'gar]
kaarten (mv.)	**cartas** (f pl)	['kartɐʃ]
troef (de)	**trunfo** (m)	['trũfu]
pak (het) kaarten	**baralho** (m)	[bɐ'raʎu]
punt (bijv. vijftig ~en)	**ponto** (m)	['põtu]
uitdelen (kaarten ~)	**dar, distribuir** (vt)	[dar], [diʃtribu'ir]
schudden (de kaarten ~)	**embaralhar** (vt)	[ẽbɐrɐ'ʎar]
beurt (de)	**vez, jogada** (f)	[veʒ], [ʒu'gadɐ]
valsspeler (de)	**batoteiro** (m)	[bɐtu'tɐjru]

161. Casino. Roulette

casino (het)	**casino** (m)	[kɐ'zinu]
roulette (de)	**roleta** (f)	[ʀu'letɐ]
inzet (de)	**aposta** (f)	[ɐ'pɔʃtɐ]
een bod doen	**apostar** (vt)	[ɐpu'ʃtar]
rood (de)	**vermelho** (m)	[vər'mɐʎu]
zwart (de)	**preto** (m)	['pretu]
inzetten op rood	**apostar no vermelho**	[ɐpu'ʃtar nu vər'mɐʎu]
inzetten op zwart	**apostar no preto**	[ɐpu'ʃtar nu 'pretu]
croupier (de)	**crupiê** (m, f)	[kru'pje]
spelregels (mv.)	**regras** (f pl) **do jogo**	['ʀɛgrɐʃ du 'ʒogu]
fiche (pokerfiche, etc.)	**ficha** (f)	['fiʃɐ]
winnen (ww)	**ganhar** (vi, vt)	[ga'ɲar]
winst (de)	**ganho** (m)	['gaɲu]

verliezen (ww)	**perder** (vt)	[pər'der]
verlies (het)	**perda** (f)	['perdɐ]
speler (de)	**jogador** (m)	[ʒugɐ'dor]
blackjack (kaartspel)	**blackjack** (m)	[blɐk'ʒɐk]
dobbelspel (het)	**jogo** (m) **de dados**	['ʒogu də 'daduʃ]
dobbelstenen (mv.)	**dados** (m pl)	['daduʃ]
speelautomaat (de)	**máquina** (f) **de jogo**	['makinɐ də 'ʒogu]

162. Rusten. Spellen. Diversen

wandelen (on.ww.)	**passear** (vi)	[pɐ'sjar]
wandeling (de)	**passeio** (m)	[pɐ'sɐju]
trip (per auto)	**viagem** (f) **de carro**	['vjaʒẽʲ də 'kaʀu]
avontuur (het)	**aventura** (f)	[ɐvẽ'turɐ]
picknick (de)	**piquenique** (m)	[pikə'nikə]
spel (het)	**jogo** (m)	['ʒogu]
speler (de)	**jogador** (m)	[ʒugɐ'dor]
partij (de)	**partida** (f)	[pɐr'tidɐ]
collectioneur (de)	**colecionador** (m)	[kulɛsiunɐ'dor]
collectioneren (ww)	**colecionar** (vt)	[kulɛsiu'nar]
collectie (de)	**coleção** (f)	[kulɛ'sãu]
kruiswoordraadsel (het)	**palavras** (f pl) **cruzadas**	[pɐ'lavrɐʃ kru'zadɐʃ]
hippodroom (de)	**hipódromo** (m)	[i'pɔdrumu]
discotheek (de)	**discoteca** (f)	[diʃku'tɛkɐ]
sauna (de)	**sauna** (f)	['sɐunɐ]
loterij (de)	**lotaria** (f)	[lutɐ'riɐ]
trektocht (kampeertocht)	**campismo** (m)	[kã'piʒmu]
kamp (het)	**acampamento** (m)	[ɐkãpɐ'mẽtu]
tent (de)	**tenda** (f)	['tẽdɐ]
kompas (het)	**bússola** (f)	['busulɐ]
rugzaktoerist (de)	**campista** (m)	[kã'piʃtɐ]
bekijken (een film ~)	**ver** (vt), **assistir à ...**	[ver], [ɐsi'ʃtir a]
kijker (televisie~)	**telespectador** (m)	[tɛlɛʃpɛktɐ'dor]
televisie-uitzending (de)	**programa** (m) **de TV**	[pru'grɐmɐ də tɛ'vɛ]

163. Fotografie

fotocamera (de)	**máquina** (f) **fotográfica**	['makinɐ futu'grafikɐ]
foto (de)	**foto, fotografia** (f)	['fɔtu], [futugrɐ'fiɐ]
fotograaf (de)	**fotógrafo** (m)	[fu'tɔgrɐfu]
fotostudio (de)	**estúdio** (m) **fotográfico**	[ə'ʃtudiu futu'grafiku]
fotoalbum (het)	**álbum** (m) **de fotografias**	['albũ də futugrɐ'fiɐʃ]
lens (de), objectief (het)	**objetiva** (f)	[ɔbʒɛ'tivɐ]
telelens (de)	**teleobjetiva** (f)	[tɛlɛɔbʒɛ'tivɐ]

filter (de/het)	**filtro** (m)	['filtru]
lens (de)	**lente** (f)	['lẽtə]
optiek (de)	**ótica** (f)	['ɔtikɐ]
diafragma (het)	**abertura** (f)	[ɐbər'turɐ]
belichtingstijd (de)	**exposição** (f)	[əʃpuzi'sãu]
zoeker (de)	**visor** (m)	[vi'zor]
digitale camera (de)	**câmara** (f) **digital**	['kɐmɐrɐ diʒi'tal]
statief (het)	**tripé** (m)	[tri'pɛ]
flits (de)	**flash** (m)	[flaʃ]
fotograferen (ww)	**fotografar** (vt)	[futugrɐ'far]
foto's maken	**tirar fotos**	[ti'rar 'fɔtuʃ]
zich laten fotograferen	**fotografar-se**	[futugrɐ'farsə]
focus (de)	**foco** (m)	['fɔku]
scherpstellen (ww)	**focar** (vt)	[fu'kar]
scherp (bn)	**nítido**	['nitidu]
scherpte (de)	**nitidez** (f)	[niti'deʃ]
contrast (het)	**contraste** (m)	[kõ'traʃtə]
contrastrijk (bn)	**contrastante**	[kõtrɐ'ʃtãtə]
kiekje (het)	**retrato** (m)	[ʀə'tratu]
negatief (het)	**negativo** (m)	[nəgɐ'tivu]
filmpje (het)	**filme** (m)	['filmə]
beeld (frame)	**fotograma** (m)	[futu'grɐmɐ]
afdrukken (foto's ~)	**imprimir** (vt)	[ĩpri'mir]

164. Strand. Zwemmen

strand (het)	**praia** (f)	['prajɐ]
zand (het)	**areia** (f)	[ɐ'rɐjɐ]
leeg (~ strand)	**deserto**	[də'zɛrtu]
bruine kleur (de)	**bronzeado** (m)	[brõ'zjadu]
zonnebaden (ww)	**bronzear-se** (vr)	[brõ'zjarsə]
gebruind (bn)	**bronzeado**	[brõ'zjadu]
zonnecrème (de)	**protetor** (m) **solar**	[prutɛ'tor su'lar]
bikini (de)	**biquíni** (m)	[bi'kini]
badpak (het)	**fato** (m) **de banho**	['fatu də 'bɐɲu]
zwembroek (de)	**calção** (m) **de banho**	[kal'sãu də 'bɐɲu]
zwembad (het)	**piscina** (f)	[pi'ʃsinɐ]
zwemmen (ww)	**nadar** (vi)	[nɐ'dar]
douche (de)	**duche** (m)	['duʃə]
zich omkleden (ww)	**mudar de roupa**	[mudar də 'ʀopɐ]
handdoek (de)	**toalha** (f)	[tu'aʎɐ]
boot (de)	**barco** (m)	['barku]
motorboot (de)	**lancha** (f)	['lãʃɐ]
waterski's (mv.)	**esqui** (m) **aquático**	[ə'ʃki ɐku'atiku]

waterfiets (de)	**barco** (m) **de pedais**	['barku də pə'daɪʃ]
surfen (het)	**surf, surfe** (m)	['surfə]
surfer (de)	**surfista** (m)	[sur'fiʃtɐ]
scuba, aqualong (de)	**equipamento** (m) **de mergulho**	[ekipɐ'mẽtu də mər'guʎu]
zwemvliezen (mv.)	**barbatanas** (f pl)	[bɐrbɐ'tɐnɐʃ]
duikmasker (het)	**máscara** (f)	['maʃkɐrɐ]
duiker (de)	**mergulhador** (m)	[mərguʎɐ'dor]
duiken (ww)	**mergulhar** (vi)	[mərgu'ʎar]
onder water (bw)	**debaixo d'água**	[də'baɪʃu 'daguɐ]
parasol (de)	**guarda-sol** (m)	[gu'ardɐ 'sɔl]
ligstoel (de)	**espreguiçadeira** (f)	[əʃprəgisɐ'dɐjrɐ]
zonnebril (de)	**óculos** (m pl) **de sol**	['ɔkuluʃ də 'sɔl]
luchtmatras (de/het)	**colchão** (m) **de ar**	[kɔ'lʃãu də 'ar]
spelen (ww)	**brincar** (vi)	[brĩ'kar]
gaan zwemmen (ww)	**ir nadar**	[ir nɐ'dar]
bal (de)	**bola** (f) **de praia**	['bɔlɐ də 'prajɐ]
opblazen (oppompen)	**encher** (vt)	[ẽ'ʃer]
lucht-, opblaasbare (bn)	**inflável, de ar**	[ĩ'flavɛl], [də 'ar]
golf (hoge ~)	**onda** (f)	['õdɐ]
boei (de)	**boia** (f)	['bɔjɐ]
verdrinken (ww)	**afogar-se** (vr)	[ɐfu'garsə]
redden (ww)	**salvar** (vt)	[sa'lvar]
reddingsvest (de)	**colete** (m) **salva-vidas**	[ku'letə 'salvɐ 'vidɐʃ]
waarnemen (ww)	**observar** (vt)	[ɔbsər'var]
redder (de)	**nadador-salvador** (m)	[nɐdɐ'dor salvɐ'dor]

TECHNISCHE APPARATUUR. VERVOER

Technische apparatuur

165. Computer

computer (de)	**computador** (m)	[kõpute'dor]
laptop (de)	**portátil** (m)	[pur'tatil]
aanzetten (ww)	**ligar** (vt)	[li'gar]
uitzetten (ww)	**desligar** (vt)	[dəʒli'gar]
toetsenbord (het)	**teclado** (m)	[tɛk'ladu]
toets (enter~)	**tecla** (f)	['tɛklɐ]
muis (de)	**rato** (m)	['ʀatu]
muismat (de)	**tapete** (m) **de rato**	[tɐ'petə də 'ʀatu]
knopje (het)	**botão** (m)	[bu'tãu]
cursor (de)	**cursor** (m)	[kur'sor]
monitor (de)	**monitor** (m)	[muni'tor]
scherm (het)	**ecrã** (m)	[ɛ'krã]
harde schijf (de)	**disco** (m) **rígido**	['diʃku 'ʀiʒidu]
volume (het) van de harde schijf	**capacidade** (f) **do disco rígido**	[kɐpɐsi'dadə du 'diʃku 'ʀiʒidu]
geheugen (het)	**memória** (f)	[mə'mɔriɐ]
RAM-geheugen (het)	**memória RAM** (f)	[mə'mɔriɐ ʀam]
bestand (het)	**ficheiro** (m)	[fi'ʃejru]
folder (de)	**pasta** (f)	['paʃtɐ]
openen (ww)	**abrir** (vt)	[ɐ'brir]
sluiten (ww)	**fechar** (vt)	[fə'ʃar]
opslaan (ww)	**guardar** (vt)	[guɐr'dar]
verwijderen (wissen)	**apagar, eliminar** (vt)	[ɐpɐ'gar], [elimi'nar]
kopiëren (ww)	**copiar** (vt)	[ku'pjar]
sorteren (ww)	**ordenar** (vt)	[ɔrdə'nar]
overplaatsen (ww)	**copiar** (vt)	[ku'pjar]
programma (het)	**programa** (m)	[pru'gremɐ]
software (de)	**software** (m)	['sɔftuɛr]
programmeur (de)	**programador** (m)	[prugremɐ'dor]
programmeren (ww)	**programar** (vt)	[prugrɐ'mar]
hacker (computerkraker)	**hacker** (m)	['akɛr]
wachtwoord (het)	**senha** (f)	['sɐɲɐ]
virus (het)	**vírus** (m)	['viruʃ]
ontdekken (virus ~)	**detetar** (vt)	[dətɛ'tar]

byte (de)	**byte** (m)	['bajtə]
megabyte (de)	**megabyte** (m)	[mɛgɐ'bajtə]
data (de)	**dados** (m pl)	['daduʃ]
databank (de)	**base** (f) **de dados**	['bazə də 'daduʃ]
kabel (USB-~, enz.)	**cabo** (m)	['kabu]
afsluiten (ww)	**desconectar** (vt)	[dəʃkunɛ'tar]
aansluiten op (ww)	**conetar** (vt)	[kunɛ'tar]

166. Internet. E-mail

internet (het)	**internet** (f)	[ĩtɛr'nɛtə]
browser (de)	**browser** (m)	['brauzɐr]
zoekmachine (de)	**motor** (m) **de busca**	[mu'tor də 'buʃkɐ]
internetprovider (de)	**provedor** (m)	[pruvə'dor]
webmaster (de)	**webmaster** (m)	[wɛb'mastɛr]
website (de)	**website, sítio web** (m)	[wɛb'sajt], ['sitiu wɛb]
webpagina (de)	**página** (f) **web**	['paʒinɐ wɛb]
adres (het)	**endereço** (m)	[ẽdə'resu]
adresboek (het)	**livro** (m) **de endereços**	['livru də ẽdə'resuʃ]
postvak (het)	**caixa** (f) **de correio**	['kaɪʃɐ də ku'ʀɐju]
post (de)	**correio** (m)	[ku'ʀɐju]
vol (~ postvak)	**cheia**	['ʃɐjɐ]
bericht (het)	**mensagem** (f)	[mẽ'saʒẽʲ]
binnenkomende berichten (mv.)	**mensagens** (f pl) **recebidas**	[mẽ'saʒẽʲʃ ʀəsə'bidɐʃ]
uitgaande berichten (mv.)	**mensagens** (f pl) **enviadas**	[mẽ'saʒẽʲʃ ẽ'vjadɐʃ]
verzender (de)	**remetente** (m)	[ʀəmə'tẽtə]
verzenden (ww)	**enviar** (vt)	[ẽ'vjar]
verzending (de)	**envio** (m)	[ẽ'viu]
ontvanger (de)	**destinatário** (m)	[dəʃtinɐ'tariu]
ontvangen (ww)	**receber** (vt)	[ʀəsə'ber]
correspondentie (de)	**correspondência** (f)	[kuʀəʃpõ'dẽsiɐ]
corresponderen (met ...)	**corresponder-se** (vr)	[kuʀəʃpõ'dersə]
bestand (het)	**ficheiro** (m)	[fi'ʃɐjru]
downloaden (ww)	**fazer download, baixar** (vt)	[fɐ'zer daun'loɐd], [baɪ'ʃar]
creëren (ww)	**criar** (vt)	[kri'ar]
verwijderen (een bestand ~)	**apagar, eliminar** (vt)	[ɐpɐ'gar], [elimi'nar]
verwijderd (bn)	**eliminado**	[elimi'nadu]
verbinding (de)	**conexão** (f)	[kunɛ'ksãu]
snelheid (de)	**velocidade** (f)	[vəlusi'dadə]
modem (de)	**modem** (m)	['mɔdɛm]
toegang (de)	**acesso** (m)	[ɐ'sɛsu]
poort (de)	**porta** (f)	['pɔrtɐ]
aansluiting (de)	**conexão** (f)	[kunɛ'ksãu]

zich aansluiten (ww)	**conetar** (vi)	[kunɛ'taɾ]
selecteren (ww)	**escolher** (vt)	[əʃku'ʎeɾ]
zoeken (ww)	**buscar** (vt)	[bu'ʃkaɾ]

167. Elektriciteit

elektriciteit (de)	**eletricidade** (f)	[elɛtrisi'dadə]
elektrisch (bn)	**elétrico**	[e'lɛtriku]
elektriciteitscentrale (de)	**central** (f) **elétrica**	[sẽ'tral e'lɛtrikɐ]
energie (de)	**energia** (f)	[enər'ʒiɐ]
elektrisch vermogen (het)	**energia** (f) **elétrica**	[enər'ʒiɐ e'lɛtrikɐ]
lamp (de)	**lâmpada** (f)	['lãpɐdɐ]
zaklamp (de)	**lanterna** (f)	[lã'tɛrnɐ]
straatlantaarn (de)	**poste** (m) **de iluminação**	['pɔʃtə də iluminɐ'sãu]
licht (elektriciteit)	**luz** (f)	[luʃ]
aandoen (ww)	**ligar** (vt)	[li'gaɾ]
uitdoen (ww)	**desligar** (vt)	[dəʒli'gaɾ]
het licht uitdoen	**apagar a luz**	[ɐpɐ'gar ɐ luʃ]
doorbranden (gloeilamp)	**fundir** (vi)	[fũ'diɾ]
kortsluiting (de)	**curto-circuito** (m)	['kurtu siɾ'kuitu]
onderbreking (de)	**rutura** (f)	[ʀu'turɐ]
contact (het)	**contacto** (m)	[kõ'taktu]
schakelaar (de)	**interruptor** (m)	[ĩtəʀup'toɾ]
stopcontact (het)	**tomada** (f)	[tu'madɐ]
stekker (de)	**ficha** (f)	['fiʃɐ]
verlengsnoer (de)	**extensão** (f)	[əʃtẽ'sãu]
zekering (de)	**fusível** (m)	[fu'zivɛl]
kabel (de)	**fio, cabo** (m)	['fiu], ['kabu]
bedrading (de)	**instalação** (f) **elétrica**	[ĩʃtɐlɐ'sãu e'lɛtrikɐ]
ampère (de)	**ampere** (m)	[ã'pɛrə]
stroomsterkte (de)	**amperagem** (f)	[ãpə'raʒẽʲ]
volt (de)	**volt** (m)	['vɔltə]
spanning (de)	**voltagem** (f)	[vɔl'taʒẽʲ]
elektrisch toestel (het)	**aparelho** (m) **elétrico**	[ɐpɐ'rɐʎu e'lɛtriku]
indicator (de)	**indicador** (m)	[ĩdikɐ'doɾ]
elektricien (de)	**eletricista** (m)	[elɛtri'siʃtɐ]
solderen (ww)	**soldar** (vt)	[sol'daɾ]
soldeerbout (de)	**ferro** (m) **de soldar**	['fɛʀu də sol'daɾ]
stroom (de)	**corrente** (f) **elétrica**	[ku'ʀẽtə e'lɛtrikɐ]

168. Gereedschappen

werktuig (stuk gereedschap)	**ferramenta** (f)	[fəʀɐ'mẽtɐ]
gereedschap (het)	**ferramentas** (f pl)	[fəʀɐ'mẽtɐʃ]

uitrusting (de)	**equipamento** (m)	[ekipɐ'mẽtu]
hamer (de)	**martelo** (m)	[mɐr'tɛlu]
schroevendraaier (de)	**chave** (f) **de fendas**	['ʃavə də 'fẽdɐʃ]
bijl (de)	**machado** (m)	[mɐ'ʃadu]

zaag (de)	**serra** (f)	['sɛʀɐ]
zagen (ww)	**serrar** (vt)	[sə'ʀar]
schaaf (de)	**plaina** (f)	['plajnɐ]
schaven (ww)	**aplainar** (vt)	[ɐplaj'nar]
soldeerbout (de)	**ferro** (m) **de soldar**	['fɛʀu də sol'dar]
solderen (ww)	**soldar** (vt)	[sol'dar]

vijl (de)	**lima** (f)	['limɐ]
nijptang (de)	**tenaz** (f)	[tə'naʃ]
combinatietang (de)	**alicate** (m)	[ɐli'katə]
beitel (de)	**formão** (m)	[fur'mãu]

boorkop (de)	**broca** (f)	['brɔkɐ]
boormachine (de)	**berbequim** (f)	[bərbə'kĩ]
boren (ww)	**furar** (vt)	[fu'rar]

mes (het)	**faca** (f)	['fakɐ]
lemmet (het)	**lâmina** (f)	['lɐminɐ]

scherp (bijv. ~ mes)	**afiado**	[ɐ'fjadu]
bot (bn)	**cego**	['sɛgu]
bot raken (ww)	**embotar-se** (vr)	[ẽbu'tarsə]
slijpen (een mes ~)	**afiar, amolar** (vt)	[ɐ'fjar], [ɐmu'lar]

bout (de)	**parafuso** (m)	[pɐrɐ'fuzu]
moer (de)	**porca** (f)	['pɔrkɐ]
schroefdraad (de)	**rosca** (f)	['ʀoʃkɐ]
houtschroef (de)	**parafuso** (m) **para madeira**	[pɐrɐ'fuzu 'pɐrɐ mɐ'dɐjrɐ]

spijker (de)	**prego** (m)	['pregu]
kop (de)	**cabeça** (f) **do prego**	[kɐ'besɐ du 'pregu]

liniaal (de/het)	**régua** (f)	['ʀɛguɐ]
rolmeter (de)	**fita** (f) **métrica**	['fitɐ 'mɛtrikɐ]
waterpas (de/het)	**nível** (m)	['nivɛl]
loep (de)	**lupa** (f)	['lupɐ]

meetinstrument (het)	**medidor** (m)	[mədi'dor]
opmeten (ww)	**medir** (vt)	[mə'dir]
schaal (meetschaal)	**escala** (f)	[ə'ʃkalɐ]
gegevens (mv.)	**indicação** (f), **registo** (m)	[ĩdikɐ'sãu], [ʀə'ʒiʃtu]

compressor (de)	**compressor** (m)	[kõprə'sor]
microscoop (de)	**microscópio** (m)	[mikrɔ'ʃkɔpiu]

pomp (de)	**bomba** (f)	['bõbɐ]
robot (de)	**robô** (m)	[ʀo'bo]
laser (de)	**laser** (m)	['lɐjzer]

moersleutel (de)	**chave** (f) **de boca**	['ʃavə də 'bokɐ]
plakband (de)	**fita** (f) **adesiva**	['fitɐ ɐdə'zivɐ]

lijm (de)	**cola** (f)	['kɔlɐ]
schuurpapier (het)	**lixa** (f)	['liʃɐ]
veer (de)	**mola** (f)	['mɔlɐ]
magneet (de)	**íman** (m)	['imɐn]
handschoenen (mv.)	**luvas** (f pl)	['luvɐʃ]
touw (bijv. henneptouw)	**corda** (f)	['kɔrdɐ]
snoer (het)	**cordel** (m)	[kur'dɛl]
draad (de)	**fio** (m)	['fiu]
kabel (de)	**cabo** (m)	['kabu]
moker (de)	**marreta** (f)	[mɐ'ʀɛtɐ]
breekijzer (het)	**pé de cabra** (m)	[pɛ də 'kabrɐ]
ladder (de)	**escada** (f) **de mão**	[ə'ʃkadɐ də 'mãu]
trapje (inklapbaar ~)	**escadote** (m)	[əʃkɐ'dɔtə]
aanschroeven (ww)	**enroscar** (vt)	[ẽʀu'ʃkar]
losschroeven (ww)	**desenroscar** (vt)	[dəzẽʀu'ʃkar]
dichtpersen (ww)	**apertar** (vt)	[ɐpər'tar]
vastlijmen (ww)	**colar** (vt)	[ku'lar]
snijden (ww)	**cortar** (vt)	[kur'tar]
defect (het)	**falha** (f)	['faʎɐ]
reparatie (de)	**conserto** (m)	[kõ'sɛrtu]
repareren (ww)	**consertar, reparar** (vt)	[kõsər'tar], [ʀəpɐ'rar]
regelen (een machine ~)	**regular, ajustar** (vt)	[ʀəgu'lar], [ɐʒu'ʃtar]
checken (ww)	**verificar** (vt)	[vərifi'kar]
controle (de)	**verificação** (f)	[vərifikɐ'sãu]
gegevens (mv.)	**indicação** (f), **registo** (m)	[ĩdikɐ'sãu], [ʀə'ʒiʃtu]
degelijk (bijv. ~ machine)	**seguro**	[sə'guru]
ingewikkeld (bn)	**complicado**	[kõpli'kadu]
roesten (ww)	**enferrujar** (vi)	[ẽfəʀu'ʒar]
roestig (bn)	**enferrujado**	[ẽfəʀu'ʒadu]
roest (de/het)	**ferrugem** (f)	[fə'ʀuʒẽʲ]

Vervoer

169. Vliegtuig

vliegtuig (het)	**avião** (m)	[ɐ'vjãu]
vliegticket (het)	**bilhete** (m) **de avião**	[bi'ʎetə də ɐ'vjãu]
luchtvaartmaatschappij (de)	**companhia** (f) **aérea**	[kõpɐ'ɲiɐ ɐ'ɛriɐ]
luchthaven (de)	**aeroporto** (m)	[ɐɛrɔ'portu]
supersonisch (bn)	**supersónico**	[supər'sɔniku]
gezagvoerder (de)	**comandante** (m) **do avião**	[kumã'dãtə du ɐ'vjãu]
bemanning (de)	**tripulação** (f)	[tripulɐ'sãu]
piloot (de)	**piloto** (m)	[pi'lotu]
stewardess (de)	**hospedeira** (f) **de bordo**	[ɔʃpə'dɐjrɐ də 'bɔrdu]
stuurman (de)	**copiloto** (m)	[kopi'lotu]
vleugels (mv.)	**asas** (f pl)	['azɐʃ]
staart (de)	**cauda** (f)	['kaudɐ]
cabine (de)	**cabine** (f)	[kɐ'binə]
motor (de)	**motor** (m)	[mu'tor]
landingsgestel (het)	**trem** (m) **de aterragem**	[trẽʲ də ɐtə'ʀaʒẽʲ]
turbine (de)	**turbina** (f)	[tur'binɐ]
propeller (de)	**hélice** (f)	['ɛlisə]
zwarte doos (de)	**caixa-preta** (f)	['kaɪʃɐ 'pretɐ]
stuur (het)	**coluna** (f) **de controlo**	[ku'lunɐ də kõ'trolu]
brandstof (de)	**combustível** (m)	[kõbu'ʃtivɛl]
veiligheidskaart (de)	**instruções** (f pl) **de segurança**	[ĩʃtru'soɪʃ də səgu'rãsɐ]
zuurstofmasker (het)	**máscara** (f) **de oxigénio**	['maʃkɐrɐ də ɔksi'ʒɛniu]
uniform (het)	**uniforme** (m)	[uni'fɔrmə]
reddingsvest (de)	**colete** (m) **salva-vidas**	[ku'letə 'salvɐ 'vidɐʃ]
parachute (de)	**paraquedas** (m)	[pɐrɐ'kɛdɐʃ]
opstijgen (het)	**descolagem** (f)	[dəʃku'laʒẽʲ]
opstijgen (ww)	**descolar** (vi)	[dəʃku'lar]
startbaan (de)	**pista** (f) **de descolagem**	['piʃtɐ də dəʃku'laʒẽʲ]
zicht (het)	**visibilidade** (f)	[vizibili'dadə]
vlucht (de)	**voo** (m)	['vou]
hoogte (de)	**altura** (f)	[al'turɐ]
luchtzak (de)	**poço** (m) **de ar**	['posu də 'ar]
plaats (de)	**assento** (m)	[ɐ'sẽtu]
koptelefoon (de)	**auscultadores** (m pl)	[auʃkultɐ'dorəʃ]
tafeltje (het)	**mesa** (f) **rebatível**	['mezɐ ʀəbɐ'tivɛl]
venster (het)	**vigia** (f)	[vi'ʒiɐ]
gangpad (het)	**passagem** (f)	[pɐ'saʒẽʲ]

170. Trein

trein (de)	**comboio** (m)	[kõ'bɔju]
elektrische trein (de)	**comboio** (m) **suburbano**	[kõ'bɔju subur'benu]
sneltrein (de)	**comboio** (m) **rápido**	[kõ'bɔju 'ʀapidu]
diesellocomotief (de)	**locomotiva** (f) **diesel**	[lukumu'tive 'dizɛl]
stoomlocomotief (de)	**locomotiva** (f) **a vapor**	[lukumu'tive e ve'poɾ]
rijtuig (het)	**carruagem** (f)	[keʀu'aʒẽʲ]
restauratierijtuig (het)	**carruagem restaurante** (f)	[keʀu'aʒẽʲ ʀəʃtau'rãtə]
rails (mv.)	**carris** (m pl)	[ke'ʀiʃ]
spoorweg (de)	**caminho de ferro** (m)	[ke'miɲu də 'fɛʀu]
dwarsligger (de)	**travessa** (f)	[tre'vɛse]
perron (het)	**plataforma** (f)	[plete'fɔrme]
spoor (het)	**linha** (f)	['liɲe]
semafoor (de)	**semáforo** (m)	[sə'mafuru]
halte (bijv. kleine treinhalte)	**estação** (f)	[əʃte'sãu]
machinist (de)	**maquinista** (m)	[meki'niʃte]
kruier (de)	**bagageiro** (m)	[bege'ʒejru]
conducteur (de)	**hospedeiro, -a** (m, f)	[ɔʃpə'dejru, -e]
passagier (de)	**passageiro** (m)	[pese'ʒejru]
controleur (de)	**revisor** (m)	[ʀəvi'zoɾ]
gang (in een trein)	**corredor** (m)	[kuʀə'doɾ]
noodrem (de)	**freio** (m) **de emergência**	['freju də emər'ʒẽsie]
coupé (de)	**compartimento** (m)	[kõperti'mẽtu]
bed (slaapplaats)	**cama** (f)	['keme]
bovenste bed (het)	**cama** (f) **de cima**	['keme də 'sime]
onderste bed (het)	**cama** (f) **de baixo**	['keme də 'baɪʃu]
beddengoed (het)	**roupa** (f) **de cama**	['ʀope də 'keme]
kaartje (het)	**bilhete** (m)	[bi'ʎetə]
dienstregeling (de)	**horário** (m)	[ɔ'rariu]
informatiebord (het)	**painel** (m) **de informação**	[paj'nɛl də ĩfurme'sãu]
vertrekken (De trein vertrekt ...)	**partir** (vt)	[per'tiɾ]
vertrek (ov. een trein)	**partida** (f)	[per'tide]
aankomen (ov. de treinen)	**chegar** (vi)	[ʃə'gaɾ]
aankomst (de)	**chegada** (f)	[ʃə'gade]
aankomen per trein	**chegar de comboio**	[ʃə'gar də kõ'bɔju]
in de trein stappen	**apanhar o comboio**	[epe'ɲar u kõ'bɔju]
uit de trein stappen	**sair do comboio**	[se'ir du kõ'bɔju]
treinwrak (het)	**acidente** (m) **ferroviário**	[esi'dẽtə fɛʀɔ'vjariu]
ontspoord zijn	**descarrilar** (vi)	[dəʃkeʀi'lar]
stoomlocomotief (de)	**locomotiva** (f) **a vapor**	[lukumu'tive e ve'poɾ]
stoker (de)	**fogueiro** (m)	[fu'gejru]
stookplaats (de)	**fornalha** (f)	[fur'naʎe]
steenkool (de)	**carvão** (m)	[ker'vãu]

171. Schip

schip (het)	**navio** (m)	[nɐ'viu]
vaartuig (het)	**embarcação** (f)	[ẽbɐrkɐ'sãu]
stoomboot (de)	**vapor** (m)	[vɐ'por]
motorschip (het)	**navio** (m)	[nɐ'viu]
lijnschip (het)	**transatlântico** (m)	[trãzɐt'lãtiku]
kruiser (de)	**cruzador** (m)	[kruzɐ'dor]
jacht (het)	**iate** (m)	['jatə]
sleepboot (de)	**rebocador** (m)	[ʀəbukɐ'dor]
duwbak (de)	**barcaça** (f)	[bɐr'kasɐ]
ferryboot (de)	**ferry** (m)	['fɛʀi]
zeilboot (de)	**veleiro** (m)	[və'lɐjru]
brigantijn (de)	**bergantim** (m)	[bərgã'tĩ]
ijsbreker (de)	**quebra-gelo** (m)	['kɛbrɐ 'ʒɛlu]
duikboot (de)	**submarino** (m)	[submɐ'rinu]
boot (de)	**bote, barco** (m)	['bɔtə], ['barku]
sloep (de)	**bote, dingue** (m)	['bɔtə], ['dĩgə]
reddingssloep (de)	**bote** (m) **salva-vidas**	['bɔtə 'salvɐ 'vidɐʃ]
motorboot (de)	**lancha** (f)	['lãʃɐ]
kapitein (de)	**capitão** (m)	[kɐpi'tãu]
zeeman (de)	**marinheiro** (m)	[mɐri'ɲɐjru]
matroos (de)	**marujo** (m)	[mɐ'ruʒu]
bemanning (de)	**tripulação** (f)	[tripulɐ'sãu]
bootsman (de)	**contramestre** (m)	[kõtrɐ'mɛʃtrə]
scheepsjongen (de)	**grumete** (m)	[gru'mɛtə]
kok (de)	**cozinheiro** (m) **de bordo**	[kuzi'ɲɐjru də 'bɔrdu]
scheepsarts (de)	**médico** (m) **de bordo**	['mɛdiku də 'bɔrdu]
dek (het)	**convés** (m)	[kõ'vɛʃ]
mast (de)	**mastro** (m)	['maʃtru]
zeil (het)	**vela** (f)	['vɛlɐ]
ruim (het)	**porão** (m)	[pu'rãu]
voorsteven (de)	**proa** (f)	['proɐ]
achtersteven (de)	**popa** (f)	['popɐ]
roeispaan (de)	**remo** (m)	['ʀɛmu]
schroef (de)	**hélice** (f)	['ɛlisə]
kajuit (de)	**camarote** (m)	[kɐmɐ'rɔtə]
officierskamer (de)	**sala** (f) **dos oficiais**	['salɐ duʃ ɔfi'sjaɪʃ]
machinekamer (de)	**sala** (f) **das máquinas**	['salɐ dɐʃ 'makinɐʃ]
brug (de)	**ponte** (m) **de comando**	['põtə də ku'mãdu]
radiokamer (de)	**sala** (f) **de comunicações**	['salɐ də kumunikɐ'soɪʃ]
radiogolf (de)	**onda** (f)	['õdɐ]
logboek (het)	**diário** (m) **de bordo**	[di'ariu də 'bɔrdu]
verrekijker (de)	**luneta** (f)	[lu'nɛtɐ]
klok (de)	**sino** (m)	['sinu]

vlag (de)	**bandeira** (f)	[bã'dejrɐ]
kabel (de)	**cabo** (m)	['kabu]
knoop (de)	**nó** (m)	[nɔ]

leuning (de)	**corrimão** (m)	[kuʀi'mãu]
trap (de)	**prancha** (f) **de embarque**	['prãʃɐ də ẽ'barkə]

anker (het)	**âncora** (f)	['ãkurɐ]
het anker lichten	**recolher a âncora**	[ʀəku'ʎer ɐ 'ãkurɐ]
het anker neerlaten	**lançar a âncora**	[lã'sar ɐ 'ãkurɐ]
ankerketting (de)	**amarra** (f)	[ɐ'maʀɐ]

haven (bijv. containerhaven)	**porto** (m)	['portu]
kaai (de)	**cais, amarradouro** (m)	[kaɪʃ], [ɐmɐʀɐ'doru]
aanleggen (ww)	**atracar** (vi)	[ɐtrɐ'kar]
wegvaren (ww)	**desatracar** (vi)	[dəzɐtrɐ'kar]

reis (de)	**viagem** (f)	['vjaʒẽʲ]
cruise (de)	**cruzeiro** (m)	[kru'zɐjru]
koers (de)	**rumo** (m), **rota** (f)	['ʀumu], ['ʀɔtɐ]
route (de)	**itinerário** (m)	[itinə'rariu]

vaarwater (het)	**canal** (m) **navegável**	[kɐ'nal nɐvə'gavɛl]
zandbank (de)	**banco** (m) **de areia**	['bãku də ɐ'rɐjɐ]
stranden (ww)	**encalhar** (vt)	[ẽkɐ'ʎar]

storm (de)	**tempestade** (f)	[tẽpə'ʃtadə]
signaal (het)	**sinal** (m)	[si'nal]
zinken (ov. een boot)	**afundar-se** (vr)	[ɐfũ'darsə]
Man overboord!	**Homem ao mar!**	['ɔmẽʲ 'au 'mar]
SOS (noodsignaal)	**SOS**	[ɛsəo 'ɛsə]
reddingsboei (de)	**boia** (f) **salva-vidas**	['bɔjɐ 'salvɐ 'vidɐʃ]

172. Vliegveld

luchthaven (de)	**aeroporto** (m)	[ɐɛrɔ'portu]
vliegtuig (het)	**avião** (m)	[ɐ'vjãu]
luchtvaartmaatschappij (de)	**companhia** (f) **aérea**	[kõpɐ'ɲiɐ ɐ'ɛriɐ]
luchtverkeersleider (de)	**controlador** (m) **de tráfego aéreo**	[kõtrulɐ'dor də 'trafəgu ɐ'ɛriu]

vertrek (het)	**partida** (f)	[pɐr'tidɐ]
aankomst (de)	**chegada** (f)	[ʃə'gadɐ]
aankomen (per vliegtuig)	**chegar** (vi)	[ʃə'gar]

vertrektijd (de)	**hora** (f) **de partida**	['ɔrɐ də pɐr'tidɐ]
aankomstuur (het)	**hora** (f) **de chegada**	['ɔrɐ də ʃə'gadɐ]

vertraagd zijn (ww)	**estar atrasado**	[ə'ʃtar ɐtrɐ'zadu]
vluchtvertraging (de)	**atraso** (m) **de voo**	[ɐ'trazu də 'vou]

informatiebord (het)	**painel** (m) **de informação**	[paj'nɛl də ĩfurmɐ'sãu]
informatie (de)	**informação** (f)	[ĩfurmɐ'sãu]
aankondigen (ww)	**anunciar** (vt)	[ɐnũ'sjar]

vlucht (bijv. KLM ~)	**voo** (m)	['vou]
douane (de)	**alfândega** (f)	[al'fãdəgɐ]
douanier (de)	**funcionário** (m) **da alfândega**	[fũsiu'nariu dɐ al'fãdəgɐ]
douaneaangifte (de)	**declaração** (f) **alfandegária**	[dəklɐrɐ'sãu alfãdə'gariɐ]
invullen (douaneaangifte ~)	**preencher** (vt)	[priẽ'ʃer]
een douaneaangifte invullen	**preencher a declaração**	[priẽ'ʃer ɐ dəklɐrɐ'sãu]
paspoortcontrole (de)	**controlo** (m) **de passaportes**	[kõ'trolu də pasɐ'pɔrtəʃ]
bagage (de)	**bagagem** (f)	[bɐ'gaʒẽʲ]
handbagage (de)	**bagagem** (f) **de mão**	[bɐ'gaʒẽʲ də 'mãu]
bagagekarretje (het)	**carrinho** (m)	[kɐ'ʀiɲu]
landing (de)	**aterragem** (f)	[ɐtə'ʀaʒẽʲ]
landingsbaan (de)	**pista** (f) **de aterragem**	['piʃtɐ də ɐtə'ʀaʒẽʲ]
landen (ww)	**aterrar** (vi)	[ɐtə'ʀar]
vliegtuigtrap (de)	**escada** (f) **de avião**	[ə'ʃkadɐ də ɐ'vjãu]
inchecken (het)	**check-in** (m)	[ʃɛ'kin]
incheckbalie (de)	**balcão** (m) **do check-in**	[bal'kãu du ʃɛ'kin]
inchecken (ww)	**fazer o check-in**	[fɐ'zer u ʃɛ'kin]
instapkaart (de)	**cartão** (m) **de embarque**	[kɐr'tãu də ẽ'barkə]
gate (de)	**porta** (f) **de embarque**	['pɔrtɐ də ẽ'barkə]
transit (de)	**trânsito** (m)	['trãzitu]
wachten (ww)	**esperar** (vi, vt)	[əʃpə'rar]
wachtzaal (de)	**sala** (f) **de espera**	['salɐ də ə'ʃpɛrɐ]
begeleiden (uitwuiven)	**despedir-se de ...**	[dəʃpə'dirsə də]
afscheid nemen (ww)	**despedir-se** (vr)	[dəʃpə'dirsə]

173. Fiets. Motorfiets

fiets (de)	**bicicleta** (f)	[bisik'lɛtɐ]
bromfiets (de)	**scotter, lambreta** (f)	[sku'ter], [lã'bretɐ]
motorfiets (de)	**mota** (f)	['mɔtɐ]
met de fiets rijden	**ir de bicicleta**	[ir də bisi'klɛtɐ]
stuur (het)	**guiador** (m)	[giɐ'dor]
pedaal (de/het)	**pedal** (m)	[pə'dal]
remmen (mv.)	**travões** (m pl)	[trɐ'voɪʃ]
fietszadel (de/het)	**selim** (m)	[sə'lĩ]
pomp (de)	**bomba** (f)	['bõbɐ]
bagagedrager (de)	**porta-bagagens** (m)	['pɔrtɐ bɐ'gaʒẽʲʃ]
fietslicht (het)	**lanterna** (f)	[lã'tɛrnɐ]
helm (de)	**capacete** (m)	[kɐpɐ'setə]
wiel (het)	**roda** (f)	['ʀɔdɐ]
spatbord (het)	**guarda-lamas** (m)	[guardɐ 'lɐmɐʃ]
velg (de)	**aro** (m)	['aru]
spaak (de)	**raio** (m)	['ʀaju]

Auto's

174. Soorten auto's

auto (de)	**carro, automóvel** (m)	['kaʀu], [autu'mɔvɛl]
sportauto (de)	**carro** (m) **desportivo**	['kaʀu dəʃpur'tivu]
limousine (de)	**limusine** (f)	[limu'zinə]
terreinwagen (de)	**todo o terreno** (m)	['todu u tə'ʀenu]
cabriolet (de)	**descapotável** (m)	[dəʃkɐpu'tavɛl]
minibus (de)	**minibus** (m)	['minibuʃ]
ambulance (de)	**ambulância** (f)	[ãbu'lãsiɐ]
sneeuwruimer (de)	**limpa-neve** (m)	['lĩpɐ 'nɛvə]
vrachtwagen (de)	**camião** (m)	[ka'mjãu]
tankwagen (de)	**camião-cisterna** (m)	[ka'mjãu si'ʃtɛrnɐ]
bestelwagen (de)	**carrinha** (f)	[kɐ'ʀiɲɐ]
trekker (de)	**camião-trator** (m)	[ka'mjãu trɐ'tor]
aanhangwagen (de)	**atrelado** (m)	[ɐtrə'ladu]
comfortabel (bn)	**confortável**	[kõfur'tavɛl]
tweedehands (bn)	**usado**	[u'zadu]

175. Auto's. Carrosserie

motorkap (de)	**capô** (m)	[kɐ'po]
spatbord (het)	**guarda-lamas** (m)	[guardɐ 'lɐmɐʃ]
dak (het)	**tejadilho** (m)	[təʒɐ'diʎu]
voorruit (de)	**para-brisa** (m)	[parɐ'brizɐ]
achterruit (de)	**espelho** (m) **retrovisor**	[ə'ʃpɐʎu ʀɛtrɔvi'zor]
ruitensproeier (de)	**lavador** (m)	[lɐvɐ'dor]
wisserbladen (mv.)	**limpa-para-brisas** (m)	['lĩpɐ 'parɐ 'brizɐʃ]
zijruit (de)	**vidro** (m) **lateral**	['vidru lɐtə'ral]
raamlift (de)	**elevador** (m) **do vidro**	[eləvɐ'dor du 'vidru]
antenne (de)	**antena** (f)	[ã'tenɐ]
zonnedak (het)	**teto solar** (m)	['tɛtu su'lar]
bumper (de)	**para-choques** (m pl)	['parɐ 'ʃɔkəs]
koffer (de)	**bagageira** (f)	[bɐgɐ'ʒɐjrɐ]
imperiaal (de/het)	**bagageira** (f) **de tejadilho**	[bɐgɐ'ʒɐjrɐ də təʒɐ'diʎu]
portier (het)	**porta** (f)	['pɔrtɐ]
handvat (het)	**maçaneta** (f)	[mɐsɐ'netɐ]
slot (het)	**fechadura** (f)	[fəʃɐ'durɐ]
nummerplaat (de)	**matrícula** (f)	[mɐ'trikulɐ]
knalpot (de)	**silenciador** (m)	[silẽsiɐ'dor]

benzinetank (de)	**tanque** (m) **de gasolina**	['tãkə də gɐzu'linɐ]
uitlaatpijp (de)	**tubo** (m) **de escape**	['tubu də ə'ʃkapə]
gas (het)	**acelerador** (m)	[ɐsələrɐ'dor]
pedaal (de/het)	**pedal** (m)	[pə'dal]
gaspedaal (de/het)	**pedal** (m) **do acelerador**	[pə'dal du ɐsələrɐ'dor]
rem (de)	**travão** (m)	[trɐ'vãu]
rempedaal (de/het)	**pedal** (m) **do travão**	[pə'dal du trɐ'vãu]
remmen (ww)	**travar** (vt)	[trɐ'var]
handrem (de)	**travão** (m) **de mão**	[trɐ'vãu də 'mãu]
koppeling (de)	**embraiagem** (f)	[ẽbra'jaʒẽʲ]
koppelingspedaal (de/het)	**pedal** (m) **da embraiagem**	[pə'dal dɐ ẽbra'jaʒẽʲ]
koppelingsschijf (de)	**disco** (m) **de embraiagem**	['diʃku də ẽbra'jaʒẽʲ]
schokdemper (de)	**amortecedor** (m)	[ɐmurtəsə'dor]
wiel (het)	**roda** (f)	['ʀɔdɐ]
reservewiel (het)	**pneu** (m) **sobresselente**	['pneu sobrəsə'lẽtə]
band (de)	**pneu** (m)	['pneu]
wieldop (de)	**tampão** (m) **de roda**	[tã'pãu də 'ʀɔdɐ]
aandrijfwielen (mv.)	**rodas** (f pl) **motrizes**	['ʀɔdɐʃ mu'trizəʃ]
met voorwielaandrijving	**de tração dianteira**	[də tra'sãu diã'tɐjrɐ]
met achterwielaandrijving	**de tração traseira**	[də tra'sãu trɐ'zɐjrɐ]
met vierwielaandrijving	**de tração às 4 rodas**	[də tra'sãu aʃ ku'atru 'ʀɔdɐʃ]
versnellingsbak (de)	**caixa** (f) **de mudanças**	['kaɪʃɐ də mu'dãsɐʃ]
automatisch (bn)	**automático**	[autu'matiku]
mechanisch (bn)	**mecânico**	[mə'kɐniku]
versnellingspook (de)	**alavanca** (f) **das mudanças**	[ɐlɐ'vãkɐ dɐʃ mu'dãsɐʃ]
voorlicht (het)	**farol** (m)	[fɐ'rɔl]
voorlichten (mv.)	**faróis** (m pl), **luzes** (f pl)	[fɐ'rɔɪʃ], ['luzəʃ]
dimlicht (het)	**médios** (m pl)	['mɛdiuʃ]
grootlicht (het)	**máximos** (m pl)	['masimuʃ]
stoplicht (het)	**luzes** (f pl) **de stop**	['luzəʃ də stɔp]
standlichten (mv.)	**mínimos** (m pl)	['minimuʃ]
noodverlichting (de)	**luzes** (f pl) **de emergência**	['luzəʃ də emər'ʒẽsiɐ]
mistlichten (mv.)	**faróis** (m pl) **antinevoeiro**	[fɐ'rɔɪʃ ãtinəvu'ɐjru]
pinker (de)	**pisca-pisca** (m)	['piʃkɐ 'piʃkɐ]
achteruitrijdlicht (het)	**luz** (f) **de marcha atrás**	[luʃ də 'marʃɐ ɐ'traʃ]

176. Auto's. Passagiersruimte

interieur (het)	**interior** (m) **do carro**	[ĩtə'rjor du 'kaʀu]
leren (van leer gemaakt)	**de couro, de pele**	[də 'koru], [də 'pɛlə]
fluwelen (abn)	**de veludo**	[də və'ludu]
bekleding (de)	**estofos** (m pl)	[ə'ʃtofuʃ]
toestel (het)	**indicador** (m)	[ĩdikɐ'dor]
instrumentenbord (het)	**painel** (m) **de instrumentos**	[paj'nɛl də ĩʃtru'mẽtuʃ]

snelheidsmeter (de)	**velocímetro** (m)	[vəlu'simətru]
pijltje (het)	**ponteiro** (m)	[põ'tejru]
kilometerteller (de)	**conta-quilómetros** (m)	['kõtɐ ki'lɔmətruʃ]
sensor (de)	**indicador** (m)	[ĩdikɐ'dor]
niveau (het)	**nível** (m)	['nivɛl]
controlelampje (het)	**luz** (f) **avisadora**	[luʃ ɐvizɐ'dorɐ]
stuur (het)	**volante** (m)	[vu'lãtə]
toeter (de)	**buzina** (f)	[bu'zinɐ]
knopje (het)	**botão** (m)	[bu'tãu]
schakelaar (de)	**interruptor** (m)	[ĩtəʀup'tor]
stoel (bestuurders~)	**assento** (m)	[ɐ'sẽtu]
rugleuning (de)	**costas** (f pl) **do assento**	['kɔʃtɐʃ du ɐ'sẽtu]
hoofdsteun (de)	**cabeceira** (f)	[kɐbə'sɐjrɐ]
veiligheidsgordel (de)	**cinto** (m) **de segurança**	['sĩtu də səgu'rãsɐ]
de gordel aandoen	**apertar o cinto**	[ɐpər'tar u 'sĩtu]
regeling (de)	**regulação** (f)	[ʀəgulɐ'sãu]
airbag (de)	**airbag** (m)	[ɛr'bɛg]
airconditioner (de)	**ar** (m) **condicionado**	[ar kõdisiu'nadu]
radio (de)	**rádio** (m)	['ʀadiu]
CD-speler (de)	**leitor** (m) **de CD**	[lɛj'tor də 'sɛdɛ]
aanzetten (bijv. radio ~)	**ligar** (vt)	[li'gar]
antenne (de)	**antena** (f)	[ã'tenɐ]
handschoenenkastje (het)	**porta-luvas** (m)	['pɔrtɐ 'luvɐʃ]
asbak (de)	**cinzeiro** (m)	[sĩ'zɐjru]

177. Auto's. Motor

motor (de)	**motor** (m)	[mu'tor]
diesel- (abn)	**diesel**	['dizɛl]
benzine- (~motor)	**a gasolina**	[ɐ gɐzu'linɐ]
motorinhoud (de)	**cilindrada** (f)	[silĩ'dradɐ]
vermogen (het)	**potência** (f)	[pu'tẽsiɐ]
paardenkracht (de)	**cavalo-vapor** (m)	[kɐ'valu vɐ'por]
zuiger (de)	**pistão** (m)	[pi'ʃtãu]
cilinder (de)	**cilindro** (m)	[si'lĩdru]
klep (de)	**válvula** (f)	['valvulɐ]
injectie (de)	**injetor** (m)	[ĩʒɛ'tor]
generator (de)	**gerador** (m)	[ʒərɐ'dor]
carburator (de)	**carburador** (m)	[kɐrburɐ'dor]
motorolie (de)	**óleo** (m) **para motor**	['ɔliu 'pɐrɐ mu'tor]
radiator (de)	**radiador** (m)	[ʀɐdiɐ'dor]
koelvloeistof (de)	**refrigerante** (m)	[ʀəfriʒə'rãtə]
ventilator (de)	**ventilador** (m)	[vẽtilɐ'dor]
accu (de)	**bateria** (f)	[bɐtə'riɐ]
starter (de)	**dispositivo** (m) **de arranque**	[diʃpuzi'tivu də ɐ'ʀãkə]

contact (ontsteking)	**ignição** (f)	[igni'sãu]
bougie (de)	**vela** (f) **de ignição**	['vɛlɐ də igni'sãu]
pool (de)	**borne** (m)	['bɔrnə]
positieve pool (de)	**borne** (m) **positivo**	['bɔrnə puzi'tivu]
negatieve pool (de)	**borne** (m) **negativo**	['bɔrnə nəgɐ'tivu]
zekering (de)	**fusível** (m)	[fu'zivɛl]
luchtfilter (de)	**filtro** (m) **de ar**	['filtru də 'ar]
oliefilter (de)	**filtro** (m) **de óleo**	['filtru də 'ɔliu]
benzinefilter (de)	**filtro** (m) **de combustível**	['filtru də kõbu'ʃtivɛl]

178. Auto's. Botsing. Reparatie

auto-ongeval (het)	**acidente** (m) **de carro**	[ɐsi'dẽtə də 'kaʀu]
verkeersongeluk (het)	**acidente** (m) **rodoviário**	[ɐsi'dẽtə ʀɔdɔ'vjariu]
aanrijden (tegen een boom, enz.)	**ir contra ...**	[ir 'kõtrɐ]
verongelukken (ww)	**sofrer um acidente**	[su'frer ũ ɐsi'dẽtə]
beschadiging (de)	**danos** (m pl)	['dɐnuʃ]
heelhuids (bn)	**intato**	[ĩ'tatu]
pech (de)	**avaria** (f)	[ɐvɐ'riɐ]
kapot gaan (zijn gebroken)	**avariar** (vi)	[ɐvɐ'rjar]
sleeptouw (het)	**cabo** (m) **de reboque**	['kabu də ʀə'bɔkə]
lek (het)	**furo** (m)	['furu]
lekke krijgen (band)	**estar furado**	[ə'ʃtar fu'radu]
oppompen (ww)	**encher** (vt)	[ẽ'ʃer]
druk (de)	**pressão** (f)	[prə'sãu]
checken (ww)	**verificar** (vt)	[vərifi'kar]
reparatie (de)	**reparação** (f)	[ʀəpɐrɐ'sãu]
garage (de)	**oficina** (f) **de reparação de carros**	[ɔfi'sinɐ də ʀəpɐrɐ'sãu də 'kaʀuʃ]
wisselstuk (het)	**peça** (f) **sobresselente**	['pɛsɐ sobrəsə'lẽtə]
onderdeel (het)	**peça** (f)	['pɛsɐ]
bout (de)	**parafuso** (m)	[pɐrɐ'fuzu]
schroef (de)	**parafuso** (m)	[pɐrɐ'fuzu]
moer (de)	**porca** (f)	['pɔrkɐ]
sluitring (de)	**anilha** (f)	[ɐ'niʎɐ]
kogellager (de/het)	**rolamento** (m)	[ʀulɐ'mẽtu]
pijp (de)	**tubo** (m)	['tubu]
pakking (de)	**junta** (f)	['ʒũtɐ]
kabel (de)	**fio, cabo** (m)	['fiu], ['kabu]
dommekracht (de)	**macaco** (m)	[mɐ'kaku]
moersleutel (de)	**chave** (f) **de boca**	['ʃavə də 'bokɐ]
hamer (de)	**martelo** (m)	[mɐr'tɛlu]
pomp (de)	**bomba** (f)	['bõbɐ]
schroevendraaier (de)	**chave** (f) **de fendas**	['ʃavə də 'fẽdɐʃ]
brandblusser (de)	**extintor** (m)	[əʃtĩ'tor]

gevarendriehoek (de)	**triângulo** (m) **de emergência**	['trjãgulu də emər'ʒẽsiɐ]
afslaan (ophouden te werken)	**parar** (vi)	[pɐ'rar]
uitvallen (het)	**paragem** (f)	[pɐ'raʒẽʲ]
zijn gebroken	**estar quebrado**	[ə'ʃtar kə'bradu]
oververhitten (ww)	**superaquecer-se** (vr)	[supɛrɐkə'sersə]
verstopt raken (ww)	**entupir-se** (vr)	[ẽtu'pirsə]
bevriezen (autodeur, enz.)	**congelar-se** (vr)	[kõʒə'larsə]
barsten (leidingen, enz.)	**rebentar** (vi)	[ʀəbẽ'tar]
druk (de)	**pressão** (f)	[prə'sãu]
niveau (bijv. olieniveau)	**nível** (m)	['nivɛl]
slap (de drijfriem is ~)	**frouxo**	['froʃu]
deuk (de)	**mossa** (f)	['mɔsɐ]
geklop (vreemde geluiden)	**ruído** (m)	[ʀu'idu]
barst (de)	**fissura** (f)	[fi'surɐ]
kras (de)	**arranhão** (m)	[ɐʀɐ'ɲãu]

179. Auto's. Weg

weg (de)	**estrada** (f)	[ə'ʃtradɐ]
snelweg (de)	**autoestrada** (f)	[autɔə'ʃtradɐ]
autoweg (de)	**rodovia** (f)	[ʀɔdɔ'viɐ]
richting (de)	**direção** (f)	[dirɛ'sãu]
afstand (de)	**distância** (f)	[di'ʃtãsiɐ]
brug (de)	**ponte** (f)	['põtə]
parking (de)	**parque** (m) **de estacionamento**	['parkə də əʃtɐsiunɐ'mẽtu]
plein (het)	**praça** (f)	['prasɐ]
verkeersknooppunt (het)	**nó** (m) **rodoviário**	[nɔ ʀɔdɔ'vjariu]
tunnel (de)	**túnel** (m)	['tunɛl]
benzinestation (het)	**posto** (m) **de gasolina**	['poʃtu də gɐzu'linɐ]
parking (de)	**parque** (m) **de estacionamento**	['parkə də əʃtɐsiunɐ'mẽtu]
benzinepomp (de)	**bomba** (f) **de gasolina**	['bõbɐ də gɐzu'linɐ]
garage (de)	**oficina** (f) **de reparação de carros**	[ɔfi'sinɐ də ʀəpɐrɐ'sãu də 'kaʀuʃ]
tanken (ww)	**abastecer** (vt)	[ɐbɐʃtə'ser]
brandstof (de)	**combustível** (m)	[kõbu'ʃtivɛl]
jerrycan (de)	**bidão** (m) **de gasolina**	[bi'dãu də gɐzu'linɐ]
asfalt (het)	**asfalto** (m)	[ɐ'ʃfaltu]
markering (de)	**marcação** (f) **de estradas**	[mɐrkɐ'sãu də ə'ʃtradɐʃ]
trottoirband (de)	**lancil** (m)	[lã'sil]
geleiderail (de)	**proteção** (f) **guard-rail**	[prutɛ'sãu guardʀɐ'il]
greppel (de)	**valeta** (f)	[vɐ'letɐ]
vluchtstrook (de)	**berma** (f) **da estrada**	['bɛrmɐ dɐ ə'ʃtradɐ]
lichtmast (de)	**poste** (m) **de luz**	['pɔʃtə də 'luʃ]
besturen (een auto ~)	**conduzir, guiar** (vt)	[kõdu'zir], [gi'ar]
afslaan (naar rechts ~)	**virar** (vi)	[vi'rar]

U-bocht maken (ww)	**dar retorno**	[dar ʀə'tornu]
achteruit (de)	**marcha-atrás** (f)	['marʃɐ ɐ'traʃ]
toeteren (ww)	**buzinar** (vi)	[buzi'nar]
toeter (de)	**buzina** (f)	[bu'zinɐ]
vastzitten (in modder)	**atolar-se** (vr)	[ɐtu'larsə]
spinnen (wielen gaan ~)	**patinar** (vi)	[pɐti'nar]
uitzetten (ww)	**desligar** (vt)	[dəʒli'gar]
snelheid (de)	**velocidade** (f)	[vəlusi'dadə]
een snelheidsovertreding maken	**exceder a velocidade**	[əʃsə'der ɐ vəlusi'dadə]
bekeuren (ww)	**multar** (vt)	[mul'tar]
verkeerslicht (het)	**semáforo** (m)	[sə'mafuru]
rijbewijs (het)	**carta** (f) **de condução**	['kartɐ də kõdu'sãu]
overgang (de)	**passagem** (f) **de nível**	[pɐ'saʒẽʲ də 'nivɛl]
kruispunt (het)	**cruzamento** (m)	[kruzɐ'mẽtu]
zebrapad (oversteekplaats)	**passadeira** (f)	[pɐsɐ'dɐjrɐ]
bocht (de)	**curva** (f)	['kurvɐ]
voetgangerszone (de)	**zona** (f) **pedonal**	['zonɐ pədu'nal]

180. Verkeersborden

verkeersregels (mv.)	**código** (m) **da estrada**	['kɔdigu dɐ ə'ʃtradɐ]
verkeersbord (het)	**sinal** (m) **de trânsito**	[si'nal də 'trãzitu]
inhalen (het)	**ultrapassagem** (f)	[ultrɐpɐ'saʒẽʲ]
bocht (de)	**curva** (f)	['kurvɐ]
U-bocht, kering (de)	**inversão** (f) **de marcha**	[ĩvər'sãu də 'marʃɐ]
Rotonde (de)	**rotunda** (f)	[ʀu'tũdɐ]
Verboden richting	**sentido proibido**	[sẽ'tidu prui'bidu]
Verboden toegang	**trânsito proibido**	['trãzitu prui'bidu]
Inhalen verboden	**proibição de ultrapassar**	[pruibi'sãu də ultrɐpɐ'sar]
Parkeerverbod	**estacionamento proibido**	[əʃtɐsiunɐ'mẽtu prui'bidu]
Verbod stil te staan	**paragem proibida**	[pɐ'raʒẽʲ prui'bidɐ]
Gevaarlijke bocht	**curva** (f) **perigosa**	['kurvɐ pəri'gɔzɐ]
Gevaarlijke daling	**descida** (f) **perigosa**	[də'ʃsidɐ pəri'gɔzɐ]
Eenrichtingsweg	**trânsito de sentido único**	['trãzitu də sẽ'tidu 'uniku]
Voetgangers	**passadeira** (f)	[pɐsɐ'dɐjrɐ]
Slipgevaar	**pavimento** (m) **escorregadio**	[pɐvi'mẽtu əʃkuʀəgɐ'diu]
Voorrang verlenen	**cedência de passagem**	[sə'dẽsiɐ də pɐ'saʒẽʲ]

MENSEN. GEBEURTENISSEN IN HET LEVEN

Gebeurtenissen in het leven

181. Vakanties. Evenement

feest (het)	**festa** (f)	['fɛʃtɐ]
nationale feestdag (de)	**festa** (f) **nacional**	['fɛʃtɐ nɐsiu'nal]
feestdag (de)	**feriado** (m)	[fə'rjadu]
herdenken (ww)	**festejar** (vt)	[fəʃtə'ʒar]
gebeurtenis (de)	**evento** (m)	[e'vẽtu]
evenement (het)	**evento** (m)	[e'vẽtu]
banket (het)	**banquete** (m)	[bã'ketə]
receptie (de)	**receção** (f)	[ʀəsɛ'sãu]
feestmaal (het)	**festim** (m)	[fə'ʃtĩ]
verjaardag (de)	**aniversário** (m)	[ɐnivər'sariu]
jubileum (het)	**jubileu** (m)	[ʒubi'leu]
vieren (ww)	**celebrar** (vt)	[sələ'brar]
Nieuwjaar (het)	**Ano** (m) **Novo**	['ɐnu 'novu]
Gelukkig Nieuwjaar!	**Feliz Ano Novo!**	[fə'liʃ 'ɐnu 'novu]
Sinterklaas (de)	**Pai** (m) **Natal**	[paj nɐ'tal]
Kerstfeest (het)	**Natal** (m)	[nɐ'tal]
Vrolijk kerstfeest!	**Feliz Natal!**	[fə'liʃ nɐ'tal]
kerstboom (de)	**árvore** (f) **de Natal**	['arvurə də nɐ'tal]
vuurwerk (het)	**fogo** (m) **de artifício**	['fogu də ɐrti'fisiu]
bruiloft (de)	**boda** (f)	['bodɐ]
bruidegom (de)	**noivo** (m)	['nojvu]
bruid (de)	**noiva** (f)	['nojvɐ]
uitnodigen (ww)	**convidar** (vt)	[kõvi'dar]
uitnodigingskaart (de)	**convite** (m)	[kõ'vitə]
gast (de)	**convidado** (m)	[kõvi'dadu]
op bezoek gaan	**visitar** (vt)	[vizi'tar]
gasten verwelkomen	**receber os hóspedes**	[ʀəsə'ber uʃ 'ɔʃpədəʃ]
geschenk, cadeau (het)	**presente** (m)	[prə'zẽtə]
geven (iets cadeau ~)	**oferecer** (vt)	[ɔfərə'ser]
geschenken ontvangen	**receber presentes**	[ʀəsə'ber prə'zẽtəʃ]
boeket (het)	**ramo** (m) **de flores**	['ʀɐmu də 'florəʃ]
felicitaties (mv.)	**felicitações** (f pl)	[fəlisitɐ'soɪʃ]
feliciteren (ww)	**felicitar** (vt)	[fəlisi'tar]
wenskaart (de)	**cartão** (m) **de parabéns**	[kɐr'tãu də pɐrɐ'bẽʲʃ]

een kaartje versturen	**enviar um postal**	[ẽ'vjar ũ pu'ʃtal]
een kaartje ontvangen	**receber um postal**	[ʀəsə'ber ũ pu'ʃtal]
toast (de)	**brinde** (m)	['brĩdə]
aanbieden (een drankje ~)	**oferecer** (vt)	[ɔfərə'ser]
champagne (de)	**champanhe** (m)	[ʃã'pɐɲə]
plezier hebben (ww)	**divertir-se** (vr)	[divər'tirsə]
plezier (het)	**diversão** (f)	[divər'sãu]
vreugde (de)	**alegria** (f)	[ɐlə'griɐ]
dans (de)	**dança** (f)	['dãsɐ]
dansen (ww)	**dançar** (vi)	[dã'sar]
wals (de)	**valsa** (f)	['valsɐ]
tango (de)	**tango** (m)	['tãgu]

182. Begrafenissen. Begrafenis

kerkhof (het)	**cemitério** (m)	[səmi'tɛriu]
graf (het)	**sepultura** (f), **túmulo** (m)	[səpul'turɐ], ['tumulu]
kruis (het)	**cruz** (f)	[kruʃ]
grafsteen (de)	**lápide** (f)	['lapidə]
omheining (de)	**cerca** (f)	['serkɐ]
kapel (de)	**capela** (f)	[kɐ'pɛlɐ]
dood (de)	**morte** (f)	['mɔrtə]
sterven (ww)	**morrer** (vi)	[mu'ʀer]
overledene (de)	**defunto** (m)	[də'fũtu]
rouw (de)	**luto** (m)	['lutu]
begraven (ww)	**enterrar, sepultar** (vt)	[ẽtə'ʀar], [səpul'tar]
begrafenisonderneming (de)	**agência** (f) **funerária**	[ɐ'ʒẽsiɐ funə'rariɐ]
begrafenis (de)	**funeral** (m)	[funə'ral]
krans (de)	**coroa** (f) **de flores**	[ku'roɐ də 'florəʃ]
doodskist (de)	**caixão** (m)	[kaɪ'ʃãu]
lijkwagen (de)	**carro** (m) **funerário**	['kaʀu funə'rariu]
lijkkleed (de)	**mortalha** (f)	[mur'taʎɐ]
begrafenisstoet (de)	**procissão** (f) **funerária**	[prusi'sãu funə'rariɐ]
urn (de)	**urna** (f) **funerária**	['urnɐ funə'rariɐ]
crematorium (het)	**crematório** (m)	[krəmɐ'tɔriu]
overlijdensbericht (het)	**obituário** (m), **necrologia** (f)	[ɔbitu'ariu], [nəkrulu'ʒiɐ]
huilen (wenen)	**chorar** (vi)	[ʃu'rar]
snikken (huilen)	**soluçar** (vi)	[sulu'sar]

183. Oorlog. Soldaten

peloton (het)	**pelotão** (m)	[pəlu'tãu]
compagnie (de)	**companhia** (f)	[kõpɐ'ɲiɐ]

regiment (het)	**regimento** (m)	[ʀəʒi'mẽtu]
leger (armee)	**exército** (m)	[e'zɛrsitu]
divisie (de)	**divisão** (f)	[divi'zãu]
sectie (de)	**destacamento** (m)	[dəʃtɐkɐ'mẽtu]
troep (de)	**hoste** (f)	['ɔʃtə]
soldaat (militair)	**soldado** (m)	[sol'dadu]
officier (de)	**oficial** (m)	[ɔfi'sjal]
soldaat (rang)	**soldado** (m) **raso**	[sol'dadu 'ʀazu]
sergeant (de)	**sargento** (m)	[sɐr'ʒẽtu]
luitenant (de)	**tenente** (m)	[tə'nẽtə]
kapitein (de)	**capitão** (m)	[kɐpi'tãu]
majoor (de)	**major** (m)	[mɐ'ʒɔr]
kolonel (de)	**coronel** (m)	[kuru'nɛl]
generaal (de)	**general** (m)	[ʒənə'ral]
matroos (de)	**marujo** (m)	[mɐ'ruʒu]
kapitein (de)	**capitão** (m)	[kɐpi'tãu]
bootsman (de)	**contramestre** (m)	[kõtrɐ'mɛʃtrə]
artillerist (de)	**artilheiro** (m)	[ɐrti'ʎɐjru]
valschermjager (de)	**soldado** (m) **paraquedista**	[sol'dadu pɐrɐkə'diʃtɐ]
piloot (de)	**piloto** (m)	[pi'lotu]
stuurman (de)	**navegador** (m)	[nɐvəgɐ'dor]
mecanicien (de)	**mecânico** (m)	[mə'kɐniku]
sappeur (de)	**sapador** (m)	[sɐpɐ'dor]
parachutist (de)	**paraquedista** (m)	[pɐrɐkə'diʃtɐ]
verkenner (de)	**explorador** (m)	[əʃplurɐ'dor]
scherpschutter (de)	**franco-atirador** (m)	['frɐ̃kɔ ɐtirɐ'dor]
patrouille (de)	**patrulha** (f)	[pɐ'truʎɐ]
patrouilleren (ww)	**patrulhar** (vt)	[pɐtru'ʎar]
wacht (de)	**sentinela** (f)	[sẽti'nɛlɐ]
krijger (de)	**guerreiro** (m)	[gə'ʀɐjru]
patriot (de)	**patriota** (m)	[pɐtri'ɔtɐ]
held (de)	**herói** (m)	[e'rɔj]
heldin (de)	**heroína** (f)	[eru'inɐ]
verrader (de)	**traidor** (m)	[traj'dor]
verraden (ww)	**trair** (vt)	[trɐ'ir]
deserteur (de)	**desertor** (m)	[dəzər'tor]
deserteren (ww)	**desertar** (vt)	[dəzər'tar]
huurling (de)	**mercenário** (m)	[mərsə'nariu]
rekruut (de)	**recruta** (m)	[ʀə'krutɐ]
vrijwilliger (de)	**voluntário** (m)	[vulũ'tariu]
gedode (de)	**morto** (m)	['mortu]
gewonde (de)	**ferido** (m)	[fə'ridu]
krijgsgevangene (de)	**prisioneiro** (m) **de guerra**	[priziu'nɐjru də 'gɛʀɐ]

184. Oorlog. Militaire acties. Deel 1

oorlog (de)	**guerra** (f)	['gɛʀɐ]
oorlog voeren (ww)	**guerrear** (vt)	[gɛʀə'ar]
burgeroorlog (de)	**guerra** (f) **civil**	['gɛʀɐ si'vil]
achterbaks (bw)	**perfidamente**	[pərfidɐ'mẽtə]
oorlogsverklaring (de)	**declaração** (f) **de guerra**	[dəklɐrɐ'sãu də 'gɛʀɐ]
verklaren (de oorlog ~)	**declarar** (vt) **guerra**	[dəklɐ'rar 'gɛʀɐ]
agressie (de)	**agressão** (f)	[ɐgrə'sãu]
aanvallen (binnenvallen)	**atacar** (vt)	[ɐtɐ'kar]
binnenvallen (ww)	**invadir** (vt)	[ĩva'dir]
invaller (de)	**invasor** (m)	[ĩva'zor]
veroveraar (de)	**conquistador** (m)	[kõkiʃtɐ'dor]
verdediging (de)	**defesa** (f)	[də'fezɐ]
verdedigen (je land ~)	**defender** (vt)	[dəfẽ'der]
zich verdedigen (ww)	**defender-se** (vr)	[dəfẽ'dersə]
vijand (de)	**inimigo** (m)	[ini'migu]
tegenstander (de)	**adversário** (m)	[ɐdvər'sariu]
vijandelijk (bn)	**inimigo**	[ini'migu]
strategie (de)	**estratégia** (f)	[əʃtrɐ'tɛʒiɐ]
tactiek (de)	**tática** (f)	['tatikɐ]
order (de)	**ordem** (f)	['ɔrdẽʲ]
bevel (het)	**comando** (m)	[ku'mãdu]
bevelen (ww)	**ordenar** (vt)	[ɔrdə'nar]
opdracht (de)	**missão** (f)	[mi'sãu]
geheim (bn)	**secreto**	[sə'krɛtu]
veldslag (de)	**batalha** (f)	[bɐ'taʎɐ]
strijd (de)	**combate** (m)	[kõ'batə]
aanval (de)	**ataque** (m)	[ɐ'takə]
bestorming (de)	**assalto** (m)	[ɐ'saltu]
bestormen (ww)	**assaltar** (vt)	[ɐsal'tar]
bezetting (de)	**assédio, sítio** (m)	[ɐ'sɛdiu], ['sitiu]
aanval (de)	**ofensiva** (f)	[ɔfẽ'sivɐ]
in het offensief te gaan	**passar à ofensiva**	[pɐ'sar a ɔfẽ'sivɐ]
terugtrekking (de)	**retirada** (f)	[ʀəti'radɐ]
zich terugtrekken (ww)	**retirar-se** (vr)	[ʀəti'rarsə]
omsingeling (de)	**cerco** (m)	['serku]
omsingelen (ww)	**cercar** (vt)	[sər'kar]
bombardement (het)	**bombardeio** (m)	[bõbɐr'dɐju]
een bom gooien	**lançar uma bomba**	[lã'sar 'umɐ 'bõbɐ]
bombarderen (ww)	**bombardear** (vt)	[bõbɐr'djar]
ontploffing (de)	**explosão** (f)	[əʃplu'zãu]
schot (het)	**tiro** (m)	['tiru]

een schot lossen	**disparar um tiro**	[diʃpɐ'rar ũ 'tiru]
schieten (het)	**tiroteio** (m)	[tiru'tɐju]
mikken op (ww)	**apontar para ...**	[ɐpõ'tar 'pɐrɐ]
aanleggen (een wapen ~)	**apontar** (vt)	[ɐpõ'tar]
treffen (doelwit ~)	**acertar** (vt)	[ɐsər'tar]
zinken (tot zinken brengen)	**afundar** (vt)	[ɐfũ'dar]
kogelgat (het)	**brecha** (f)	['brɛʃɐ]
zinken (gezonken zijn)	**afundar-se** (vr)	[ɐfũ'darsə]
front (het)	**frente** (m)	['frẽtə]
evacuatie (de)	**evacuação** (f)	[evɐkuɐ'sãu]
evacueren (ww)	**evacuar** (vt)	[evɐku'ar]
loopgraaf (de)	**trincheira** (f)	[trĩ'ʃɐjrɐ]
prikkeldraad (de)	**arame** (m) **farpado**	[ɐ'rɐmə fer'padu]
verdedigingsobstakel (het)	**obstáculo** (m) **anticarro**	[ɔb'ʃtakulu ãti'kaʀu]
wachttoren (de)	**torre** (f) **de vigia**	['toʀə də vi'ʒiɐ]
hospitaal (het)	**hospital** (m)	[ɔʃpi'tal]
verwonden (ww)	**ferir** (vt)	[fə'rir]
wond (de)	**ferida** (f)	[fə'ridɐ]
gewonde (de)	**ferido** (m)	[fə'ridu]
gewond raken (ww)	**ficar ferido**	[fi'kar fə'ridu]
ernstig (~e wond)	**grave**	['gravə]

185. Oorlog. Militaire acties. Deel 2

krijgsgevangenschap (de)	**cativeiro** (m)	[kɐti'vɐjru]
krijgsgevangen nemen	**capturar** (vt)	[kaptu'rar]
krijgsgevangene zijn	**estar em cativeiro**	[ə'ʃtar ẽ kɐti'vɐjru]
krijgsgevangen genomen worden	**ser aprisionado**	[ser ɐpriziu'nadu]
concentratiekamp (het)	**campo** (m) **de concentração**	['kãpu də kõsẽtrɐ'sãu]
krijgsgevangene (de)	**prisioneiro** (m) **de guerra**	[priziu'nɐjru də 'gɛʀɐ]
vluchten (ww)	**escapar** (vi)	[əʃkɐ'par]
verraden (ww)	**trair** (vt)	[trɐ'ir]
verrader (de)	**traidor** (m)	[traj'dor]
verraad (het)	**traição** (f)	[traj'sãu]
fusilleren (executeren)	**fuzilar, executar** (vt)	[fuzi'lar], [ezəku'tar]
executie (de)	**fuzilamento** (m)	[fuzilɐ'mẽtu]
uitrusting (de)	**equipamento** (m)	[ekipɐ'mẽtu]
schouderstuk (het)	**platina** (f)	[plɐ'tinɐ]
gasmasker (het)	**máscara** (f) **antigás**	['maʃkɐrɐ ãti'gaʃ]
portofoon (de)	**rádio** (m)	['ʀadiu]
geheime code (de)	**cifra** (f), **código** (m)	['sifrɐ], ['kɔdigu]
samenzwering (de)	**conspiração** (f)	[kõʃpirɐ'sãu]
wachtwoord (het)	**senha** (f)	['sɐɲɐ]

mijn (landmijn)	**mina** (f)	['mine]
ondermijnen (legden mijnen)	**minar** (vt)	[mi'nar]
mijnenveld (het)	**campo** (m) **minado**	['kãpu mi'nadu]
luchtalarm (het)	**alarme** (m) **aéreo**	[e'larmə e'ɛriu]
alarm (het)	**alarme** (m)	[e'larmə]
signaal (het)	**sinal** (m)	[si'nal]
vuurpijl (de)	**sinalizador** (m)	[sinelize'dor]
staf (generale ~)	**estado-maior** (m)	[ə'ʃtadu me'jɔr]
verkenning (de)	**reconhecimento** (m)	[ʀəkuɲəsi'mẽtu]
toestand (de)	**situação** (f)	[situe'sãu]
rapport (het)	**relatório** (m)	[ʀəle'tɔriu]
hinderlaag (de)	**emboscada** (f)	[ẽbu'ʃkade]
versterking (de)	**reforço** (m)	[ʀə'forsu]
doel (bewegend ~)	**alvo** (m)	['alvu]
proefterrein (het)	**campo** (m) **de tiro**	['kãpu də 'tiru]
manoeuvres (mv.)	**manobras** (f pl)	[me'nɔbreʃ]
paniek (de)	**pânico** (m)	['peniku]
verwoesting (de)	**devastação** (f)	[dəveʃte'sãu]
verwoestingen (mv.)	**ruínas** (f pl)	[ʀu'ineʃ]
verwoesten (ww)	**destruir** (vt)	[dəʃtru'ir]
overleven (ww)	**sobreviver** (vi)	[sobrəvi'ver]
ontwapenen (ww)	**desarmar** (vt)	[dəzer'mar]
behandelen (een pistool ~)	**manusear** (vt)	[menu'zjar]
Geeft acht!	**Firmes!**	['firməʃ]
Op de plaats rust!	**Descansar!**	[dəʃkã'sar]
heldendaad (de)	**façanha** (f)	[fe'seɲe]
eed (de)	**juramento** (m)	[ʒure'mẽtu]
zweren (een eed doen)	**jurar** (vi)	[ʒu'rar]
decoratie (de)	**condecoração** (f)	[kõdəkure'sãu]
onderscheiden (een ereteken geven)	**condecorar** (vt)	[kõdəku'rar]
medaille (de)	**medalha** (f)	[mə'daʎe]
orde (de)	**ordem** (f)	['ɔrdẽʲ]
overwinning (de)	**vitória** (f)	[vi'tɔrie]
verlies (het)	**derrota** (f)	[də'ʀɔte]
wapenstilstand (de)	**armistício** (m)	[ermi'ʃtisiu]
wimpel (vaandel)	**bandeira** (f)	[bã'dejre]
roem (de)	**glória** (f)	['glɔrie]
parade (de)	**desfile** (m) **militar**	[də'ʃfilə mili'tar]
marcheren (ww)	**marchar** (vi)	[me'rʃar]

186. Wapens

wapens (mv.)	**arma** (f)	['arme]
vuurwapens (mv.)	**arma** (f) **de fogo**	['arme də 'fogu]

koude wapens (mv.)	**arma** (f) **branca**	['armɐ 'brɐ̃kɐ]
chemische wapens (mv.)	**arma** (f) **química**	['armɐ 'kimikɐ]
kern-, nucleair (bn)	**nuclear**	[nuklə'ar]
kernwapens (mv.)	**arma** (f) **nuclear**	['armɐ nuklə'ar]
bom (de)	**bomba** (f)	['bõbɐ]
atoombom (de)	**bomba** (f) **atómica**	['bõbɐ ɐ'tɔmikɐ]
pistool (het)	**pistola** (f)	[pi'ʃtɔlɐ]
geweer (het)	**caçadeira** (f)	[kɐsɐ'dɐjrɐ]
machinepistool (het)	**pistola-metralhadora** (f)	[pi'ʃtɔlɐ mətrɐʎɐ'dorɐ]
machinegeweer (het)	**metralhadora** (f)	[mətrɐʎɐ'dorɐ]
loop (schietbuis)	**boca** (f)	['bokɐ]
loop (bijv. geweer met kortere ~)	**cano** (m)	['kɐnu]
kaliber (het)	**calibre** (m)	[kɐ'librə]
trekker (de)	**gatilho** (m)	[gɐ'tiʎu]
korrel (de)	**mira** (f)	['mirɐ]
magazijn (het)	**carregador** (m)	[kɐʀəgɐ'dor]
geweerkolf (de)	**coronha** (f)	[ku'roɲɐ]
granaat (handgranaat)	**granada** (f) **de mão**	[grɐ'nadɐ də 'mɐ̃u]
explosieven (mv.)	**explosivo** (m)	[əʃplu'zivu]
kogel (de)	**bala** (f)	['balɐ]
patroon (de)	**cartucho** (m)	[kɐr'tuʃu]
lading (de)	**carga** (f)	['kargɐ]
ammunitie (de)	**munições** (f pl)	[muni'soɪʃ]
bommenwerper (de)	**bombardeiro** (m)	[bõbɐr'dɐjru]
straaljager (de)	**avião** (m) **de caça**	[ɐ'vjɐ̃u də 'kasɐ]
helikopter (de)	**helicóptero** (m)	[eli'kɔptəru]
afweergeschut (het)	**canhão** (m) **antiaéreo**	[kɐ'ɲɐ̃u ɐ̃tiɐ'ɛriu]
tank (de)	**tanque** (m)	['tɐ̃kə]
kanon (tank met een ~ van 76 mm)	**canhão** (m), **peça** (f)	[kɐ'ɲɐ̃u], ['pɛsɐ]
artillerie (de)	**artilharia** (f)	[ɐrtiʎɐ'riɐ]
kanon (het)	**canhão** (m)	[kɐ'ɲɐ̃u]
aanleggen (een wapen ~)	**fazer a pontaria**	[fɐ'zer ɐ põtɐ'riɐ]
projectiel (het)	**obus** (m)	[ɔ'buʃ]
mortiergranaat (de)	**granada** (f) **de morteiro**	[grɐ'nadɐ də mur'tɐjru]
mortier (de)	**morteiro** (m)	[mur'tɐjru]
granaatscherf (de)	**estilhaço** (m)	[əʃti'ʎasu]
duikboot (de)	**submarino** (m)	[submɐ'rinu]
torpedo (de)	**torpedo** (m)	[tur'pɛdu]
raket (de)	**míssil** (m)	['misil]
laden (geweer, kanon)	**carregar** (vt)	[kɐʀə'gar]
schieten (ww)	**atirar, disparar** (vi)	[ɐti'rar], [diʃpɐ'rar]
richten op (mikken)	**apontar para ...**	[ɐpõ'tar 'pɐrɐ]

bajonet (de)	**baioneta** (f)	[baju'nete]
degen (de)	**espada** (f)	[ə'ʃpade]
sabel (de)	**sabre** (m)	['sabrə]
speer (de)	**lança** (f)	['lãse]
boog (de)	**arco** (m)	['arku]
pijl (de)	**flecha** (f)	['flɛʃe]
musket (de)	**mosquete** (m)	[mu'ʃkɛtə]
kruisboog (de)	**besta** (f)	['beʃte]

187. Oude mensen

primitief (bn)	**primitivo**	[primi'tivu]
voorhistorisch (bn)	**pré-histórico**	[prɛɪ'ʃtɔriku]
eeuwenoude (~ beschaving)	**antigo**	[ã'tigu]
Steentijd (de)	**Idade** (f) **da Pedra**	[i'dadə de 'pɛdre]
Bronstijd (de)	**Idade** (f) **do Bronze**	[i'dadə du 'brõzə]
IJstijd (de)	**período** (m) **glacial**	[pə'riudu gle'sjal]
stam (de)	**tribo** (f)	['tribu]
menseneter (de)	**canibal** (m)	[keni'bal]
jager (de)	**caçador** (m)	[kese'dor]
jagen (ww)	**caçar** (vi)	[ke'sar]
mammoet (de)	**mamute** (m)	[me'mutə]
grot (de)	**caverna** (f)	[ke'vɛrne]
vuur (het)	**fogo** (m)	['fogu]
kampvuur (het)	**fogueira** (f)	[fu'gejre]
rotstekening (de)	**pintura** (f) **rupestre**	[pĩ'ture ʀu'pɛʃtrə]
werkinstrument (het)	**ferramenta** (f)	[fəʀe'mẽte]
speer (de)	**lança** (f)	['lãse]
stenen bijl (de)	**machado** (m) **de pedra**	[me'ʃadu də 'pɛdre]
oorlog voeren (ww)	**guerrear** (vt)	[gɛʀə'ar]
temmen (bijv. wolf ~)	**domesticar** (vt)	[dumәʃti'kar]
idool (het)	**ídolo** (m)	['idulu]
aanbidden (ww)	**adorar, venerar** (vt)	[edu'rar], [vənə'rar]
bijgeloof (het)	**superstição** (f)	[supərʃti'sãu]
ritueel (het)	**ritual** (m)	[ʀitu'al]
evolutie (de)	**evolução** (f)	[evulu'sãu]
ontwikkeling (de)	**desenvolvimento** (m)	[dəzẽvɔlvi'mẽtu]
verdwijning (de)	**desaparecimento** (m)	[dəzeperəsi'mẽtu]
zich aanpassen (ww)	**adaptar-se** (vr)	[edep'tarsə]
archeologie (de)	**arqueologia** (f)	[erkiulu'ʒie]
archeoloog (de)	**arqueólogo** (m)	[er'kjɔlugu]
archeologisch (bn)	**arqueológico**	[erkiu'lɔʒiku]
opgravingsplaats (de)	**local** (m) **das escavações**	[lu'kal deʃ əʃkeve'soɪʃ]
opgravingen (mv.)	**escavações** (f pl)	[əʃkeve'soɪʃ]
vondst (de)	**achado** (m)	[e'ʃadu]
fragment (het)	**fragmento** (m)	[fra'gmẽtu]

188. Middeleeuwen

volk (het)	**povo** (m)	['povu]
volkeren (mv.)	**povos** (m pl)	['pɔvuʃ]
stam (de)	**tribo** (f)	['tribu]
stammen (mv.)	**tribos** (f pl)	['tribuʃ]
barbaren (mv.)	**bárbaros** (m pl)	['barbɐruʃ]
Galliërs (mv.)	**gauleses** (m pl)	[gau'lezəʃ]
Goten (mv.)	**godos** (m pl)	['goduʃ]
Slaven (mv.)	**eslavos** (m pl)	[ə'ʒlavuʃ]
Vikings (mv.)	**víquingues** (m pl)	['vikĩgəs]
Romeinen (mv.)	**romanos** (m pl)	[ʀu'mɐnuʃ]
Romeins (bn)	**romano**	[ʀu'mɐnu]
Byzantijnen (mv.)	**bizantinos** (m pl)	[bizã'tinuʃ]
Byzantium (het)	**Bizâncio**	[bi'zãsiu]
Byzantijns (bn)	**bizantino**	[bizã'tinu]
keizer (bijv. Romeinse ~)	**imperador** (m)	[ĩpərɐ'dor]
opperhoofd (het)	**líder** (m)	['lidɛr]
machtig (bn)	**poderoso**	[pudə'rozu]
koning (de)	**rei** (m)	[ʀɐj]
heerser (de)	**governante** (m)	[guvər'nãtə]
ridder (de)	**cavaleiro** (m)	[kɐvɐ'lɐjru]
feodaal (de)	**senhor feudal** (m)	[sə'ɲor feu'dal]
feodaal (bn)	**feudal**	[feu'dal]
vazal (de)	**vassalo** (m)	[vɐ'salu]
hertog (de)	**duque** (m)	['dukə]
graaf (de)	**conde** (m)	['kõdə]
baron (de)	**barão** (m)	[bɐ'rãu]
bisschop (de)	**bispo** (m)	['biʃpu]
harnas (het)	**armadura** (f)	[ɐrmɐ'durɐ]
schild (het)	**escudo** (m)	[ə'ʃkudu]
zwaard (het)	**espada** (f)	[ə'ʃpadɐ]
vizier (het)	**viseira** (f)	[vi'zɐjrɐ]
maliënkolder (de)	**cota** (f) **de malha**	['kɔtɐ də 'maʎɐ]
kruistocht (de)	**cruzada** (f)	[kru'zadɐ]
kruisvaarder (de)	**cruzado** (m)	[kru'zadu]
gebied (bijv. bezette ~en)	**território** (m)	[təʀi'tɔriu]
aanvallen (binnenvallen)	**atacar** (vt)	[ɐtɐ'kar]
veroveren (ww)	**conquistar** (vt)	[kõki'ʃtar]
innemen (binnenvallen)	**ocupar, invadir** (vt)	[ɔku'par], [ĩva'dir]
bezetting (de)	**assédio, sítio** (m)	[ɐ'sɛdiu], ['sitiu]
belegerd (bn)	**sitiado**	[si'tjadu]
belegeren (ww)	**assediar, sitiar** (vt)	[ɐsə'djar], [si'tjar]
inquisitie (de)	**inquisição** (f)	[ĩkizi'sãu]
inquisiteur (de)	**inquisidor** (m)	[ĩkizi'dor]

foltering (de)	**tortura** (f)	[tur'turɐ]
wreed (bn)	**cruel**	[kru'ɛl]
ketter (de)	**herege** (m)	[e'rɛʒə]
ketterij (de)	**heresia** (f)	[erə'ziɐ]
zeevaart (de)	**navegação** (f) **marítima**	[nɐvəgɐ'sãu mɐ'ritimɐ]
piraat (de)	**pirata** (m)	[pi'ratɐ]
piraterij (de)	**pirataria** (f)	[pirɐtɐ'riɐ]
enteren (het)	**abordagem** (f)	[ɐbur'daʒẽʲ]
buit (de)	**presa** (f), **butim** (m)	['prezɐ], [bu'tĩ]
schatten (mv.)	**tesouros** (m pl)	[tə'zoruʃ]
ontdekking (de)	**descobrimento** (m)	[dəʃkubri'mẽtu]
ontdekken (bijv. nieuw land)	**descobrir** (vt)	[dəʃku'brir]
expeditie (de)	**expedição** (f)	[əʃpədi'sãu]
musketier (de)	**mosqueteiro** (m)	[muʃkə'tɐjru]
kardinaal (de)	**cardeal** (m)	[kɐr'djal]
heraldiek (de)	**heráldica** (f)	[e'raldikɐ]
heraldisch (bn)	**heráldico**	[e'raldiku]

189. Leider. Baas. Autoriteiten

koning (de)	**rei** (m)	[ʀɐj]
koningin (de)	**rainha** (f)	[ʀɐ'iɲɐ]
koninklijk (bn)	**real**	[ʀə'al]
koninkrijk (het)	**reino** (m)	['ʀɐjnu]
prins (de)	**príncipe** (m)	['prĩsipə]
prinses (de)	**princesa** (f)	[prĩ'sezɐ]
president (de)	**presidente** (m)	[prəzi'dẽtə]
vicepresident (de)	**vice-presidente** (m)	['visə prəzi'dẽtə]
senator (de)	**senador** (m)	[sənɐ'dor]
monarch (de)	**monarca** (m)	[mu'narkɐ]
heerser (de)	**governante** (m)	[guvər'nãtə]
dictator (de)	**ditador** (m)	[ditɐ'dor]
tiran (de)	**tirano** (m)	[ti'rɐnu]
magnaat (de)	**magnata** (m)	[mɐ'gnatɐ]
directeur (de)	**diretor** (m)	[dirɛ'tor]
chef (de)	**chefe** (m)	['ʃɛfə]
beheerder (de)	**dirigente** (m)	[diri'ʒẽtə]
baas (de)	**patrão** (m)	[pɐ'trãu]
eigenaar (de)	**dono** (m)	['donu]
hoofd (bijv. ~ van de delegatie)	**chefe** (m)	['ʃɛfə]
autoriteiten (mv.)	**autoridades** (f pl)	[auturi'dadəʃ]
superieuren (mv.)	**superiores** (m pl)	[supə'rjorəʃ]
gouverneur (de)	**governador** (m)	[guvərnɐ'dor]
consul (de)	**cônsul** (m)	['kõsul]

diplomaat (de)	**diplomata** (m)	[diplu'mate]
burgemeester (de)	**Presidente** (m) **da Câmara**	[prezi'dẽtə de 'kemere]
sheriff (de)	**xerife** (m)	[ʃɛ'rifə]
keizer (bijv. Romeinse ~)	**imperador** (m)	[ĩpere'dor]
tsaar (de)	**czar** (m)	['kzar]
farao (de)	**faraó** (m)	[fere'ɔ]
kan (de)	**cã** (m)	['kã]

190. Weg. Weg. Routebeschrijving

weg (de)	**estrada** (f)	[ə'ʃtrade]
route (de kortste ~)	**caminho** (m)	[ke'miɲu]
autoweg (de)	**rodovia** (f)	[ʀɔdɔ'vie]
snelweg (de)	**autoestrada** (f)	[autɔə'ʃtrade]
rijksweg (de)	**estrada** (f) **nacional**	[ə'ʃtrade nesiu'nal]
hoofdweg (de)	**estrada** (f) **principal**	[ə'ʃtrade prĩsi'pal]
landweg (de)	**caminho** (m) **de terra batida**	[ke'miɲu də 'tɛʀe be'tide]
pad (het)	**trilha** (f)	['triʎe]
paadje (het)	**vereda** (f)	[və'rede]
Waar?	**Onde?**	['õdə]
Waarheen?	**Para onde?**	['pere 'õdə]
Waarvandaan?	**De onde?**	[də 'õdə]
richting (de)	**direção** (f)	[dirɛ'sãu]
aanwijzen (de weg ~)	**indicar** (vt)	[ĩdi'kar]
naar links (bw)	**para esquerda**	['pere ə'ʃkerde]
naar rechts (bw)	**para direita**	['pere di'rejte]
rechtdoor (bw)	**em frente**	[ẽ 'frẽtə]
terug (bijv. ~ keren)	**para trás**	['pere 'traʃ]
bocht (de)	**curva** (f)	['kurve]
afslaan (naar rechts ~)	**virar** (vi)	[vi'rar]
U-bocht maken (ww)	**dar retorno**	[dar ʀə'tornu]
zichtbaar worden (ww)	**estar visível**	[ə'ʃtar vi'zivɛl]
verschijnen (in zicht komen)	**aparecer** (vi)	[epere'ser]
stop (korte onderbreking)	**paragem** (f)	[pe'raʒẽʲ]
zich verpozen (uitrusten)	**descansar** (vi)	[dəʃkã'sar]
rust (de)	**descanso** (m)	[də'ʃkãsu]
verdwalen (de weg kwijt zijn)	**perder-se** (vr)	[pər'dersə]
leiden naar ... (de weg)	**levar para ...**	[lə'var 'pere]
bereiken (ergens aankomen)	**chegar a ...**	[ʃə'gar e]
deel (~ van de weg)	**trecho** (m)	['treʃu]
asfalt (het)	**asfalto** (m)	[e'ʃfaltu]
trottoirband (de)	**lancil** (m)	[lã'sil]

greppel (de)	**valeta** (f)	[vɐ'letɐ]
putdeksel (het)	**tampa** (f) **de esgoto**	['tãpɐ də əʒ'gotu]
vluchtstrook (de)	**berma** (f) **da estrada**	['bɛrmɐ dɐ ə'ʃtradɐ]
kuil (de)	**buraco** (m)	[bu'raku]
gaan (te voet)	**ir** (vi)	[iɾ]
inhalen (voorbijgaan)	**ultrapassar** (vt)	[ultrɐpɐ'saɾ]
stap (de)	**passo** (m)	['pasu]
te voet (bw)	**a pé**	[ɐ pɛ]
blokkeren (de weg ~)	**bloquear** (vt)	[blu'kjaɾ]
slagboom (de)	**cancela** (f)	[kã'sɛlɐ]
doodlopende straat (de)	**beco** (m) **sem saída**	['beku sẽ sɐ'idɐ]

191. De wet overtreden. Criminelen. Deel 1

bandiet (de)	**bandido** (m)	[bã'didu]
misdaad (de)	**crime** (m)	['krimə]
misdadiger (de)	**criminoso** (m)	[krimi'nozu]
dief (de)	**ladrão** (m)	[lɐ'drãu]
stelen (ww)	**roubar** (vt)	[ʀo'baɾ]
stelen (de)	**furto** (m)	['furtu]
diefstal (de)	**furto** (m)	['furtu]
kidnappen (ww)	**raptar** (vt)	[ʀɐp'taɾ]
kidnapping (de)	**rapto** (m)	['ʀaptu]
kidnapper (de)	**raptor** (m)	[ʀap'toɾ]
losgeld (het)	**resgate** (m)	[ʀəʒ'gatə]
eisen losgeld (ww)	**pedir resgate**	[pə'dir ʀəʒ'gatə]
overvallen (ww)	**roubar** (vt)	[ʀo'baɾ]
overval (de)	**assalto, roubo** (m)	[ɐ'saltu], ['ʀobu]
overvaller (de)	**assaltante** (m)	[ɐsal'tãtə]
afpersen (ww)	**extorquir** (vt)	[əʃtuɾ'kiɾ]
afperser (de)	**extorsionário** (m)	[əʃtursiu'nariu]
afpersing (de)	**extorsão** (f)	[əʃtur'sãu]
vermoorden (ww)	**matar, assassinar** (vt)	[mɐ'taɾ], [ɐsɐsi'naɾ]
moord (de)	**homicídio** (m)	[ɔmi'sidiu]
moordenaar (de)	**homicida, assassino** (m)	[ɔmi'sidɐ], [ɐsɐ'sinu]
schot (het)	**tiro** (m)	['tiru]
een schot lossen	**dar um tiro**	[daɾ ũ 'tiru]
neerschieten (ww)	**matar a tiro**	[mɐ'taɾ ɐ 'tiru]
schieten (ww)	**atirar, disparar** (vi)	[ɐti'raɾ], [diʃpɐ'raɾ]
schieten (het)	**tiroteio** (m)	[tiru'tɐju]
ongeluk (gevecht, enz.)	**incidente** (m)	[ĩsid'ẽtə]
gevecht (het)	**briga** (f)	['brigɐ]
Help!	**Socorro!**	[su'koʀu]

slachtoffer (het)	**vítima** (f)	['vitimɐ]
beschadigen (ww)	**danificar** (vt)	[dɐnifi'kar]
schade (de)	**dano** (m)	['dɐnu]
lijk (het)	**cadáver** (m)	[kɐ'davɛr]
zwaar (~ misdrijf)	**grave**	['gravə]
aanvallen (ww)	**atacar** (vt)	[ɐtɐ'kar]
slaan (iemand ~)	**bater** (vt)	[bɐ'ter]
in elkaar slaan (toetakelen)	**espancar** (vt)	[əʃpã'kar]
ontnemen (beroven)	**tirar** (vt)	[ti'rar]
steken (met een mes)	**esfaquear** (vt)	[əʃfɐ'kjar]
verminken (ww)	**mutilar** (vt)	[muti'lar]
verwonden (ww)	**ferir** (vt)	[fə'rir]
chantage (de)	**chantagem** (f)	[ʃã'taʒẽĩ]
chanteren (ww)	**chantagear** (vt)	[ʃãtɐ'ʒjar]
chanteur (de)	**chantagista** (m)	[ʃãtɐ'ʒiʃtɐ]
afpersing (de)	**extorsão** (f)	[əʃtur'sãu]
afperser (de)	**extorsionário** (m)	[əʃtursiu'nariu]
gangster (de)	**gângster** (m)	['gãgʃtɛr]
maffia (de)	**máfia** (f)	['mafiɐ]
kruimeldief (de)	**carteirista** (m)	[kɐrtɐj'riʃtɐ]
inbreker (de)	**assaltante, ladrão** (m)	[ɐsal'tãtə], [lɐ'drãu]
smokkelen (het)	**contrabando** (m)	[kõtrɐ'bãdu]
smokkelaar (de)	**contrabandista** (m)	[kõtrɐbã'diʃtɐ]
namaak (de)	**falsificação** (f)	[falsifikɐ'sãu]
namaken (ww)	**falsificar** (vt)	[falsifi'kar]
namaak-, vals (bn)	**falsificado**	[falsifi'kadu]

192. De wet overtreden. Criminelen. Deel 2

verkrachting (de)	**violação** (f)	[viulɐ'sãu]
verkrachten (ww)	**violar** (vt)	[viu'lar]
verkrachter (de)	**violador** (m)	[viulɐ'dor]
maniak (de)	**maníaco** (m)	[mɐ'niɐku]
prostituee (de)	**prostituta** (f)	[pruʃti'tutɐ]
prostitutie (de)	**prostituição** (f)	[pruʃtitui'sãu]
pooier (de)	**chulo** (m)	['ʃulu]
drugsverslaafde (de)	**toxicodependente** (m)	[tɔksiku·dəpẽ'dẽtə]
drugshandelaar (de)	**traficante** (m)	[trɐfi'kãtə]
opblazen (ww)	**explodir** (vt)	[əʃplu'dir]
explosie (de)	**explosão** (f)	[əʃplu'zãu]
in brand steken (ww)	**incendiar** (vt)	[ĩsẽ'djar]
brandstichter (de)	**incendiário** (m)	[ĩsẽ'djariu]
terrorisme (het)	**terrorismo** (m)	[təʀu'riʒmu]
terrorist (de)	**terrorista** (m)	[təʀu'riʃtɐ]
gijzelaar (de)	**refém** (m)	[ʀə'fẽĩ]

bedriegen (ww)	**enganar** (vt)	[ẽgɐ'naɾ]
bedrog (het)	**engano** (m)	[ẽ'gɐnu]
oplichter (de)	**vigarista** (m)	[vigɐ'riʃtɐ]
omkopen (ww)	**subornar** (vt)	[subuɾ'naɾ]
omkoperij (de)	**suborno** (m)	[su'boɾnu]
smeergeld (het)	**suborno** (m)	[su'boɾnu]
vergif (het)	**veneno** (m)	[və'nenu]
vergiftigen (ww)	**envenenar** (vt)	[ẽvənə'naɾ]
vergif innemen (ww)	**envenenar-se** (vr)	[ẽvənə'naɾsə]
zelfmoord (de)	**suicídio** (m)	[sui'sidiu]
zelfmoordenaar (de)	**suicida** (m)	[sui'sidɐ]
bedreigen (bijv. met een pistool)	**ameaçar** (vt)	[ɐmiɐ'saɾ]
bedreiging (de)	**ameaça** (f)	[ɐ'mjasɐ]
een aanslag plegen	**atentar contra a vida de ...**	[ɐtẽ'taɾ 'kõtrɐ ɐ 'vidɐ də]
aanslag (de)	**atentado** (m)	[ɐtẽ'tadu]
stelen (een auto)	**roubar** (vt)	[ʀo'baɾ]
kapen (een vliegtuig)	**desviar** (vt)	[də'ʒvjaɾ]
wraak (de)	**vingança** (f)	[vĩ'gãsɐ]
wreken (ww)	**vingar** (vt)	[vĩ'gaɾ]
martelen (gevangenen)	**torturar** (vt)	[tuɾtu'raɾ]
foltering (de)	**tortura** (f)	[tuɾ'turɐ]
folteren (ww)	**atormentar** (vt)	[ɐtuɾmẽ'taɾ]
piraat (de)	**pirata** (m)	[pi'ratɐ]
straatschender (de)	**desordeiro** (m)	[dəzɔɾ'dɐjru]
gewapend (bn)	**armado**	[ɐɾ'madu]
geweld (het)	**violência** (f)	[viu'lẽsiɐ]
onwettig (strafbaar)	**ilegal**	[ilə'gal]
spionage (de)	**espionagem** (f)	[əʃpiu'naʒẽʲ]
spioneren (ww)	**espionar** (vi)	[əʃpiu'naɾ]

193. Politie. Wet. Deel 1

justitie (de)	**justiça** (f)	[ʒu'ʃtisɐ]
gerechtshof (het)	**tribunal** (m)	[tribu'nal]
rechter (de)	**juiz** (m)	[ʒu'iʃ]
jury (de)	**jurados** (m pl)	[ʒu'raduʃ]
juryrechtspraak (de)	**tribunal** (m) **do júri**	[tribu'nal du 'ʒuri]
berechten (ww)	**julgar** (vt)	[ʒu'lgaɾ]
advocaat (de)	**advogado** (m)	[ɐdvu'gadu]
beklaagde (de)	**réu** (m)	['ʀɛu]
beklaagdenbank (de)	**banco** (m) **dos réus**	['bãku duʃ 'ʀɛuʃ]
beschuldiging (de)	**acusação** (f)	[ɐkuzɐ'sãu]

beschuldigde (de)	**acusado** (m)	[ɐku'zadu]
vonnis (het)	**sentença** (f)	[sẽ'tẽsɐ]
veroordelen (in een rechtszaak)	**sentenciar** (vt)	[sẽtẽ'sjar]
schuldige (de)	**culpado** (m)	[kul'padu]
straffen (ww)	**punir** (vt)	[pu'nir]
bestraffing (de)	**punição** (f)	[puni'sãu]
boete (de)	**multa** (f)	['multɐ]
levenslange opsluiting (de)	**prisão** (f) **perpétua**	[pri'zãu pər'pɛtuɐ]
doodstraf (de)	**pena** (f) **de morte**	['penɐ də 'mɔrtə]
elektrische stoel (de)	**cadeira** (f) **elétrica**	[kɐ'dɐjrɐ e'lɛtrikɐ]
schavot (het)	**forca** (f)	['forkɐ]
executeren (ww)	**executar** (vt)	[ezəku'tar]
executie (de)	**execução** (f)	[ezəku'sãu]
gevangenis (de)	**prisão** (f)	[pri'zãu]
cel (de)	**cela** (f) **de prisão**	['sɛlɐ də pri'zãu]
konvooi (het)	**escolta** (f)	[ə'ʃkɔltɐ]
gevangenisbewaker (de)	**guarda** (m) **prisional**	[gu'ardɐ priziu'nal]
gedetineerde (de)	**preso** (m)	['prezu]
handboeien (mv.)	**algemas** (f pl)	[al'ʒemɐʃ]
handboeien omdoen	**algemar** (vt)	[alʒə'mar]
ontsnapping (de)	**fuga, evasão** (f)	['fugɐ], [evɐ'zãu]
ontsnappen (ww)	**fugir** (vi)	[fu'ʒir]
verdwijnen (ww)	**desaparecer** (vi)	[dəzɐpɐrə'ser]
vrijlaten (uit de gevangenis)	**soltar, libertar** (vt)	[sol'tar], [libər'tar]
amnestie (de)	**amnistia** (f)	[ɐmni'ʃtiɐ]
politie (de)	**polícia** (f)	[pu'lisiɐ]
politieagent (de)	**polícia** (m)	[pu'lisiɐ]
politiebureau (het)	**esquadra** (f) **de polícia**	[əʃku'adrɐ də pu'lisiɐ]
knuppel (de)	**cassetete** (m)	[kasə'tetə]
megafoon (de)	**megafone** (m)	[mɛgɐ'fɔnə]
patrouilleerwagen (de)	**carro** (m) **de patrulha**	['kaʀu də pɐ'truʎɐ]
sirene (de)	**sirene** (f)	[si'rɛnə]
de sirene aansteken	**ligar a sirene**	[li'gar ɐ si'rɛnə]
geloei (het) van de sirene	**toque** (m) **da sirene**	['tɔkə dɐ si'rɛnə]
plaats delict (de)	**cena** (f) **do crime**	['senɐ du 'krimə]
getuige (de)	**testemunha** (f)	[təʃtə'muɲɐ]
vrijheid (de)	**liberdade** (f)	[libər'dadə]
handlanger (de)	**cúmplice** (m)	['kũplisə]
ontvluchten (ww)	**escapar** (vi)	[əʃkɐ'par]
spoor (het)	**traço** (m)	['trasu]

194. Politie. Wet. Deel 2

opsporing (de)	**procura** (f)	[prɔ'kurɐ]
opsporen (ww)	**procurar** (vt)	[prɔku'rar]

verdenking (de)	**suspeita** (f)	[su'ʃpɐjtɐ]
verdacht (bn)	**suspeito**	[su'ʃpɐjtu]
aanhouden (stoppen)	**parar** (vt)	[pɐ'rar]
tegenhouden (ww)	**deter** (vt)	[də'ter]
strafzaak (de)	**caso** (m)	['kazu]
onderzoek (het)	**investigação** (f)	[ĩvəʃtigɐ'sãu]
detective (de)	**detetive** (m)	[dətɛ'tivə]
onderzoeksrechter (de)	**investigador** (m)	[ĩvəʃtigɐ'dor]
versie (de)	**versão** (f)	[vər'sãu]
motief (het)	**motivo** (m)	[mu'tivu]
verhoor (het)	**interrogatório** (m)	[ĩtəʀugɐ'tɔriu]
ondervragen (door de politie)	**interrogar** (vt)	[ĩtəʀu'gar]
ondervragen (omstanders ~)	**questionar** (vt)	[kəʃtiu'nar]
controle (de)	**verificação** (f)	[vərifikɐ'sãu]
razzia (de)	**batida** (f) **policial**	[bɐ'tidɐ puli'sjal]
huiszoeking (de)	**busca** (f)	['buʃkɐ]
achtervolging (de)	**perseguição** (f)	[pərsəgi'sãu]
achtervolgen (ww)	**perseguir** (vt)	[pərsə'gir]
opsporen (ww)	**seguir** (vt)	[sə'gir]
arrest (het)	**prisão** (f)	[pri'zãu]
arresteren (ww)	**prender** (vt)	[prẽ'der]
vangen, aanhouden (een dief, enz.)	**pegar, capturar** (vt)	[pə'gar], [kaptu'rar]
aanhouding (de)	**captura** (f)	[kap'turɐ]
document (het)	**documento** (m)	[duku'mẽtu]
bewijs (het)	**prova** (f)	['prɔvɐ]
bewijzen (ww)	**provar** (vt)	[pru'var]
voetspoor (het)	**pegada** (f)	[pə'gadɐ]
vingerafdrukken (mv.)	**impressões** (f pl) **digitais**	[ĩprə'soɪʃ diʒi'taɪʃ]
bewijs (het)	**prova** (f)	['prɔvɐ]
alibi (het)	**álibi** (m)	['alibi]
onschuldig (bn)	**inocente**	[inu'sẽtə]
onrecht (het)	**injustiça** (f)	[ĩʒu'ʃtisɐ]
onrechtvaardig (bn)	**injusto**	[ĩ'ʒuʃtu]
crimineel (bn)	**criminal**	[krimi'nal]
confisqueren (in beslag nemen)	**confiscar** (vt)	[kõfi'ʃkar]
drug (de)	**droga** (f)	['drɔgɐ]
wapen (het)	**arma** (f)	['armɐ]
ontwapenen (ww)	**desarmar** (vt)	[dəzɐr'mar]
bevelen (ww)	**ordenar** (vt)	[ɔrdə'nar]
verdwijnen (ww)	**desaparecer** (vi)	[dəzɐpɐrə'ser]
wet (de)	**lei** (f)	[lɐj]
wettelijk (bn)	**legal**	[lə'gal]
onwettelijk (bn)	**ilegal**	[ilə'gal]
verantwoordelijkheid (de)	**responsabilidade** (f)	[ʀəʃpõsɐbili'dadə]
verantwoordelijk (bn)	**responsável**	[ʀəʃpõ'savɛl]

NATUUR

De Aarde. Deel 1

195. De kosmische ruimte

kosmos (de)	**cosmos** (m)	['kɔʒmuʃ]
kosmisch (bn)	**cósmico**	['kɔʒmiku]
kosmische ruimte (de)	**espaço** (m) **cósmico**	[ə'ʃpasu 'kɔʒmiku]
wereld (de)	**mundo** (m)	['mũdu]
heelal (het)	**universo** (m)	[uni'vɛrsu]
sterrenstelsel (het)	**galáxia** (f)	[gɐ'laksiɐ]
ster (de)	**estrela** (f)	[ə'ʃtrelɐ]
sterrenbeeld (het)	**constelação** (f)	[kõʃtəlɐ'sãu]
planeet (de)	**planeta** (m)	[plɐ'netɐ]
satelliet (de)	**satélite** (m)	[sɐ'tɛlitə]
meteoriet (de)	**meteorito** (m)	[mətiu'ritu]
komeet (de)	**cometa** (m)	[ku'metɐ]
asteroïde (de)	**asteroide** (m)	[ɐʃtə'rɔjdə]
baan (de)	**órbita** (f)	['ɔrbitɐ]
draaien (om de zon, enz.)	**girar** (vi)	[ʒi'rar]
atmosfeer (de)	**atmosfera** (f)	[ɐtmu'ʃfɛrɐ]
Zon (de)	**Sol** (m)	[sɔl]
zonnestelsel (het)	**Sistema** (m) **Solar**	[si'ʃtemɐ su'lar]
zonsverduistering (de)	**eclipse** (m) **solar**	[ek'lipsə su'lar]
Aarde (de)	**Terra** (f)	['tɛʀɐ]
Maan (de)	**Lua** (f)	['luɐ]
Mars (de)	**Marte** (m)	['martə]
Venus (de)	**Vénus** (f)	['vɛnuʃ]
Jupiter (de)	**Júpiter** (m)	['ʒupitɛr]
Saturnus (de)	**Saturno** (m)	[sɐ'turnu]
Mercurius (de)	**Mercúrio** (m)	[mər'kuriu]
Uranus (de)	**Urano** (m)	[u'rɐnu]
Neptunus (de)	**Neptuno** (m)	[nɛp'tunu]
Pluto (de)	**Plutão** (m)	[plu'tãu]
Melkweg (de)	**Via Láctea** (f)	['viɐ 'latiɐ]
Grote Beer (de)	**Ursa Maior** (f)	[ursɐ mɐ'jɔr]
Poolster (de)	**Estrela Polar** (f)	[ə'ʃtrelɐ pu'lar]
marsmannetje (het)	**marciano** (m)	[mər'sjɐnu]
buitenaards wezen (het)	**extraterrestre** (m)	[əʃtrɐtə'ʀɛʃtrə]

bovenaards (het)	**alienígena** (m)	[elie'niʒəne]
vliegende schotel (de)	**disco** (m) **voador**	['diʃku vue'dor]
ruimtevaartuig (het)	**nave** (f) **espacial**	['navə əʃpe'sjal]
ruimtestation (het)	**estação** (f) **orbital**	[əʃte'sãu ɔrbi'tal]
start (de)	**lançamento** (m)	[lãse'mẽtu]
motor (de)	**motor** (m)	[mu'tor]
straalpijp (de)	**bocal** (m)	[bu'kal]
brandstof (de)	**combustível** (m)	[kõbu'ʃtivɛl]
cabine (de)	**cabine** (f)	[ke'binə]
antenne (de)	**antena** (f)	[ã'tene]
patrijspoort (de)	**vigia** (f)	[vi'ʒie]
zonnebatterij (de)	**bateria** (f) **solar**	[betə'rie su'lar]
ruimtepak (het)	**traje** (m) **espacial**	['traʒə əʃpe'sjal]
gewichtloosheid (de)	**imponderabilidade** (f)	[ĩpõdərebili'dadə]
zuurstof (de)	**oxigénio** (m)	[ɔksi'ʒɛniu]
koppeling (de)	**acoplagem** (f)	[eku'plaʒẽʲ]
koppeling maken	**fazer uma acoplagem**	[fe'zer 'ume eku'plaʒẽʲ]
observatorium (het)	**observatório** (m)	[ɔbsərve'tɔriu]
telescoop (de)	**telescópio** (m)	[tələ'ʃkɔpiu]
waarnemen (ww)	**observar** (vt)	[ɔbsər'var]
exploreren (ww)	**explorar** (vt)	[əʃplu'rar]

196. De Aarde

Aarde (de)	**Terra** (f)	['tɛʀe]
aardbol (de)	**globo** (m) **terrestre**	['globu tə'ʀɛʃtrə]
planeet (de)	**planeta** (m)	[ple'nete]
atmosfeer (de)	**atmosfera** (f)	[etmu'ʃfɛre]
aardrijkskunde (de)	**geografia** (f)	[ʒiugre'fie]
natuur (de)	**natureza** (f)	[netu'reze]
wereldbol (de)	**globo** (m)	['globu]
kaart (de)	**mapa** (m)	['mape]
atlas (de)	**atlas** (m)	['atleʃ]
Europa (het)	**Europa** (f)	[eu'rɔpe]
Azië (het)	**Ásia** (f)	['azie]
Afrika (het)	**África** (f)	['afrike]
Australië (het)	**Austrália** (f)	[au'ʃtralie]
Amerika (het)	**América** (f)	[e'mɛrike]
Noord-Amerika (het)	**América** (f) **do Norte**	[e'mɛrike du 'nɔrtə]
Zuid-Amerika (het)	**América** (f) **do Sul**	[e'mɛrike du sul]
Antarctica (het)	**Antártida** (f)	[ã'tartide]
Arctis (de)	**Ártico** (m)	['artiku]

197. Windrichtingen

noorden (het)	**norte** (m)	['nɔrtə]
naar het noorden	**para norte**	['pɐrɐ 'nɔrtə]
in het noorden	**no norte**	[nu 'nɔrtə]
noordelijk (bn)	**do norte**	[du 'nɔrtə]
zuiden (het)	**sul** (m)	[sul]
naar het zuiden	**para sul**	['pɐrɐ sul]
in het zuiden	**no sul**	[nu sul]
zuidelijk (bn)	**do sul**	[du sul]
westen (het)	**oeste, ocidente** (m)	[ɔ'ɛʃtə], [ɔsi'dẽtə]
naar het westen	**para oeste**	['pɐrɐ ɔ'ɛʃtə]
in het westen	**no oeste**	[nu ɔ'ɛʃtə]
westelijk (bn)	**ocidental**	[ɔsidẽ'tal]
oosten (het)	**leste, oriente** (m)	['lɛʃtə], [ɔ'rjẽtə]
naar het oosten	**para leste**	['pɐrɐ 'lɛʃtə]
in het oosten	**no leste**	[nu 'lɛʃtə]
oostelijk (bn)	**oriental**	[ɔriẽ'tal]

198. Zee. Oceaan

zee (de)	**mar** (m)	[mar]
oceaan (de)	**oceano** (m)	[ɔ'sjɐnu]
golf (baai)	**golfo** (m)	['golfu]
straat (de)	**estreito** (m)	[ə'ʃtrɐjtu]
grond (vaste grond)	**terra** (f) **firme**	['tɛʀɐ 'firmə]
continent (het)	**continente** (m)	[kõti'nẽtə]
eiland (het)	**ilha** (f)	['iʎɐ]
schiereiland (het)	**península** (f)	[pə'nĩsulɐ]
archipel (de)	**arquipélago** (m)	[ɐrki'pɛlɐgu]
baai, bocht (de)	**baía** (f)	[bɐ'iɐ]
haven (de)	**porto** (m)	['portu]
lagune (de)	**lagoa** (f)	[lɐ'goɐ]
kaap (de)	**cabo** (m)	['kabu]
atol (de)	**atol** (m)	[ɐ'tɔl]
rif (het)	**recife** (m)	[ʀə'sifə]
koraal (het)	**coral** (m)	[ku'ral]
koraalrif (het)	**recife** (m) **de coral**	[ʀə'sifə də ku'ral]
diep (bn)	**profundo**	[pru'fũdu]
diepte (de)	**profundidade** (f)	[prufũdi'dadə]
diepzee (de)	**abismo** (m)	[ɐ'biʒmu]
trog (bijv. Marianentrog)	**fossa** (f) **oceânica**	['fɔsɐ ɔ'sjɐnikɐ]
stroming (de)	**corrente** (f)	[ku'ʀẽtə]
omspoelen (ww)	**banhar** (vt)	[bɐ'ɲar]
oever (de)	**litoral** (m)	[litu'ral]

kust (de)	**costa** (f)	['kɔʃtɐ]
vloed (de)	**maré** (f) **alta**	[mɐ'rɛ 'altɐ]
eb (de)	**refluxo** (m), **maré** (f) **baixa**	[ʀə'fluksu], [mɐ'rɛ 'baɪʃɐ]
ondiepte (ondiep water)	**restinga** (f)	[ʀə'ʃtĩgɐ]
bodem (de)	**fundo** (m)	['fũdu]
golf (hoge ~)	**onda** (f)	['õdɐ]
golfkam (de)	**crista** (f) **da onda**	['kriʃtɐ dɐ 'õdɐ]
schuim (het)	**espuma** (f)	[ə'ʃpumɐ]
storm (de)	**tempestade** (f)	[tẽpə'ʃtadə]
orkaan (de)	**furacão** (m)	[furɐ'kãu]
tsunami (de)	**tsunami** (m)	[tsu'nɐmi]
windstilte (de)	**calmaria** (f)	[kalmɐ'riɐ]
kalm (bijv. ~e zee)	**calmo**	['kalmu]
pool (de)	**polo** (m)	['pɔlu]
polair (bn)	**polar**	[pu'lar]
breedtegraad (de)	**latitude** (f)	[lɐti'tudə]
lengtegraad (de)	**longitude** (f)	[lõʒi'tudə]
parallel (de)	**paralela** (f)	[pɐrɐ'lɛlɐ]
evenaar (de)	**equador** (m)	[ekwɐ'dor]
hemel (de)	**céu** (m)	['sɛu]
horizon (de)	**horizonte** (m)	[ɔri'zõtə]
lucht (de)	**ar** (m)	[ar]
vuurtoren (de)	**farol** (m)	[fɐ'rɔl]
duiken (ww)	**mergulhar** (vi)	[mərgu'ʎar]
zinken (ov. een boot)	**afundar-se** (vr)	[ɐfũ'darsə]
schatten (mv.)	**tesouros** (m pl)	[tə'zoruʃ]

199. Namen van zeeën en oceanen

Atlantische Oceaan (de)	**Oceano** (m) **Atlântico**	[ɔ'sjɐnu ɐt'lãtiku]
Indische Oceaan (de)	**Oceano** (m) **Índico**	[ɔ'sjɐnu 'ĩdiku]
Stille Oceaan (de)	**Oceano** (m) **Pacífico**	[ɔ'sjɐnu pɐ'sifiku]
Noordelijke IJszee (de)	**Oceano** (m) **Ártico**	[ɔ'sjɐnu 'artiku]
Zwarte Zee (de)	**Mar** (m) **Negro**	[mar 'negru]
Rode Zee (de)	**Mar** (m) **Vermelho**	[mar vər'mɐʎu]
Gele Zee (de)	**Mar** (m) **Amarelo**	[mar ɐmɐ'rɛlu]
Witte Zee (de)	**Mar** (m) **Branco**	[mar 'brãku]
Kaspische Zee (de)	**Mar** (m) **Cáspio**	[mar 'kaʃpiu]
Dode Zee (de)	**Mar** (m) **Morto**	[mar 'mortu]
Middellandse Zee (de)	**Mar** (m) **Mediterrâneo**	[mar mədite'ʀɐniu]
Egeïsche Zee (de)	**Mar** (m) **Egeu**	[mar e'ʒeu]
Adriatische Zee (de)	**Mar** (m) **Adriático**	[mar ɐd'rjatiku]
Arabische Zee (de)	**Mar** (m) **Arábico**	[mar ɐ'rabiku]
Japanse Zee (de)	**Mar** (m) **do Japão**	[mar du ʒɐ'pãu]

Beringzee (de)	**Mar** (m) **de Bering**	[mar də bərĩg]
Zuid-Chinese Zee (de)	**Mar** (m) **da China Meridional**	[mar dɐ 'ʃinɐ məridiu'nal]
Koraalzee (de)	**Mar** (m) **de Coral**	[mar də ku'ral]
Tasmanzee (de)	**Mar** (m) **de Tasman**	[mar də taʒmɐn]
Caribische Zee (de)	**Mar** (m) **do Caribe**	[mar du kɐ'ribə]
Barentszzee (de)	**Mar** (m) **de Barents**	[mar də bɐrẽts]
Karische Zee (de)	**Mar** (m) **de Kara**	[mar də 'karɐ]
Noordzee (de)	**Mar** (m) **do Norte**	[mar du 'nɔrtə]
Baltische Zee (de)	**Mar** (m) **Báltico**	[mar 'baltiku]
Noorse Zee (de)	**Mar** (m) **da Noruega**	[mar dɐ nɔru'ɛgɐ]

200. Bergen

berg (de)	**montanha** (f)	[mõ'tɐɲɐ]
bergketen (de)	**cordilheira** (f)	[kurdi'ʎɐjrɐ]
gebergte (het)	**serra** (f)	['sɛʀɐ]
bergtop (de)	**cume** (m)	['kumə]
bergpiek (de)	**pico** (m)	['piku]
voet (ov. de berg)	**sopé** (m)	[su'pɛ]
helling (de)	**declive** (m)	[dək'livə]
vulkaan (de)	**vulcão** (m)	[vu'lkãu]
actieve vulkaan (de)	**vulcão** (m) **ativo**	[vu'lkãu a'tivu]
uitgedoofde vulkaan (de)	**vulcão** (m) **extinto**	[vu'lkãu ə'ʃtĩtu]
uitbarsting (de)	**erupção** (f)	[erup'sãu]
krater (de)	**cratera** (f)	[krɐ'tɛrɐ]
magma (het)	**magma** (m)	['magmɐ]
lava (de)	**lava** (f)	['lavɐ]
gloeiend (~e lava)	**fundido**	[fũ'didu]
kloof (canyon)	**desfiladeiro** (m)	[dəʃfilɐ'dɐjru]
bergkloof (de)	**garganta** (f)	[gɐr'gãtɐ]
spleet (de)	**fenda** (f)	['fẽdɐ]
afgrond (de)	**precipício** (m)	[prəsi'pisiu]
bergpas (de)	**passo, colo** (m)	['pasu], ['kɔlu]
plateau (het)	**planalto** (m)	[plɐ'naltu]
klip (de)	**falésia** (f)	[fɐ'lɛziɐ]
heuvel (de)	**colina** (f)	[ku'linɐ]
gletsjer (de)	**glaciar** (m)	[glɐ'sjar]
waterval (de)	**queda** (f) **d'água**	['kɛdɐ 'daguɐ]
geiser (de)	**géiser** (m)	['ʒɛjzɛr]
meer (het)	**lago** (m)	['lagu]
vlakte (de)	**planície** (f)	[plɐ'nisiə]
landschap (het)	**paisagem** (f)	[paj'zaʒẽʲ]
echo (de)	**eco** (m)	['ɛku]

alpinist (de)	**alpinista** (m)	[alpi'niʃtɐ]
bergbeklimmer (de)	**escalador** (m)	[əʃkɐlɐ'dor]
trotseren (berg ~)	**conquistar** (vt)	[kõki'ʃtar]
beklimming (de)	**subida, escalada** (f)	[su'bidɐ], [əʃkɐ'ladɐ]

201. Bergen namen

Alpen (de)	**Alpes** (m pl)	['alpəʃ]
Mont Blanc (de)	**monte Branco** (m)	['mõtə 'brãku]
Pyreneeën (de)	**Pirineus** (m pl)	[piri'neuʃ]
Karpaten (de)	**Cárpatos** (m pl)	['karpɐtuʃ]
Oeralgebergte (het)	**montes** (m pl) **Urais**	['mõtəʃ u'raɪʃ]
Kaukasus (de)	**Cáucaso** (m)	['kaukɐzu]
Elbroes (de)	**Elbrus** (m)	[el'bruʃ]
Altaj (de)	**Altai** (m)	[ɐl'taj]
Tiensjan (de)	**Tian Shan** (m)	[tiɐn ʃɐn]
Pamir (de)	**Pamir** (m)	[pɐ'mir]
Himalaya (de)	**Himalaias** (m pl)	[imɐ'lajɐʃ]
Everest (de)	**monte** (m) **Everest**	['mõtə evə'rɛʃt]
Andes (de)	**Cordilheira** (f) **dos Andes**	[kurdi'ʎɐjrɐ duʃ 'ãdəʃ]
Kilimanjaro (de)	**Kilimanjaro** (m)	[kilimã'ʒaru]

202. Rivieren

rivier (de)	**rio** (m)	['ʀiu]
bron (~ van een rivier)	**fonte, nascente** (f)	['fõtə], [nɐ'ʃsẽtə]
rivierbedding (de)	**leito** (m) **do rio**	['lɐjtu du 'ʀiu]
rivierbekken (het)	**bacia** (f)	[bɐ'siɐ]
uitmonden in ...	**desaguar no ...**	[dəzagu'ar nu]
zijrivier (de)	**afluente** (m)	[ɐflu'ẽtə]
oever (de)	**margem** (f)	['marʒẽʲ]
stroming (de)	**corrente** (f)	[ku'ʀẽtə]
stroomafwaarts (bw)	**rio abaixo**	['ʀiu ɐ'baɪʃu]
stroomopwaarts (bw)	**rio acima**	['ʀiu ɐ'simɐ]
overstroming (de)	**inundação** (f)	[inũdɐ'sãu]
overstroming (de)	**cheia** (f)	['ʃɐjɐ]
buiten zijn oevers treden	**transbordar** (vi)	[trãʒbur'dar]
overstromen (ww)	**inundar** (vt)	[inũ'dar]
zandbank (de)	**banco** (m) **de areia**	['bãku də ɐ'rɐjɐ]
stroomversnelling (de)	**rápidos** (m pl)	['ʀapiduʃ]
dam (de)	**barragem** (f)	[bɐ'ʀaʒẽʲ]
kanaal (het)	**canal** (m)	[kɐ'nal]
spaarbekken (het)	**reservatório** (m) **de água**	[ʀəzərvɐ'tɔriu də 'aguɐ]
sluis (de)	**eclusa** (f)	[e'kluzɐ]

waterlichaam (het)	**corpo** (m) **de água**	['korpu də 'aguɐ]
moeras (het)	**pântano** (m)	['pãtɐnu]
broek (het)	**tremedal** (m)	[trəmə'dal]
draaikolk (de)	**remoinho** (m)	[ʀəmu'iɲu]
stroom (de)	**arroio, regato** (m)	[ɐ'ʀoju], [ʀə'gatu]
drink- (abn)	**potável**	[pu'tavɛl]
zoet (~ water)	**doce**	['dosə]
ijs (het)	**gelo** (m)	['ʒelu]
bevriezen (rivier, enz.)	**congelar-se** (vr)	[kõʒə'larsə]

203. Namen van rivieren

Seine (de)	**rio Sena** (m)	['ʀiu 'senɐ]
Loire (de)	**rio Loire** (m)	['ʀiu lu'ar]
Theems (de)	**rio Tamisa** (m)	['ʀiu tɐ'mizɐ]
Rijn (de)	**rio Reno** (m)	['ʀiu 'ʀenu]
Donau (de)	**rio Danúbio** (m)	['ʀiu dɐ'nubiu]
Wolga (de)	**rio Volga** (m)	['ʀiu 'vɔlgɐ]
Don (de)	**rio Don** (m)	['ʀiu dɔn]
Lena (de)	**rio Lena** (m)	['ʀiu 'lenɐ]
Gele Rivier (de)	**rio Amarelo** (m)	['ʀiu ɐmɐ'rɛlu]
Blauwe Rivier (de)	**rio Yangtzé** (m)	['ʀiu iã'gtzɛ]
Mekong (de)	**rio Mekong** (m)	['ʀiu mi'kõg]
Ganges (de)	**rio Ganges** (m)	['ʀiu 'gãʒəʃ]
Nijl (de)	**rio Nilo** (m)	['ʀiu 'nilu]
Kongo (de)	**rio Congo** (m)	['ʀiu 'kõgu]
Okavango (de)	**rio Cubango** (m)	['ʀiu ku'bãgu]
Zambezi (de)	**rio Zambeze** (m)	['ʀiu zã'bɛzə]
Limpopo (de)	**rio Limpopo** (m)	['ʀiu lĩ'popu]
Mississippi (de)	**rio Mississípi** (m)	['ʀiu misi'sipi]

204. Bos

bos (het)	**floresta** (f), **bosque** (m)	[flu'rɛʃtɐ], ['bɔʃkə]
bos- (abn)	**florestal**	[flurə'ʃtal]
oerwoud (dicht bos)	**mata** (f) **cerrada**	['matɐ sə'ʀadɐ]
bosje (klein bos)	**arvoredo** (m)	[ɐrvu'redu]
open plek (de)	**clareira** (f)	[klɐ'rɐjrɐ]
struikgewas (het)	**matagal** (m)	[mɐtɐ'gal]
struiken (mv.)	**mato** (m)	['matu]
paadje (het)	**vereda** (f)	[və'redɐ]
ravijn (het)	**ravina** (f)	[ʀɐ'vinɐ]
boom (de)	**árvore** (f)	['arvurə]

blad (het)	**folha** (f)	['foʎɐ]
gebladerte (het)	**folhagem** (f)	[fu'ʎaʒẽʲ]
vallende bladeren (mv.)	**queda** (f) **das folhas**	['kɛdɐ dɐʃ 'foʎɐʃ]
vallen (ov. de bladeren)	**cair** (vi)	[kɐ'ir]
boomtop (de)	**topo** (m)	['topu]
tak (de)	**ramo** (m)	['ʀɐmu]
ent (de)	**galho** (m)	['gaʎu]
knop (de)	**botão, rebento** (m)	[bu'tãu], [ʀə'bẽtu]
naald (de)	**agulha** (f)	[ɐ'guʎɐ]
dennenappel (de)	**pinha** (f)	['piɲɐ]
boom holte (de)	**buraco** (m) **de árvore**	[bu'raku də 'arvurə]
nest (het)	**ninho** (m)	['niɲu]
hol (het)	**toca** (f)	['tɔkɐ]
stam (de)	**tronco** (m)	['trõku]
wortel (bijv. boom~s)	**raiz** (f)	[ʀɐ'iʃ]
schors (de)	**casca** (f) **de árvore**	['kaʃkɐ də 'arvurə]
mos (het)	**musgo** (m)	['muʒgu]
ontwortelen (een boom)	**arrancar pela raiz**	[ɐʀã'kar 'pelɐ ʀɐ'iʃ]
kappen (een boom ~)	**cortar** (vt)	[kur'tar]
ontbossen (ww)	**desflorestar** (vt)	[dəʃflurə'ʃtar]
stronk (de)	**toco, cepo** (m)	['tɔku], ['sepu]
kampvuur (het)	**fogueira** (f)	[fu'gɐjrɐ]
bosbrand (de)	**incêndio** (m) **florestal**	[ĩ'sẽdiu flurə'ʃtal]
blussen (ww)	**apagar** (vt)	[ɐpɐ'gar]
boswachter (de)	**guarda-florestal** (m)	[gu'ardɐ flurə'ʃtal]
bescherming (de)	**proteção** (f)	[prutɛ'sãu]
beschermen (bijv. de natuur ~)	**proteger** (vt)	[prutə'ʒer]
stroper (de)	**caçador** (m) **furtivo**	[kɐsɐ'dor fur'tivu]
val (de)	**armadilha** (f)	[ɐrmɐ'diʎɐ]
plukken (vruchten, enz.)	**colher** (vt)	[ku'ʎɛr]
verdwalen (de weg kwijt zijn)	**perder-se** (vr)	[pər'dersə]

205. Natuurlijke hulpbronnen

natuurlijke rijkdommen (mv.)	**recursos** (m pl) **naturais**	[ʀə'kursuʃ nɐtu'raɪʃ]
delfstoffen (mv.)	**minerais** (m pl)	[minə'raɪʃ]
lagen (mv.)	**depósitos** (m pl)	[də'pɔzituʃ]
veld (bijv. olie~)	**jazida** (f)	[ʒɐ'zidɐ]
winnen (uit erts ~)	**extrair** (vt)	[əʃtrɐ'ir]
winning (de)	**extração** (f)	[əʃtra'sãu]
erts (het)	**minério** (m)	[mi'nɛriu]
mijn (bijv. kolenmijn)	**mina** (f)	['minɐ]
mijnschacht (de)	**poço** (m) **de mina**	['posu də 'minɐ]
mijnwerker (de)	**mineiro** (m)	[mi'nɐjru]

gas (het)	**gás** (m)	[gaʃ]
gasleiding (de)	**gasoduto** (m)	[gazɔ'dutu]
olie (aardolie)	**petróleo** (m)	[pə'trɔliu]
olieleiding (de)	**oleoduto** (m)	[ɔliu'dutu]
oliebron (de)	**poço** (m) **de petróleo**	['posu də pə'trɔliu]
boortoren (de)	**torre** (f) **petrolífera**	['toʀə pətru'lifərɐ]
tanker (de)	**petroleiro** (m)	[pətru'lɐjru]
zand (het)	**areia** (f)	[ɐ'rɐjɐ]
kalksteen (de)	**calcário** (m)	[kal'kariu]
grind (het)	**cascalho** (m)	[kɐ'ʃkaʎu]
veen (het)	**turfa** (f)	['turfɐ]
klei (de)	**argila** (f)	[ɐr'ʒilɐ]
steenkool (de)	**carvão** (m)	[kɐr'vãu]
ijzer (het)	**ferro** (m)	['fɛʀu]
goud (het)	**ouro** (m)	['oru]
zilver (het)	**prata** (f)	['pratɐ]
nikkel (het)	**níquel** (m)	['nikɛl]
koper (het)	**cobre** (m)	['kɔbrə]
zink (het)	**zinco** (m)	['zĩku]
mangaan (het)	**manganês** (m)	[mãgɐ'neʃ]
kwik (het)	**mercúrio** (m)	[mər'kuriu]
lood (het)	**chumbo** (m)	['ʃũbu]
mineraal (het)	**mineral** (m)	[minə'ral]
kristal (het)	**cristal** (m)	[kri'ʃtal]
marmer (het)	**mármore** (m)	['marmurə]
uraan (het)	**urânio** (m)	[u'rɐniu]

De Aarde. Deel 2

206. Weer

weer (het)	**tempo** (m)	['tẽpu]
weersvoorspelling (de)	**previsão** (f) **do tempo**	[prəvi'zãu du 'tẽpu]
temperatuur (de)	**temperatura** (f)	[tẽpərɐ'turɐ]
thermometer (de)	**termómetro** (m)	[tər'mɔmətru]
barometer (de)	**barómetro** (m)	[bɐ'rɔmətru]
vochtig (bn)	**húmido**	['umidu]
vochtigheid (de)	**humidade** (f)	[umi'dadə]
hitte (de)	**calor** (m)	[kɐ'lor]
heet (bn)	**cálido**	['kalidu]
het is heet	**está muito calor**	[ə'ʃta 'mũjtu kɐ'lor]
het is warm	**está calor**	[ə'ʃta kɐ'lor]
warm (bn)	**quente**	['kẽtə]
het is koud	**está frio**	[ə'ʃta 'friu]
koud (bn)	**frio**	['friu]
zon (de)	**sol** (m)	[sɔl]
schijnen (de zon)	**brilhar** (vi)	[bri'ʎar]
zonnig (~e dag)	**de sol, ensolarado**	[də sɔl], [ẽsulɐ'radu]
opgaan (ov. de zon)	**nascer** (vi)	[nɐ'ʃser]
ondergaan (ww)	**pôr-se** (vr)	['porsə]
wolk (de)	**nuvem** (f)	['nuvẽʲ]
bewolkt (bn)	**nublado**	[nu'bladu]
regenwolk (de)	**nuvem** (f) **preta**	['nuvẽʲ 'pretɐ]
somber (bn)	**escuro, cinzento**	[ə'ʃkuru], [sĩ'zẽtu]
regen (de)	**chuva** (f)	['ʃuvɐ]
het regent	**está a chover**	[ə'ʃta ɐ ʃu'ver]
regenachtig (bn)	**chuvoso**	[ʃu'vozu]
motregenen (ww)	**chuviscar** (vi)	[ʃuvi'ʃkar]
plensbui (de)	**chuva** (f) **torrencial**	['ʃuvɐ tuʀẽ'sjal]
stortbui (de)	**chuvada** (f)	[ʃu'vadɐ]
hard (bn)	**forte**	['fɔrtə]
plas (de)	**poça** (f)	['pɔsɐ]
nat worden (ww)	**molhar-se** (vr)	[mu'ʎarsə]
mist (de)	**nevoeiro** (m)	[nəvu'ɐjru]
mistig (bn)	**de nevoeiro**	[də nəvu'ɐjru]
sneeuw (de)	**neve** (f)	['nɛvə]
het sneeuwt	**está a nevar**	[ə'ʃta ɐ nɛ'var]

207. Zwaar weer. Natuurrampen

noodweer (storm)	**trovoada** (f)	[truvu'adɐ]
bliksem (de)	**relâmpago** (m)	[ʀə'lãpɐgu]
flitsen (ww)	**relampejar** (vi)	[ʀəlãpə'ʒar]
donder (de)	**trovão** (m)	[tru'vãu]
donderen (ww)	**trovejar** (vi)	[truvə'ʒar]
het dondert	**está a trovejar**	[ə'ʃta ɐ truvə'ʒar]
hagel (de)	**granizo** (m)	[grɐ'nizu]
het hagelt	**está a cair granizo**	[ə'ʃta ɐ kɐ'ir grɐ'nizu]
overstromen (ww)	**inundar** (vt)	[inũ'dar]
overstroming (de)	**inundação** (f)	[inũdɐ'sãu]
aardbeving (de)	**terremoto** (m)	[təʀə'mɔtu]
aardschok (de)	**abalo, tremor** (m)	[ɐ'balu], [trə'mor]
epicentrum (het)	**epicentro** (m)	[epi'sẽtru]
uitbarsting (de)	**erupção** (f)	[erup'sãu]
lava (de)	**lava** (f)	['lavɐ]
wervelwind (de)	**turbilhão** (m)	[turbi'ʎãu]
windhoos (de)	**tornado** (m)	[tur'nadu]
tyfoon (de)	**tufão** (m)	[tu'fãu]
orkaan (de)	**furacão** (m)	[furɐ'kãu]
storm (de)	**tempestade** (f)	[tẽpə'ʃtadə]
tsunami (de)	**tsunami** (m)	[tsu'nɐmi]
cycloon (de)	**ciclone** (m)	[sik'lɔnə]
onweer (het)	**mau tempo** (m)	['mau 'tẽpu]
brand (de)	**incêndio** (m)	[ĩ'sẽdiu]
ramp (de)	**catástrofe** (f)	[kɐ'taʃtrufə]
meteoriet (de)	**meteorito** (m)	[mətiu'ritu]
lawine (de)	**avalanche** (f)	[ɐvɐ'lãʃə]
sneeuwverschuiving (de)	**deslizamento** (m) **de neve**	[dəʒlizɐ'mẽtu də 'nɛvə]
sneeuwjacht (de)	**nevasca** (f)	[nə'vaʃkɐ]
sneeuwstorm (de)	**tempestade** (f) **de neve**	[tẽpə'ʃtadə də 'nɛvə]

208. Geluiden. Geluiden

stilte (de)	**silêncio** (m)	[si'lẽsiu]
geluid (het)	**som** (m)	[sõ]
lawaai (het)	**ruído, barulho** (m)	[ʀu'idu], [bɐ'ruʎu]
lawaai maken (ww)	**fazer barulho**	[fɐ'zer bɐ'ruʎu]
lawaaierig (bn)	**ruidoso, barulhento**	[ʀui'dozu], [bɐru'ʎẽtu]
luid (~ spreken)	**alto**	['altu]
luid (bijv. ~e stem)	**alto**	['altu]
aanhoudend (voortdurend)	**constante**	[kõ'ʃtãtə]

schreeuw (de)	**grito** (m)	['gritu]
schreeuwen (ww)	**gritar** (vi)	[gri'tar]
gefluister (het)	**sussurro** (m)	[su'suʀu]
fluisteren (ww)	**sussurrar** (vt)	[susu'ʀar]
geblaf (het)	**latido** (m)	[lɐ'tidu]
blaffen (ww)	**latir** (vi)	[lɐ'tir]
gekreun (het)	**gemido** (m)	[ʒə'midu]
kreunen (ww)	**gemer** (vi)	[ʒə'mer]
hoest (de)	**tosse** (f)	['tɔsə]
hoesten (ww)	**tossir** (vi)	[tɔ'sir]
gefluit (het)	**assobio** (m)	[ɐsu'biu]
fluiten (op het fluitje blazen)	**assobiar** (vi)	[ɐsu'bjar]
geklop (het)	**batida** (f)	[bɐ'tidɐ]
kloppen (aan een deur)	**bater** (vi)	[bɐ'ter]
kraken (hout, ijs)	**estalar** (vi)	[əʃtɐ'lar]
gekraak (het)	**estalido** (m)	[əʃtɐ'lidu]
sirene (de)	**sirene** (f)	[si'rɛnə]
fluit (stoom ~)	**apito** (m)	[ɐ'pitu]
fluiten (schip, trein)	**apitar** (vi)	[ɐpi'tar]
toeter (de)	**buzina** (f)	[bu'zinɐ]
toeteren (ww)	**buzinar** (vi)	[buzi'nar]

209. Winter

winter (de)	**inverno** (m)	[ĩ'vɛrnu]
winter- (abn)	**de inverno**	[də ĩ'vɛrnu]
in de winter (bw)	**no inverno**	[nu ĩ'vɛrnu]
sneeuw (de)	**neve** (f)	['nɛvə]
het sneeuwt	**está a nevar**	[ə'ʃta ɐ nɛ'var]
sneeuwval (de)	**queda** (f) **de neve**	['kɛdɐ də 'nɛvə]
sneeuwhoop (de)	**amontoado** (m) **de neve**	[ɐmõtu'adu də 'nɛvə]
sneeuwvlok (de)	**floco** (m) **de neve**	['flɔku də 'nɛvə]
sneeuwbal (de)	**bola** (f) **de neve**	['bɔlɐ də 'nɛvə]
sneeuwman (de)	**boneco** (m) **de neve**	[bu'nɛku də 'nɛvə]
ijspegel (de)	**sincelo** (m)	[sĩ'sɛlu]
december (de)	**dezembro** (m)	[də'zẽbru]
januari (de)	**janeiro** (m)	[ʒɐ'nɐjru]
februari (de)	**fevereiro** (m)	[fəvə'rɐjru]
vorst (de)	**gelo** (m)	['ʒelu]
vries- (abn)	**gelado, glacial**	[ʒə'ladu], [glɐ'sjal]
onder nul (bw)	**abaixo de zero**	[ɐ'baɪʃu də 'zɛru]
eerste vorst (de)	**geada** (f)	['ʒjadɐ]
rijp (de)	**geada** (f) **branca**	['ʒjadɐ 'brãkɐ]
koude (de)	**frio** (m)	['friu]

het is koud	**está frio**	[ə'ʃta 'friu]
bontjas (de)	**casaco** (m) **de peles**	[kɐ'zaku də 'pɛləʃ]
wanten (mv.)	**mitenes** (f pl)	[mi'tɛnəʃ]
ziek worden (ww)	**adoecer** (vi)	[ɐduə'ser]
verkoudheid (de)	**constipação** (f)	[kõʃtipɐ'sãu]
verkouden raken (ww)	**constipar-se** (vr)	[kõʃti'parsə]
ijs (het)	**gelo** (m)	['ʒelu]
ijzel (de)	**gelo** (m) **na estrada**	['ʒelu nɐ ə'ʃtradɐ]
bevriezen (rivier, enz.)	**congelar-se** (vr)	[kõʒə'larsə]
ijsschol (de)	**bloco** (m) **de gelo**	['blɔku də 'ʒelu]
ski's (mv.)	**esqui** (m)	[ə'ʃki]
skiër (de)	**esquiador** (m)	[əʃkiɐ'dor]
skiën (ww)	**esquiar** (vi)	[əʃki'ar]
schaatsen (ww)	**patinar** (vi)	[pɐti'nar]

Fauna

210. Zoogdieren. Roofdieren

roofdier (het)	**predador** (m)	[prədɐ'dor]
tijger (de)	**tigre** (m)	['tigrə]
leeuw (de)	**leão** (m)	['ljãu]
wolf (de)	**lobo** (m)	['lobu]
vos (de)	**raposa** (f)	[ʀɐ'pozɐ]
jaguar (de)	**jaguar** (m)	[ʒɐgu'ar]
luipaard (de)	**leopardo** (m)	[liu'pardu]
jachtluipaard (de)	**chita** (f)	['ʃitɐ]
panter (de)	**pantera** (f)	[pã'terɐ]
poema (de)	**puma** (m)	['pumɐ]
sneeuwluipaard (de)	**leopardo-das-neves** (m)	[liu'pardu dɐʒ 'nɛvəʃ]
lynx (de)	**lince** (m)	['lĩsə]
coyote (de)	**coiote** (m)	[ko'jɔtə]
jakhals (de)	**chacal** (m)	[ʃɐ'kal]
hyena (de)	**hiena** (f)	['jenɐ]

211. Wilde dieren

dier (het)	**animal** (m)	[ɐni'mal]
beest (het)	**besta** (f)	['beʃtɐ]
eekhoorn (de)	**esquilo** (m)	[ə'ʃkilu]
egel (de)	**ouriço** (m)	[o'risu]
haas (de)	**lebre** (f)	['lɛbrə]
konijn (het)	**coelho** (m)	[ku'ɐʎu]
das (de)	**texugo** (m)	[tɛ'ksugu]
wasbeer (de)	**guaxinim** (m)	[guaksi'nĩ]
hamster (de)	**hamster** (m)	['ɐmstɐr]
marmot (de)	**marmota** (f)	[mɐr'mɔtɐ]
mol (de)	**toupeira** (f)	[to'pɐjrɐ]
muis (de)	**rato** (m)	['ʀatu]
rat (de)	**ratazana** (f)	[ʀɐtɐ'zɐnɐ]
vleermuis (de)	**morcego** (m)	[mur'segu]
hermelijn (de)	**arminho** (m)	[ɐr'miɲu]
sabeldier (het)	**zibelina** (f)	[zibə'linɐ]
marter (de)	**marta** (f)	['martɐ]
wezel (de)	**doninha** (f)	[du'niɲɐ]
nerts (de)	**vison** (m)	[vi'zõ]

bever (de)	**castor** (m)	[kɐ'ʃtor]
otter (de)	**lontra** (f)	['lõtrɐ]
paard (het)	**cavalo** (m)	[kɐ'valu]
eland (de)	**alce** (m)	['alsə]
hert (het)	**veado** (m)	['vjadu]
kameel (de)	**camelo** (m)	[kɐ'melu]
bizon (de)	**bisão** (m)	[bi'zãu]
wisent (de)	**auroque** (m)	[au'rɔkə]
buffel (de)	**búfalo** (m)	['bufɐlu]
zebra (de)	**zebra** (f)	['zɛbrɐ]
antilope (de)	**antílope** (m)	[ã'tilupə]
ree (de)	**corça** (f)	['korsɐ]
damhert (het)	**gamo** (m)	['gɐmu]
gems (de)	**camurça** (f)	[kɐ'mursɐ]
everzwijn (het)	**javali** (m)	[ʒɐvɐ'li]
walvis (de)	**baleia** (f)	[bɐ'lɐjɐ]
rob (de)	**foca** (f)	['fɔkɐ]
walrus (de)	**morsa** (f)	['mɔrsɐ]
zeebeer (de)	**urso-marinho** (m)	['ursu mɐ'riɲu]
dolfijn (de)	**golfinho** (m)	[gol'fiɲu]
beer (de)	**urso** (m)	['ursu]
ijsbeer (de)	**urso** (m) **branco**	['ursu 'brãku]
panda (de)	**panda** (m)	['pãdɐ]
aap (de)	**macaco** (m)	[mɐ'kaku]
chimpansee (de)	**chimpanzé** (m)	[ʃĩpã'zɛ]
orang-oetan (de)	**orangotango** (m)	[ɔrãgu'tãgu]
gorilla (de)	**gorila** (m)	[gu'rilɐ]
makaak (de)	**macaco** (m)	[mɐ'kaku]
gibbon (de)	**gibão** (m)	[ʒi'bãu]
olifant (de)	**elefante** (m)	[elə'fãtə]
neushoorn (de)	**rinoceronte** (m)	[ʀinɔsə'rõtə]
giraffe (de)	**girafa** (f)	[ʒi'rafɐ]
nijlpaard (het)	**hipopótamo** (m)	[ipɔ'pɔtɐmu]
kangoeroe (de)	**canguru** (m)	[kãgu'ru]
koala (de)	**coala** (m)	[ku'alɐ]
mangoest (de)	**mangusto** (m)	[mã'guʃtu]
chinchilla (de)	**chinchila** (m)	[ʃĩ'ʃilɐ]
stinkdier (het)	**doninha-fedorenta** (f)	[du'niɲɐ fədu'rẽtɐ]
stekelvarken (het)	**porco-espinho** (m)	['porku ə'ʃpiɲu]

212. Huisdieren

poes (de)	**gata** (f)	['gatɐ]
kater (de)	**gato** (m) **macho**	['gatu 'maʃu]
hond (de)	**cão** (m)	['kãu]

paard (het)	**cavalo** (m)	[kɐ'valu]
hengst (de)	**garanhão** (m)	[gɐrɐ'ɲãu]
merrie (de)	**égua** (f)	['ɛguɐ]
koe (de)	**vaca** (f)	['vakɐ]
bul, stier (de)	**touro** (m)	['toru]
os (de)	**boi** (m)	[boj]
schaap (het)	**ovelha** (f)	[ɔ'vɐʎɐ]
ram (de)	**carneiro** (m)	[kɐr'nɐjru]
geit (de)	**cabra** (f)	['kabrɐ]
bok (de)	**bode** (m)	['bɔdə]
ezel (de)	**burro** (m)	['buʀu]
muilezel (de)	**mula** (f)	['mulɐ]
varken (het)	**porco** (m)	['porku]
biggetje (het)	**leitão** (m)	[lɐj'tãu]
konijn (het)	**coelho** (m)	[ku'ɐʎu]
kip (de)	**galinha** (f)	[gɐ'liɲɐ]
haan (de)	**galo** (m)	['galu]
eend (de)	**pata** (f)	['patɐ]
woerd (de)	**pato** (m)	['patu]
gans (de)	**ganso** (m)	['gãsu]
kalkoen haan (de)	**peru** (m)	[pə'ru]
kalkoen (de)	**perua** (f)	[pə'ruɐ]
huisdieren (mv.)	**animais** (m pl) **domésticos**	[ɐni'maɪʃ du'mɛʃtikuʃ]
tam (bijv. hamster)	**domesticado**	[duməʃti'kadu]
temmen (tam maken)	**domesticar** (vt)	[duməʃti'kar]
fokken (bijv. paarden ~)	**criar** (vt)	[kri'ar]
boerderij (de)	**quinta** (f)	['kĩtɐ]
gevogelte (het)	**aves** (f pl) **domésticas**	['avəʃ du'mɛʃtikɐʃ]
rundvee (het)	**gado** (m)	['gadu]
kudde (de)	**rebanho** (m), **manada** (f)	[ʀə'bɐɲu], [mɐ'nadɐ]
paardenstal (de)	**estábulo** (m)	[ə'ʃtabulu]
zwijnenstal (de)	**pocilga** (f)	[pu'silgɐ]
koeienstal (de)	**estábulo** (m)	[ə'ʃtabulu]
konijnenhok (het)	**coelheira** (f)	[kuɛ'ʎɐjrɐ]
kippenhok (het)	**galinheiro** (m)	[gɐli'ɲɐjru]

213. Honden. Hondenrassen

hond (de)	**cão** (m)	['kãu]
herdershond (de)	**cão pastor** (m)	['kãu pɐ'ʃtor]
Duitse herdershond (de)	**pastor-alemão** (m)	[pɐ'ʃtor ɐlə'mãu]
poedel (de)	**caniche** (m)	[ka'niʃə]
teckel (de)	**teckel** (m)	[tɛk'kɛl]
buldog (de)	**buldogue** (m)	[bul'dɔgə]

boxer (de)	**boxer** (m)	['bɔksɐɾ]
mastiff (de)	**mastim** (m)	[mɐ'ʃtĩ]
rottweiler (de)	**rottweiler** (m)	[ʀɔt'vajlɐɾ]
doberman (de)	**dobermann** (m)	[dɔ'bɛrmɐn]
basset (de)	**basset** (m)	[ba'sɛt]
bobtail (de)	**pastor inglês** (m)	[pɐ'ʃtor ĩ'gleʃ]
dalmatiër (de)	**dálmata** (m)	['dalmɐtɐ]
cockerspaniël (de)	**cocker spaniel** (m)	['kɔkɐɾ spɐ'njɛl]
Newfoundlander (de)	**terra-nova** (m)	[tɛʀɐ'nɔvɐ]
sint-bernard (de)	**são-bernardo** (m)	[sãubər'nardu]
husky (de)	**husky** (m)	['ɐski]
chowchow (de)	**Chow-chow** (m)	[ʃɔu'ʃɔu]
spits (de)	**spitz alemão** (m)	['ʃpitz ɐlə'mãu]
mopshond (de)	**carlindogue** (m)	[kɐrlĩ'dɔgə]

214. Dierengeluiden

geblaf (het)	**latido** (m)	[lɐ'tidu]
blaffen (ww)	**latir** (vi)	[lɐ'tiɾ]
miauwen (ww)	**miar** (vi)	[mi'aɾ]
spinnen (katten)	**ronronar** (vi)	[ʀõʀu'naɾ]
loeien (ov. een koe)	**mugir** (vi)	[mu'ʒiɾ]
brullen (stier)	**bramir** (vi)	[brɐ'miɾ]
grommen (ov. de honden)	**rosnar** (vi)	[ʀu'ʒnaɾ]
gehuil (het)	**uivo** (m)	['ujvu]
huilen (wolf, enz.)	**uivar** (vi)	[uj'vaɾ]
janken (ov. een hond)	**ganir** (vi)	[gɐ'niɾ]
mekkeren (schapen)	**balir** (vi)	[bɐ'liɾ]
knorren (varkens)	**grunhir** (vi)	[gru'ɲiɾ]
gillen (bijv. varken)	**guinchar** (vi)	[gĩ'ʃaɾ]
kwaken (kikvorsen)	**coaxar** (vi)	[kua'ʃaɾ]
zoemen (hommel, enz.)	**zumbir** (vi)	[zũ'biɾ]
tjirpen (sprinkhanen)	**estridular, ziziar** (vi)	[əʃtridu'laɾ], [zi'zjaɾ]

215. Jonge dieren

jong (het)	**cria** (f), **filhote** (m)	['kriɐ], [fi'ʎɔtə]
poesje (het)	**gatinho** (m)	[gɐ'tiɲu]
muisje (het)	**ratinho** (m)	[ʀɐ'tiɲu]
puppy (de)	**cãozinho** (m)	['kãuziɲu]
jonge haas (de)	**filhote** (m) **de lebre**	[fi'ʎɔtə də 'lɛbrə]
konijntje (het)	**coelhinho** (m)	[kuɛ'ʎiɲu]
wolfje (het)	**lobinho** (m)	[lu'biɲu]
vosje (het)	**raposinho** (m)	[ʀɐpu'ziɲu]

beertje (het)	**ursinho** (m)	[ur'siɲu]
leeuwenjong (het)	**leãozinho** (m)	['ljãuziɲu]
tijgertje (het)	**filhote** (m) **de tigre**	[fi'ʎɔtə də 'tigrə]
olifantenjong (het)	**filhote** (m) **de elefante**	[fi'ʎɔtə də elə'fãtə]
biggetje (het)	**leitão** (m)	[lɐj'tãu]
kalf (het)	**bezerro** (m)	[bə'zeʀu]
geitje (het)	**cabrito** (m)	[kɐ'britu]
lam (het)	**cordeiro** (m)	[kur'dɐjru]
reekalf (het)	**cria** (f) **de veado**	['kriɐ də 'vjadu]
jonge kameel (de)	**cria** (f) **de camelo**	['kriɐ də kɐ'melu]
slangenjong (het)	**filhote** (m) **de serpente**	[fi'ʎɔtə də sər'pẽtə]
kikkertje (het)	**cria** (f) **de rã**	['kriɐ də ʀã]
vogeltje (het)	**cria** (f) **de ave**	['kriɐ də 'avə]
kuiken (het)	**pinto** (m)	['pĩtu]
eendje (het)	**patinho** (m)	[pɐ'tiɲu]

216. Vogels

vogel (de)	**pássaro** (m), **ave** (f)	['pasɐru], ['avə]
duif (de)	**pombo** (m)	['põbu]
mus (de)	**pardal** (m)	[pɐr'dal]
koolmees (de)	**chapim-real** (m)	[ʃɐ'pĩ ʀi'al]
ekster (de)	**pega-rabuda** (f)	['pɛgɐ ʀa'budɐ]
raaf (de)	**corvo** (m)	['korvu]
kraai (de)	**gralha** (f) **cinzenta**	['graʎɐ sĩ'zẽtɐ]
kauw (de)	**gralha-de-nuca-cinzenta** (f)	['graʎɐ də 'nukɐ sĩ'zẽtɐ]
roek (de)	**gralha-calva** (f)	['graʎɐ 'kalvɐ]
eend (de)	**pato** (m)	['patu]
gans (de)	**ganso** (m)	['gãsu]
fazant (de)	**faisão** (m)	[faj'zãu]
arend (de)	**águia** (f)	['agiɐ]
havik (de)	**açor** (m)	[ɐ'sor]
valk (de)	**falcão** (m)	[fa'lkãu]
gier (de)	**abutre** (m)	[ɐ'butrə]
condor (de)	**condor** (m)	[kõ'dor]
zwaan (de)	**cisne** (m)	['siʒnə]
kraanvogel (de)	**grou** (m)	[gro]
ooievaar (de)	**cegonha** (f)	[sə'goɲɐ]
papegaai (de)	**papagaio** (m)	[pɐpɐ'gaju]
kolibrie (de)	**beija-flor** (m)	['bɐjʒɐ 'flor]
pauw (de)	**pavão** (m)	[pɐ'vãu]
struisvogel (de)	**avestruz** (m)	[ɐvə'ʃtruʃ]
reiger (de)	**garça** (f)	['garsɐ]
flamingo (de)	**flamingo** (m)	[flɐ'mĩgu]
pelikaan (de)	**pelicano** (m)	[pəli'kɐnu]

nachtegaal (de)	**rouxinol** (m)	[ʀoʃi'nɔl]
zwaluw (de)	**andorinha** (f)	[ãdu'riɲɐ]
lijster (de)	**tordo-zornal** (m)	['tɔrdu zur'nal]
zanglijster (de)	**tordo-músico** (m)	['tɔrdu 'muziku]
merel (de)	**melro-preto** (m)	['mɛlʀu 'pretu]
gierzwaluw (de)	**andorinhão** (m)	[ãduri'ɲãu]
leeuwerik (de)	**cotovia** (f)	[kutu'viɐ]
kwartel (de)	**codorna** (f)	[kɔ'dɔrnɐ]
specht (de)	**pica-pau** (m)	['pikɐ 'pau]
koekoek (de)	**cuco** (m)	['kuku]
uil (de)	**coruja** (f)	[ku'ruʒɐ]
oehoe (de)	**corujão, bufo** (m)	[kɔru'ʒãu], ['bufu]
auerhoen (het)	**tetraz-grande** (m)	[tɛ'traʒ 'grãdə]
korhoen (het)	**tetraz-lira** (m)	[tɛ'traʒ 'lirɐ]
patrijs (de)	**perdiz-cinzenta** (f)	[pərdiʃ sĩ'zẽtɐ]
spreeuw (de)	**estorninho** (m)	[əʃtur'niɲu]
kanarie (de)	**canário** (m)	[kɐ'nariu]
hazelhoen (het)	**galinha-do-mato** (f)	[gɐ'liɲɐ du 'matu]
vink (de)	**tentilhão** (m)	[tẽti'ʎãu]
goudvink (de)	**dom-fafe** (m)	[dõ'fafə]
meeuw (de)	**gaivota** (f)	[gaj'vɔtɐ]
albatros (de)	**albatroz** (m)	[albɐ'trɔʃ]
pinguïn (de)	**pinguim** (m)	[pĩgu'ĩ]

217. Vogels. Zingen en geluiden

fluiten, zingen (ww)	**cantar** (vi)	[kã'tar]
schreeuwen (dieren, vogels)	**gritar** (vi)	[gri'tar]
kraaien (ov. een haan)	**cantar (o galo)**	[kã'tar u 'galu]
kukeleku	**cocorocó** (m)	[kɔkuru'kɔ]
klokken (hen)	**cacarejar** (vi)	[kɐkɐrə'ʒar]
krassen (kraai)	**crocitar** (vi)	[krɔsi'tar]
kwaken (eend)	**grasnar** (vi)	[grɐ'ʒnar]
piepen (kuiken)	**piar** (vi)	[pi'ar]
tjilpen (bijv. een mus)	**chilrear, gorjear** (vi)	[ʃilʀe'ar], [gur'ʒjar]

218. Vis. Zeedieren

brasem (de)	**brema** (f)	['bremɐ]
karper (de)	**carpa** (f)	['karpɐ]
baars (de)	**perca** (f)	['pɛrkɐ]
meerval (de)	**siluro** (m)	[si'luru]
snoek (de)	**lúcio** (m)	['lusiu]
zalm (de)	**salmão** (m)	[sal'mãu]
steur (de)	**esturjão** (m)	[əʃtur'ʒãu]

haring (de)	**arenque** (m)	[ɐ'rẽkə]
atlantische zalm (de)	**salmão** (m)	[sal'mãu]
makreel (de)	**cavala, sarda** (f)	[kɐ'valɐ], ['sardɐ]
platvis (de)	**solha** (f)	['soʎɐ]
snoekbaars (de)	**lúcio perca** (m)	['lusiu 'perka]
kabeljauw (de)	**bacalhau** (m)	[bɐkɐ'ʎau]
tonijn (de)	**atum** (m)	[ɐ'tũ]
forel (de)	**truta** (f)	['trutɐ]
paling (de)	**enguia** (f)	[ẽ'giɐ]
sidderrog (de)	**raia elétrica** (f)	['ʀajɐ e'lɛtrikɐ]
murene (de)	**moreia** (f)	[mu'rɐjɐ]
piranha (de)	**piranha** (f)	[pi'rɐɲɐ]
haai (de)	**tubarão** (m)	[tubɐ'rãu]
dolfijn (de)	**golfinho** (m)	[gol'fiɲu]
walvis (de)	**baleia** (f)	[bɐ'lɐjɐ]
krab (de)	**caranguejo** (m)	[kɐrã'gɐʒu]
kwal (de)	**medusa, alforreca** (f)	[mə'duzɐ], [alfu'ʀɛkɐ]
octopus (de)	**polvo** (m)	['polvu]
zeester (de)	**estrela-do-mar** (f)	[ə'ʃtrelɐ du 'mar]
zee-egel (de)	**ouriço-do-mar** (m)	[o'risu du 'mar]
zeepaardje (het)	**cavalo-marinho** (m)	[kɐ'valu mɐ'riɲu]
oester (de)	**ostra** (f)	['ɔʃtrɐ]
garnaal (de)	**camarão** (m)	[kɐmɐ'rãu]
kreeft (de)	**lavagante** (m)	[lɐvɐ'gãtə]
langoest (de)	**lagosta** (f)	[lɐ'goʃtɐ]

219. Amfibieën. Reptielen

slang (de)	**serpente, cobra** (f)	[sər'pẽtə], ['kɔbrɐ]
giftig (slang)	**venenoso**	[vənə'nozu]
adder (de)	**víbora** (f)	['viburɐ]
cobra (de)	**cobra-capelo, naja** (f)	[kɔbrɐkɐ'pɛlu], ['naʒɐ]
python (de)	**pitão** (m)	[pi'tãu]
boa (de)	**jiboia** (f)	[ʒi'bɔjɐ]
ringslang (de)	**cobra-de-água** (f)	[kɔbrɐdə'aguɐ]
ratelslang (de)	**cascavel** (f)	[kɐʃkɐ'vɛl]
anaconda (de)	**anaconda** (f)	[ɐnɐ'kõdɐ]
hagedis (de)	**lagarto** (m)	[lɐ'gartu]
leguaan (de)	**iguana** (f)	[igu'ɐnɐ]
varaan (de)	**varano** (m)	[vɐ'rɐnu]
salamander (de)	**salamandra** (f)	[sɐlɐ'mãdrɐ]
kameleon (de)	**camaleão** (m)	[kɐmɐ'ljãu]
schorpioen (de)	**escorpião** (m)	[əʃkur'pjãu]
schildpad (de)	**tartaruga** (f)	[tɐrtɐ'rugɐ]
kikker (de)	**rã** (f)	[ʀã]

pad (de)	**sapo** (m)	['sapu]
krokodil (de)	**crocodilo** (m)	[kruku'dilu]

220. Insecten

insect (het)	**inseto** (m)	[ĩ'sɛtu]
vlinder (de)	**borboleta** (f)	[burbu'letɐ]
mier (de)	**formiga** (f)	[fur'migɐ]
vlieg (de)	**mosca** (f)	['moʃkɐ]
mug (de)	**mosquito** (m)	[mu'ʃkitu]
kever (de)	**escaravelho** (m)	[əʃkɐrɐ'vɛʎu]
wesp (de)	**vespa** (f)	['vɛʃpɐ]
bij (de)	**abelha** (f)	[ɐ'bɐʎɐ]
hommel (de)	**mamangava** (f)	[mɐmã'gavɐ]
horzel (de)	**moscardo** (m)	[mu'ʃkardu]
spin (de)	**aranha** (f)	[ɐ'rɐɲɐ]
spinnenweb (het)	**teia** (f) **de aranha**	['tɐjɐ də ɐ'rɐɲɐ]
libel (de)	**libélula** (f)	[li'bɛlulɐ]
sprinkhaan (de)	**gafanhoto-do-campo** (m)	[gɐfɐ'ɲotu du 'kãpu]
nachtvlinder (de)	**traça** (f)	['trasɐ]
kakkerlak (de)	**barata** (f)	[bɐ'ratɐ]
teek (de)	**carraça** (f)	[kɐ'ʀasɐ]
vlo (de)	**pulga** (f)	['pulgɐ]
kriebelmug (de)	**borrachudo** (m)	[buʀɐ'ʃudu]
treksprinkhaan (de)	**gafanhoto** (m)	[gɐfɐ'ɲotu]
slak (de)	**caracol** (m)	[kɐrɐ'kɔl]
krekel (de)	**grilo** (m)	['grilu]
glimworm (de)	**pirilampo** (m)	[piri'lãpu]
lieveheersbeestje (het)	**joaninha** (f)	[ʒuɐ'niɲɐ]
meikever (de)	**besouro** (m)	[bə'zoru]
bloedzuiger (de)	**sanguessuga** (f)	[sãgə'sugɐ]
rups (de)	**lagarta** (f)	[lɐ'gartɐ]
aardworm (de)	**minhoca** (f)	[mi'ɲɔkɐ]
larve (de)	**larva** (f)	['larvɐ]

221. Dieren. Lichaamsdelen

snavel (de)	**bico** (m)	['biku]
vleugels (mv.)	**asas** (f pl)	['azɐʃ]
poot (ov. een vogel)	**pata** (f)	['patɐ]
verenkleed (het)	**plumagem** (f)	[plu'maʒẽj]
veer (de)	**pena, pluma** (f)	['penɐ], ['plumɐ]
kuifje (het)	**crista** (f)	['kriʃtɐ]
kieuwen (mv.)	**brânquias, guelras** (f pl)	['brãkiɐʃ], ['gɛlʀɐʃ]
kuit, dril (de)	**ovas** (f pl)	['ɔvɐʃ]

larve (de)	**larva** (f)	['larvɐ]
vin (de)	**barbatana** (f)	[bɐrbɐ'tɐnɐ]
schubben (mv.)	**escama** (f)	[ə'ʃkɐmɐ]
slagtand (de)	**canino** (m)	[kɐ'ninu]
poot (bijv. ~ van een kat)	**pata** (f)	['patɐ]
muil (de)	**focinho** (m)	[fu'siɲu]
bek (mond van dieren)	**boca** (f)	['bokɐ]
staart (de)	**cauda** (f), **rabo** (m)	['kaudɐ], ['ʀabu]
snorharen (mv.)	**bigodes** (m pl)	[bi'gɔdəʃ]
hoef (de)	**casco** (m)	['kaʃku]
hoorn (de)	**corno** (m)	['kornu]
schild (schildpad, enz.)	**carapaça** (f)	[kɐrɐ'pasɐ]
schelp (de)	**concha** (f)	['kõʃɐ]
eierschaal (de)	**casca** (f) **de ovo**	['kaʃkɐ də 'ovu]
vacht (de)	**pelo** (m)	['pelu]
huid (de)	**pele** (f), **couro** (m)	['pɛlə], ['koru]

222. Acties van de dieren

vliegen (ww)	**voar** (vi)	[vu'ar]
cirkelen (vogel)	**dar voltas**	[dar 'vɔltɐʃ]
wegvliegen (ww)	**voar** (vi)	[vu'ar]
klapwieken (ww)	**bater as asas**	[bɐ'ter ɐʃ 'azɐʃ]
pikken (vogels)	**bicar** (vi)	[bi'kar]
broeden (de eend zit te ~)	**incubar** (vt)	[ĩku'bar]
uitbroeden (ww)	**sair do ovo**	[sɐ'ir du 'ovu]
een nest bouwen	**fazer o ninho**	[fɐ'zer u 'niɲu]
kruipen (ww)	**rastejar** (vi)	[ʀɐʃtə'ʒar]
steken (bij)	**picar** (vt)	[pi'kar]
bijten (de hond, enz.)	**morder** (vt)	[mur'der]
snuffelen (ov. de dieren)	**cheirar** (vt)	[ʃɐj'rar]
blaffen (ww)	**latir** (vi)	[lɐ'tir]
sissen (slang)	**silvar** (vi)	[si'lvar]
doen schrikken (ww)	**assustar** (vt)	[ɐsu'ʃtar]
aanvallen (ww)	**atacar** (vt)	[ɐtɐ'kar]
knagen (ww)	**roer** (vt)	[ʀu'er]
schrammen (ww)	**arranhar** (vt)	[ɐʀɐ'ɲar]
zich verbergen (ww)	**esconder-se** (vr)	[əʃkõ'dersə]
spelen (ww)	**brincar** (vi)	[brĩ'kar]
jagen (ww)	**caçar** (vi)	[kɐ'sar]
winterslapen	**hibernar** (vi)	[ibər'nar]
uitsterven (dinosauriërs, enz.)	**extinguir-se** (vr)	[əʃtĩ'girsə]

223. Dieren. Leefomgevingen

leefgebied (het)	**hábitat**	['abitet]
migratie (de)	**migração** (f)	[migre'sãu]
berg (de)	**montanha** (f)	[mõ'teɲe]
rif (het)	**recife** (m)	[ʀə'sifə]
klip (de)	**falésia** (f)	[fe'lɛzie]
bos (het)	**floresta** (f)	[flu'rɛʃte]
jungle (de)	**selva** (f)	['sɛlve]
savanne (de)	**savana** (f)	[se'vene]
toendra (de)	**tundra** (f)	['tũdre]
steppe (de)	**estepe** (f)	[ə'ʃtɛpə]
woestijn (de)	**deserto** (m)	[də'zɛrtu]
oase (de)	**oásis** (m)	[o'aziʃ]
zee (de)	**mar** (m)	[mar]
meer (het)	**lago** (m)	['lagu]
oceaan (de)	**oceano** (m)	[ɔ'sjenu]
moeras (het)	**pântano** (m)	['pãtenu]
zoetwater- (abn)	**de água doce**	[də 'ague 'dosə]
vijver (de)	**lagoa** (f)	[le'goe]
rivier (de)	**rio** (m)	['ʀiu]
berenhol (het)	**toca** (f) **do urso**	['tɔke du 'ursu]
nest (het)	**ninho** (m)	['niɲu]
boom holte (de)	**buraco** (m) **de árvore**	[bu'raku də 'arvurə]
hol (het)	**toca** (f)	['tɔke]
mierenhoop (de)	**formigueiro** (m)	[furmi'gejru]

224. Dierverzorging

dierentuin (de)	**jardim** (m) **zoológico**	[ʒer'dĩ zuu'lɔʒiku]
natuurreservaat (het)	**reserva** (f) **natural**	[ʀə'zɛrve netu'ral]
fokkerij (de)	**viveiro** (m)	[vi'vejru]
openluchtkooi (de)	**jaula** (f) **de ar livre**	['ʒaule də ar 'livrə]
kooi (de)	**jaula, gaiola** (f)	['ʒaule], [ge'jɔle]
hondenhok (het)	**casinha** (f) **de cão**	[ke'ziɲe də 'kãu]
duiventil (de)	**pombal** (m)	[põ'bal]
aquarium (het)	**aquário** (m)	[eku'ariu]
dolfinarium (het)	**delfinário** (m)	[dɛlfi'nariu]
fokken (bijv. honden ~)	**criar** (vt)	[kri'ar]
nakomelingen (mv.)	**ninhada** (f)	[ni'ɲade]
temmen (tam maken)	**domesticar** (vt)	[duməʃti'kar]
dresseren (ww)	**adestrar** (vt)	[edə'ʃtrar]
voeding (de)	**ração** (f)	[ʀe'sãu]
voederen (ww)	**alimentar** (vt)	[elimẽ'tar]

dierenwinkel (de)	**loja** (f) **de animais**	['lɔʒɐ də ɐni'maɪʃ]
muilkorf (de)	**açaime** (m)	[ɐ'sajmə]
halsband (de)	**coleira** (f)	[ku'lɐjrɐ]
naam (ov. een dier)	**nome** (m)	['nomə]
stamboom (honden met ~)	**pedigree** (m)	[pɛdi'gri]

225. Dieren. Diversen

meute (wolven)	**alcateia** (f)	[alkɐ'tɐjɐ]
zwerm (vogels)	**bando** (m)	['bãdu]
school (vissen)	**cardume** (m)	[kɐr'dumə]
kudde (wilde paarden)	**manada** (f)	[mɐ'nadɐ]
mannetje (het)	**macho** (m)	['maʃu]
vrouwtje (het)	**fêmea** (f)	['femiɐ]
hongerig (bn)	**faminto**	[fɐ'mĩtu]
wild (bn)	**selvagem**	[sɛ'lvaʒẽʲ]
gevaarlijk (bn)	**perigoso**	[pəri'gozu]

226. Paarden

paard (het)	**cavalo** (m)	[kɐ'valu]
ras (het)	**raça** (f)	['ʀasɐ]
veulen (het)	**potro** (m)	['pɔtru]
merrie (de)	**égua** (f)	['ɛguɐ]
mustang (de)	**mustangue** (m)	[mu'ʃtãgə]
pony (de)	**pónei** (m)	['pɔnɐj]
koudbloed (de)	**cavalo** (m) **de tiro**	[kɐ'valu də 'tiru]
manen (mv.)	**crina** (f)	['krinɐ]
staart (de)	**cauda** (f)	['kaudɐ]
hoef (de)	**casco** (m)	['kaʃku]
hoefijzer (het)	**ferradura** (f)	[fəʀɐ'durɐ]
beslaan (ww)	**ferrar** (vt)	[fə'ʀar]
paardensmid (de)	**ferreiro** (m)	[fə'ʀɐjru]
zadel (het)	**sela** (f)	['sɛlɐ]
stijgbeugel (de)	**estribo** (m)	[ə'ʃtribu]
breidel (de)	**brida** (f)	['bridɐ]
leidsels (mv.)	**rédeas** (f pl)	['ʀɛdiɐʃ]
zweep (de)	**chicote** (m)	[ʃi'kɔtə]
ruiter (de)	**cavaleiro** (m)	[kɐvɐ'lɐjru]
zadelen (ww)	**colocar sela**	[kulu'kar 'sɛlɐ]
een paard bestijgen	**montar no cavalo**	[mõ'tar nu kɐ'valu]
galop (de)	**galope** (m)	[gɐ'lɔpə]
galopperen (ww)	**galopar** (vi)	[gɐlu'par]

draf (de)	**trote** (m)	['trɔtə]
in draf (bw)	**a trote**	[ɐ 'trɔtə]
draven (ww)	**ir a trote**	[iɾ ɐ 'trɔtə]
renpaard (het)	**cavalo** (m) **de corrida**	[kɐ'valu də ku'ʀidɐ]
paardenrace (de)	**corridas** (f pl)	[ku'ʀidɐʃ]
paardenstal (de)	**estábulo** (m)	[ə'ʃtabulu]
voederen (ww)	**alimentar** (vt)	[ɐlimẽ'taɾ]
hooi (het)	**feno** (m)	['fenu]
water geven (ww)	**dar água**	[daɾ 'aguɐ]
wassen (paard ~)	**limpar** (vt)	[lĩ'paɾ]
paardenkar (de)	**carroça** (f)	[kɐ'ʀɔsɐ]
grazen (gras eten)	**pastar** (vi)	[pɐ'ʃtaɾ]
hinniken (ww)	**relinchar** (vi)	[ʀəlĩ'ʃaɾ]
een trap geven	**dar um coice**	[daɾ ũ 'kojsə]

Flora

227. Bomen

boom (de)	**árvore** (f)	['arvurə]
loof- (abn)	**decídua**	[də'sidue]
dennen- (abn)	**conífera**	[ku'nifəre]
groenblijvend (bn)	**perene**	[pə'rɛnə]
appelboom (de)	**macieira** (f)	[me'sjejre]
perenboom (de)	**pereira** (f)	[pə'rejre]
zoete kers (de)	**cerejeira** (f)	[sərə'ʒejre]
zure kers (de)	**ginjeira** (f)	[ʒĩ'ʒejre]
pruimelaar (de)	**ameixeira** (f)	[emej'ʃejre]
berk (de)	**bétula** (f)	['bɛtule]
eik (de)	**carvalho** (m)	[ker'vaʎu]
linde (de)	**tília** (f)	['tilie]
esp (de)	**choupo-tremedor** (m)	['ʃopu trəmə'dor]
esdoorn (de)	**bordo** (m)	['bɔrdu]
spar (de)	**espruce** (m)	[ə'ʃprusə]
den (de)	**pinheiro** (m)	[pi'ɲejru]
lariks (de)	**alerce, lariço** (m)	[e'lɛrsə], [le'risu]
zilverspar (de)	**abeto** (m)	[e'bɛtu]
ceder (de)	**cedro** (m)	['sɛdru]
populier (de)	**choupo, álamo** (m)	['ʃopu], ['alemu]
lijsterbes (de)	**tramazeira** (f)	[treme'zejre]
wilg (de)	**salgueiro** (m)	[sa'lgejru]
els (de)	**amieiro** (m)	[e'mjejru]
beuk (de)	**faia** (f)	['faje]
iep (de)	**ulmeiro** (m)	[ul'mejru]
es (de)	**freixo** (m)	['freɪʃu]
kastanje (de)	**castanheiro** (m)	[keʃte'ɲejru]
magnolia (de)	**magnólia** (f)	[me'gnɔlie]
palm (de)	**palmeira** (f)	[pal'mejre]
cipres (de)	**cipreste** (m)	[sip'rɛʃtə]
mangrove (de)	**mangue** (m)	['mãgə]
baobab (apenbroodboom)	**embondeiro, baobá** (m)	[ẽbõ'dejru], [bau'ba]
eucalyptus (de)	**eucalipto** (m)	[euke'liptu]
mammoetboom (de)	**sequoia** (f)	[sə'kwɔje]

228. Heesters

struik (de)	**arbusto** (m)	[er'buʃtu]
heester (de)	**arbusto** (m), **moita** (f)	[er'buʃtu], ['mojte]

wijnstok (de)	**videira** (f)	[vi'dɐjrɐ]
wijngaard (de)	**vinhedo** (m)	[vi'ɲedu]
frambozenstruik (de)	**framboeseira** (f)	[frãbue'zɐjrɐ]
zwarte bes (de)	**groselheira-preta** (f)	[gruzəʎɐjrɐ 'pretɐ]
rode bessenstruik (de)	**groselheira-vermelha** (f)	[gruzə'ʎɐjrɐ vər'mɐʎɐ]
kruisbessenstruik (de)	**groselheira** (f) **espinhosa**	[gruzə'ʎɐjrɐ əʃpi'ɲɔzɐ]
acacia (de)	**acácia** (f)	[ɐ'kasiɐ]
zuurbes (de)	**bérberis** (f)	['bɛrbəriʃ]
jasmijn (de)	**jasmim** (m)	[ʒɐʒ'mĩ]
jeneverbes (de)	**junípero** (m)	[ʒu'nipəru]
rozenstruik (de)	**roseira** (f)	[ʀu'zɐjrɐ]
hondsroos (de)	**roseira** (f) **brava**	[ʀu'zɐjrɐ 'bravɐ]

229. Champignons

paddenstoel (de)	**cogumelo** (m)	[kugu'mɛlu]
eetbare paddenstoel (de)	**cogumelo** (m) **comestível**	[kugu'mɛlu kumə'ʃtivɛl]
giftige paddenstoel (de)	**cogumelo** (m) **venenoso**	[kugu'mɛlu vənə'nozu]
hoed (de)	**chapéu** (m)	[ʃɐ'pɛu]
steel (de)	**pé, caule** (m)	[pɛ], ['kaulə]
eekhoorntjesbrood (het)	**boleto** (m)	[bu'letu]
rosse populierboleet (de)	**boleto** (m) **alaranjado**	[bu'letu 'ɐlɐrã'ʒadu]
berkenboleet (de)	**míscaro** (m) **das bétulas**	['miʃkɐru dɐʃ 'bɛtulɐʃ]
cantharel (de)	**cantarela** (f)	[kãtɐ'rɛla]
russula (de)	**rússula** (f)	['ʀusulɐ]
morielje (de)	**morchella** (f)	[mu'rʃɛlɐ]
vliegenzwam (de)	**agário-das-moscas** (m)	[ɐ'gariu dɐʒ 'moʃkɐʃ]
groene knolamaniet (de)	**cicuta** (f) **verde**	[si'kutɐ 'verdə]

230. Vruchten. Bessen

vrucht (de)	**fruta** (f)	['frutɐ]
vruchten (mv.)	**frutas** (f pl)	['frutɐʃ]
appel (de)	**maçã** (f)	[mɐ'sã]
peer (de)	**pera** (f)	['perɐ]
pruim (de)	**ameixa** (f)	[ɐ'mɐjʃɐ]
aardbei (de)	**morango** (m)	[mu'rãgu]
zure kers (de)	**ginja** (f)	['ʒĩʒɐ]
zoete kers (de)	**cereja** (f)	[sə'rɐʒɐ]
druif (de)	**uva** (f)	['uvɐ]
framboos (de)	**framboesa** (f)	[frãbu'ezɐ]
zwarte bes (de)	**groselha** (f) **preta**	[gru'zɐʎɐ 'pretɐ]
rode bes (de)	**groselha** (f) **vermelha**	[gru'zɐʎɐ vər'mɐʎɐ]
kruisbes (de)	**groselha** (f) **espinhosa**	[gru'zɐʎɐ əʃpi'ɲɔzɐ]
veenbes (de)	**oxicoco** (m)	[ɔksi'koku]

sinaasappel (de)	**laranja** (f)	[lɐ'rãʒɐ]
mandarijn (de)	**tangerina** (f)	[tãʒə'rinɐ]
ananas (de)	**ananás** (m)	[ɐnɐ'naʃ]
banaan (de)	**banana** (f)	[bɐ'nɐnɐ]
dadel (de)	**tâmara** (f)	['tɐmɐrɐ]
citroen (de)	**limão** (m)	[li'mãu]
abrikoos (de)	**damasco** (m)	[dɐ'maʃku]
perzik (de)	**pêssego** (m)	['pesəgu]
kiwi (de)	**kiwi** (m)	[ki'vi]
grapefruit (de)	**toranja** (f)	[tu'rãʒɐ]
bes (de)	**baga** (f)	['bagɐ]
bessen (mv.)	**bagas** (f pl)	['bagɐʃ]
vossenbes (de)	**arando** (m) **vermelho**	[ɐ'rãdu vər'mɐʎu]
bosaardbei (de)	**morango-silvestre** (m)	[mu'rãgu sil'vɛʃtrə]
blauwe bosbes (de)	**mirtilo** (m)	[mir'tilu]

231. Bloemen. Planten

bloem (de)	**flor** (f)	[flor]
boeket (het)	**ramo** (m) **de flores**	['ʀɐmu də 'florəʃ]
roos (de)	**rosa** (f)	['ʀɔzɐ]
tulp (de)	**tulipa** (f)	[tu'lipɐ]
anjer (de)	**cravo** (m)	['kravu]
gladiool (de)	**gladíolo** (m)	[glɐ'diulu]
korenbloem (de)	**centáurea** (f)	[sẽ'tauriɐ]
klokje (het)	**campânula** (f)	[kã'pɐnulɐ]
paardenbloem (de)	**dente-de-leão** (m)	['dẽtə də li'ãu]
kamille (de)	**camomila** (f)	[kamu'milɐ]
aloë (de)	**aloé** (m)	[ɐlu'ɛ]
cactus (de)	**cato** (m)	['katu]
ficus (de)	**fícus** (m)	['fikuʃ]
lelie (de)	**lírio** (m)	['liriu]
geranium (de)	**gerânio** (m)	[ʒə'rɐniu]
hyacint (de)	**jacinto** (m)	[ʒɐ'sĩtu]
mimosa (de)	**mimosa** (f)	[mi'mɔzɐ]
narcis (de)	**narciso** (m)	[nar'sizu]
Oost-Indische kers (de)	**capuchinha** (f)	[kɐpu'ʃiɲɐ]
orchidee (de)	**orquídea** (f)	[ɔr'kidiɐ]
pioenroos (de)	**peónia** (f)	[pi'ɔniɐ]
viooltje (het)	**violeta** (f)	[viu'letɐ]
driekleurig viooltje (het)	**amor-perfeito** (m)	[ɐ'mor pər'fɐjtu]
vergeet-mij-nietje (het)	**não-me-esqueças** (m)	['nãu mə ə'ʃkesɐʃ]
madeliefje (het)	**margarida** (f)	[mɐrgɐ'ridɐ]
papaver (de)	**papoula** (f)	[pɐ'polɐ]
hennep (de)	**cânhamo** (m)	['kɐɲɐmu]

munt (de)	**hortelã** (f)	[ɔrtə'lã]
lelietje-van-dalen (het)	**lírio-do-vale** (m)	['liriu du 'valə]
sneeuwklokje (het)	**campânula-branca** (f)	[kãpɐnulɐ 'brãkɐ]
brandnetel (de)	**urtiga** (f)	[ur'tigɐ]
veldzuring (de)	**azeda** (f)	[ɐ'zedɐ]
waterlelie (de)	**nenúfar** (m)	[nə'nufar]
varen (de)	**feto** (m), **samambaia** (f)	['fɛtu], [sɐmã'bajɐ]
korstmos (het)	**líquen** (m)	['likɛn]
oranjerie (de)	**estufa** (f)	[ə'ʃtufɐ]
gazon (het)	**relvado** (m)	[ʀɛ'lvadu]
bloemperk (het)	**canteiro** (m) **de flores**	[kã'tɐjru də 'florəʃ]
plant (de)	**planta** (f)	['plãtɐ]
gras (het)	**erva** (f)	['ɛrvɐ]
grasspriet (de)	**folha** (f) **de erva**	['foʎɐ də 'ɛrvɐ]
blad (het)	**folha** (f)	['foʎɐ]
bloemblad (het)	**pétala** (f)	['pɛtɐlɐ]
stengel (de)	**talo** (m)	['talu]
knol (de)	**tubérculo** (m)	[tu'bɛrkulu]
scheut (de)	**broto, rebento** (m)	['brout], [ʀə'bẽtu]
doorn (de)	**espinho** (m)	[ə'ʃpiɲu]
bloeien (ww)	**florescer** (vi)	[flurə'ʃser]
verwelken (ww)	**murchar** (vi)	[mur'ʃar]
geur (de)	**cheiro** (m)	['ʃɐjru]
snijden (bijv. bloemen ~)	**cortar** (vt)	[kur'tar]
plukken (bloemen ~)	**colher** (vt)	[ku'ʎɛr]

232. Granen, graankorrels

graan (het)	**grão** (m)	['grãu]
graangewassen (mv.)	**cereais** (m pl)	[sə'rjaɪʃ]
aar (de)	**espiga** (f)	[ə'ʃpigɐ]
tarwe (de)	**trigo** (m)	['trigu]
rogge (de)	**centeio** (m)	[sẽ'tɐju]
haver (de)	**aveia** (f)	[ɐ'vɐjɐ]
gierst (de)	**milho-miúdo** (m)	['miʎu mi'udu]
gerst (de)	**cevada** (f)	[sə'vadɐ]
maïs (de)	**milho** (m)	['miʎu]
rijst (de)	**arroz** (m)	[ɐ'ʀɔʒ]
boekweit (de)	**trigo-sarraceno** (m)	['trigu sɐʀɐ'senu]
erwt (de)	**ervilha** (f)	[er'viʎɐ]
nierboon (de)	**feijão** (m)	[fɐj'ʒãu]
soja (de)	**soja** (f)	['sɔʒɐ]
linze (de)	**lentilha** (f)	[lẽ'tiʎɐ]
bonen (mv.)	**fava** (f)	['favɐ]

233. Groenten. Groene groenten

groenten (mv.)	**legumes** (m pl)	[lə'guməʃ]
verse kruiden (mv.)	**verduras** (f pl)	[vər'durɐʃ]
tomaat (de)	**tomate** (m)	[tu'matə]
augurk (de)	**pepino** (m)	[pə'pinu]
wortel (de)	**cenoura** (f)	[sə'norɐ]
aardappel (de)	**batata** (f)	[bɐ'tatɐ]
ui (de)	**cebola** (f)	[sə'bolɐ]
knoflook (de)	**alho** (m)	['aʎu]
kool (de)	**couve** (f)	['kovə]
bloemkool (de)	**couve-flor** (f)	['kovə 'flor]
spruitkool (de)	**couve-de-bruxelas** (f)	['kovə də bru'ʃɛlɐʃ]
broccoli (de)	**brócolos** (m pl)	['brɔkuluʃ]
rode biet (de)	**beterraba** (f)	[bətə'ʀabɐ]
aubergine (de)	**beringela** (f)	[bərĩ'ʒɛlɐ]
courgette (de)	**curgete** (f)	[kur'ʒɛtə]
pompoen (de)	**abóbora** (f)	[ɐ'bɔburɐ]
knolraap (de)	**nabo** (m)	['nabu]
peterselie (de)	**salsa** (f)	['salsɐ]
dille (de)	**funcho, endro** (m)	['fũʃu], ['ẽdru]
sla (de)	**alface** (f)	[al'fasə]
selderij (de)	**aipo** (m)	['ajpu]
asperge (de)	**espargo** (m)	[ə'ʃpargu]
spinazie (de)	**espinafre** (m)	[əʃpi'nafrə]
erwt (de)	**ervilha** (f)	[er'viʎɐ]
bonen (mv.)	**fava** (f)	['favɐ]
maïs (de)	**milho** (m)	['miʎu]
nierboon (de)	**feijão** (m)	[fɐj'ʒãu]
peper (de)	**pimentão** (m)	[pimẽ'tãu]
radijs (de)	**rabanete** (m)	[ʀɐbɐ'netə]
artisjok (de)	**alcachofra** (f)	[alkɐ'ʃofrɐ]

REGIONALE AARDRIJKSKUNDE

Landen. Nationaliteiten

234. West-Europa

Europa (het)	**Europa** (f)	[eu'rɔpɐ]
Europese Unie (de)	**União** (f) **Europeia**	[u'njãu euru'pɐjɐ]
Europeaan (de)	**europeu** (m)	[euru'peu]
Europees (bn)	**europeu**	[euru'peu]
Oostenrijk (het)	**Áustria** (f)	['auʃtriɐ]
Oostenrijker (de)	**austríaco** (m)	[au'ʃtriɐku]
Oostenrijkse (de)	**austríaca** (f)	[au'ʃtriɐkɐ]
Oostenrijks (bn)	**austríaco**	[au'ʃtriɐku]
Groot-Brittannië (het)	**Grã-Bretanha** (f)	[grãbrə'tɐɲɐ]
Engeland (het)	**Inglaterra** (f)	[ĩglɐ'tɛʀɐ]
Engelsman (de)	**inglês** (m)	[ĩ'gleʃ]
Engelse (de)	**inglesa** (f)	[ĩ'glezɐ]
Engels (bn)	**inglês**	[ĩ'gleʃ]
België (het)	**Bélgica** (f)	['bɛlʒikɐ]
Belg (de)	**belga** (m)	['bɛlgɐ]
Belgische (de)	**belga** (f)	['bɛlgɐ]
Belgisch (bn)	**belga**	['bɛlgɐ]
Duitsland (het)	**Alemanha** (f)	[ɐlə'mɐɲɐ]
Duitser (de)	**alemão** (m)	[ɐlə'mãu]
Duitse (de)	**alemã** (f)	[ɐlə'mã]
Duits (bn)	**alemão**	[ɐlə'mãu]
Nederland (het)	**Países** (m pl) **Baixos**	[pɐ'izəʃ 'baɪʃuʃ]
Holland (het)	**Holanda** (f)	[ɔ'lãdɐ]
Nederlander (de)	**holandês** (m)	[ɔlã'deʃ]
Nederlandse (de)	**holandesa** (f)	[ɔlã'dezɐ]
Nederlands (bn)	**holandês**	[ɔlã'deʃ]
Griekenland (het)	**Grécia** (f)	['grɛsiɐ]
Griek (de)	**grego** (m)	['gregu]
Griekse (de)	**grega** (f)	['gregɐ]
Grieks (bn)	**grego**	['gregu]
Denemarken (het)	**Dinamarca** (f)	[dinɐ'markɐ]
Deen (de)	**dinamarquês** (m)	[dinɐmɐr'keʃ]
Deense (de)	**dinamarquesa** (f)	[dinɐmɐr'kezɐ]
Deens (bn)	**dinamarquês**	[dinɐmɐr'keʃ]
Ierland (het)	**Irlanda** (f)	[ir'lãdɐ]
Ier (de)	**irlandês** (m)	[irlã'deʃ]

Ierse (de)	**irlandesa** (f)	[irlã'deze]
Iers (bn)	**irlandês**	[irlã'deʃ]
IJsland (het)	**Islândia** (f)	[i'ʒlãdiɐ]
IJslander (de)	**islandês** (m)	[iʒlã'deʃ]
IJslandse (de)	**islandesa** (f)	[iʒlã'dezɐ]
IJslands (bn)	**islandês**	[iʒlã'deʃ]
Spanje (het)	**Espanha** (f)	[ə'ʃpaɲɐ]
Spanjaard (de)	**espanhol** (m)	[əʃpɐ'ɲɔl]
Spaanse (de)	**espanhola** (f)	[əʃpɐ'ɲɔlɐ]
Spaans (bn)	**espanhol**	[əʃpɐ'ɲɔl]
Italië (het)	**Itália** (f)	[i'taliɐ]
Italiaan (de)	**italiano** (m)	[itɐ'ljɐnu]
Italiaanse (de)	**italiana** (f)	[itɐ'ljɐnɐ]
Italiaans (bn)	**italiano**	[itɐ'ljɐnu]
Cyprus (het)	**Chipre** (m)	['ʃiprə]
Cyprioot (de)	**cipriota** (m)	[sip'rjɔtɐ]
Cypriotische (de)	**cipriota** (f)	[sip'rjɔtɐ]
Cypriotisch (bn)	**cipriota**	[sip'rjɔtɐ]
Malta (het)	**Malta** (f)	['maltɐ]
Maltees (de)	**maltês** (m)	[mal'teʃ]
Maltese (de)	**maltesa** (f)	[mal'tezɐ]
Maltees (bn)	**maltês**	[mal'teʃ]
Noorwegen (het)	**Noruega** (f)	[nɔru'ɛgɐ]
Noor (de)	**norueguês** (m)	[nɔruɛ'geʃ]
Noorse (de)	**norueguesa** (f)	[nɔruɛ'gezɐ]
Noors (bn)	**norueguês**	[nɔruɛ'geʃ]
Portugal (het)	**Portugal** (m)	[purtu'gal]
Portugees (de)	**português** (m)	[purtu'geʃ]
Portugese (de)	**portuguesa** (f)	[purtu'gezɐ]
Portugees (bn)	**português**	[purtu'geʃ]
Finland (het)	**Finlândia** (f)	[fĩ'lãdiɐ]
Fin (de)	**finlandês** (m)	[fĩlã'deʃ]
Finse (de)	**finlandesa** (f)	[fĩlã'dezɐ]
Fins (bn)	**finlandês**	[fĩlã'deʃ]
Frankrijk (het)	**França** (f)	['frãsɐ]
Fransman (de)	**francês** (m)	[frã'seʃ]
Française (de)	**francesa** (f)	[frã'sezɐ]
Frans (bn)	**francês**	[frã'seʃ]
Zweden (het)	**Suécia** (f)	[su'ɛsiɐ]
Zweed (de)	**sueco** (m)	[su'ɛku]
Zweedse (de)	**sueca** (f)	[su'ɛkɐ]
Zweeds (bn)	**sueco**	[su'ɛku]
Zwitserland (het)	**Suíça** (f)	[su'isɐ]
Zwitser (de)	**suíço** (m)	[su'isu]
Zwitserse (de)	**suíça** (f)	[su'isɐ]

Zwitsers (bn)	**suíço**	[su'isu]
Schotland (het)	**Escócia** (f)	[ə'ʃkɔsiɐ]
Schot (de)	**escocês** (m)	[əʃku'seʃ]
Schotse (de)	**escocesa** (f)	[əʃku'sezɐ]
Schots (bn)	**escocês**	[əʃku'seʃ]
Vaticaanstad (de)	**Vaticano** (m)	[vɐti'kɐnu]
Liechtenstein (het)	**Liechtenstein** (m)	[liʃtẽ'ʃtajn]
Luxemburg (het)	**Luxemburgo** (m)	[luʃẽ'burgu]
Monaco (het)	**Mónaco** (m)	['mɔnɐku]

235. Centraal- en Oost-Europa

Albanië (het)	**Albânia** (f)	[al'bɐniɐ]
Albanees (de)	**albanês** (m)	[albɐ'neʃ]
Albanese (de)	**albanesa** (f)	[albɐ'nezɐ]
Albanees (bn)	**albanês**	[albɐ'neʃ]
Bulgarije (het)	**Bulgária** (f)	[bul'gariɐ]
Bulgaar (de)	**búlgaro** (m)	['bulgɐru]
Bulgaarse (de)	**búlgara** (f)	['bulgɐrɐ]
Bulgaars (bn)	**búlgaro**	['bulgɐru]
Hongarije (het)	**Hungria** (f)	[ũ'griɐ]
Hongaar (de)	**húngaro** (m)	['ũgɐru]
Hongaarse (de)	**húngara** (f)	['ũgɐrɐ]
Hongaars (bn)	**húngaro**	['ũgɐru]
Letland (het)	**Letónia** (f)	[lə'tɔniɐ]
Let (de)	**letão** (m)	[lə'tãu]
Letse (de)	**letã** (f)	[lə'tã]
Lets (bn)	**letão**	[lə'tãu]
Litouwen (het)	**Lituânia** (f)	[litu'ɐniɐ]
Litouwer (de)	**lituano** (m)	[litu'ɐnu]
Litouwse (de)	**lituana** (f)	[litu'ɐnɐ]
Litouws (bn)	**lituano**	[litu'ɐnu]
Polen (het)	**Polónia** (f)	[pu'lɔniɐ]
Pool (de)	**polaco** (m)	[pu'laku]
Poolse (de)	**polaca** (f)	[pu'lakɐ]
Pools (bn)	**polaco**	[pu'laku]
Roemenië (het)	**Roménia** (f)	[ʀu'mɛniɐ]
Roemeen (de)	**romeno** (m)	[ʀu'menu]
Roemeense (de)	**romena** (f)	[ʀu'menɐ]
Roemeens (bn)	**romeno**	[ʀu'menu]
Servië (het)	**Sérvia** (f)	['sɛrviɐ]
Serviër (de)	**sérvio** (m)	['sɛrviu]
Servische (de)	**sérvia** (f)	['sɛrviɐ]
Servisch (bn)	**sérvio**	['sɛrviu]
Slowakije (het)	**Eslováquia** (f)	[əʒlɔ'vakiɐ]
Slowaak (de)	**eslovaco** (m)	[əʒlɔ'vaku]

Slowaakse (de)	**eslovaca** (f)	[əʒlɔ'vakɐ]
Slowaakse (bn)	**eslovaco**	[əʒlɔ'vaku]
Kroatië (het)	**Croácia** (f)	[kru'asiɐ]
Kroaat (de)	**croata** (m)	[kru'atɐ]
Kroatische (de)	**croata** (f)	[kru'atɐ]
Kroatisch (bn)	**croata**	[kru'atɐ]
Tsjechië (het)	**República** (f) **Checa**	[ʀɛ'publikɐ 'ʃɛkɐ]
Tsjech (de)	**checo** (m)	['ʃɛku]
Tsjechische (de)	**checa** (f)	['ʃɛkɐ]
Tsjechisch (bn)	**checo**	['ʃɛku]
Estland (het)	**Estónia** (f)	[ə'ʃtɔniɐ]
Est (de)	**estónio** (m)	[ə'ʃtɔniu]
Estse (de)	**estónia** (f)	[ə'ʃtɔniɐ]
Ests (bn)	**estónio**	[ə'ʃtɔniu]
Bosnië en Herzegovina (het)	**Bósnia e Herzegovina** (f)	['bɔʒniɐ i ɛrzəgɔ'vinɐ]
Macedonië (het)	**Macedónia** (f)	[mɐsə'dɔniɐ]
Slovenië (het)	**Eslovénia** (f)	[əʒlɔ'vɛniɐ]
Montenegro (het)	**Montenegro** (m)	[mõtə'negru]

236. Voormalige USSR landen

Azerbeidzjan (het)	**Azerbaijão** (m)	[ɐzərbaj'ʒãu]
Azerbeidzjaan (de)	**azeri** (m)	[ɐzə'ri]
Azerbeidjaanse (de)	**azeri** (f)	[ɐzə'ri]
Azerbeidjaans (bn)	**azeri, azerbaijano**	[ɐzə'ri], [ɐzərbaj'ʒɐnu]
Armenië (het)	**Arménia** (f)	[ɐr'mɛniɐ]
Armeen (de)	**arménio** (m)	[ɐr'mɛniu]
Armeense (de)	**arménia** (f)	[ɐr'mɛniɐ]
Armeens (bn)	**arménio**	[ɐr'mɛniu]
Wit-Rusland (het)	**Bielorrússia** (f)	[biɛlɔ'ʀusiɐ]
Wit-Rus (de)	**bielorrusso** (m)	[biɛlɔ'ʀusu]
Wit-Russische (de)	**bielorrussa** (f)	[biɛlɔ'ʀusɐ]
Wit-Russisch (bn)	**bielorrusso**	[biɛlɔ'ʀusu]
Georgië (het)	**Geórgia** (f)	[ʒj'ɔrʒiɐ]
Georgiër (de)	**georgiano** (m)	[ʒiɔr'ʒjɐnu]
Georgische (de)	**georgiana** (f)	[ʒiɔr'ʒjɐnɐ]
Georgisch (bn)	**georgiano**	[ʒiɔr'ʒjɐnu]
Kazakstan (het)	**Cazaquistão** (m)	[kɐzɐki'ʃtãu]
Kazak (de)	**cazaque** (m)	[kɐ'zakə]
Kazakse (de)	**cazaque** (f)	[kɐ'zakə]
Kazakse (bn)	**cazaque**	[kɐ'zakə]
Kirgizië (het)	**Quirguistão** (m)	[kirgis'tãu]
Kirgiziër (de)	**quirguiz** (m)	[kir'gis]
Kirgizische (de)	**quirguiz** (f)	[kir'gis]
Kirgizische (bn)	**quirguiz**	[kir'gis]

Moldavië (het)	**Moldávia** (f)	[mol'daviɐ]
Moldaviër (de)	**moldavo** (m)	[mɔl'davu]
Moldavische (de)	**moldava** (f)	[mɔl'davɐ]
Moldavisch (bn)	**moldavo**	[mɔl'davu]
Rusland (het)	**Rússia** (f)	['ʀusiɐ]
Rus (de)	**russo** (m)	['ʀusu]
Russin (de)	**russa** (f)	['ʀusɐ]
Russisch (bn)	**russo**	['ʀusu]
Tadzjikistan (het)	**Tajiquistão** (m)	[tɐʒiki'ʃtãu]
Tadzjiek (de)	**tajique** (m)	[tɐ'ʒikə]
Tadzjiekse (de)	**tajique** (f)	[tɐ'ʒikə]
Tadzjieks (bn)	**tajique**	[tɐ'ʒikə]
Turkmenistan (het)	**Turquemenistão** (m)	[turkəməni'ʃtãu]
Turkmeen (de)	**turcomeno** (m)	[turku'menu]
Turkmeense (de)	**turcomena** (f)	[turku'menɐ]
Turkmeens (bn)	**turcomeno**	[turku'menu]
Oezbekistan (het)	**Uzbequistão** (f)	[uʒbəki'ʃtãu]
Oezbeek (de)	**uzbeque** (m)	[u'ʒbɛkə]
Oezbeekse (de)	**uzbeque** (f)	[u'ʒbɛkə]
Oezbeeks (bn)	**uzbeque**	[u'ʒbɛkə]
Oekraïne (het)	**Ucrânia** (f)	[u'krɐniɐ]
Oekraïner (de)	**ucraniano** (m)	[ukrɐ'njɐnu]
Oekraïense (de)	**ucraniana** (f)	[ukrɐ'njɐnɐ]
Oekraïens (bn)	**ucraniano**	[ukrɐ'njɐnu]

237. Azië

Azië (het)	**Ásia** (f)	['aziɐ]
Aziatisch (bn)	**asiático**	[ɐ'zjatiku]
Vietnam (het)	**Vietname** (m)	[viɛ'tnɐmə]
Vietnamees (de)	**vietnamita** (m)	[viɛtnɐ'mitɐ]
Vietnamese (de)	**vietnamita** (f)	[viɛtnɐ'mitɐ]
Vietnamees (bn)	**vietnamita**	[viɛtnɐ'mitɐ]
India (het)	**Índia** (f)	['ĩdiɐ]
Indiër (de)	**indiano** (m)	[ĩ'djɐnu]
Indische (de)	**indiana** (f)	[ĩ'djɐnɐ]
Indisch (bn)	**indiano**	[ĩdi'ɐnu]
Israël (het)	**Israel** (m)	[iʒʀɐ'ɛl]
Israëliër (de)	**israelita** (m)	[iʒʀɐɛ'litɐ]
Israëlische (de)	**israelita** (f)	[iʒʀɐɛ'litɐ]
Israëlisch (bn)	**israelita**	[iʒʀɐɛ'litɐ]
Jood (etniciteit)	**judeu** (m)	[ʒu'deu]
Jodin (de)	**judia** (f)	[ʒu'diɐ]
Joods (bn)	**judeu**	[ʒu'deu]
China (het)	**China** (f)	['ʃinɐ]

Chinees (de)	**chinês** (m)	[ʃi'neʃ]
Chinese (de)	**chinesa** (f)	[ʃi'nezɐ]
Chinees (bn)	**chinês**	[ʃi'neʃ]
Koreaan (de)	**coreano** (m)	[ku'rjɐnu]
Koreaanse (de)	**coreana** (f)	[ku'rjɐnɐ]
Koreaans (bn)	**coreano**	[ku'rjɐnu]
Libanon (het)	**Líbano** (m)	['libɐnu]
Libanees (de)	**libanês** (m)	[libɐ'neʃ]
Libanese (de)	**libanesa** (f)	[libɐ'nezɐ]
Libanees (bn)	**libanês**	[libɐ'neʃ]
Mongolië (het)	**Mongólia** (f)	[mõ'gɔliɐ]
Mongool (de)	**mongol** (m)	[mõ'gɔl]
Mongoolse (de)	**mongol** (f)	[mõ'gɔl]
Mongools (bn)	**mongol**	[mõ'gɔl]
Maleisië (het)	**Malásia** (f)	[mɐ'laziɐ]
Maleisiër (de)	**malaio** (m)	[mɐ'laju]
Maleisische (de)	**malaia** (f)	[mɐ'lajɐ]
Maleisisch (bn)	**malaio**	[mɐ'laju]
Pakistan (het)	**Paquistão** (m)	[pɐki'ʃtãu]
Pakistaan (de)	**paquistanês** (m)	[pɐkiʃtɐ'neʃ]
Pakistaanse (de)	**paquistanesa** (f)	[pɐkiʃtɐ'nezɐ]
Pakistaans (bn)	**paquistanês**	[pɐkiʃtɐ'neʃ]
Saoedi-Arabië (het)	**Arábia** (f) **Saudita**	[ɐ'rabiɐ sau'ditɐ]
Arabier (de)	**árabe** (m)	['arɐbə]
Arabische (de)	**árabe** (f)	['arɐbə]
Arabisch (bn)	**árabe**	['arɐbə]
Thailand (het)	**Tailândia** (f)	[taj'lãdiɐ]
Thai (de)	**tailandês** (m)	[tajlã'deʃ]
Thaise (de)	**tailandesa** (f)	[tajlã'dezɐ]
Thai (bn)	**tailandês**	[tajlã'deʃ]
Taiwan (het)	**Taiwan** (m)	[taj'wɐn]
Taiwanees (de)	**taiwanês** (m)	[tajwɐ'neʃ]
Taiwanese (de)	**taiwanesa** (f)	[tajwɐ'nezɐ]
Taiwanees (bn)	**taiwanês**	[tajwɐ'neʃ]
Turkije (het)	**Turquia** (f)	[tur'kiɐ]
Turk (de)	**turco** (m)	['turku]
Turkse (de)	**turca** (f)	['turkɐ]
Turks (bn)	**turco**	['turku]
Japan (het)	**Japão** (m)	[ʒɐ'pãu]
Japanner (de)	**japonês** (m)	[ʒɐpu'neʃ]
Japanse (de)	**japonesa** (f)	[ʒɐpu'nezɐ]
Japans (bn)	**japonês**	[ʒɐpu'neʃ]
Afghanistan (het)	**Afeganistão** (m)	[ɐfəgɐni'ʃtãu]
Bangladesh (het)	**Bangladesh** (m)	[bãglɐ'dɛʃ]
Indonesië (het)	**Indonésia** (f)	[ĩdɔ'nɛziɐ]

Jordanië (het)	**Jordânia** (f)	[ʒur'dɐniɐ]
Irak (het)	**Iraque** (m)	[i'rakə]
Iran (het)	**Irão** (m)	[i'rãu]
Cambodja (het)	**Camboja** (f)	[kã'bɔdʒɐ]
Koeweit (het)	**Kuwait** (m)	[ku'wejt]

Laos (het)	**Laos** (m)	[lɐuʃ]
Myanmar (het)	**Myanmar** (m), **Birmânia** (f)	[miã'maɾ], [biɾ'mɐniɐ]
Nepal (het)	**Nepal** (m)	[nə'pal]
Verenigde Arabische Emiraten	**Emirados** (m pl) **Árabes Unidos**	[emi'raduʃ 'arɐbəʃ u'niduʃ]

Syrië (het)	**Síria** (f)	['siɾiɐ]
Palestijnse autonomie (de)	**Palestina** (f)	[pɐlə'ʃtinɐ]
Zuid-Korea (het)	**Coreia** (f) **do Sul**	[ku'ɾɐjɐ du sul]
Noord-Korea (het)	**Coreia** (f) **do Norte**	[ku'ɾɐjɐ du 'nɔrtə]

238. Noord-Amerika

Verenigde Staten van Amerika	**Estados Unidos da América** (m pl)	[ə'ʃtaduʃ u'niduʃ dɐ ɐ'mɛɾikɐ]
Amerikaan (de)	**americano** (m)	[ɐməɾi'kɐnu]
Amerikaanse (de)	**americana** (f)	[ɐməɾi'kɐnɐ]
Amerikaans (bn)	**americano**	[ɐməɾi'kɐnu]

Canada (het)	**Canadá** (m)	[kɐnɐ'da]
Canadees (de)	**canadiano** (m)	[kɐnɐ'djɐnu]
Canadese (de)	**canadiana** (f)	[kɐnɐ'djɐnɐ]
Canadees (bn)	**canadiano**	[kɐnɐ'djɐnu]

Mexico (het)	**México** (m)	['mɛʃiku]
Mexicaan (de)	**mexicano** (m)	[məʃi'kɐnu]
Mexicaanse (de)	**mexicana** (f)	[məʃi'kɐnɐ]
Mexicaans (bn)	**mexicano**	[məʃi'kɐnu]

239. Midden- en Zuid-Amerika

Argentinië (het)	**Argentina** (f)	[ɐɾʒẽ'tinɐ]
Argentijn (de)	**argentino** (m)	[ɐɾʒẽ'tinu]
Argentijnse (de)	**argentina** (f)	[ɐɾʒẽ'tinɐ]
Argentijns (bn)	**argentino**	[ɐɾʒẽ'tinu]

Brazilië (het)	**Brasil** (m)	[bɾɐ'zil]
Braziliaan (de)	**brasileiro** (m)	[bɾɐzi'lɐjɾu]
Braziliaanse (de)	**brasileira** (f)	[bɾɐzi'lɐjɾɐ]
Braziliaans (bn)	**brasileiro**	[bɾɐzi'lɐjɾu]

Colombia (het)	**Colômbia** (f)	[ku'lõbiɐ]
Colombiaan (de)	**colombiano** (m)	[kulõ'bjɐnu]
Colombiaanse (de)	**colombiana** (f)	[kulõ'bjɐnɐ]
Colombiaans (bn)	**colombiano**	[kulõ'bjɐnu]
Cuba (het)	**Cuba** (f)	['kubɐ]

Cubaan (de)	**cubano** (m)	[ku'benu]
Cubaanse (de)	**cubana** (f)	[ku'bene]
Cubaans (bn)	**cubano**	[ku'benu]
Chili (het)	**Chile** (m)	['ʃilə]
Chileen (de)	**chileno** (m)	[ʃi'lenu]
Chileense (de)	**chilena** (f)	[ʃi'lene]
Chileens (bn)	**chileno**	[ʃi'lenu]
Bolivia (het)	**Bolívia** (f)	[bu'livie]
Venezuela (het)	**Venezuela** (f)	[vənəzu'ɛle]
Paraguay (het)	**Paraguai** (m)	[peregu'aj]
Peru (het)	**Peru** (m)	[pə'ru]
Suriname (het)	**Suriname** (m)	[suri'nemə]
Uruguay (het)	**Uruguai** (m)	[uru'gwaj]
Ecuador (het)	**Equador** (m)	[ekwe'dor]
Bahama's (mv.)	**Bahamas, Baamas** (f pl)	[ba'emeʃ]
Haïti (het)	**Haiti** (m)	[aj'ti]
Dominicaanse Republiek (de)	**República** (f) **Dominicana**	[ʀɛ'publike dumini'kene]
Panama (het)	**Panamá** (m)	[pene'ma]
Jamaica (het)	**Jamaica** (f)	[ʒe'majke]

240. Afrika

Egypte (het)	**Egito** (m)	[e'ʒitu]
Egyptenaar (de)	**egípcio** (m)	[e'ʒipsiu]
Egyptische (de)	**egípcia** (f)	[e'ʒipsie]
Egyptisch (bn)	**egípcio**	[e'ʒipsiu]
Marokko (het)	**Marrocos**	[me'ʀɔkuʃ]
Marokkaan (de)	**marroquino** (m)	[meʀu'kinu]
Marokkaanse (de)	**marroquina** (f)	[meʀu'kine]
Marokkaans (bn)	**marroquino**	[meʀu'kinu]
Tunesië (het)	**Tunísia** (f)	[tu'nizie]
Tunesiër (de)	**tunisino** (m)	[tuni'zinu]
Tunesische (de)	**tunisina** (f)	[tuni'zine]
Tunesisch (bn)	**tunisino**	[tuni'zinu]
Ghana (het)	**Gana** (f)	['gene]
Zanzibar (het)	**Zanzibar** (m)	[zãzi'bar]
Kenia (het)	**Quénia** (f)	['kɛnie]
Libië (het)	**Líbia** (f)	['libie]
Madagaskar (het)	**Madagáscar** (m)	[mede'gaʃkar]
Namibië (het)	**Namíbia** (f)	[ne'mibie]
Senegal (het)	**Senegal** (m)	[sənə'gal]
Tanzania (het)	**Tanzânia** (f)	[tã'zenie]
Zuid-Afrika (het)	**África** (f) **do Sul**	['afrike du sul]
Afrikaan (de)	**africano** (m)	[efri'kenu]
Afrikaanse (de)	**africana** (f)	[efri'kene]
Afrikaans (bn)	**africano**	[efri'kenu]

241. Australië. Oceanië

Australië (het)	**Austrália** (f)	[au'ʃtraliɐ]
Australiër (de)	**australiano** (m)	[auʃtrɐ'ljɐnu]
Australische (de)	**australiana** (f)	[auʃtrɐ'ljɐnɐ]
Australisch (bn)	**australiano**	[auʃtrɐ'ljɐnu]
Nieuw-Zeeland (het)	**Nova Zelândia** (f)	['nɔvɐ zə'lɐ̃diɐ]
Nieuw-Zeelander (de)	**neozelandês** (m)	[nɛɔzəlɐ̃'deʃ]
Nieuw-Zeelandse (de)	**neozelandesa** (f)	[nɛɔzəlɐ̃'dezɐ]
Nieuw-Zeelands (bn)	**neozelandês**	[nɛɔzəlɐ̃'deʃ]
Tasmanië (het)	**Tasmânia** (f)	[tɐ'ʒmɐniɐ]
Frans-Polynesië	**Polinésia** (f) **Francesa**	[puli'nɛziɐ frɐ̃'sezɐ]

242. Steden

Amsterdam	**Amesterdão**	[ɐməʃtɛr'dɐ̃u]
Ankara	**Ancara**	[ɐ̃'karɐ]
Athene	**Atenas**	[ɐ'tenɐʃ]
Bagdad	**Bagdade**	[bɐg'dadə]
Bangkok	**Banguecoque**	[bɐ̃gə'kɔkə]
Barcelona	**Barcelona**	[bɐrsə'lonɐ]
Beiroet	**Beirute**	[bɐj'rutə]
Berlijn	**Berlim**	[bər'lĩ]
Boedapest	**Budapeste**	[budɐ'pɛʃtə]
Boekarest	**Bucareste**	[bukɐ'rɛʃtə]
Bombay, Mumbai	**Bombaim**	[bõbɐ'ĩ]
Bonn	**Bona**	['bɔnɐ]
Bordeaux	**Bordéus**	[bur'dɛuʃ]
Bratislava	**Bratislava**	[brati'ʒlavɐ]
Brussel	**Bruxelas**	[bru'ʃɛlɐʃ]
Caïro	**Cairo**	['kajru]
Calcutta	**Calcutá**	[kalku'ta]
Chicago	**Chicago**	[ʃi'kagu]
Dar Es Salaam	**Dar es Salaam**	[dar əʃ sɐ'laɐ̃m]
Delhi	**Deli**	['dɛli]
Den Haag	**Haia**	['ajɐ]
Dubai	**Dubai**	[du'baj]
Dublin	**Dublin, Dublim**	[du'blin], [du'blĩ]
Düsseldorf	**Düsseldorf**	[dusɛldɔrf]
Florence	**Florença**	[flo'rẽsɐ]
Frankfort	**Frankfurt**	['frɐ̃kfurt]
Genève	**Genebra**	[ʒə'nɛbrɐ]
Hamburg	**Hamburgo**	[ɐ̃'burgu]
Hanoi	**Hanói**	[ɐ'nɔj]
Havana	**Havana**	[ɐ'vɐnɐ]
Helsinki	**Helsínquia**	[ɛ'lsĩkiɐ]

Hiroshima	**Hiroshima**	[irɔ'ʃimɐ]
Hongkong	**Hong Kong**	[oŋ'koŋ]
Istanbul	**Istambul**	[iʃtã'bul]
Jeruzalem	**Jerusalém**	[ʒəruza'lẽʲ]
Kiev	**Kiev**	[ki'ɛv]
Kopenhagen	**Copenhaga**	[kɔpə'ɲagɐ]
Kuala Lumpur	**Kuala Lumpur**	[ku'alɐ lũ'pur]
Lissabon	**Lisboa**	[li'ʒboɐ]
Londen	**Londres**	['lõdrəʃ]
Los Angeles	**Los Angeles**	[luʃ 'ãʒeləʃ]
Lyon	**Lyon**	[li'ɔŋ]
Madrid	**Madrid**	[mɐ'drid]
Marseille	**Marselha**	[mɐr'sɐʎɐ]
Mexico-Stad	**Cidade do México**	[si'dadə du 'mɛʃiku]
Miami	**Miami**	[mɐ'jami]
Montreal	**Montreal**	[mõtri'al]
Moskou	**Moscovo**	[mu'ʃkovu]
München	**Munique**	[munikə]
Nairobi	**Nairóbi**	[naj'rɔbi]
Napels	**Nápoles**	['napuləʃ]
New York	**Nova York**	['nɔvɐ 'jɔrk]
Nice	**Nice**	['nisə]
Oslo	**Oslo**	['ɔʒlou]
Ottawa	**Ottawa**	[ɔ'tauɐ]
Parijs	**Paris**	[pɐ'riʃ]
Peking	**Pequim**	[pə'kĩ]
Praag	**Praga**	['pragɐ]
Rio de Janeiro	**Rio de Janeiro**	['ʀiu də ʒɐ'nɐjru]
Rome	**Roma**	['ʀomɐ]
Seoel	**Seul**	[sɛ'ul]
Singapore	**Singapura**	[sĩgɐ'purɐ]
Sint-Petersburg	**São Petersburgo**	['sãu pətɛr'ʒburgu]
Sjanghai	**Xangai**	[ʃã'gaj]
Stockholm	**Estocolmo**	[əʃtu'kolmu]
Sydney	**Sydney**	['sidnej]
Taipei	**Taipé**	[taj'pɛ]
Tokio	**Tóquio**	['tɔkiu]
Toronto	**Toronto**	[tu'rõtu]
Venetië	**Veneza**	[və'nezɐ]
Warschau	**Varsóvia**	[vɐr'sɔviɐ]
Washington	**Washington**	['wɐʃigtɔn]
Wenen	**Viena**	['vjenɐ]

243. Politiek. Overheid. Deel 1

politiek (de)	**política** (f)	[pu'litikɐ]
politiek (bn)	**político**	[pu'litiku]

politicus (de)	**político** (m)	[pu'litiku]
staat (land)	**estado** (m)	[ə'ʃtadu]
burger (de)	**cidadão** (m)	[sidɐ'dãu]
staatsburgerschap (het)	**cidadania** (f)	[sidɐdɐ'niɐ]
nationaal wapen (het)	**brasão** (m) **de armas**	[brɐ'zãu də 'armɐʃ]
volkslied (het)	**hino** (m) **nacional**	['inu nɐsju'nal]
regering (de)	**governo** (m)	[gu'vernu]
staatshoofd (het)	**Chefe** (m) **de Estado**	['ʃɛfə də ə'ʃtadu]
parlement (het)	**parlamento** (m)	[pɐrlɐ'mẽtu]
partij (de)	**partido** (m)	[pɐr'tidu]
kapitalisme (het)	**capitalismo** (m)	[kɐpitɐ'liʒmu]
kapitalistisch (bn)	**capitalista**	[kɐpitɐ'liʃtɐ]
socialisme (het)	**socialismo** (m)	[susiɐ'liʒmu]
socialistisch (bn)	**socialista**	[susiɐ'liʃtɐ]
communisme (het)	**comunismo** (m)	[kumu'niʒmu]
communistisch (bn)	**comunista**	[kumu'niʃtɐ]
communist (de)	**comunista** (m)	[kumu'niʃtɐ]
democratie (de)	**democracia** (f)	[dəmukrɐ'siɐ]
democraat (de)	**democrata** (m)	[dəmu'kratɐ]
democratisch (bn)	**democrático**	[dəmu'kratiku]
democratische partij (de)	**Partido** (m) **Democrático**	[pɐr'tidu dəmu'kratiku]
liberaal (de)	**liberal** (m)	[libə'ral]
liberaal (bn)	**liberal**	[libə'ral]
conservator (de)	**conservador** (m)	[kõsərvɐ'dor]
conservatief (bn)	**conservador**	[kõsərvɐ'dor]
republiek (de)	**república** (f)	[ʀɛ'publikɐ]
republikein (de)	**republicano** (m)	[ʀɛpubli'kɐnu]
Republikeinse Partij (de)	**Partido** (m) **Republicano**	[pɐr'tidu ʀɛpubli'kɐnu]
verkiezing (de)	**eleições** (f pl)	[elɐj'soɪʃ]
kiezen (ww)	**eleger** (vt)	[elə'ʒer]
kiezer (de)	**eleitor** (m)	[elɐj'tor]
verkiezingscampagne (de)	**campanha** (f) **eleitoral**	[kã'pɐɲɐ elɐjtu'ral]
stemming (de)	**votação** (f)	[vutɐ'sãu]
stemmen (ww)	**votar** (vi)	[vu'tar]
stemrecht (het)	**direito** (m) **de voto**	[di'rɐjtu də 'vɔtu]
kandidaat (de)	**candidato** (m)	[kãdi'datu]
zich kandideren	**candidatar-se** (vi)	[kãdidɐ'tarsə]
campagne (de)	**campanha** (f)	[kã'pɐɲɐ]
oppositie- (abn)	**da oposição**	[dɐ ɔpuzi'sãu]
oppositie (de)	**oposição** (f)	[ɔpuzi'sãu]
bezoek (het)	**visita** (f)	[vi'zitɐ]
officieel bezoek (het)	**visita** (f) **oficial**	[vi'zitɐ ɔfi'sjal]

internationaal (bn)	**internacional**	[ĩtərnesiu'nal]
onderhandelingen (mv.)	**negociações** (f pl)	[nəgusie'soɪʃ]
onderhandelen (ww)	**negociar** (vi)	[nəgu'sjar]

244. Politiek. Overheid. Deel 2

maatschappij (de)	**sociedade** (f)	[susiɛ'dadə]
grondwet (de)	**constituição** (f)	[kõʃtitui'sãu]
macht (politieke ~)	**poder** (m)	[pu'der]
corruptie (de)	**corrupção** (f)	[kuʀup'sãu]
wet (de)	**lei** (f)	[lɐj]
wettelijk (bn)	**legal**	[lə'gal]
rechtvaardigheid (de)	**justiça** (f)	[ʒu'ʃtisɐ]
rechtvaardig (bn)	**justo**	['ʒuʃtu]
comité (het)	**comité** (m)	[kumi'tɛ]
wetsvoorstel (het)	**projeto-lei** (m)	[pru'ʒɛtu 'lɐj]
begroting (de)	**orçamento** (m)	[ɔrsɐ'mẽtu]
beleid (het)	**política** (f)	[pu'litikɐ]
hervorming (de)	**reforma** (f)	[ʀə'fɔrmɐ]
radicaal (bn)	**radical**	[ʀɐdi'kal]
macht (vermogen)	**força** (f)	['forsɐ]
machtig (bn)	**poderoso**	[pudə'rozu]
aanhanger (de)	**partidário** (m)	[pɐrti'dariu]
invloed (de)	**influência** (f)	[ĩflu'ẽsiɐ]
regime (het)	**regime** (m)	[ʀə'ʒimə]
conflict (het)	**conflito** (m)	[kõ'flitu]
samenzwering (de)	**conspiração** (f)	[kõʃpirɐ'sãu]
provocatie (de)	**provocação** (f)	[pruvukɐ'sãu]
omverwerpen (ww)	**derrubar** (vt)	[dəʀu'bar]
omverwerping (de)	**derrube** (m), **queda** (f)	[də'ʀubə], ['kɛdɐ]
revolutie (de)	**revolução** (f)	[ʀəvulu'sãu]
staatsgreep (de)	**golpe** (m) **de Estado**	['gɔlpə də ə'ʃtadu]
militaire coup (de)	**golpe** (m) **militar**	['gɔlpə mili'tar]
crisis (de)	**crise** (f)	['krizə]
economische recessie (de)	**recessão** (f) **económica**	[ʀəsə'sãu eku'nɔmikɐ]
betoger (de)	**manifestante** (m)	[mɐnifə'ʃtãtə]
betoging (de)	**manifestação** (f)	[mɐnifəʃtɐ'sãu]
krijgswet (de)	**lei** (f) **marcial**	[lɐj mɐr'sjal]
militaire basis (de)	**base** (f) **militar**	['bazə mili'tar]
stabiliteit (de)	**estabilidade** (f)	[əʃtɐbili'dadə]
stabiel (bn)	**estável**	[ə'ʃtavɛl]
uitbuiting (de)	**exploração** (f)	[əʃplurɐ'sãu]
uitbuiten (ww)	**explorar** (vt)	[əʃplu'rar]
racisme (het)	**racismo** (m)	[ʀɐ'siʒmu]

racist (de)	**racista** (m)	[ʀa'siʃtɐ]
fascisme (het)	**fascismo** (m)	[fɐ'ʃsiʒmu]
fascist (de)	**fascista** (m)	[fɐ'ʃsiʃtɐ]

245. Landen. Diversen

vreemdeling (de)	**estrangeiro** (m)	[əʃtrã'ʒɐjru]
buitenlands (bn)	**estrangeiro**	[əʃtrã'ʒɐjru]
in het buitenland (bw)	**no estrangeiro**	[nu əʃtrã'ʒɐjru]
emigrant (de)	**emigrante** (m)	[emi'grãtə]
emigratie (de)	**emigração** (f)	[emigrɐ'sãu]
emigreren (ww)	**emigrar** (vi)	[emi'grar]
Westen (het)	**Ocidente** (m)	[ɔsi'dẽtə]
Oosten (het)	**Oriente** (m)	[ɔ'rjẽtə]
Verre Oosten (het)	**Extremo Oriente** (m)	[ə'ʃtremu ɔ'rjẽtə]
beschaving (de)	**civilização** (f)	[sivilizɐ'sãu]
mensheid (de)	**humanidade** (f)	[umɐni'dadə]
wereld (de)	**mundo** (m)	['mũdu]
vrede (de)	**paz** (f)	[paʒ]
wereld- (abn)	**mundial**	[mũ'djal]
vaderland (het)	**pátria** (f)	['patriɐ]
volk (het)	**povo** (m)	['povu]
bevolking (de)	**população** (f)	[pupulɐ'sãu]
mensen (mv.)	**gente** (f)	['ʒẽtə]
natie (de)	**nação** (f)	[nɐ'sãu]
generatie (de)	**geração** (f)	[ʒɛrɐ'sãu]
gebied (bijv. bezette ~en)	**território** (m)	[təʀi'tɔriu]
regio, streek (de)	**região** (f)	[ʀə'ʒjãu]
deelstaat (de)	**estado** (m)	[ə'ʃtadu]
traditie (de)	**tradição** (f)	[trɐdi'sãu]
gewoonte (de)	**costume** (m)	[ku'ʃtumə]
ecologie (de)	**ecologia** (f)	[ɛkulu'ʒiɐ]
Indiaan (de)	**índio** (m)	['ĩdiu]
zigeuner (de)	**cigano** (m)	[si'gɐnu]
zigeunerin (de)	**cigana** (f)	[si'gɐnɐ]
zigeuner- (abn)	**cigano**	[si'gɐnu]
rijk (het)	**império** (m)	[ĩ'pɛriu]
kolonie (de)	**colónia** (f)	[ku'lɔniɐ]
slavernij (de)	**escravidão** (f)	[əʃkrɐvi'dãu]
invasie (de)	**invasão** (f)	[ĩva'zãu]
hongersnood (de)	**fome** (f)	['fɔmə]

246. Grote religieuze groepen. Bekentenissen

religie (de)	**religião** (f)	[ʀəli'ʒjãu]
religieus (bn)	**religioso**	[ʀəli'ʒjozu]

geloof (het)	**crença** (f)	['krẽsɐ]
geloven (ww)	**crer** (vt)	[krer]
gelovige (de)	**crente** (m)	['krẽtə]
atheïsme (het)	**ateísmo** (m)	[ɐtɐ'iʒmu]
atheïst (de)	**ateu** (m)	[ɐ'teu]
christendom (het)	**cristianismo** (m)	[kriʃtiɐ'niʒmu]
christen (de)	**cristão** (m)	[kri'ʃtãu]
christelijk (bn)	**cristão**	[kri'ʃtãu]
katholicisme (het)	**catolicismo** (m)	[kɐtuli'siʒmu]
katholiek (de)	**católico** (m)	[kɐ'tɔliku]
katholiek (bn)	**católico**	[kɐ'tɔliku]
protestantisme (het)	**protestantismo** (m)	[prutəʃtã'tiʒmu]
Protestante Kerk (de)	**Igreja** (f) **Protestante**	[i'grɐʒɐ prutə'ʃtãtə]
protestant (de)	**protestante** (m)	[prutə'ʃtãtə]
orthodoxie (de)	**ortodoxia** (f)	[ɔrtɔdɔ'ksiɐ]
Orthodoxe Kerk (de)	**Igreja** (f) **Ortodoxa**	[i'grɐʒɐ ɔrtɔ'dɔksɐ]
orthodox	**ortodoxo** (m)	[ɔrtɔ'dɔksu]
presbyterianisme (het)	**presbiterianismo** (m)	[prəʒbitəriɐ'niʒmu]
Presbyteriaanse Kerk (de)	**Igreja** (f) **Presbiteriana**	[i'grɐʒɐ prəʒbitə'rjɐnɐ]
presbyteriaan (de)	**presbiteriano** (m)	[prəʒbitə'rjɐnu]
lutheranisme (het)	**Igreja** (f) **Luterana**	[i'grɐʒɐ lutə'rɐnɐ]
lutheraan (de)	**luterano** (m)	[lutə'rɐnu]
baptisme (het)	**Igreja** (f) **Batista**	[i'grɐʒɐ ba'tiʃtɐ]
baptist (de)	**batista** (m)	[ba'tiʃtɐ]
Anglicaanse Kerk (de)	**Igreja** (f) **Anglicana**	[i'grɐʒɐ ãgli'kɐnɐ]
anglicaan (de)	**anglicano** (m)	[ãgli'kɐnu]
mormonisme (het)	**mormonismo** (m)	[murmu'niʒmu]
mormoon (de)	**mórmon** (m)	['mɔrmɔn]
Jodendom (het)	**Judaísmo** (m)	[ʒudɐ'iʒmu]
jood (aanhanger van het Jodendom)	**judeu** (m)	[ʒu'deu]
boeddhisme (het)	**budismo** (m)	[bu'diʒmu]
boeddhist (de)	**budista** (m)	[bu'diʃtɐ]
hindoeïsme (het)	**hinduísmo** (m)	[ĩdu'iʒmu]
hindoe (de)	**hindu** (m)	[ĩ'du]
islam (de)	**Islão** (m)	[i'ʒlãu]
islamiet (de)	**muçulmano** (m)	[musul'mɐnu]
islamitisch (bn)	**muçulmano**	[musul'mɐnu]
sjiisme (het)	**Xiismo** (m)	[ʃi'iʒmu]
sjiiet (de)	**xiita** (m)	[ʃi'itɐ]
soennisme (het)	**sunismo** (m)	[su'niʒmu]
soenniet (de)	**sunita** (m)	[su'nitɐ]

247. Religies. Priesters

priester (de)	**padre** (m)	['padrə]
paus (de)	**Papa** (m)	['papɐ]
monnik (de)	**monge** (m)	['mõʒə]
non (de)	**freira** (f)	['frɐjrɐ]
pastoor (de)	**pastor** (m)	[pɐ'ʃtor]
abt (de)	**abade** (m)	[ɐ'badə]
vicaris (de)	**vigário** (m)	[vi'gariu]
bisschop (de)	**bispo** (m)	['biʃpu]
kardinaal (de)	**cardeal** (m)	[kɐr'djal]
predikant (de)	**pregador** (m)	[prəgɐ'dor]
preek (de)	**sermão** (m)	[sər'mãu]
kerkgangers (mv.)	**paroquianos** (pl)	[pɐru'kjɐnuʃ]
gelovige (de)	**crente** (m)	['krẽtə]
atheïst (de)	**ateu** (m)	[ɐ'teu]

248. Geloof. Christendom. Islam

Adam	**Adão**	[ɐ'dãu]
Eva	**Eva**	['ɛvɐ]
God (de)	**Deus** (m)	['deuʃ]
Heer (de)	**Senhor** (m)	[sə'ɲor]
Almachtige (de)	**Todo Poderoso** (m)	['todu pudə'rozu]
zonde (de)	**pecado** (m)	[pə'kadu]
zondigen (ww)	**pecar** (vi)	[pə'kar]
zondaar (de)	**pecador** (m)	[pəkɐ'dor]
zondares (de)	**pecadora** (f)	[pəkɐ'dorɐ]
hel (de)	**inferno** (m)	[ĩ'fɛrnu]
paradijs (het)	**paraíso** (m)	[pɐrɐ'izu]
Jezus	**Jesus**	[ʒə'zuʃ]
Jezus Christus	**Jesus Cristo**	[ʒə'zuʃ 'kriʃtu]
Heilige Geest (de)	**Espírito** (m) **Santo**	[ə'ʃpiritu 'sãtu]
Verlosser (de)	**Salvador** (m)	[salvɐ'dor]
Maagd Maria (de)	**Virgem Maria** (f)	['virʒẽʲ mɐ'riɐ]
duivel (de)	**Diabo** (m)	['djabu]
duivels (bn)	**diabólico**	[diɐ'bɔliku]
Satan	**Satanás** (m)	[sɐtɐ'naʃ]
satanisch (bn)	**satânico**	[sɐ'tɐniku]
engel (de)	**anjo** (m)	['ãʒu]
beschermengel (de)	**anjo** (m) **da guarda**	['ãʒu dɐ gu'ardɐ]
engelachtig (bn)	**angélico**	[ã'ʒɛliku]

apostel (de)	**apóstolo** (m)	[ɐ'pɔʃtulu]
aartsengel (de)	**arcanjo** (m)	[ɐr'kãʒu]
antichrist (de)	**anticristo** (m)	[ãti'kriʃtu]
Kerk (de)	**Igreja** (f)	[i'greʒɐ]
bijbel (de)	**Bíblia** (f)	['bibliɐ]
bijbels (bn)	**bíblico**	['bibliku]
Oude Testament (het)	**Velho Testamento** (m)	['vɛʎu təʃtɐ'mẽtu]
Nieuwe Testament (het)	**Novo Testamento** (m)	['novu təʃtɐ'mẽtu]
evangelie (het)	**Evangelho** (m)	[evã'ʒɛʎu]
Heilige Schrift (de)	**Sagradas Escrituras** (f pl)	[sɐ'gradɐʃ əʃkri'turɐʃ]
Hemel, Hemelrijk (de)	**Céu** (m)	['sɛu]
gebod (het)	**mandamento** (m)	[mãdɐ'mẽtu]
profeet (de)	**profeta** (m)	[pru'fɛtɐ]
profetie (de)	**profecia** (f)	[prufə'siɐ]
Allah	**Alá**	[a'la]
Mohammed	**Maomé**	[mau'mɛ]
Koran (de)	**Corão, Alcorão** (m)	[ku'rãu], [alku'rãu]
moskee (de)	**mesquita** (f)	[mə'ʃkitɐ]
moellah (de)	**mulá** (m)	[mu'la]
gebed (het)	**oração** (f)	[ɔrɐ'sãu]
bidden (ww)	**rezar, orar** (vi)	[ʀə'zar], [ɔ'rar]
pelgrimstocht (de)	**peregrinação** (f)	[pərəgrinɐ'sãu]
pelgrim (de)	**peregrino** (m)	[pərə'grinu]
Mekka	**Meca** (f)	['mɛkɐ]
kerk (de)	**igreja** (f)	[i'greʒɐ]
tempel (de)	**templo** (m)	['tẽplu]
kathedraal (de)	**catedral** (f)	[kɐtə'dral]
gotisch (bn)	**gótico**	['gɔtiku]
synagoge (de)	**sinagoga** (f)	[sinɐ'gɔgɐ]
moskee (de)	**mesquita** (f)	[mə'ʃkitɐ]
kapel (de)	**capela** (f)	[kɐ'pɛlɐ]
abdij (de)	**abadia** (f)	[ɐbɐ'diɐ]
nonnenklooster (het)	**convento** (m)	[kõ'vẽtu]
mannenklooster (het)	**mosteiro** (m)	[mu'ʃtɐjru]
klok (de)	**sino** (m)	['sinu]
klokkentoren (de)	**campanário** (m)	[kãpɐ'nariu]
luiden (klokken)	**repicar** (vi)	[ʀəpi'kar]
kruis (het)	**cruz** (f)	[kruʃ]
koepel (de)	**cúpula** (f)	['kupulɐ]
icoon (de)	**ícone** (m)	['ikɔnə]
ziel (de)	**alma** (f)	['almɐ]
lot, noodlot (het)	**destino** (m)	[də'ʃtinu]
kwaad (het)	**mal** (m)	[mal]
goed (het)	**bem** (m)	[bẽʲ]
vampier (de)	**vampiro** (m)	[vã'piru]

heks (de)	**bruxa** (f)	['bruʃɐ]
demoon (de)	**demónio** (m)	[də'mɔniu]
geest (de)	**espírito** (m)	[ə'ʃpiritu]
verzoeningsleer (de)	**redenção** (f)	[ʀədẽ'sãu]
vrijkopen (ww)	**redimir** (vt)	[ʀədi'miɾ]
mis (de)	**missa** (f)	['misɐ]
de mis opdragen	**celebrar a missa**	[sələ'braɾ ɐ 'misɐ]
biecht (de)	**confissão** (f)	[kõfi'sãu]
biechten (ww)	**confessar-se** (vr)	[kõfə'sarsə]
heilige (de)	**santo** (m)	['sãtu]
heilig (bn)	**sagrado**	[sɐ'gradu]
wijwater (het)	**água** (f) **benta**	['aguɐ 'bẽtɐ]
ritueel (het)	**ritual** (m)	[ʀitu'al]
ritueel (bn)	**ritual**	[ʀitu'al]
offerande (de)	**sacrifício** (m)	[sɐkɾi'fisiu]
bijgeloof (het)	**superstição** (f)	[supərʃti'sãu]
bijgelovig (bn)	**supersticioso**	[supərʃti'sjozu]
hiernamaals (het)	**vida** (f) **depois da morte**	['vidɐ də'poɪʃ dɐ 'mɔrtə]
eeuwige leven (het)	**vida** (f) **eterna**	['vidɐ e'tɛrnɐ]

DIVERSEN

249. Diverse nuttige woorden

achtergrond (de)	**fundo** (m)	['fũdu]
balans (de)	**equilíbrio** (m)	[eki'libriu]
basis (de)	**base** (f)	['bazə]
begin (het)	**começo** (m)	[ku'mesu]
beurt (wie is aan de ~?)	**vez** (f)	[veʒ]
categorie (de)	**categoria** (f)	[kɐtəgu'riɐ]
comfortabel (~ bed, enz.)	**cómodo**	['kɔmudu]
compensatie (de)	**compensação** (f)	[kõpẽsɐ'sãu]
deel (gedeelte)	**parte** (f)	['partə]
deeltje (het)	**partícula** (f)	[pɐr'tikulɐ]
ding (object, voorwerp)	**coisa** (f)	['kojzɐ]
dringend (bn, urgent)	**urgente**	[ur'ʒẽtə]
dringend (bw, met spoed)	**urgentemente**	[urʒẽtə'mẽtə]
effect (het)	**efeito** (m)	[e'fɐjtu]
eigenschap (kwaliteit)	**propriedade** (f)	[pruprie'dadə]
einde (het)	**fim** (m)	[fĩ]
element (het)	**elemento** (m)	[elə'mẽtu]
feit (het)	**facto** (m)	['faktu]
fout (de)	**erro** (m)	['eʀu]
geheim (het)	**segredo** (m)	[sə'gredu]
graad (mate)	**grau** (m)	['grau]
groei (ontwikkeling)	**crescimento** (m)	[krəʃsi'mẽtu]
hindernis (de)	**barreira** (f)	[bɐ'ʀɐjrɐ]
hinderpaal (de)	**obstáculo** (m)	[ɔb'ʃtakulu]
hulp (de)	**ajuda** (f)	[ɐ'ʒudɐ]
ideaal (het)	**ideal** (m)	[i'djal]
inspanning (de)	**esforço** (m)	[ə'ʃforsu]
keuze (een grote ~)	**variedade** (f)	[verie'dadə]
labyrint (het)	**labirinto** (m)	[lɐbi'rĩtu]
manier (de)	**modo** (m)	['mɔdu]
moment (het)	**momento** (m)	[mu'mẽtu]
nut (bruikbaarheid)	**utilidade** (f)	[utili'dadə]
onderscheid (het)	**diferença** (f)	[difə'rẽsɐ]
ontwikkeling (de)	**desenvolvimento** (m)	[dəzẽvɔlvi'mẽtu]
oplossing (de)	**solução** (f)	[sulu'sãu]
origineel (het)	**original** (m)	[ɔriʒi'nal]
pauze (de)	**pausa** (f)	['pauzɐ]
positie (de)	**posição** (f)	[puzi'sãu]
principe (het)	**princípio** (m)	[prĩ'sipiu]

probleem (het)	**problema** (m)	[prub'lemɐ]
proces (het)	**processo** (m)	[pru'sɛsu]
reactie (de)	**reação** (f)	[ʀia'sãu]
reden (om ~ van)	**causa** (f)	['kauzɐ]
risico (het)	**risco** (m)	['ʀiʃku]
samenvallen (het)	**coincidência** (f)	[kuĩsi'dẽsiɐ]
serie (de)	**série** (f)	['sɛriə]
situatie (de)	**situação** (f)	[situɐ'sãu]
soort (bijv. ~ sport)	**tipo** (m)	['tipu]
standaard (bn)	**padrão**	[pɐ'drãu]
standaard (de)	**padrão** (m)	[pɐ'drãu]
stijl (de)	**estilo** (m)	[ə'ʃtilu]
stop (korte onderbreking)	**paragem** (f)	[pɐ'raʒẽʲ]
systeem (het)	**sistema** (m)	[si'ʃtemɐ]
tabel (bijv. ~ van Mendelejev)	**tabela** (f)	[tɐ'bɛlɐ]
tempo (langzaam ~)	**ritmo** (m)	['ʀitmu]
term (medische ~en)	**termo** (m)	['termu]
type (soort)	**tipo** (m)	['tipu]
variant (de)	**variante** (f)	[vɐ'rjãtə]
veelvuldig (bn)	**frequente**	[frəku'ẽtə]
vergelijking (de)	**comparação** (f)	[kõpɐrɐ'sãu]
voorbeeld (het goede ~)	**exemplo** (m)	[e'zẽplu]
voortgang (de)	**progresso** (m)	[pru'grɛsu]
voorwerp (ding)	**objeto** (m)	[ɔb'ʒɛtu]
vorm (uiterlijke ~)	**forma** (f)	['fɔrmɐ]
waarheid (de)	**verdade** (f)	[vər'dadə]
zone (de)	**zona** (f)	['zonɐ]

250. Beperkende bijwoorden. Bijvoeglijke naamwoorden. Deel 1

accuraat (uurwerk, enz.)	**meticuloso**	[mətiku'lozu]
achter- (abn)	**de trás**	[də traʃ]
additioneel (bn)	**suplementar**	[supləmẽ'tar]
anders (bn)	**diferente**	[difə'rẽtə]
arm (bijv. ~e landen)	**pobre**	['pɔbrə]
begrijpelijk (bn)	**claro**	['klaru]
belangrijk (bn)	**importante**	[ĩpur'tãtə]
belangrijkst (bn)	**o mais importante**	[u 'maɪʃ ĩpur'tãtə]
beleefd (bn)	**educado**	[edu'kadu]
beperkt (bn)	**limitado**	[limi'tadu]
betekenisvol (bn)	**considerável**	[kõsidə'ravɛl]
bijziend (bn)	**míope**	['miupə]
binnen- (abn)	**interno**	[ĩ'tɛrnu]
bitter (bn)	**amargo**	[ɐ'margu]
blind (bn)	**cego**	['sɛgu]
breed (een ~e straat)	**largo**	['largu]

breekbaar (porselein, glas)	**frágil**	['fraʒil]
buiten- (abn)	**externo**	[ə'ʃtɛrnu]
buitenlands (bn)	**estrangeiro**	[əʃtrã'ʒɐjru]
burgerlijk (bn)	**civil**	[si'vil]
centraal (bn)	**central**	[sẽ'tral]
dankbaar (bn)	**agradecido**	[ɐgrɐdə'sidu]
dicht (~e mist)	**denso**	['dẽsu]
dicht (bijv. ~e mist)	**cerrado**	[sə'ʀadu]
dicht (in de ruimte)	**próximo**	['prɔsimu]
dicht (bn)	**perto**	['pɛrtu]
dichtstbijzijnd (bn)	**mais próximo**	['maɪʃ 'prɔsimu]
diepvries (~product)	**congelado**	[kõʒə'ladu]
dik (bijv. muur)	**grosso**	['grosu]
dof (~ licht)	**fraco**	['fraku]
dom (dwaas)	**burro, estúpido**	['buʀu], [ə'ʃtupidu]
donker (bijv. ~e kamer)	**escuro**	[ə'ʃkuru]
dood (bn)	**morto**	['mortu]
doorzichtig (bn)	**transparente**	[trãʃpɐ'rẽtə]
droevig (~ blik)	**triste**	['triʃtə]
droog (bn)	**seco**	['seku]
dun (persoon)	**magro**	['magru]
duur (bn)	**caro**	['karu]
eender (bn)	**igual**	[igu'al]
eenvoudig (bn)	**fácil**	['fasil]
eenvoudig (bn)	**simples**	['sĩpləʃ]
eeuwenoude (~ beschaving)	**antigo**	[ã'tigu]
enorm (bn)	**enorme**	[e'nɔrmə]
geboorte- (stad, land)	**natal**	[nɐ'tal]
gebruind (bn)	**bronzeado**	[brõ'zjadu]
gelijkend (bn)	**similar**	[simi'lar]
gelukkig (bn)	**feliz**	[fə'liʃ]
gesloten (bn)	**fechado**	[fə'ʃadu]
getaand (bn)	**moreno**	[mu'renu]
gevaarlijk (bn)	**perigoso**	[pəri'gozu]
gewoon (bn)	**comum, normal**	[ku'mũ], [nɔr'mal]
gezamenlijk (~ besluit)	**conjunto**	[kõ'ʒũtu]
glad (~ oppervlak)	**liso**	['lizu]
glad (~ oppervlak)	**liso**	['lizu]
goed (bn)	**bom**	[bõ]
goedkoop (bn)	**barato**	[bɐ'ratu]
gratis (bn)	**gratuito, grátis**	[grɐ'tuitu], ['gratiʃ]
groot (bn)	**grande**	['grãdə]
hard (niet zacht)	**duro**	['duru]
heel (volledig)	**inteiro**	[ĩ'tɐjru]
heet (bn)	**quente**	['kẽtə]
hongerig (bn)	**faminto**	[fɐ'mĩtu]

hoofd- (abn)	**principal**	[prĩsi'pal]
hoogste (bn)	**superior**	[supə'rjor]
huidig (courant)	**presente**	[prə'zẽtə]
jong (bn)	**jovem**	['ʒɔvẽʲ]
juist, correct (bn)	**correto**	[ku'ʀɛtu]
kalm (bn)	**calmo**	['kalmu]
kinder- (abn)	**infantil**	[ĩfã'til]
klein (bn)	**pequeno**	[pə'kenu]
koel (~ weer)	**fresco**	['freʃku]
kort (kortstondig)	**de curta duração**	[də 'kurtɐ durɐ'sãu]
kort (niet lang)	**curto**	['kurtu]
koud (~ water, weer)	**frio**	['friu]
kunstmatig (bn)	**artificial**	[ɐrtifi'sjal]
laatst (bn)	**último**	['ultimu]
lang (een ~ verhaal)	**longo**	['lõgu]
langdurig (bn)	**contínuo**	[kõ'tinuu]
lastig (~ probleem)	**difícil, complexo**	[di'fisil], [kõ'plɛksu]
leeg (glas, kamer)	**vazio**	[vɐ'ziu]
lekker (bn)	**gostoso**	[gu'ʃtozu]
licht (kleur)	**claro**	['klaru]
licht (niet veel weegt)	**leve**	['lɛvə]
linker (bn)	**esquerdo**	[ə'ʃkerdu]
luid (bijv. ~e stem)	**alto**	['altu]
mager (bn)	**magro**	['magru]
mat (bijv. ~ verf)	**mate, baço**	['matə], ['basu]
moe (bn)	**cansado**	[kã'sadu]
moeilijk (~ besluit)	**difícil**	[di'fisil]
mogelijk (bn)	**possível**	[pu'sivɛl]
mooi (bn)	**bonito**	[bu'nitu]
mysterieus (bn)	**enigmático**	[eni'gmatiku]
naburig (bn)	**vizinho**	[vi'ziɲu]
nalatig (bn)	**descuidado**	[dəʃkui'dadu]
nat (~te kleding)	**molhado**	[mu'ʎadu]
nerveus (bn)	**nervoso**	[nər'vozu]
niet groot (bn)	**não muito grande**	['nãu 'mujtu 'grãdə]
niet moeilijk (bn)	**não difícil**	['nãu di'fisil]
nieuw (bn)	**novo**	['novu]
nodig (bn)	**necessário**	[nəsə'sariu]
normaal (bn)	**normal**	[nɔr'mal]

251. Beperkende bijwoorden. Bijvoeglijke naamwoorden. Deel 2

onbegrijpelijk (bn)	**incompreensível**	[ĩkõpriẽ'sivɛl]
onbelangrijk (bn)	**insignificante**	[ĩsignifi'kãtə]
onbeweeglijk (bn)	**imóvel**	[i'mɔvɛl]
onbewolkt (bn)	**desanuviado**	[dəzɐnu'vjadu]

ondergronds (geheim)	**clandestino**	[klãdə'ʃtinu]
ondiep (bn)	**pouco fundo**	['poku 'fũdu]
onduidelijk (bn)	**não é clara**	['nãu ɛ 'klarɐ]
onervaren (bn)	**inexperiente**	[inəʃpə'rjẽtə]
onmogelijk (bn)	**impossível**	[ĩpu'sivɛl]
onontbeerlijk (bn)	**indispensável**	[ĩdiʃpẽ'savɛl]

onophoudelijk (bn)	**ininterrupto**	[inĩtə'ʀuptu]
ontkennend (bn)	**negativo**	[nəgɐ'tivu]
open (bn)	**aberto**	[ɐ'bɛrtu]
openbaar (bn)	**público**	['publiku]
origineel (ongewoon)	**original**	[ɔriʒi'nal]

oud (~ huis)	**velho**	['vɛʎu]
overdreven (bn)	**excessivo**	[əʃsə'sivu]
passend (bn)	**apropriado**	[ɐprupri'adu]
permanent (bn)	**permanente**	[pərmɐ'nẽtə]
persoonlijk (bn)	**pessoal**	[pəsu'al]

plat (bijv. ~ scherm)	**plano**	['plɐnu]
prachtig (~ paleis, enz.)	**belo**	['bɛlu]
precies (bn)	**exato**	[e'zatu]
prettig (bn)	**agradável**	[ɐgrɐ'davɛl]
privé (bn)	**privado**	[pri'vadu]

punctueel (bn)	**pontual**	[põtu'al]
rauw (niet gekookt)	**cru**	[kru]
recht (weg, straat)	**reto**	['ʀɛtu]
rechter (bn)	**direito**	[di'rɐjtu]
rijp (fruit)	**maduro**	[mɐ'duru]

riskant (bn)	**arriscado**	[ɐʀi'ʃkadu]
ruim (een ~ huis)	**amplo**	['ãplu]
rustig (bn)	**tranquilo**	[trãku'ilu]
scherp (bijv. ~ mes)	**afiado**	[ɐ'fjadu]
schoon (niet vies)	**limpo**	['lĩpu]

slecht (bn)	**mau**	['mau]
slim (verstandig)	**inteligente**	[ĩtəli'ʒẽtə]
smal (~le weg)	**estreito**	[ə'ʃtrɐjtu]
snel (vlug)	**rápido**	['ʀapidu]
somber (bn)	**sombrio**	[sõ'briu]
speciaal (bn)	**especial**	[əʃpə'sjal]

sterk (bn)	**forte**	['fɔrtə]
stevig (bn)	**sólido**	['sɔlidu]
straatarm (bn)	**indigente**	[ĩdi'ʒẽtə]
strak (schoenen, enz.)	**apertado**	[ɐpər'tadu]
teder (liefderijk)	**terno, afetuoso**	['tɛrnu], [ɐfɛtu'ozu]

tegenovergesteld (bn)	**contrário**	[kõ'trariu]
tevreden (bn)	**contente**	[kõ'tẽtə]
tevreden (klant, enz.)	**satisfeito**	[sɐti'ʃfɐjtu]
treurig (bn)	**triste**	['triʃtə]
tweedehands (bn)	**usado**	[u'zadu]
uitstekend (bn)	**excelente**	[əksə'lẽtə]

uitstekend (bn)	**soberbo, perfeito**	[su'berbu], [pər'fɐjtu]
uniek (bn)	**único**	['uniku]
veilig (niet gevaarlijk)	**seguro**	[sə'guru]
ver (in de ruimte)	**distante**	[di'ʃtãtə]
verenigbaar (bn)	**compatível**	[kõpɐ'tivɛl]
vermoeiend (bn)	**cansativo**	[kãsɐ'tivu]
verplicht (bn)	**obrigatório**	[ɔbrigɐ'tɔriu]
vers (~ brood)	**fresco**	['freʃku]
verschillende (bn)	**diverso**	[di'vɛrsu]
verst (meest afgelegen)	**remoto, longínquo**	[ʀə'mɔtu], [lõ'ʒĩkuu]
vettig (voedsel)	**gordo**	['gordu]
vijandig (bn)	**hostil**	[ɔ'ʃtil]
vloeibaar (bn)	**líquido**	['likidu]
vochtig (bn)	**húmido**	['umidu]
vol (helemaal gevuld)	**cheio**	['ʃeju]
volgend (~ jaar)	**seguinte**	[sə'gĩtə]
vorig (bn)	**mais recente**	['maɪʃ ʀə'sẽtə]
voornaamste (bn)	**principal**	[prĩsi'pal]
vorig (~ jaar)	**passado**	[pɐ'sadu]
vorig (bijv. ~e baas)	**prévio**	['prɛviu]
vriendelijk (aardig)	**encantador**	[ẽkãtɐ'dor]
vriendelijk (goedhartig)	**bondoso**	[bõ'dozu]
vrij (bn)	**livre**	['livrə]
vrolijk (bn)	**alegre**	[ɐ'lɛgrə]
vruchtbaar (~ land)	**fértil**	['fɛrtil]
vuil (niet schoon)	**sujo**	['suʒu]
waarschijnlijk (bn)	**provável**	[pru'vavɛl]
warm (bn)	**quente**	['kẽtə]
wettelijk (bn)	**legal**	[lə'gal]
zacht (bijv. ~ kussen)	**mole**	['mɔlə]
zacht (bn)	**baixo**	['baɪʃu]
zeldzaam (bn)	**raro**	['ʀaru]
ziek (bn)	**doente**	[du'ẽtə]
zoet (~ water)	**doce**	['dosə]
zoet (bn)	**doce**	['dosə]
zonnig (~e dag)	**de sol, ensolarado**	[də sɔl], [ẽsulɐ'radu]
zorgzaam (bn)	**carinhoso**	[kɐri'ɲozu]
zout (de soep is ~)	**salgado**	[sa'lgadu]
zuur (smaak)	**azedo**	[ɐ'zedu]
zwaar (~ voorwerp)	**pesado**	[pə'zadu]

DE 500 BELANGRIJKSTE WERKWOORDEN

252. Werkwoorden A-C

aaien (bijv. een konijn ~)	**acariciar** (vt)	[ɐkɐri'sjar]
aanbevelen (ww)	**recomendar** (vt)	[ʀəkumẽ'dar]
aandringen (ww)	**insistir** (vi)	[ĩsi'ʃtir]
aankomen (ov. de treinen)	**chegar** (vi)	[ʃə'gar]
aanleggen (bijv. bij de pier)	**atracar** (vi)	[ɐtrɐ'kar]
aanraken (met de hand)	**tocar** (vt)	[tu'kar]
aansteken (kampvuur, enz.)	**acender** (vt)	[ɐsẽ'der]
aanstellen (in functie plaatsen)	**nomear** (vt)	[nu'mjar]
aanvallen (mil.)	**atacar** (vt)	[ɐtɐ'kar]
aanvoelen (gevaar ~)	**sentir** (vt)	[sẽ'tir]
aanvoeren (leiden)	**encabeçar** (vt)	[ẽkɐbə'sar]
aanwijzen (de weg ~)	**indicar** (vt)	[ĩdi'kar]
aanzetten (computer, enz.)	**ligar** (vt)	[li'gar]
ademen (ww)	**respirar** (vi)	[ʀəʃpi'rar]
adverteren (ww)	**publicitar** (vt)	[publisi'tar]
adviseren (ww)	**aconselhar** (vt)	[ɐkõsə'ʎar]
afdalen (on.ww.)	**descer** (vi)	[də'ʃser]
afgunstig zijn (ww)	**invejar** (vt)	[ĩvə'ʒar]
afhakken (ww)	**cortar** (vt)	[kur'tar]
afhangen van ...	**depender de ...** (vi)	[dəpẽ'der də]
afluisteren (ww)	**escutar atrás da porta**	[əʃku'tar ɐ'traʃ dɐ 'pɔrtɐ]
afnemen (verwijderen)	**tirar** (vt)	[ti'rar]
afrukken (ww)	**arrancar** (vt)	[ɐʀã'kar]
afslaan (naar rechts ~)	**virar** (vi)	[vi'rar]
afsnijden (ww)	**cortar** (vt)	[kur'tar]
afzeggen (ww)	**anular, cancelar** (vt)	[ɐnu'lar], [kãsə'lar]
amputeren (ww)	**amputar** (vt)	[ãpu'tar]
amuseren (ww)	**divertir** (vt)	[divər'tir]
antwoorden (ww)	**responder** (vt)	[ʀəʃpõ'der]
applaudisseren (ww)	**aplaudir** (vi)	[ɐplau'dir]
aspireren (iets willen worden)	**aspirar a ...**	[ɐʃpi'rar ɐ]
assisteren (ww)	**assistir** (vt)	[ɐsi'ʃtir]
bang zijn (ww)	**ter medo**	[ter 'medu]
barsten (plafond, enz.)	**rachar-se** (vr)	[ʀɐ'ʃarsə]
bedienen (in restaurant)	**servir** (vt)	[sər'vir]
bedreigen (bijv. met een pistool)	**ameaçar** (vt)	[ɐmiɐ'sar]

bedriegen (ww)	**enganar** (vt)	[ẽgɐ'naɾ]
beduiden (betekenen)	**significar** (vt)	[signifi'kaɾ]
bedwingen (ww)	**refrear** (vt)	[ʀəfri'aɾ]
beëindigen (ww)	**terminar** (vt)	[tərmi'naɾ]
begeleiden (vergezellen)	**acompanhar** (vt)	[ɐkõpɐ'ɲaɾ]
begieten (water geven)	**regar** (vt)	[ʀə'gaɾ]
beginnen (ww)	**começar** (vt)	[kumə'saɾ]
begrijpen (ww)	**compreender** (vt)	[kõpriẽ'deɾ]
behandelen (patiënt, ziekte)	**tratar** (vt)	[trɐ'taɾ]
beheren (managen)	**dirigir** (vt)	[diɾi'ʒiɾ]
beïnvloeden (ww)	**influenciar** (vt)	[ĩfluẽ'sjaɾ]
bekennen (misdadiger)	**confessar-se** (vr)	[kõfə'saɾsə]
beledigen (met scheldwoorden)	**insultar** (vt)	[ĩsul'taɾ]
beledigen (ww)	**ofender** (vt)	[ɔfẽ'deɾ]
beloven (ww)	**prometer** (vt)	[prumə'teɾ]
beperken (de uitgaven ~)	**limitar** (vt)	[limi'taɾ]
bereiken (doel ~, enz.)	**alcançar** (vt)	[alkã'saɾ]
bereiken (plaats van bestemming ~)	**chegar a ...**	[ʃə'gaɾ ɐ]
beschermen (bijv. de natuur ~)	**proteger** (vt)	[prutə'ʒeɾ]
beschuldigen (ww)	**acusar** (vt)	[ɐku'zaɾ]
beslissen (~ iets te doen)	**decidir** (vt)	[dəsi'diɾ]
besmet worden (met ...)	**contagiar-se com ...**	[kõtɐ'ʒjaɾsə kõ]
besmetten (ziekte overbrengen)	**infetar, contagiar** (vt)	[ĩfɛ'taɾ], [kõtɐ'ʒjaɾ]
bespreken (spreken over)	**discutir** (vt)	[diʃku'tiɾ]
bestaan (een ~ voeren)	**viver** (vi)	[vi'veɾ]
bestellen (eten ~)	**pedir** (vt)	[pə'diɾ]
bestraffen (een stout kind ~)	**punir, castigar** (vt)	[pu'niɾ], [keʃti'gaɾ]
betalen (ww)	**pagar** (vt)	[pɐ'gaɾ]
betekenen (beduiden)	**significar** (vt)	[signifi'kaɾ]
betreuren (ww)	**arrepender-se** (vr)	[ɐʁipẽ'deɾsə]
bevallen (prettig vinden)	**gostar** (vt)	[gu'ʃtaɾ]
bevelen (mil.)	**ordenar** (vt)	[ɔrdə'naɾ]
bevredigen (ww)	**satisfazer** (vt)	[sɐtiʃfɐ'zeɾ]
bevrijden (stad, enz.)	**libertar** (vt)	[libər'taɾ]
bewaren (oude brieven, enz.)	**guardar** (vt)	[guɐr'daɾ]
bewaren (vrede, leven)	**preservar** (vt)	[prəzər'vaɾ]
bewijzen (ww)	**provar** (vt)	[pru'vaɾ]
bewonderen (ww)	**admirar** (vt)	[ɐdmi'ɾaɾ]
bezitten (ww)	**possuir** (vt)	[pusu'iɾ]
bezorgd zijn (ww)	**preocupar-se** (vr)	[priɔku'paɾsə]
bezorgd zijn (ww)	**preocupar-se** (vr)	[priɔku'paɾsə]
bidden (praten met God)	**rezar, orar** (vi)	[ʀə'zaɾ], [ɔ'ɾaɾ]
bijvoegen (ww)	**acrescentar** (vt)	[ɐkrəʃsẽ'taɾ]

binden (ww)	**amarrar** (vt)	[ɐmɐ'ʀaɾ]
binnengaan (een kamer ~)	**entrar** (vi)	[ẽ'traɾ]
blazen (ww)	**soprar** (vi)	[su'praɾ]
blozen (zich schamen)	**corar** (vi)	[kɔ'raɾ]
blussen (brand ~)	**apagar** (vt)	[ɐpɐ'gaɾ]
boos maken (ww)	**zangar** (vt)	[zã'gaɾ]
boos zijn (ww)	**zangar-se com ...**	[zã'garsə kõ]
breken (on.ww., van een touw)	**romper-se** (vr)	[ʀõ'persə]
breken (speelgoed, enz.)	**quebrar** (vt)	[kə'braɾ]
brengen (iets ergens ~)	**trazer** (vt)	[trɐ'zeɾ]
charmeren (ww)	**fascinar** (vt)	[fɐʃsi'naɾ]
citeren (ww)	**citar** (vt)	[si'taɾ]
compenseren (ww)	**compensar** (vt)	[kõpẽ'saɾ]
compliceren (ww)	**complicar** (vt)	[kõpli'kaɾ]
componeren (muziek ~)	**compor** (vt)	[kõ'poɾ]
compromitteren (ww)	**comprometer** (vt)	[kõprumə'teɾ]
concurreren (ww)	**competir** (vi)	[kõpə'tiɾ]
controleren (ww)	**controlar** (vt)	[kõtru'laɾ]
coöpereren (samenwerken)	**cooperar** (vi)	[kuupə'raɾ]
coördineren (ww)	**coordenar** (vt)	[kuurdə'naɾ]
corrigeren (fouten ~)	**corrigir** (vt)	[kuʀi'ʒiɾ]
creëren (ww)	**criar** (vt)	[kri'aɾ]

253. Werkwoorden D-K

danken (ww)	**agradecer** (vt)	[ɐgrɐdə'seɾ]
de was doen	**lavar a roupa**	[lɐ'vaɾ ɐ 'ʀopɐ]
de weg wijzen	**direcionar** (vt)	[dirɛsiu'naɾ]
deelnemen (ww)	**participar** (vi)	[pɐrtisi'paɾ]
delen (wisk.)	**dividir** (vt)	[divi'diɾ]
denken (ww)	**pensar** (vt)	[pẽ'saɾ]
doden (ww)	**matar** (vt)	[mɐ'taɾ]
doen (ww)	**fazer** (vt)	[fɐ'zeɾ]
dresseren (ww)	**adestrar** (vt)	[ɐdə'ʃtraɾ]
drinken (ww)	**beber, tomar** (vt)	[bə'beɾ], [tu'maɾ]
drogen (klederen, haar)	**secar** (vt)	[sə'kaɾ]
dromen (in de slaap)	**sonhar** (vi)	[su'ɲaɾ]
dromen (over vakantie ~)	**sonhar** (vt)	[su'ɲaɾ]
duiken (ww)	**mergulhar** (vi)	[mərgu'ʎaɾ]
durven (ww)	**ousar** (vt)	[o'zaɾ]
duwen (ww)	**empurrar** (vt)	[ẽpu'ʀaɾ]
een auto besturen	**conduzir** (vt)	[kõdu'ziɾ]
een bad geven	**dar banho, lavar** (vt)	[daɾ 'bɐɲu], [lɐ'vaɾ]
een bad nemen	**lavar-se** (vr)	[lɐ'varsə]
een conclusie trekken	**tirar uma conclusão**	[ti'raɾ 'umɐ kõklu'zãu]

foto's maken	**fotografar** (vt)	[futugrɐ'far]
eisen (met klem vragen)	**exigir** (vt)	[ezi'ʒir]
erkennen (schuld)	**reconhecer** (vt)	[ʀəkuɲə'ser]
erven (ww)	**herdar** (vt)	[er'dar]
eten (ww)	**comer** (vt)	[ku'mer]
excuseren (vergeven)	**desculpar** (vt)	[dəʃkul'par]
existeren (bestaan)	**existir** (vi)	[ezi'ʃtir]
feliciteren (ww)	**felicitar** (vt)	[fəlisi'tar]
gaan (te voet)	**ir** (vi)	[ir]
gaan slapen	**ir para a cama**	[ir 'perɐ ɐ 'kɐmɐ]
gaan zitten (ww)	**sentar-se** (vr)	[sẽ'tarsə]
gaan zwemmen	**ir nadar**	[ir nɐ'dar]
garanderen (garantie geven)	**garantir** (vt)	[gerɐ̃'tir]
gebruiken (bijv. een potlood ~)	**utilizar** (vt)	[utili'zar]
gebruiken (woord, uitdrukking)	**usar** (vt)	[u'zar]
geconserveerd zijn (ww)	**ser preservado**	[ser prəzər'vadu]
gedateerd zijn (ww)	**datar** (vi)	[dɐ'tar]
gehoorzamen (ww)	**obedecer** (vt)	[ɔbədə'ser]
gelijken (op elkaar lijken)	**parecer-se** (vr)	[perə'sersə]
geloven (vinden)	**crer** (vt)	[krer]
genoeg zijn (ww)	**bastar** (vi)	[bɐ'ʃtar]
geven (ww)	**dar** (vt)	[dar]
gieten (in een beker ~)	**verter, encher** (vt)	[vər'ter], [ẽ'ʃer]
glimlachen (ww)	**sorrir** (vi)	[su'ʀir]
glimmen (glanzen)	**brilhar** (vi)	[bri'ʎar]
gluren (ww)	**espreitar** (vi)	[əʃprɐj'tar]
goed raden (ww)	**adivinhar** (vt)	[ɐdivi'ɲar]
gooien (een steen, enz.)	**jogar, atirar** (vt)	[ʒu'gar], [ɐti'rar]
grappen maken (ww)	**fazer piadas**	[fɐ'zer 'pjadɐʃ]
graven (tunnel, enz.)	**cavar** (vt)	[kɐ'var]
haasten (iemand ~)	**apressar** (vt)	[ɐprə'sar]
hebben (ww)	**ter** (vt)	[ter]
helpen (hulp geven)	**ajudar** (vt)	[ɐʒu'dar]
herhalen (opnieuw zeggen)	**repetir** (vt)	[ʀəpə'tir]
herinneren (ww)	**lembrar** (vt)	[lẽ'brar]
herinneren aan ... (afspraak, opdracht)	**fazer lembrar**	[fɐ'zer lẽ'brar]
herkennen (identificeren)	**reconhecer** (vt)	[ʀəkuɲə'ser]
herstellen (repareren)	**reparar** (vt)	[ʀəpɐ'rar]
het haar kammen	**pentear-se** (vr)	[pẽ'tjarsə]
hopen (ww)	**esperar** (vt)	[əʃpə'rar]
horen (waarnemen met het oor)	**ouvir** (vt)	[o'vir]
houden van (muziek, enz.)	**gostar** (vt)	[gu'ʃtar]
huilen (wenen)	**chorar** (vi)	[ʃu'rar]
huiveren (ww)	**estremecer** (vi)	[əʃtrəmə'ser]

huren (een boot ~)	**alugar** (vt)	[ɐlu'gaɾ]
huren (huis, kamer)	**alugar** (vt)	[ɐlu'gaɾ]
huren (personeel)	**contratar** (vt)	[kõtrɐ'taɾ]
imiteren (ww)	**imitar** (vt)	[imi'taɾ]
importeren (ww)	**importar** (vt)	[ĩpuɾ'taɾ]
inenten (vaccineren)	**vacinar** (vt)	[vɐsi'naɾ]
informeren (informatie geven)	**informar** (vt)	[ĩfuɾ'maɾ]
informeren naar ... (navraag doen)	**informar-se** (vt)	[ĩfuɾ'maɾsə]
inlassen (invoegen)	**inserir** (vt)	[ĩsə'riɾ]
inpakken (in papier)	**embrulhar** (vt)	[ẽbru'ʎaɾ]
inspireren (ww)	**inspirar** (vt)	[ĩʃpi'raɾ]
instemmen (akkoord gaan)	**concordar** (vi)	[kõkuɾ'daɾ]
interesseren (ww)	**interessar** (vt)	[ĩtərə'saɾ]
irriteren (ww)	**irritar** (vt)	[iʀi'taɾ]
isoleren (ww)	**isolar** (vt)	[izu'laɾ]
jagen (ww)	**caçar** (vi)	[kɐ'saɾ]
kalmeren (kalm maken)	**acalmar** (vt)	[ɐkal'maɾ]
kennen (kennis hebben van iemand)	**conhecer** (vt)	[kuɲə'seɾ]
kennismaken (met ...)	**conhecer-se** (vr)	[kuɲə'sersə]
kiezen (ww)	**escolher** (vt)	[əʃku'ʎeɾ]
kijken (ww)	**olhar** (vt)	[ɔ'ʎaɾ]
klaarmaken (een plan ~)	**preparar** (vt)	[prəpɐ'raɾ]
klaarmaken (het eten ~)	**cozinhar** (vt)	[kuzi'ɲaɾ]
klagen (ww)	**queixar-se** (vr)	[kɐɪ'ʃarsə]
kloppen (aan een deur)	**bater** (vi)	[bɐ'teɾ]
kopen (ww)	**comprar** (vt)	[kõ'praɾ]
kopieën maken	**tirar cópias**	[ti'rar 'kɔpiɐʃ]
kosten (ww)	**custar** (vt)	[ku'ʃtaɾ]
kunnen (ww)	**poder** (vi)	[pu'deɾ]
kweken (planten ~)	**cultivar** (vt)	[kulti'vaɾ]

254. Werkwoorden L-R

lachen (ww)	**rir** (vi)	[ʀiɾ]
laden (geweer, kanon)	**carregar** (vt)	[kɐʀə'gaɾ]
laden (vrachtwagen)	**carregar** (vt)	[kɐʀə'gaɾ]
laten vallen (ww)	**deixar cair** (vt)	[dɐɪ'ʃaɾ kɐ'iɾ]
lenen (geld ~)	**tomar emprestado** (vt)	[tu'maɾ ẽprə'ʃtadu]
leren (lesgeven)	**ensinar** (vt)	[ẽsi'naɾ]
leven (bijv. in Frankrijk ~)	**morar** (vt)	[mu'raɾ]
lezen (een boek ~)	**ler** (vt)	[leɾ]
lid worden (ww)	**juntar-se a ...**	[ʒũ'tarsə ɐ]
liefhebben (ww)	**amar** (vt)	[ɐ'maɾ]
liegen (ww)	**mentir** (vi)	[mẽ'tiɾ]

liggen (op de tafel ~)	**estar**	[ə'ʃtaɾ]
liggen (persoon)	**estar deitado**	[ə'ʃtaɾ dɐj'tadu]
lijden (pijn voelen)	**sofrer** (vt)	[su'freɾ]
losbinden (ww)	**desatar** (vt)	[dəzɐ'taɾ]
luisteren (ww)	**escutar** (vt)	[əʃku'taɾ]
lunchen (ww)	**almoçar** (vi)	[almu'saɾ]
markeren (op de kaart, enz.)	**marcar** (vt)	[mɐɾ'kaɾ]
melden (nieuws ~)	**informar** (vt)	[ĩfuɾ'maɾ]
memoriseren (ww)	**memorizar** (vt)	[məmuɾi'zaɾ]
mengen (ww)	**misturar** (vt)	[miʃtu'ɾaɾ]
mikken op (ww)	**apontar para ...**	[ɐpõ'taɾ 'pɐɾɐ]
minachten (ww)	**desprezar** (vt)	[dəʃpɾə'zaɾ]
moeten (ww)	**dever** (vi)	[də'veɾ]
morsen (koffie, enz.)	**derramar** (vt)	[dəʀɐ'maɾ]
naderen (dichterbij komen)	**aproximar-se** (vr)	[ɐpɾɔsi'maɾsə]
neerlaten (ww)	**baixar** (vt)	[baɪ'ʃaɾ]
nemen (ww)	**pegar** (vt)	[pə'gaɾ]
nodig zijn (ww)	**ser necessário**	[seɾ nəsə'saɾiu]
noemen (ww)	**denominar** (vt)	[dənumi'naɾ]
noteren (opschrijven)	**anotar** (vt)	[ɐnu'taɾ]
omhelzen (ww)	**abraçar** (vt)	[ɐbɾɐ'saɾ]
omkeren (steen, voorwerp)	**virar** (vt)	[vi'ɾaɾ]
onderhandelen (ww)	**negociar** (vi)	[nəgu'sjaɾ]
ondernemen (ww)	**empreender** (vt)	[ẽpɾiẽ'deɾ]
onderschatten (ww)	**subestimar** (vt)	[subəʃti'maɾ]
onderscheiden (een ereteken geven)	**condecorar** (vt)	[kõdəku'ɾaɾ]
onderstrepen (ww)	**sublinhar** (vt)	[subli'ɲaɾ]
ondertekenen (ww)	**assinar** (vt)	[ɐsi'naɾ]
onderwijzen (ww)	**instruir** (vt)	[ĩʃtɾu'iɾ]
onderzoeken (alle feiten, enz.)	**examinar** (vt)	[ezɐmi'naɾ]
bezorgd maken	**preocupar** (vt)	[pɾiɔku'paɾ]
onmisbaar zijn (ww)	**ser necessário**	[seɾ nəsə'saɾiu]
ontbijten (ww)	**tomar o pequeno-almoço**	[tu'maɾ u pə'kenu al'mosu]
ontdekken (bijv. nieuw land)	**descobrir** (vt)	[dəʃku'bɾiɾ]
ontkennen (ww)	**negar** (vt)	[nə'gaɾ]
ontlopen (gevaar, taak)	**evitar** (vt)	[evi'taɾ]
ontnemen (ww)	**privar** (vt)	[pɾi'vaɾ]
ontwerpen (machine, enz.)	**projetar, criar** (vt)	[pɾuʒɛ'taɾ], [kɾi'aɾ]
oorlog voeren (ww)	**guerrear** (vt)	[gɛʀə'aɾ]
op orde brengen	**consertar** (vt)	[kõsəɾ'taɾ]
opbergen (in de kast, enz.)	**guardar** (vt)	[guɐɾ'daɾ]
opduiken (ov. een duikboot)	**emergir** (vi)	[eməɾ'ʒiɾ]
openen (ww)	**abrir** (vt)	[ɐ'bɾiɾ]
ophangen (bijv. gordijnen ~)	**pendurar** (vt)	[pẽdu'ɾaɾ]

ophouden (ww)	**cessar** (vt)	[sə'saɾ]
oplossen (een probleem ~)	**resolver** (vt)	[ʀəzɔ'lveɾ]
opmerken (zien)	**perceber** (vt)	[pərsə'beɾ]
opmerken (zien)	**avistar** (vt)	[ɐvi'ʃtaɾ]
opscheppen (ww)	**gabar-se** (vr)	[gɐ'barsə]
opschrijven (op een lijst)	**inscrever** (vt)	[ĩʃkrə'veɾ]
opschrijven (ww)	**anotar** (vt)	[ɐnu'taɾ]
opstaan (uit je bed)	**levantar-se** (vr)	[ləvã'tarsə]
opstarten (project, enz.)	**lançar** (vt)	[lã'saɾ]
opstijgen (vliegtuig)	**descolar** (vi)	[dəʃku'laɾ]
optreden (resoluut ~)	**agir** (vi)	[ɐ'ʒiɾ]
organiseren (concert, feest)	**organizar** (vt)	[ɔrgɐni'zaɾ]
overdoen (ww)	**refazer** (vt)	[ʀəfɐ'zeɾ]
overheersen (dominant zijn)	**predominar** (vi, vt)	[prədumi'naɾ]
overschatten (ww)	**sobrestimar** (vt)	[sobrəʃti'maɾ]
overtuigd worden (ww)	**estar convencido**	[ə'ʃtaɾ kõvẽ'sidu]
overtuigen (ww)	**convencer** (vt)	[kõvẽ'seɾ]
passen (jurk, broek)	**servir** (vi)	[sər'viɾ]
passeren (~ mooie dorpjes, enz.)	**passar** (vt)	[pɐ'saɾ]
peinzen (lang nadenken)	**ficar pensativo**	[fi'kaɾ pẽsɐ'tivu]
penetreren (ww)	**penetrar** (vt)	[pənə'traɾ]
plaatsen (ww)	**pôr, colocar** (vt)	[poɾ], [kulu'kaɾ]
plaatsen (zetten)	**pôr, colocar** (vt)	[poɾ], [kulu'kaɾ]
plannen (ww)	**planear** (vt)	[plɐ'njaɾ]
plezier hebben (ww)	**divertir-se** (vr)	[divər'tirsə]
plukken (bloemen ~)	**colher** (vt)	[ku'ʎɛɾ]
prefereren (verkiezen)	**preferir** (vt)	[prəfə'riɾ]
proberen (trachten)	**tentar** (vt)	[tẽ'taɾ]
proberen (trachten)	**tentar** (vt)	[tẽ'taɾ]
protesteren (ww)	**protestar** (vi)	[prutə'ʃtaɾ]
provoceren (uitdagen)	**provocar** (vt)	[pruvu'kaɾ]
raadplegen (dokter, enz.)	**consultar ...**	[kõsul'taɾ]
rapporteren (ww)	**reportar** (vt)	[ʀəpur'taɾ]
redden (ww)	**salvar** (vt)	[sa'lvaɾ]
regelen (conflict)	**resolver** (vt)	[ʀəzɔ'lveɾ]
reinigen (schoonmaken)	**limpar** (vt)	[lĩ'paɾ]
rekenen op ...	**contar com ...**	[kõ'taɾ kõ]
rennen (ww)	**correr** (vi)	[ku'ʀeɾ]
reserveren (een hotelkamer ~)	**reservar** (vt)	[ʀəzər'vaɾ]
rijden (per auto, enz.)	**ir** (vi)	[iɾ]
rillen (ov. de kou)	**tremer** (vi)	[trə'meɾ]
riskeren (ww)	**arriscar** (vt)	[ɐʀi'ʃkaɾ]
roepen (met je stem)	**chamar** (vt)	[ʃɐ'maɾ]
roepen (om hulp)	**chamar** (vt)	[ʃɐ'maɾ]

ruiken (bepaalde geur verspreiden)	**cheirar** (vi)	[ʃɐj'rar]
ruiken (rozen)	**cheirar** (vi)	[ʃɐj'rar]
rusten (verpozen)	**descansar** (vi)	[dəʃkã'sar]

255. Verbs S-V

samenstellen, maken (een lijst ~)	**fazer, elaborar** (vt)	[fɐ'zer], [elɐbu'rar]
schieten (ww)	**atirar** (vi)	[ɐti'rar]
schoonmaken (bijv. schoenen ~)	**limpar** (vt)	[lĩ'par]
schoonmaken (ww)	**arrumar, limpar** (vt)	[ɐʀu'mar], [lĩ'par]
schrammen (ww)	**arranhar** (vt)	[ɐʀɐ'ɲar]
schreeuwen (ww)	**gritar** (vi)	[gri'tar]
schrijven (ww)	**escrever** (vt)	[əʃkrə'ver]
schudden (ww)	**agitar, sacudir** (vt)	[ɐʒi'tar], [sɐku'dir]
selecteren (ww)	**selecionar** (vt)	[səlɛsiu'nar]
simplificeren (ww)	**simplificar** (vt)	[sĩplifi'kar]
slaan (een hond ~)	**bater** (vt)	[bɐ'ter]
sluiten (ww)	**fechar** (vt)	[fə'ʃar]
smeken (bijv. om hulp ~)	**implorar** (vt)	[ĩplu'rar]
souperen (ww)	**jantar** (vi)	[ʒã'tar]
spelen (bijv. filmacteur)	**desempenhar** (vt)	[dəzẽpə'ɲar]
spelen (kinderen, enz.)	**brincar, jogar** (vi, vt)	[brĩ'kar], [ʒu'gar]
spreken met ...	**falar com ...**	[fɐ'lar kõ]
spuwen (ww)	**cuspir** (vi)	[ku'ʃpir]
stelen (ww)	**roubar** (vt)	[ʀo'bar]
stemmen (verkiezing)	**votar** (vi)	[vu'tar]
steunen (een goed doel, enz.)	**apoiar** (vt)	[ɐpo'jar]
stoppen (pauzeren)	**parar** (vi)	[pɐ'rar]
storen (lastigvallen)	**perturbar** (vt)	[pərtur'bar]
strijden (tegen een vijand)	**lutar** (vt)	[lu'tar]
strijden (ww)	**combater** (vi, vt)	[kõbɐ'ter]
strijken (met een strijkbout)	**passar a ferro**	[pɐ'sar ɐ 'fɛʀu]
studeren (bijv. wiskunde ~)	**estudar** (vt)	[əʃtu'dar]
sturen (zenden)	**enviar** (vt)	[ẽ'vjar]
tellen (bijv. geld ~)	**calcular** (vt)	[kalku'lar]
terugkeren (ww)	**voltar** (vi)	[vɔl'tar]
terugsturen (ww)	**devolver** (vt)	[dəvɔ'lver]
toebehoren aan ...	**pertencer a ...**	[pərtẽ'ser ɐ]
toegeven (zwichten)	**ceder** (vi)	[sə'der]
toenemen (on. ww)	**aumentar** (vi)	[aumẽ'tar]
toespreken (zich tot iemand richten)	**dirigir-se** (vr)	[diri'ʒirsə]

toestaan (goedkeuren)	**permitir** (vt)	[pərmi'tir]
toestaan (ww)	**permitir** (vt)	[pərmi'tir]
toewijden (boek, enz.)	**dedicar** (vt)	[dədi'kar]
tonen (uitstallen, laten zien)	**mostrar** (vt)	[mu'ʃtrar]
trainen (ww)	**treinar** (vt)	[trɐj'nar]
transformeren (ww)	**transformar** (vt)	[trɐ̃ʃfur'mar]
trekken (touw)	**puxar** (vt)	[pu'ʃar]
trouwen (ww)	**casar-se** (vr)	[kɐ'zarsə]
tussenbeide komen (ww)	**intervir** (vi)	[ĩtər'vir]
twijfelen (onzeker zijn)	**duvidar** (vt)	[duvi'dar]
uitdelen (pamfletten ~)	**distribuir** (vt)	[diʃtribu'ir]
uitdoen (licht)	**desligar** (vt)	[dəʒli'gar]
uitdrukken (opinie, gevoel)	**expressar** (vt)	[əʃprə'sar]
uitgaan (om te dineren, enz.)	**sair** (vi)	[sɐ'ir]
uitlachen (bespotten)	**zombar** (vt)	[zõ'bar]
uitnodigen (ww)	**convidar** (vt)	[kõvi'dar]
uitrusten (ww)	**equipar** (vt)	[eki'par]
uitsluiten (wegsturen)	**expulsar** (vt)	[əʃpu'lsar]
uitspreken (ww)	**pronunciar** (vt)	[prunũ'sjar]
uittorenen (boven ...)	**elevar-se acima de ...**	[elə'varsə ɐ'simɐ də]
uitvaren tegen (ww)	**repreender** (vt)	[ʀəpriẽ'der]
uitvinden (machine, enz.)	**inventar** (vt)	[ĩvẽ'tar]
uitwissen (ww)	**apagar** (vt)	[ɐpɐ'gar]
vangen (ww)	**pegar** (vt)	[pə'gar]
vastbinden aan ...	**atar** (vt)	[ɐ'tar]
vechten (ww)	**bater-se** (vr)	[bɐ'tersə]
veranderen (bijv. mening ~)	**mudar** (vt)	[mu'dar]
verbaasd zijn (ww)	**surpreender-se** (vr)	[surpriẽ'dersə]
verbazen (verwonderen)	**surpreender** (vt)	[surpriẽ'der]
verbergen (ww)	**esconder** (vt)	[əʃkõ'der]
verbieden (ww)	**proibir** (vt)	[prui'bir]
verblinden (andere chauffeurs)	**cegar, ofuscar** (vt)	[sə'gar], [ɔfu'ʃkar]
verbouwereerd zijn (ww)	**estar perplexo**	[ə'ʃtar pər'plɛksu]
verbranden (bijv. papieren ~)	**queimar** (vt)	[kɐj'mar]
verdedigen (je land ~)	**defender** (vt)	[dəfẽ'der]
verdenken (ww)	**suspeitar** (vt)	[suʃpɐj'tar]
verdienen (een complimentje, enz.)	**merecer** (vt)	[mərə'ser]
verdragen (tandpijn, enz.)	**suportar** (vt)	[supur'tar]
verdrinken (in het water omkomen)	**afogar-se** (vr)	[ɐfu'garsə]
verdubbelen (ww)	**dobrar** (vt)	[du'brar]
verdwijnen (ww)	**desaparecer** (vi)	[dəzɐpɐrə'ser]
verenigen (ww)	**juntar, unir** (vt)	[ʒũ'tar], [u'nir]
vergelijken (ww)	**comparar** (vt)	[kõpɐ'rar]

vergeten (achterlaten)	**deixar** (vt)	[dɐɪ'ʃar]
vergeten (ww)	**esquecer** (vt)	[əʃkɛ'ser]
vergeven (ww)	**perdoar** (vt)	[pərdu'ar]
vergroten (groter maken)	**aumentar** (vt)	[aumẽ'tar]
verklaren (uitleggen)	**explicar** (vt)	[əʃpli'kar]
verklaren (volhouden)	**afirmar** (vt)	[ɐfir'mar]
verklikken (ww)	**denunciar** (vt)	[dənũ'sjar]
verkopen (per stuk ~)	**vender** (vt)	[vẽ'der]
verlaten (echtgenoot, enz.)	**deixar** (vt)	[dɐɪ'ʃar]
verlichten (gebouw, straat)	**iluminar** (vt)	[ilumi'nar]
verlichten (gemakkelijker maken)	**facilitar** (vt)	[fɐsili'tar]
verliefd worden (ww)	**apaixonar-se de ...**	[ɐpaɪʃu'narsə də]
verliezen (bagage, enz.)	**perder** (vt)	[pər'der]
vermelden (praten over)	**mencionar** (vt)	[mẽsiu'nar]
vermenigvuldigen (wisk.)	**multiplicar** (vt)	[multipli'kar]
verminderen (ww)	**reduzir** (vt)	[ʀədu'zir]
vermoeid raken (ww)	**ficar cansado**	[fi'kar kɐ̃'sadu]
vermoeien (ww)	**fatigar** (vt)	[fɐti'gar]

256. Verbs V-Z

vernietigen (documenten, enz.)	**destruir** (vt)	[dəʃtru'ir]
veronderstellen (ww)	**supor** (vt)	[su'por]
verontwaardigd zijn (ww)	**indignar-se** (vr)	[ĩdi'gnarsə]
veroordelen (in een rechtszaak)	**sentenciar** (vt)	[sẽtẽ'sjar]
veroorzaken ... (oorzaak zijn van ...)	**causar** (vt)	[kau'zar]
verplaatsen (ww)	**mover** (vt)	[mu'ver]
verpletteren (een insect, enz.)	**esmagar** (vt)	[əʒmɐ'gar]
verplichten (ww)	**forçar** (vt)	[fur'sar]
verschijnen (bijv. boek)	**sair** (vi)	[sɐ'ir]
verschijnen (in zicht komen)	**aparecer** (vi)	[ɐpərə'ser]
verschillen (~ van iets anders)	**ser diferente**	[ser difə'rẽtə]
versieren (decoreren)	**decorar** (vt)	[dəku'rar]
verspreiden (pamfletten, enz.)	**distribuir** (vt)	[diʃtribu'ir]
verspreiden (reuk, enz.)	**emitir** (vt)	[emi'tir]
versterken (positie ~)	**reforçar** (vt)	[ʀəfur'sar]
verstommen (ww)	**calar-se** (vr)	[kɐ'larsə]
vertalen (ww)	**traduzir** (vt)	[trɐdu'zir]
vertellen (verhaal ~)	**contar** (vt)	[kõ'tar]
vertrekken (bijv. naar Mexico ~)	**partir** (vt)	[pɐr'tir]

vertrouwen (ww)	**confiar** (vt)	[kõ'fjar]
vervolgen (ww)	**continuar** (vt)	[kõtinu'ar]
verwachten (ww)	**esperar** (vt)	[əʃpə'rar]
verwarmen (ww)	**aquecer** (vt)	[ɐkɛ'ser]
verwarren (met elkaar ~)	**confundir** (vt)	[kõfũ'dir]
verwelkomen (ww)	**saudar** (vt)	[sɐu'dar]
verwezenlijken (ww)	**realizar** (vt)	[ʀiɐli'zar]
verwijderen (een obstakel)	**remover, eliminar** (vt)	[ʀəmu'ver], [elimi'nar]
verwijderen (een vlek ~)	**remover** (vt)	[ʀəmu'ver]
verwijten (ww)	**censurar** (vt)	[sẽsu'rar]
verwisselen (ww)	**trocar, mudar** (vt)	[tru'kar], [mu'dar]
verzoeken (ww)	**pedir** (vt)	[pə'dir]
verzuimen (school, enz.)	**faltar a ...**	[fal'tar ɐ]
vies worden (ww)	**sujar-se** (vr)	[su'ʒarsə]
vinden (denken)	**achar** (vt)	[ɐ'ʃar]
vinden (ww)	**encontrar** (vt)	[ẽkõ'trar]
vissen (ww)	**pescar** (vt)	[pə'ʃkar]
vleien (ww)	**lisonjear** (vt)	[lizõ'ʒjar]
vliegen (vogel, vliegtuig)	**voar** (vi)	[vu'ar]
voederen (een dier voer geven)	**alimentar** (vt)	[ɐlimẽ'tar]
volgen (ww)	**seguir ...**	[sə'gir]
voorstellen (introduceren)	**apresentar** (vt)	[ɐprəzẽ'tar]
voorstellen (Mag ik jullie ~)	**apresentar** (vt)	[ɐprəzẽ'tar]
voorstellen (ww)	**propor** (vt)	[pru'por]
voorzien (verwachten)	**prever** (vt)	[prə'ver]
vorderen (vooruitgaan)	**avançar** (vi)	[ɐvã'sar]
vormen (samenstellen)	**formar** (vt)	[fur'mar]
vullen (glas, fles)	**encher** (vt)	[ẽ'ʃer]
waarnemen (ww)	**observar** (vt)	[ɔbsər'var]
waarschuwen (ww)	**advertir** (vt)	[ɐdvər'tir]
wachten (ww)	**esperar** (vi, vt)	[əʃpə'rar]
wassen (ww)	**lavar** (vt)	[lɐ'var]
weerspreken (ww)	**objetar** (vt)	[ɔbʒɛ'tar]
wegdraaien (ww)	**virar as costas**	[vi'rar ɐʃ 'kɔʃtɐʃ]
wegdragen (ww)	**levar** (vt)	[lə'var]
wegen (gewicht hebben)	**pesar** (vt)	[pə'zar]
wegjagen (ww)	**afugentar** (vt)	[ɐfuʒẽ'tar]
weglaten (woord, zin)	**omitir** (vt)	[ɔmi'tir]
wegvaren (uit de haven vertrekken)	**desatracar** (vi)	[dəzɐtrɐ'kar]
weigeren (iemand ~)	**recusar** (vt)	[ʀəku'zar]
wekken (ww)	**acordar, despertar** (vt)	[ɐkur'dar], [dəʃpər'tar]
wensen (ww)	**desejar** (vt)	[dəzə'ʒar]
werken (ww)	**trabalhar** (vi)	[trɐbɐ'ʎar]
weten (ww)	**saber** (vt)	[sɐ'ber]

willen (verlangen)	**querer** (vt)	[kə'rer]
wisselen (omruilen, iets ~)	**trocar** (vt)	[tru'kaɾ]
worden (bijv. oud ~)	**tornar-se** (vr)	[tur'narsə]
worstelen (sport)	**lutar** (vi)	[lu'taɾ]
wreken (ww)	**vingar** (vt)	[vĩ'gaɾ]
zaaien (zaad strooien)	**semear** (vt)	[sə'mjaɾ]
zeggen (ww)	**dizer** (vt)	[di'zeɾ]
zich baseerd op	**basear-se** (vr)	[bɐ'zjarsə]
zich bevrijden van ... (afhelpen)	**livrar-se de ...**	[li'vrarsə də]
zich concentreren (ww)	**concentrar-se** (vr)	[kõsẽ'trarsə]
zich ergeren (ww)	**irritar-se** (vr)	[iʀi'tarsə]
zich gedragen (ww)	**comportar-se** (vr)	[kõpur'tarsə]
zich haasten (ww)	**apressar-se** (vr)	[ɐprə'sarsə]
zich herinneren (ww)	**recordar, lembrar** (vt)	[ʀəkur'daɾ], [lẽ'braɾ]
zich herstellen (ww)	**recuperar-se** (vr)	[ʀəkupə'rarsə]
zich indenken (ww)	**imaginar** (vt)	[imɐʒi'naɾ]
zich interesseren voor ...	**interessar-se** (vr)	[ĩtərə'sarsə]
zich scheren (ww)	**barbear-se** (vr)	[bɐr'bjarsə]
zich trainen (ww)	**treinar-se** (vr)	[trɐj'narsə]
zich verdedigen (ww)	**defender-se** (vr)	[dəfẽ'dersə]
zich vergissen (ww)	**errar** (vi)	[ɛ'ʀaɾ]
zich verontschuldigen	**desculpar-se** (vr)	[dəʃkul'parsə]
zich verspreiden (meel, suiker, enz.)	**derramar-se** (vr)	[dəʀɐ'marsə]
zich vervelen (ww)	**aborrecer-se** (vr)	[ɐbuʀə'sersə]
zinspelen (ww)	**insinuar** (vt)	[ĩsinu'aɾ]
zitten (ww)	**estar sentado**	[ə'ʃtar sẽ'tadu]
zoeken (ww)	**buscar** (vt)	[bu'ʃkaɾ]
zondigen (ww)	**pecar** (vi)	[pə'kaɾ]
zuchten (ww)	**suspirar** (vi)	[suʃpi'raɾ]
zwaaien (met de hand)	**acenar** (vt)	[ɐsə'naɾ]
zwemmen (ww)	**nadar** (vi)	[nɐ'daɾ]
zwijgen (ww)	**ficar em silêncio**	[fi'kar ẽ si'lẽsiu]

www.ingramcontent.com/pod-product-compliance
Lightning Source LLC
Chambersburg PA
CBHW071324090426
42738CB00012B/2788
* 9 7 8 1 7 8 4 9 2 2 8 3 2 *

INHOUDSOPGAVE

PORTUGESE WOORDENSCHAT
nieuwe woorden leren

T&P Books woordenlijsten zijn bedoeld om u te helpen vreemde woorden te leren, te onthouden, en te bestuderen. De woordenschat bevat meer dan 9000 veel gebruikte woorden die thematisch geordend zijn.

- De woordenlijst bevat de meest gebruikte woorden
- Aanbevolen als aanvulling bij welke taalcursus dan ook
- Voldoet aan de behoeften van de beginnende en gevorderde student in vreemde talen
- Geschikt voor dagelijks gebruik, bestudering en zelftestactiviteiten
- Maakt het mogelijk om uw woordenschat te evalueren

Bijzondere kenmerken van de woordenschat

- De woorden zijn gerangschikt naar hun betekenis, niet volgens alfabet
- De woorden worden weergegeven in drie kolommen om bestudering en zelftesten te vergemakkelijken
- Woorden in groepen worden verdeeld in kleine blokken om het leerproces te vergemakkelijken
- De woordenschat biedt een handige en eenvoudige beschrijving van elk buitenlands woord

De woordenschat bevat 256 onderwerpen zoals:

Basisconcepten, getallen, kleuren, maanden, seizoenen, meeteenheden, kleding en accessoires, eten & voeding, restaurant, familieleden, verwanten, karakter, gevoelens, emoties, ziekten, stad, dorp, bezienswaardigheden, winkelen, geld, huis, thuis, kantoor, werken op kantoor, import & export, marketing, werk zoeken, sport, onderwijs, computer, internet, gereedschap, natuur, landen, nationaliteiten en meer ...

Thematische woordenschat Nederlands-Portugees - 9000 woorden
Door Andrey Taranov

Woordenlijsten van T&P Books zijn bedoeld om u woorden van een vreemde taal te helpen leren, onthouden, en bestudering. Dit woordenboek is ingedeeld in thema's en behandelt alle belangrijk terreinen van het dagelijkse leven, bedrijven, wetenschap, cultuur, etc.

Het proces van het leren van woorden met behulp van de op thema's gebaseerde aanpak van T&P Books biedt u de volgende voordelen:

- Correct gegroepeerde informatie is bepalend voor succes bij opeenvolgende stadia van het leren van woorden
- De beschikbaarheid van woorden die van dezelfde stam zijn maakt het mogelijk om woordgroepen te onthouden (in plaats van losse woorden)
- Kleine groepen van woorden faciliteren het proces van het aanmaken van associatieve verbindingen, die nodig zijn bij het consolideren van de woordenschat
- Het niveau van talenkennis kan worden ingeschat door het aantal geleerde woorden

T&P Books Publishing
www.tpbooks.com

ISBN: 978-1-78492-283-2

Dit boek is ook beschikbaar in e-boek formaat.
Gelieve www.tpbooks.com te bezoeken of de belangrijkste online boekwinkels.

T&P BOOKS

I0156380

PORTUGEES

WOORDENSCHAT

THEMATISCHE WOORDENLIJST

NEDERLANDS PORTUGEES

De meest bruikbare woorden
Om uw woordenschat uit te breiden en
uw taalvaardigheid aan te scherpen

9000 woorden